The study of Effect of FDI Flows
on Employment Transfer
and Public Policy
Under Economic Cyclical Fluctuation

朱金生　著

经济周期波动下 FDI流动的就业转移效应 与公共政策研究

中国财经出版传媒集团

经济科学出版社
Economic Science Press

图书在版编目（CIP）数据

经济周期波动下 FDI 流动的就业转移效应与公共政策研究/
朱金生著. —北京：经济科学出版社，2016.10
ISBN 978 - 7 - 5141 - 7386 - 4

Ⅰ. ①经⋯ Ⅱ. ①朱⋯ Ⅲ. ①劳动力转移 - 经济分析 -
中国②劳动力转移 - 公共政策 - 研究 - 中国 Ⅳ. ①F249. 2

中国版本图书馆 CIP 数据核字（2016）第 258050 号

责任编辑：王冬玲　程新月
责任校对：刘　昕
责任印制：邱　天

经济周期波动下 FDI 流动的就业转移效应与公共政策研究
朱金生　著
经济科学出版社出版、发行　新华书店经销
社址：北京市海淀区阜成路甲 28 号　邮编：100142
总编部电话：010 - 88191217　发行部电话：010 - 88191522
网址：www. esp. com. cn
电子邮件：esp@ esp. com. cn
天猫网店：经济科学出版社旗舰店
网址：http://jjkxcbs. tmall. com
北京万友印刷有限公司印装
710×1000　16 开　21.5 印张　390000 字
2016 年 10 月第 1 版　2016 年 10 月第 1 次印刷
ISBN 978 - 7 - 5141 - 7386 - 4　定价：50.00 元
（图书出现印装问题，本社负责调换。电话：**010 - 88191510**）
（版权所有　侵权必究　举报电话：**010 - 88191586**
电子邮箱：**dbts@ esp. com. cn**）

前　言

　　《经济周期波动下FDI流动的就业转移效应与公共政策研究》这本书是我主持承担的国家社会科学研究基金一般项目（项目批准号：11BJY043）的主要成果。

　　在全球经济一体化水平日益提高的今天，各种冲击的综合作用和特定国家或地区经济周期的跨国传导生成了世界经济周期。经济周期波动影响一切经济活动，以跨国公司为主体的国际直接投资（FDI）也必然受经济周期的影响。实际上，FDI和世界经济周期有着极其密切的相关性，世界经济周期影响FDI的流量和方向，并通过产业调整和转移引致东道国的国内就业转移。改革开放以来特别是20世纪90年代后，世界GDP增长经历了20世纪70年代之后最强劲的一个增长期，FDI大量流入中国东部沿海地区，对我国的经济增长、剩余劳动力转移、就业增长和二元结构转换发挥了积极的推动作用。但同时FDI以其微观利益驱动所可能带来的结构失衡和收入差距问题与我国的公共利益取向存在着一定的矛盾，且极易在世界经济周期的波动中被放大。因此，在理论、实证和机理分析的基础上，提出相关公共政策，这对于在新时期进一步加快经济转型、促进就业和谐和就业公平、缩小国民收入分配差距意义重大。

　　本书以当前世界经济周期剧烈波动下国际资本流动进一步加快、我国利用外资进入新的发展阶段、国内就业和结构调整面临新形势为背景，站在国际化、实证化、本土化的视角，将本书所涉及的国际经济学、劳动经济学、管理学等多个学科知识进行理论综合，建立分析框架，博采借鉴历史主义方法、演绎与归纳方法、描述法与抽象法、实验法与调查法、逻辑实证以及结构主义等一些常用的科学研究方法的精髓，重点运用规范分析、统计描述、数理经济建模、计量分析、实地调研和对策研究方法，沿着"理论研究→实证分析→机理探源→政策设计"的基本研究路线，对本书涉及的相关问题进行了深入研究。

具体来说，通过对世界经济周期理论、FDI 产业选择和区位选择理论、FDI 与就业关系等理论进行演绎和归纳提出一个新的分析框架：经济周期波动→FDI 流动→经济空间重构→就业转移→收入分配变迁，利用实证方法分析 FDI 流动与世界经济周期波动的关联性，总结 FDI 流入流出我国的特征，全方位、多层面、动态评估 FDI 的就业转移效应，深刻揭示 FDI 流动与就业转移的相互关系、传导渠道及其作用机理，最后从公共管理的视角探讨开放条件下我国利用外资促进劳动力合理流动、就业和谐和收入分配公平的公共政策取向。本书主要由四大篇共九章构成。

第一篇：理论研究。该篇通过对经济周期理论、FDI 理论、经济空间理论、就业理论、劳动力流动与收入差距等相关理论进行回顾和梳理，将多个学科知识进行理论综合，形成新的理论分析框架。主要包括第 1 章内容：

第 1 章：经济周期波动、FDI 流动与就业转移的相关理论。(1) 经济周期理论：世界经济波动的生成原理、传导机制及其影响；(2) FDI 与劳动就业关系的基本理论：FDI 理论、经济空间理论、就业理论、劳动力流动与收入差距等相关理论；(3) 经济周期波动→FDI 流动→经济空间重构→就业转移→收入分配变迁：一个新的分析框架。

第二篇：实证分析。从经济周期波动下 FDI 流入流出我国的基本特征描述出发，运用数理建模和计量分析方法测算它对我国就业均衡、经济空间重构、就业转移和收入分配的影响。主要包括第 2~6 章内容：

第 2 章：经济周期波动、FDI 流动与就业的相关性。采用"谷—谷"的划分方法，根据 GDP 增长率在时间序列的相邻低谷间的距离来衡量经济周期，将中国改革开放以后的经济周期进行了阶段划分，总结了其特征及原因；利用协整分析、Granger 因果检验分析了中国经济周期与世界经济周期波动的相关性；统计描述了 FDI 流入、流出我国的特征，计量检验了 FDI 流动与中国经济周期波动以及就业变化的相关性。

第 3 章：FDI 流动对我国就业均衡的影响。通过一个基于 DMP 模型基础之上的劳动力与资本市场的数理均衡模型，比较了 FDI 不同流动情形下，对本国劳动力市场的影响；运用 VAR 模型，结合协整分析和误差修正（VEC）模型，通过脉冲响应分析和方差分解的方法，研究了 FDI 流动与就业的长期均衡与短期波动的关系，揭示了 FDI 流动对区域和产业就业均衡动态作用的路径变化。

第 4 章：FDI 流动对经济空间重构的影响。以中国改革开放以来的时间序列和横截面数据为依托，基于区域结构、产业结构、城乡结构的视角，通过建立分布滞后模型，全方位、多层面考察 FDI 流动对中国经济空间重构的影响。

第 5 章：FDI 流动对就业转移的直接效应和间接效应：基于联立方程模型的定量测度。根据 CES 生产函数推导出的就业决定因素理论模型，通过构建联立方程，借助 Eviews6.0 统计软件定量测度和实证分析 FDI 对就业转移和收入分配的直接效应和间接效应。

第 6 章：FDI 流动、就业转移与收入分配：基于 CGE 模型的分析。结合我国历年的相关数据，构建了我国宏观经济的社会核算矩阵（SAM 表），并对 SAM 表中资本、劳动及居民三个子账户细分，得出子账户细分的 SAM 表；构建一个具有我国就业特征的 CGE 模型，包括生产、需求、要素供给、政府和宏观闭合等 5 个模块；结合国际国内的宏观背景和 FDI 流动态势，设计 4 种情景，以 SAM 表的数据为基础，使用 GAMS 软件，模拟分析 FDI 流动对就业转移和收入分配的动态影响。

第三篇：机理探源。从静态和动态、直接与间接等多个层面分析经济周期波动下 FDI 流动如何通过经济空间重构（产业转移、区域选择等）影响国内就业转移以及国民收入分配变迁的渠道及作用机制。主要包括第 7-8 章内容：

第 7 章：FDI 的区位选择及外企劳动力流动影响因素：基于问卷调查的分析。根据国内外有关 FDI 区位选择的现有研究成果，从理论上提炼总结了 FDI 区位选择的若干主要影响因素，据此设计并实施了《外商在华投资区位选择决定因素》的一手问卷调查，分析了外商在华直接投资区位选择的实际影响因素；利用《中国外企劳动力就业及跨区域流动状况》的一手问卷调查探求了导致中国外企劳动力就业及跨区域流动的推力和拉力因素，从静态和动态、直接与间接等多个层面分析了经济周期波动下 FDI 如何流动、如何通过经济空间重构影响劳动力流动和就业转移的渠道或途径。

第 8 章：FDI 流动、就业转移与收入分配的关联机理。研究了资本流动、劳动力流动与收入分配变迁的一般关系；分析了我国劳动力市场的特点和我国就业转移的动因与规律；揭示了 FDI 流动→就业转移→收入差距的传导路径及作用机理。

第四篇：政策设计。基于上述传导渠道及其作用机理，利用公共经济管理学的基本理论和方法，探讨了利用外资促进我国劳动就业均衡和收入分配公平的公共政策取向。主要包括第 9 章内容：

第 9 章：利用 FDI 促进中国劳动就业的公共政策。基于前面的研究，利用公共经济管理学的理论和方法，分析了目前中国引资和劳动就业管理政策的现状、问题和制度缺陷；提出了中国引资和劳动就业引入公共政策的必要性、可行性；对区域引资和劳动力迁移进行了博弈分析；探讨了利用 FDI 促进我国劳动就业均衡和收入分配公平的公共政策取向。

研究结果表明：全球化下世界经济周期波动必然会引起 FDI 流量和方向的变化，并通过经济空间重构引致东道国的国内就业转移，规模不断扩大的劳动力流动和就业转移将推动国民收入分配格局的变迁；中国收入分配失衡问题中一个很重要的诱因在于 FDI 的投资倾斜所带来的就业机会的转移。一个是直接转移效应，另一个是间接转移效应，并通过因果累积循环机制强化其作用；在世界经济周期频繁波动、国际资本流动日趋活跃的新形势下，应根据 FDI 流动与世界经济周期波动的关联性及其产业转移的规律，制定和实施开放条件下科学合理地利用外资的公共政策，以促进经济结构优化、劳动就业均衡和国民收入分配公平。

本书的顺利出版，首先要感谢国家社会科学基金的资助；同时在相关问题的研究过程中，得到了我的同事高萍、李郁、沈春华等大力支持，在撰写过程中，我的研究生王鹤、熊蓓、问金龙、陈琛、杨丽、杨超、王球、刘琪、杨雅琴、周凡、余凡等在相关资料、数据的收集整理和文字的校对等工作中发挥了重要的作用，在此一并表示感谢。

由于时间关系，加之水平有限，本书不足之处在所难免，敬请读者批评指正！

朱金生

2016 年 4 月 11 日

目　　录

第一篇
理 论 研 究

第二篇
实 证 分 析

第三篇
机 理 探 源

第四篇
政策设计

绪　　论

0.1
研究目的与意义

　　经济周期（business cycle）也称商业周期、景气循环，它是指经济运行中周期性出现的经济扩张与经济紧缩交替更迭、循环往复的一种现象。大量研究发现，世界经济周期是客观存在的，是开放经济条件下经济运动的内生形态，具有不同于封闭经济条件下的特征。各种冲击的综合作用和特定国家或地区经济周期的跨国传导生成了世界经济周期。经济周期波动影响一切经济活动，以跨国公司为主体的国际直接投资（FDI）也必然受经济周期的影响。按照经典经济周期理论和 FDI 理论，世界经济波动必然会引起 FDI 流动的变化，传统经济波动四个阶段的表征也会在 FDI 上反映出来。实际上，FDI 流动与世界经济周期波动有着极其密切的相关性，世界经济周期波动影响 FDI 的流量和方向，并通过产业调整和经济空间重构引致东道国的国内就业转移。

　　改革开放以来特别是 20 世纪 90 年代后，世界 GDP 增长经历了 19 世纪 70年代之后最强劲的一个增长期，FDI 大量流入中国东部沿海制造业，对我国的剩余劳动力转移、就业增长和二元结构转换发挥了积极的推动作用（江小涓，2003）①。然而，在很大程度上由 FDI 引致的区域和产业间的就业转移和就业

---

① 江小涓. 中国外资经济对增长、结构升级和竞争力的贡献 [J]. 社会观察，2003 (1).

替代（杨云彦等，2003）[①]，也带来了一些新的不平衡问题：我国设立的外商投资企业 80% 以上集中在东部沿海地区，使得企业的劳动就业也都集中在沿海地区，一方面沿海地区的劳动力相对不足，另一方面内陆地区的劳动力又严重过剩，从而加剧了年复一年的民工潮等社会问题；中西部农村劳动力特别是素质较高的劳动力的大量外流产生的在我国具有重要地位的中西部农业发展阻滞；由于沿海地区对内地的产业替代，内地企业特别是中小企业的发展遇到严峻挑战，内地非农就业机会减少，农村劳动力大量外流，造成内地城市劳动力市场就业供给增加，就业矛盾加剧；包括劳动力在内的大量的生产要素往东部沿海"聚集"、"流动"和"转移"，一方面造成中西部经济的"外围化"、内地发展的"边缘化"，另一方面将给聚集地区带来新的不可避免的"城市病"问题。FDI 大量流入第二产业，不利于第一产业的稳定和第三产业的发展，影响我国产业结构的优化和升级，等等。

2008 年 10 月以后，在国际金融危机影响下，沿海不少外企撤资，FDI 流入出现负增长。外需萎缩不仅造成了经济增速放缓，而且促使就业形势发生扭转，大量劳动力失业返乡（蔡昉、王美艳，2009）[②]。2010 新年伊始，由于国际经济形势回暖，沿海企业又出现招工难和用人荒，给我国劳动就业的公共管理增添了巨大压力。在促进就业越来越应该成为宏观调控的优先目标的今天（周天勇，2009）[③]，FDI 的巨大波动不仅给全球经济增长和就业稳定带来负面影响，而且给我国经济和就业带来巨大冲击。

因此，确定全球 FDI 波动的周期与经济周期波动的关系，研究 FDI 流入流出我国的周期变化，描述 FDI 在我国地域空间和产业间流动动态，正确把握 FDI 流动与就业转移的变化规律，全面评估其就业转移的综合效应，有利于建立相关前瞻机制，合理制定利用外资促进我国劳动力合理流动和二元经济结构转换的公共政策。这对于更好的落实以人为本、全面、协调、可持续的科学发展观，全面建设小康社会无疑具有重要的战略价值和深远的现实意义。具体表现在以下几方面：

（1）它是丰富和发展我国利用外资与劳动就业相关理论的思想元素。

① 杨云彦，徐映梅，向书坚. 就业替代与劳动力流动：一个新的分析框架 [J]. 经济研究，2003 (8).
② 蔡昉，王美艳. 扩大就业——中国特色的反周期战略 [J]. 经济与管理研究，2009 (3).
③ 周天勇. 促进就业应成为我国宏观调控的优先目标 [J]. 今日中国论坛，2009 (8).

目前，经济学家弥合 FDI 理论与就业理论鸿沟的努力尚未取得实质性进展，也未最终形成一个逻辑上前后一致的范式体系。从 FDI 在东道国的成长及其作为东道国国民经济的跨国经济因子入手，站在全球化、动态、多维视角进一步探讨 FDI 对东道国就业的整体福利效果，这必将成为来自发展中国家 FDI 与就业关系理论研究的一个新亮点。

（2）它是促进我国劳动力合理流动，实现就业优先的宏观调控目标的战略需要。

开放条件下经济周期波动影响一切经济活动，以跨国公司为主体的 FDI 也必然受经济周期的影响，并通过经济空间重构引致东道国就业转移，也带来了一些不平衡问题包括"民工潮"、"用工荒"问题，从就业优先的宏观需要出发，这些问题应该引起我们的战略关注。

（3）它是制定我国结构转换、缩小国民收入差距的公共政策依据。

发达国家的 FDI 为我们提供了就业机会，加快了经济的转型；但同时 FDI 以其微观利益驱动所可能带来的结构失衡和收入差距问题与我国的公共利益取向存在着一定的矛盾，且极易在世界经济周期的波动中被放大。因此，在理论、实证和机理分析的基础上，提出相关公共政策，这对于在新时期进一步加快经济转型、缩小国民收入分配差距意义重大。

0.2

国内外研究现状

FDI 是近几十年来全球化过程中产业链跨境延伸与世界大区性经济整合的直接驱动力量。综观 FDI 理论的发展历程，主要探讨了：（1）企业组织跨境成长的经济合理性 – FDI 的动因、决定因素和条件；（2）投资变量引致的经济后果和国民福利 – FDI 的资本积累、技术进步、产出增长等溢出效应。鉴于就业在一国经济社会、政治中的特别意义，专门针对 FDI 与就业关系的研究成果日丰。从作用对象上分为 FDI 对投资母国和投资东道国的就业效应；从作用内容上包括 FDI 对就业的数量效应、质量效应和人力资本效应；按其作用方式可以分为直接就业效应、间接就业效应；就其作用性质包括正面的就业促进效应和负面的就业替代效应，等等。

具体来看，有关 FDI 对投资母国就业的影响研究主要围绕其就业的替代效应和促进效应以及对就业规模、结构和区位分布的影响来进行的，并形成了就业替代理论、就业补充理论、就业组合效果论、就业结构优化论、公司战略论等。贾塞（Jasay，1960）认为对外直接投资会给母国就业带来"替代效应"，当一个国家资本和资源有限时，如果对外投资不会带来出口增加或者进口减少，就会造成母国就业条件恶化[①]。鲁滕伯格（Ruttenberg，1968）通过对美国企业 1960~1965 年的面板数据进行实证分析，估计对外直接投资每增加一个单位会间接减少就业 0.7 个单位，支持了这一观点[②]。相反，霍金斯（Hawkins，1972）认为对外直接投资会促进母国就业，通过防御性投资，会派生对母国国内设备、中间产品以及辅助产品的需求，进而刺激出口，带动就业[③]。克拉维斯、利普西（Kravis and Lipsey，1988）研究了外商直接投资对母国的就业转移效应，结果表明，对于美国的跨国公司，母公司的产出对就业具有正的影响，而外国子公司的产出对就业具有负的影响，即外国子公司的产出降低了母公司的劳动需求。对于瑞典的跨国公司，情况则不同，外国子公司的产出增加了瑞典对生产工人的需求[④]。还有一部分学者持有折中的想法，认为对外直接投资对母国就业既有促进作用，也有替代作用，最终结果取决于两种效应的对比以及对外直接投资的产业、区域、投资主体等情况。如哈米尔（Hamill，1992）认为跨国公司在进行对外直接投资时采取的战略不同，对母国就业的影响也会不同[⑤]。坎贝尔（Campbell，1994）认为跨国公司海外直接投资对母国在就业数量、质量及区位方面均具有直接的积极和消极效应，以及间接的积极和消极效应[⑥]。安德林和哈伊南特（Andersen and Hainant，1998）对 FDI 流动与需求各组成成分的关系进行研究，认为 FDI 并不一定导致来源国工作机会的减少，相反，对外直接投资与出口是互补关系而非替代关系，所以是保护而非

[①] Jasay A. E. , "The Social Choice Between Home and Oversea Investment" [J]. Economic Journal, 1960 (7): 277 –285.

[②] Ruttenberg W B. , "Effects of UK Direct Investment Overseas" [M]. Cambridge University Press, 1968: 408.

[③] Hawkins, R. G. , "Job Displacement and Multi-national Firm: A Methodological Review" [J]. Center of Multinational Studies, 1972.

[④] Kravis, R. , R. Lipsey. , "The effect of Multinational firms foreign operations on domestic employment" [J]. NBER Working Paper, 1988. No. 2760.

[⑤] Hamill J, "Employment Effect of Changing Multinational Strategies in Europe" [J]. European Management Journal, 1992 (10).

[⑥] Campbell D, "Foreign Investment, Labor Immobility and the Quality of Employment" [J]. International Labor Review, 1994, 133 (2): 185 –204.

破坏来源国的工作机会①。陈添枝和顾英华（Tain – Jy Chen and Ying – Hua Ku, 2003）以中国台湾省为例实证分析了对外投资对岛内就业的影响，结果发现，对外投资导致岛内管理和技术岗位就业增加、非技术岗位就业减少，在大多数情况下综合净效应为正，具体情况视工作性质和海外投资的地域有所差别②。德巴尔、彼特、李等人（Debaere, Peter, Lee etc, 2010）研究了对外直接投资如何影响跨国公司所在国内就业的就业增长，结果表明，它与投资东道国的经济发展水平有关，投资到欠发达国家将降低跨国公司的就业增长率，尤其是短期；投资到较发达的国家则对其就业增长的影响不确定③。伊穆安尼·切萨雷、皮蒂利奥·罗莎娜、雷加纳蒂·菲利波（Imbriani Cesare, Pittiglio Rosanna, Reganati Filippo, 2011）基于意大利 2003 ~ 2006 的企业截面数据分析了 FDI 对母国国内就业和生产率的影响，初步结果表明，意大利的 FDI 对国内就业和国际化企业的平均表现影响有限，然而区分制造业和服务业不同部门则结果有明显不同，制造业 FDI 趋向增强国内生产率和一定程度的就业，但服务业 FDI 则对就业产生的是负效应④。扎普卡、弗洛里安、施文·克里斯蒂安、卡巴斯特·鲁迪格（Zapkau Florian B., Schwens Christian, Kabst Rüdiger, 2014）根据德国 1079 个中小企业数据考察了垂直型和水平型 FDI 对国内就业的影响以及不同企业所有权结构的作用差异，结果表明水平型 FDI 对国内就业具有正效应，垂直型 FDI 具有负效应；并且在所有人管理的中小企业其国外生产的子公司的建立引起国内裁员不太严重⑤。巴杰·卢比奥·奥斯卡、迪亚斯·莫拉，卡门（Bajo – Rubio Oscar, Díaz – Mora, Carmen, 2015）利用西班牙 1995 ~ 2011 年的数据分析了 FDI 对国内就业的影

① P. S. Andersen and P. Hainant, "Foreign Direct Investment and Employment in the Industrial Countries" [J]. BIS Working Paper, No. 61. 1998.

② Tainjy Chen, Yinghua K, "The Effect of Overseas Investment on Domestic Employment" [M]. Paper prepared for 14th East Asian Seminar on Economics. Taibei, Taiwan. 2003.

③ Debaere, Peter, Lee, Hongshik and Lee, Joonhyung, "It matters where you go: Outward foreign direct investment and multinational employment growth at home" [J]. Journal of Development Economics, 2010 (91): 301 – 309.

④ Imbriani Cesare, Pittiglio Rosanna, Reganati Filippo, "Outward Foreign Direct Investment and Domestic Performance: the Italian Manufacturing and Services Sectors" [J]. Atlantic Economic Journal, Dec2011, Vol. 39 Issue 4, p369 – 381. 13p.

⑤ Zapkau Florian B., Schwens Christian, Kabst Rüdiger, "Foreign Direct Investments and Domestic Employment of German SMEs: The Moderating Effect of Owner Management" [J]. Journal of Small Business Management. Jul2014, Vol. 52 Issue 3, p451 – 476. 26p.

响，认为其具体效应因投资的国家和活动差异而不同，同时与劳动力的技术水平因素有关①。

　　一些学者或机构对 FDI 在东道国的就业效应展开了研究。UNCTAD 在《World Investment Report 1994》中认为 FDI 对发展中国家就业效应的影响为正效应。FDI 在东道国的生产经营活动既直接创造就业机会，也间接创造就业机会，同时能改善东道国的就业质量。米茨凯维奇（Michiewicz，2000）等人对四个中欧国家的研究结果表明，FDI 在当地的就业创造过程中起到了关键的作用。② 大卫·威廉姆斯（David Williams，2003）利用英国外资公司子公司的数据，从跨国公司进入模式、子公司类型、母公司国籍三个因素分析了 FDI 对就业的影响，得出 FDI 的就业效应因上述三个因素的不同而不同，"绿地投资"产生正的就业效应，而并购投资方式则产生负的就业效应③。克里斯托夫·埃姆斯特（Christoph Ernst，2005）以阿根廷、巴西、墨西哥为例，时间跨度为1990~2002 年，研究表明由于 FDI 进入的方式和部门的原因，90 年代后大量涌入的 FDI 对于就业的影响总体是不如人意的，但相对拉丁美洲而言，中国跨国企业（TNC）对于就业的重要性更为明显，原因在于劳动力更多地雇佣在了有较高劳动密集度的部门④。付小兰和巴拉苏·布拉曼（Xiaolan Fu and V. N. Balasubraman，2005）通过将 FDI 引入 Smith - Myint 的出口剩余模型并运用计量方法对中国 1978 年以来 FDI 与城镇企业和乡村企业就业的关系进行了分析，并将其与国有企业进行对比。作者主要侧重于说明引入的 FDI 多分布在出口部门，吸收了较多的剩余劳动力，对改善中国的就业情况有着积极的作用⑤。谢长泰（Chang - Tai Hsieh，2006）在布莱恩·艾特肯和安·哈里森（Brian J. Aitken and Ann E. Harrison）的 "Do Domestic Firms Benefit from Foreign

---

① Bajo - Rubio Oscar, Díaz - Mora, Carmen, "On the employment effects of outward FDI: the case of Spain, 1995 - 2011" [J]. Applied Economics. 2015, Vol. 47 Issue 21, p2127 - 2141. 15p.

② Tomasz Michiewicz, Slavo Radosevic and Urmas Varblane, "The Value of Diversity: Foreign Direct Investment And Employment In Central Europe During Economic Recovery" [J], University of Tartu Faculty of Economics and Business Administration. 2000, Order No. 561.

③ David Williams, "Explaining employment changes in foreign manufacturing investment in the UK" [J]. International business review, 2003 (10): 479 - 497.

④ Christoph Ernst, "the FDI - employment Link in a Globalizing World: the Case of Argentina, Brazil and Mexico" [J]. Employment strategy papers from International Labor Office, 2005 (17).

⑤ Xiaolan Fu, V. N. Balasu Braman, "Exports, Foreign Direct Investment and Employment: the Case of China" [J]. FED Working Papers Series, NO. FE20050035. 2005.

Investment？ Evidence from Venezuela"基础之上，分析了 FDI 对中国本国企业的影响，指出 FDI 对于其投入行业中的本国企业的平均生产力（资本的、人力的）的提升并没有明显的影响，没有明显的证据表明 FDI 对于就业质量的提升有正效应①。桑托斯·保利诺、阿米莉娅和万广华（Santos - Paulino, Amelia U, and Wan, Guanghua, 2009）通过对中国和印度的实证研究表明，FDI 在对东道国经济绩效和就业增长发挥积极作用的同时，也带来一些诸如幸福指数下降、收入和区域不平衡等问题②。英克维、约翰·农科码（Inekwe, John Nkwoma, 2013）对尼日利亚 1990 ~ 2009 年两个不同部门的 FDI 与就业的关系进行了实证分析显示，制造业 FDI 对就业具有正效应，而服务业是负效应③。杰沃西科、贝娅特（Javorcik, Beata S, 2015）实证检验了"FDI 是否给东道国带来了好的工作？"，结果表明从工人和国家的视角确实如此。从工人的角度看，这是因为外企比内企的工资高，至少在发展中国家是如此，同时外国雇主往往比当地企业提供更多的培训；从国家的角度来看，是因为 FDI 促进了东道国劳动生产率的提高④。

随着 FDI 流动对我国就业影响的扩大，加上就业在国计民生中的重要性日益凸显，我国的学者对 FDI 流动的就业效应也作了一些有益的探索。

首先我们回顾下国内学者就 FDI 流入对我国的就业效应的研究状况。李海舰（2000）认为如果将改革开放 20 年分为三期，那么从 1980 年到 1995 年，FDI 流入起到了扩大就业的作用，从 1996 年到 1998 年仅起到了转移就业的作用，而从 1998 年到现在，基本上是一种扩大失业的作用⑤。黄为民（2000）通过回归分析认为 FDI 对第一产业、第二产业的就业起到了负面作用，而对第三产业的就业起到了促进作用，而综合影响为负⑥。牛勇平（2001）试图通过企业的所有制类型来分析外资对就业的实际绩效，认为在总量上 FDI 对 GDP

①　Chang - Tai Hsieh, "Do Domestic Chinese Firms Benefit from Foreign Investment？" [J]. University of California. Working Paper Series, 2006. No. 30.

②　Santos - Paulino, Amelia U, and Wan, Guanghua, "Special Section：FDI, Employment, and Growth in China and India" [J]. Review of Development Economics, 2009 (4)：737 - 739.

③　Inekwe, John Nkwoma, "FDI, Employment and Economic Growth in Nigeria" [J]. African Development Review. Dec 2013, Vol. 25 Issue 4, p421 - 433.

④　Javorcik, Beata S, "Does FDI Bring Good Jobs to Host Countries？ World Bank Research Observer". Feb 2015, Vol. 30 Issue 1, p74 - 94.

⑤　李海舰. 利用外商直接投资成效分析评价（上）[J]. 中国外资, 2000 (3).

⑥　黄为民. 外商直接投资对我国宏观经济影响的实证分析 [J]. 经济评论, 2000 (6).

和就业有一定影响，其中港澳台企业较为显著①。蔡昉、王德文（2004）运用人力资本理论分析了 FDI 与劳动力市场的关系，得出结论认为 FDI 对中国经济增长和就业具有显著效应②。王剑（2005）基于微观和宏观经济理论构建了外商直接投资与东道国就业的联立方程模型，将外资对就业的直接效应和间接效应纳入到一个理论模型中予以综合分析，并以中国的数据资料进行实证性的计量研究，结果表明外商直接投资一方面通过直接效应带动中国就业，另一方面通过挤出国内投资和提高生产率水平产生了减少就业的间接效应，但总效应是积极的③。黄旭平、张明之（2007）运用面板 VAR 方法研究 FDI 对就业和工资的动态影响，发现 FDI 对就业有正向影响，但其冲击反应总体上是负向的，尽管程度非常有限④。毛日昇（2009）利用中国制造业面板数据分析得出，FDI 显著促进了制造业就业增长⑤。刘志中（2011）通过实证分析指出中国服务业 FDI 能够改善就业⑥。刘宏、李述晟（2013）根据我国 1985～2010 年的时间序列数据，引入就业变量，通过构建 VAR 模型对 FDI、经济增长以及就业这三个变量进行动态计量分析。研究结果表明：FDI 对我国经济增长和就业具有明显的促进作用，我国经济增长对 FDI 的流入具有积极影响，但呈现波动态势。FDI 和其所带来的经济增长之间存在双向、动态的因果关系，同时 FDI 带来了就业的增加，这和经济增长之间也存在互动的促进关系⑦。刘玉、孙文远（2014）利用我国省级面板数据研究 FDI 对我国就业质量的影响，研究结论表明：就全国层面角度而言，FDI 显著提高了劳动者的就业质量；就我国不同地区层面而言，东中西部地区在参与 FDI 的过程中，FDI 对于就业质量的影响方向一致，但是呈现东中西部逐渐减弱的态势⑧。陈果、陈汉林（2014）以我国服务业 FDI 对服务业就业数量和就业质量的影响为视角，选取服务业产

① 牛勇平. 国际直接投资与中国就业量之间的关系 [J]. 经济学动态, 2001 (11).

② 蔡昉, 王德文. 外商直接投资与就业——一个人力资本分析框架 [J]. 财经论丛, 2004 (1).

③ 王剑. 外商直接投资对中国就业效应的测算 [J]. 统计研究, 2005 (3).

④ 黄旭平, 张明之. 外商直接投资对中国就业的影响: 基于面板 VAR 的分析 [J]. 中央财经大学学报, 2007 (1).

⑤ 毛日昇. 出口、外商直接投资与中国制造业就业 [J]. 经济研究, 2009 (11).

⑥ 刘志中. 中国服务业利用 FDI 的就业效应研究 [J]. 技术经济与管理研究, 2011 (1).

⑦ 刘宏, 李述晟. FDI 对我国经济增长、就业影响研究——基于 VAR 模型 [J]. 国际贸易问题, 2013 (4).

⑧ 刘玉, 孙文远. FDI 的就业质量效应: 基于省级面板数据的分析 [J]. 审计与经济研究, 2014 (6).

值、FDI 额和就业人数等相关指标进行实证分析。结果显示：服务业 FDI 的流入对我国服务业就业数量产生微弱挤出效应，对就业质量具有显著提升作用①。李莺莉、王开玉、孙一平（2014）实证考察了 FDI 对中国就业数量、产业就业结构、区域就业结构和就业质量的影响。研究发现，FDI 流入对中国就业数量和质量都存在显著的正向拉动效应，而 FDI 对就业影响的产业分布和区域分布存在明显的差距，基本呈现出"东部＞中部＞西部"和"第二产业＞第三产业＞第一产业"的格局②。

接下来看看国内学者就我国对外直接投资对我国国内就业的影响研究进展。由于我国对外直接投资起步较晚，规模较小，因此国内学者关于此方面的研究相对较少，初期多为理论分析，或者是简单的定量分析。如寻舸（2002）通过分析中国劳动力和资本市场，得出中国对外直接投资对中国就业具有正效应的判断③。杨建清（2004）从微观和宏观两个角度分析了对外直接投资的就业效应，认为中国发展对外直接投资对本国就业是利大于弊的④。黄晓玲、刘会政（2007）利用格兰杰（Granger）因果关系检验得出虽然对外直接投资对中国就业总量产生替代效应，但较为有限⑤。这些研究大多基于国外的就业理论或者简单将就业和对外直接投资进行回归，缺乏足够的说服力。近年来针对不同区域、不同行业、不同投资主体对外直接投资就业效应的研究逐渐多起来，也开始采用更为新颖、更为前沿的分析工具。在不同行业和不同投资主体方面，刘辉群、王洋（2011）运用 OLS 方法研究了中国对外直接投资对投资主体和具体行业就业量的影响，结果表明中国对外直接投资对国有企业和股份制企业的国内就业量有较小的替代作用，但对外商投资和港澳台投资企业有较大的促进作用；在五个行业中对商务服务业就业量的促进作用最大，其次是制造业和采矿业⑥。通过对区域的不同划分，不同学者有不同的结论，其中姜亚鹏、王飞（2012）研究了中国 30 个省（区、市）对外直接投资母国就业效应

① 陈果，陈汉林．中国服务业 FDI 对服务业就业影响的实证研究 [J]．对外经贸，2014（10）.
② 李莺莉，王开玉，孙一平．东道国视角下的 FDI 就业效应研究——基于中国省际面板数据的实证分析 [J]．宏观经济研究，2014（12）.
③ 寻舸．促进国内就业效应的新途径：扩大对外直接投资 [J]．财经研究，2002（8）.
④ 杨建清．对外直接投资对母国就业的影响 [J]．商业时代，2004（35）.
⑤ 黄晓玲，刘会政．中国对外直接投资的就业效应分析 [J]．管理现代化，2007（1）.
⑥ 刘辉群，王洋．中国对外直接投资的国内就业效应：基于投资主体和行业分析 [J]．国际商务：对外经济贸易大学学报，2011（4）.

的区域差异，结果表明在长期内我国对外直接投资与就业正相关，但最近 8 年各省（区、市）对外直接投资的母国就业效应存在一定差异，其中"一线城市"及沿边省份呈微弱负相关，其余省份为正相关①。张海波、彭新敏（2013）将中国分为不同经济发展水平地区和不同教育水平地区进行 GMM 估计，结果表明从总体来看，OFDI 对国内就业产生替代效应；从不同经济发展水平地区来看，高收入地区对国内就业具有补充效应，中等收入地区对国内就业具有替代效应，低收入地区的就业效应不显著；从不同教育水平地区来看，高教育水平地区对就业具有补充效应，而中等教育水平和低教育水平地区的就业具有替代效应②。张建刚、康宏和康艳梅（2013）将中国分为东、中、西三部分，分别研究各区域对外直接投资的就业效应，结果表明从总体来看对外直接投资对就业的创造效应大于替代效应，但各区域之间存在差异，东部地区对外直接投资对就业呈创造效应，中部地区表现出不确定性效应，而西部地区呈替代效应③。

综上所述，由于 FDI 进入的产业、区域、方式、动机及外溢效应发挥的差异性较大，加之各国的经济发展规律及宏观经济政策有其特殊性，因而其就业效应是复杂动态发展的，无法给其以唯一而确定的研究结论，凸显出该领域研究的复杂性和挑战性。

从已有的相关研究进展来看，仍存在以下几方面的空白或不足：①主要是从 FDI 流入的单维角度研究它对东道国就业的作用，缺乏从 FDI 流入、流出的双向二维层面探测其对东道国就业的综合效应；②未能将 FDI 流动与世界经济周期波动联系起来，全面考察经济周期波动与 FDI 流动的关系以及 FDI 的剧烈变动给东道国就业均衡带来的巨大冲击和其他深层影响；③主要从理论和实证方面分析 FDI 对就业的数量效应、质量效应和人力资本效应，对 FDI 的就业结构效应研究不够深入。且基本上是立足于静态层面，未能从动态视角探讨 FDI 在不同地域空间、产业间的流动所引致的劳动就业转移及其结构变迁；④缺乏从理论上深刻揭示 FDI 的就业转移效应产生的根源，未能对 FDI 的就业转移效

① 姜亚鹏，王飞. 中国对外直接投资母国就业效应的区域差异分析［J］. 上海经济研究，2012（7）.

② 张海波，彭新敏. ODI 对我国的就业效应——基于动态面板数据模型的实证研究［J］. 财贸经济，2013（2）.

③ 张建刚，康宏，康艳梅. 就业创造还是就业替代——OFDI 对中国就业影响的区域差异研究［J］. 中国人口资源与环境，2013（1）.

应的传导机理进行系统分析;⑤缺乏从公共政策视角看待 FDI 流动所引起的劳
动就业转移问题,其积极作用较受关注,负面效应研究不多,问题重视不够。
就业政策缺乏长远性、稳定性和有效性。

本书以当前世界经济周期剧烈波动下国际资本流动进一步加快、我国利用
外资进入新的发展阶段、国内就业和结构调整面临新形势为背景,通过对世界
经济周期理论、FDI 产业选择和区位选择理论、FDI 与就业关系等理论进行演
绎和归纳提出一个新的分析框架:经济周期波动→FDI 流动→经济空间重构→
就业转移→收入分配变迁,利用实证方法分析 FDI 流动与世界经济周期波动的
关联性,总结 FDI 流入流出我国的特征,全方位、多层面、动态评估 FDI 的就
业转移效应,深刻揭示 FDI 流动与就业转移的相互关系、传导渠道及其作用机
理,最后从公共管理的视角探讨开放条件下我国利用外资促进劳动力合理流
动、就业和谐和收入分配公平的公共政策取向。研究成果对我国引资和劳动就
业等宏观政策的制订有直接的参考作用,同时还将极大地丰富相关研究领域的
理论内涵。

0.3
研究内容与研究方法

本书主要由四大篇共九章构成:

第一篇—理论研究:经济周期波动、FDI 流动与就业转移的相关理论。 从
问题的形成背景、理论价值和现实意义阐述出发,以相关基本理论为指导,将
多个学科知识进行理论综合,形成新的理论分析框架。主要内容:①经济周期
理论:世界经济波动的生成原理、传导机制及其影响;②FDI 与劳动就业关系
的基本理论:FDI 理论、经济空间理论、就业理论、劳动力流动与收入差距等
相关理论;③经济周期波动→FDI 流动→经济空间重构→就业转移→收入分配
变迁:一个新的分析框架。

第二篇—实证分析:经济周期波动下 FDI 流动的就业转移效应测评。 从经
济周期波动下 FDI 流入流出我国的基本特征描述出发,运用计量方法分析它对
我国就业转移、结构调整和收入分配的影响。主要内容:①经济周期波动、
FDI 流动与就业的相关性;②FDI 流动对我国就业均衡的影响;③FDI 流动对

我国经济空间重构的影响；④FDI 流动对我国就业转移和收入分配的影响：基于联立方程模型的直接与间接效应的定量测度；⑤FDI 流动对我国就业转移和收入分配的动态影响：基于 CGE 模型的政策模拟分析。

第三篇—机理探源：经济周期波动下 FDI 流动的就业转移效应传导渠道及其作用机理。从静态和动态、直接与间接等多个层面分析经济周期波动下 FDI 流动如何通过产业转移影响国内就业转移以及国民收入分配变迁的渠道及作用机制。主要内容：①FDI 的区位选择和外企劳动力流动的影响因素：基于问卷调查的分析；②FDI 流动、就业转移与收入分配的关联机理。

第四篇—政策设计：利用 FDI 促进我国劳动就业的公共政策。基于上述传导渠道及其作用机理，利用公共经济管理学的理论和方法，探讨利用外资促进我国产业转移和劳动就业均衡增长的公共政策取向。主要内容：①我国引资和劳动就业管理政策的现状、问题和制度缺陷；②我国引资和劳动就业引入公共政策的必要性、可行性和基本原则；③区域引资和劳动力迁移的博弈分析；④国内外相关经验借鉴；⑤利用外资促进劳动就业均衡增长的公共政策创新和选择。

0.4

研究思路与技术路线

本书按照"理论研究→实证分析→机理探源→政策设计"的基本思路，层层相扣，步步推进，在技术路线上形成了一个科学、完整的逻辑工作链条。见图 1 – 本书研究技术路线。

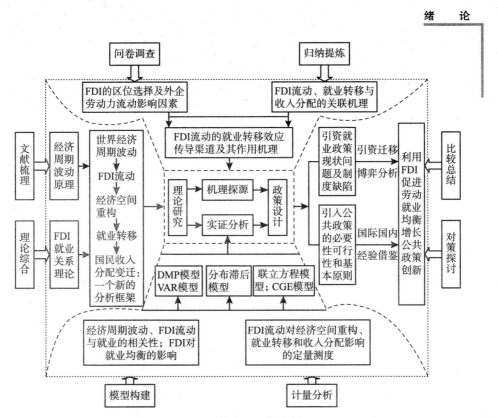

图1 本书研究技术路线图

第一篇

理论研究

第 1 章

经济周期波动、FDI 流动与
就业转移相关理论

本章拟通过对经济周期理论、FDI 理论、经济空间理论、就业理论、劳动力流动与收入差距等相关理论的回顾和梳理，尝试性地构建一个新的理论分析框架：经济周期波动→FDI 流动→经济空间重构→就业转移→收入分配变迁。并在后面的章节对这个分析框架展开深入的实证、机理和政策分析。

1.1
经济周期理论

经济周期（business cycle）也称商业周期、景气循环，它是指经济运行中周期性出现的经济扩张与经济紧缩交替更迭、循环往复的一种现象。在世界各国的发展过程中，经济的周期性波动是无法避免的，它在一定程度上反映出一个国家乃至世界总体的发展状况和矛盾。随着国际贸易和国际资本流动的迅速发展，全球经济一体化的进程加快，经济周期的生成机理、传导渠道及其对经济的影响已经成为国际国内迫切需要研究的重要理论与现实课题。

国外学者对经济周期已经进行了较长时间的研究，形成了一些系统的经济周期理论，这些理论从不同的角度研究了经济周期的形成原因、形成机理和传导机制等，为本书相关理论研究提供了极为重要的理论基石。下面仅简要介绍其中较有代表性的凯恩斯经济周期理论、货币主义经济周期理论、实际经济周期理论、新凯恩斯主义经济周期理论。

（1）凯恩斯经济周期理论：凯恩斯于 1936 年在《就业、利息和货币通论》一书中提出了经济周期的概念：经济发展到一定阶段可能会出现一种先向上，再向下，然后再重新向上的一种经济的周期性运动，而且还具有非常显著的规律性特点，这就是经济周期。他认为，经济周期的产生主要是由于投资率的变动造成的，投资率的变动则是因为资本边际效率的变动所引起的，资本边际效率的变动主要是来自于投资市场中的心理变化，所以就不能把决定要投资金额的职责交到私人手中，而是应该由政府谨慎的加以控制和管理。凯恩斯认为在经济周期中能够有所作为以克服经济危机的就是政府。他认为作为监管经济的政府应该实行逆经济风向的需求管理政策以减少经济的波动，努力维护经济的繁荣稳定。在经济处于繁荣阶段时，政府可以采取增加税收或者减少政府购买以便给经济降温，在经济处于衰退阶段时，政府应该减少税收或者通过增加政府开支以达到拉动经济复苏的目的。理想状态下，政府如果在适当时机采取合适的宏观政策，则可以稳定国内总需求，保持充分就业，消除经济周期波动的影响。

（2）货币主义经济周期理论：20 世纪 60 年代末到 70 年代初，西方国家出现了经济停滞、高失业率和高通货膨胀交织并存的"滞胀"现象，此时西方国家惯用的凯恩斯主义政策已经失灵，传统的凯恩斯经济周期理论受到了强力的挑战，取而代之的是新古典宏观经济学代表人物卢卡斯等提出的货币主义经济周期理论。这一理论把经济周期的波动原因归结为是由于货币数量的变动所引起的，当货币供应量的增长率较高或较低时，都会引起总需求与实际经济活动的对应波动。货币主义者认为，货币数量的变化不但会引发价格水平的变化，并且在很短时间内还会对实际产量造成影响。当货币供给数量增加时，通常都会导致对非货币资产支出的增加，从而会导致市场总需求、总产量以及价格水平的增加，那么经济就会进入到繁荣阶段。但是一般产量的增加都会受到资源等因素的限制。此时，增加货币量只是会引起物价的上涨。那么，在这种情况下实际产量又会出现下降，经济会重新回到原来的水平。另一方面，货币量的减少会导致经济萧条的发生。该理论还将货币冲击分为预期到的和未预期到的，认为是未预期到的货币供给的冲击引起了经济波动。货币主义者认为，由于货币量主要是由中央银行控制的，所以中央银行为了达到使货币量扩张或收缩的目的要采取的政策措施都会引起经济的波动。

（3）实际经济周期理论：尽管货币经济周期理论成为正统凯恩斯主义最主要的挑战者，尽管货币周期理论对于解释经济波动中的一些极端情形有一定的说服力，然而到了 20 世纪 80 年代，该模型同样陷入了理论和实践上的困境，已经被广泛地认为在当时的工业化国家是不适用的。与此同时，宏观经济波动并非仅仅缘于需求波动的特征也表现得十分明显，供应方面的波动（比如石油价格上涨、劳动生产率增长下降等）在经济周期中的作用变得越来越突出。正是在这样一种背景下，从 80 年代开始，以芬恩·基德兰德、爱德华·普雷斯科特等为首的一些被称为新古典宏观经济学第二代的经济学家，寻求既能在经验上站得住脚、又能避免早期新古典模型理论弱点的，对经济周期能严密解释的新经济周期理论，由此导致了实际周期理论的形成，并成为 80 年代以来宏观经济学最引人注目的发展之一。基德兰德和普雷斯科特将经济周期理论与经济增长理论结合起来，详细论证了供给方冲击也可能会产生广泛的影响力。他们排除了货币因素作为经济波动初始根源的可能性。按照他们的分析，经济周期波动的根源是各种实际因素作用的结果，包括科学技术的突然变化、生产力的变化以及消费者偏好的改变和其他意外变化等，其中特别值得注意的是技术冲击。技术冲击决定了资本和劳动的投入转变为产出的能力，从而引起产出与就业的波动。他们认为，政府的反周期政策不起作用，政府没有干预经济的必要。产出和就业的波动是理性经济主体对冲击的最优反应，市场机制本身可以自发地使经济实现充分就业的均衡，而作为外生力量的经济政策则难以与实际周期达到时间一致，并且还会减少人们的福利水平。基于这些认识，"实际经济周期理论"者将政策及其失误作为一种不利的外部冲击，主张政府不应试图用稳定政策来消除波动。

（4）新凯恩斯经济周期理论：为弥补原凯恩斯主义的不足，20 世纪 80 年代几乎与实际经济周期学派同时期的一个主张政府干预的新学派出现了，这就是新凯恩斯主义，其代表人物主要有曼昆、斯蒂格利茨、罗默等。新凯恩斯主义经济学家认为，经济波动的根源可能来自供给一方，也可能来自需求一方。供给冲击因为经济中存在着刚性和不完全性，演化为经济波动，刚性和不完全性会放大冲击的效果，从而导致就业和实际产出发生重大的波动。新凯恩斯主义者认为，在经济运行过程中存在着一种机制，这种机制的存在可以扩大企业所要经受到的未预期到的各种外在的冲击，而且可以把这些外在冲击转变成一些大的波动。但是另一方面经济不仅仅只是扩大这些冲击，它还使得各种冲击的影响通常在最初的干扰消失以后还继续持续相当长的一段时间。新凯恩斯主义者往往不相信市场经济可以吸收各种冲击，而且还可以对冲击做出反应并保持充分就业。相反，他们认为在很多情况下，经济实际上是扩大了冲击而且往往使冲击发挥的作用继续存在。为此，新凯恩斯经济周期理论主张政府干预。

（5）经济周期理论简评：总结上述不同经济周期理论可以发现，经济周期理论主要在于解释世界经济周期波动的生成原因、传导渠道和作用机理及其经济影响，但由于经济体系高度复杂充满着模糊性，由于认识能力和研究手段的局限性，不同的经济学流派难以得出完整、全面、正确的认识。但是从中我们也可以看出其共同之处是，都在不同程度上承认了需求特别是投资需求对于经济周期波动的生成作用以及经济周期波动对产出和就业的影响。这为本章的研究提供了一定的理论支持。

1.2

FDI 理论

在国际投资学的形成和发展过程中，国际间接投资理论形成的时间较早，而国际直接投资（FDI）理论形成的时间则较晚，这与国际投资发展的历史进程是一致的。但是，由于国际直接投资所涉及的问题比国际间接投资要复杂得多，并且已成为第二次世界大战后许多国家参与国际经济的首选方式，因此经济学界着重对国际直接投资进行了研究，国际投资理论也主要是指国际直接投资理论（吴文武，2000）[1]。

国际直接投资（FDI）理论着重研究跨国企业对外直接投资的决定因素、发展条件及其行为方式等。目前西方学者在这方面的研究暂时走在前面，国内才刚刚起步。FDI 理论大体可分为宏观理论和微观理论两类。宏观理论主要考察一国国际投资地位与该国宏观特征和经济发展水平的关系，考察国际资本流动对国别经济和国际经济的宏观影响；而微观理论主要考察企业的对外直接投资行为。然而，现有的 FDI 理论还很不完善，一个综合性的理论框架尚未形成。FDI 理论的发展远远没有满足实践的要求，距成熟的理论体系尚存在相当长的距离。当前的 FDI 理论在特定范围、特定时期、一定程度上能够说明某些国家的外商投资行为，但普遍适用于世界范围、合理解释和预测所有国家的外商投资行为的理论尚未形成。但是，即便如此，在研究中国外商投资问题时，西方理论的分析框架或许不是最适宜的，但起码是可以借鉴和在一定程度上使

---

① 吴文武. 跨国公司新论［M］. 北京大学出版社，2000.

用的。事实上，这些分析框架即使在分析西方发达国家之间的跨国投资时，也并不见得十分贴切，理论本身也仍然在发展与变化过程中，适宜总是相对的。因此，借鉴西方跨国投资理论研究中国问题，对于理解跨国公司在华投资行为和提高中国理论研究的学术水平具有重要意义（魏后凯等，2002）[①]。下面仅简要介绍 FDI 理论中较有代表性的理论。

（1）海默（Stephen H. Hymer）的垄断优势理论：垄断优势理论是西方最早系统研究对外投资的独立理论。1960 年，海默（Stephen H. Hymer）的博士论文《民族企业的国际经营：FDI 研究》在理论上开创了以 FDI 为研究对象的崭新的研究领域[②]。他第一个论证了 FDI 不同于一般意义上的对外金融资产投资（间接投资），其论文标志着 FDI 理论的诞生。该理论认为，对外直接投资是市场不完全和寡头垄断的产物，是拥有某些垄断优势的大企业为追求控制不完全市场而采取的一种行为方式。在完全竞争中，所有企业都能生产同一产品并能同样容易地获得生产要素，但现实中绝大多数市场是不完全的。海默认为，正是这种市场不完全造成的垄断优势构成国际企业对外直接投资的决定因素。如果产品和生产要素市场运行完全有效，对外直接投资就不会发生。对外直接投资的实质乃是培植、拓展和充分利用跨国公司总部所享有的特定垄断优势（Specific Advantages），以谋取高额利润。

（2）弗农（Raymond Vernon）的国际产品生命周期理论：美国哈佛大学商学院教授雷蒙德·弗农（Raymond Vernon）于 1966 年发表《产品周期中的国际投资和国际贸易》一文，提出了国际产品生命周期理论[③]。弗农认为，垄断优势理论并没有彻底说明跨国公司需要通过 FDI 而不是通过产品出口和技术转让来获取利润的根本原因。他指出，国际产品的生命周期的发展规律决定了企业为占领国外市场而进行对外投资。由于世界各国在科技进步及经济发展水平等方面存在差别，使得同一产品在各国开发生产、销售和消费上存在时间差异，这种时间差异就是国际产品生命周期。根据国际产品生命周期理论，企业从事对外直接投资是遵循国际产品生命周期即产生、成熟、下降的一个必然步骤。

---

①　魏后凯. 外商直接投资对中国区域经济增长的影响 [J]. 经济研究，2002（4）.

②　Hymer. S. H.，"The International Operations of National Firms：A Study of Direct Foreign Investment" [M]. The MIT Press Cambridge，Mass. 1960.

③　Vernon Raymond，"International investment and international trade in product cycle Quarterly" [J]. Journal of Economic，1966（5）：238 - 241.

（3）邓宁（John H. Dunning）的国际生产折中理论：针对以往 FDI 理论中存在的某些局限性，英国经济学家邓宁（John H. Dunning）于 1977 年在一篇题为《贸易、经济活动的区位与多国企业：折中方法探索》的论文中提出了国际生产折中理论（OLI Model）①。折中理论认为，一个企业从事对外直接投资必须具备三个方面的优势即所有权特定优势（ownership-specific advantage）、区位特定优势（location-specific advantage）和内部化特定优势（internalization-specific advantage）。企业缺乏任何一个优势，都不可能或不应该从事直接的海外生产活动。

（4）小岛清（Kiyoshi Kojima）的"比较优势论"：小岛清（Kiyoshi Kojima）是日本一桥大学教授，于 1978 年在其代表作《对外直接投资》一书中阐明了他的"比较优势论"②。它是在分析和总结"垄断优势论"的基础上，结合日本的具体情况，坚持从宏观经济出发，提出了以比较利益为中心的 FDI 理论。这个理论突出了以下三点创新（任承彝，1998）：摒弃了"市场不完全竞争"的论点，提出了从日本宏观经济利益出发的发展对外直接投资的论点。要求从本国具体情况出发，强调对资本输出国和资本输入国的比较成本（利益），必须给予同等的重视，并据以制定对外直接投资的策略，从而使东道国乐于接受日本的投资。摒弃了"垄断优势"的论点，提出了维护比较优势的论点。摒弃了"贸易替代型"的论点，提出了与贸易导向并行不悖的 FDI 理论。

（5）发展中国家 FDI 理论：上述理论属于传统的 FDI 理论，主要是以发达国家的跨国公司的对外投资为研究对象。20 世纪 70 年代以后出现了一些解释发展中国家对外投资动因的新理论。美国经济学家刘易斯·威尔斯（Louis J. Wells）于 1977 年在题为《发展中国家企业的国际化》一文中提出"小规模技术理论"。1983 年威尔士在其专著《第三世界跨国公司》中，对小规模技术理论进行了更详细的论述③。威尔士认为，发展中国家跨国公司的竞争优势主要表现在三方面：第一，拥有为小市场需要服务的劳动密集型小规模生产技

---

① John H. Dunning, "Trade, Location of Economic Activity and the MNE: A Search for An Eclectic Approach" [J]. The Service Industries Journal, 1977.

② Kojima K, "Direct Foreign Investment" [J]. Vorschl01ge Für Dienrichtung Der Betriebsverwaltungner Kleinbahn, 1978 (89): 1441 – 1480.

③ Louis J. Wells, "The internationalization of firms from the developing countries" [J]. MIT Press, 1983.

术。第二，在国外生产民族产品。第三，产品低价营销战略。该理论对于分析指导发展中国家的跨国公司在国际化的进程中怎样争得一席之地是具有启发意义的。英国学者拉奥（Sanjaya Lall）于 1983 年提出了技术地方化理论来解释发展中国家跨国公司竞争优势的来源①。技术地方化理论认为，发展中国家跨国公司的技术特征虽表现为规模小、使用标准技术和劳动密集型技术，但这种技术的形成却包含着企业内在的创新活动，发展中国家对发达国家的技术引进并不是被动的模仿和复制，而是进行了改造、消化和创新，正是这种创新活动给引进的技术赋予了新的活力，给引进技术的企业带来新的竞争优势，从而使发展中国家的企业在当地市场和邻国市场具有竞争优势。

（6）竞争优势理论：哈佛大学教授迈克尔·波特（Michael E. Porter）于 1990 年提出了竞争优势理论，对国际直接投资理论研究产生了重大的影响②。竞争优势理论研究的核心问题是国际竞争环境与跨国公司竞争战略和组织结构之间的动态调整及相互适应的过程。波特认为，跨国公司的各种职能可以用价值链的构成来描述，而价值链是跨国企业组织和管理其国际一体化生产过程中价值增值行为的方法。跨国公司在国际竞争中确定并开拓构成价值链的各种活动和联系的能力是企业竞争优势的重要来源，而跨国公司进行的对外投资战略，无非是对不同活动的国际区位和对企业所控制的各类实体的一体化程度作出的选择。波特的理论是国际直接投资理论的最新发展，其中的菱形动态模式指出了跨国公司对外投资应该采取"先内后外"的顺序，具有理论创新的意义。另外，该理论关于激烈的国内竞争导致对外投资的发生，而在激烈的竞争中获得的竞争优势是对外投资成功的关键的论断无疑也是正确的。但竞争优势理论仅仅是波特针对日本企业的情况提出来的，对其他国家的适用性还有待检验。

（7）FDI 理论简评：综观 FDI 理论的发展历程，早期的经典 FDI 理论主要是西方学者从发达国家的跨国公司角度探讨了企业组织跨境成长的经济合理性 – FDI 的动因、决定因素和条件，后来随着一些发展中国家经济的快速发展和对外投资规模的扩大，出现了解释发展中国家对外直接投资的理论。但是，由于 FDI 的投资来源国不同，跨国公司的自身条件各异，进入的产业、区域、方

---

①　Lall Sanjaya, "The new multinationals: the spread of Third World enterprises" [M]. Hichester West Sussex New York: Wiley, 1983.

②　Porter, M. E, , "The Competitive Advantage of Nations" [M]. Free Press, New York, 1990.

式、动机及外溢效应发挥的差别较大，加之各国的经济发展规律及宏观经济政策有其特殊性，因而这些 FDI 理论的普适性和应用性还需要经过实践的进一步检验。特别是在经济全球化快速推进、世界经济周期剧烈波动给跨国公司的投资战略及行为带来越来越大影响的今天，如何将 FDI 行为与经济周期波动联系起来，如何利用理论与实证相结合的方法进一步研究 FDI 的经济效应及国民福利后果将是未来 FDI 理论的重要发展方向。

1. 3

经济空间理论

经济空间，即经济的空间结构，它是一个经济地理学的概念。它指的是不同地域、不同产业经济增长及其差异的形成、特点和结构演变的过程。在经济学研究中，空间经济研究一直是非主流并且容易被忽视。在空间经济学中，经济空间强调的是不同区域或产业之间的经济联系和结构，并不拘泥于原有的行政区划。空间经济学是在区位论的基础上发展起来的。德国经济地理学家冯·杜能（1826）提出著名的农业区位论标志着区位论的开创，同时也是真正把空间引入到经济学领域研究，他设定的"杜能圈"是区域经济学和空间经济学的理论基础[①]。随后，阿尔弗雷德·韦伯（1909）创立了工业区位理论，该理论的主要思想是通过对生产要素的分析计算，找出企业生产成本最低的区位[②]。其后，沃尔特·克里斯塔勒（1933）[③]、奥古斯特·廖什（1939）[④] 分别探讨了城市区位和市场区位的空间问题。20 世纪 50 年代以来，世界经济发生了很大的发展变化，给区位论学者们提出了许多新的课题，学者们改变了以往的研究方式，开始发展空间结构理论、区域科学等新的领域。沃尔特·艾萨德（1956）整合了前人的观点和思想，提出了"一般区位论"，他提出空间问题就是厂商在选择区位时，综合考虑运输成本与生产成本的总成本最小化[⑤]。美国经济学家保罗·克鲁格曼（1991）提出了著名的"中心 - 外围"模型，该

① 冯·杜能. 孤立国同农业和国民经济的关系 [M]. 商务印书馆, 1997.
② 阿尔弗雷德·韦伯. 工业区位论 [M]. 商务印书馆, 1997.
③ 沃尔特·克里斯塔勒. 德国南部中心地原理 [M]. 商务印书馆, 1998.
④ 奥古斯特·廖什. 经济空间秩序 [M]. 商务印书馆, 2010.
⑤ 沃尔特·艾萨德. 区域科学导论、区域分析方法 [M]. 高教出版社, 1995.

模型开创性地将递增报酬与垄断竞争分析工具用于空间经济研究，奠定了空间经济学的基础，使空间问题进入了主流经济学研究的视野，克鲁格曼整合了此前经济学界在国际贸易和地理经济学方面的研究，在自由贸易、全球化以及推动世界范围内城市化进程的动因方面形成了一套理论，他因此在 2008 年获得了诺贝尔经济学奖，以表彰他在分析国际贸易模式和经济活动的地域等方面所作的贡献，也正是保罗·克鲁格曼的理论使得空间经济学与国际经济学做到了较好的融合①。

作为上述理论及其思想的延伸，未来的经济空间理论有必要进一步探讨全球化背景下经济周期波动、国际资本流动与国际贸易模式变迁的关系及其对经济活动的空间组织形态的影响，从这个角度来看，本书的研究无疑有助于丰富和发展前人的有关经济空间理论研究的内涵和成果。

1.4

就业理论

就业问题从表面上看是一个经济问题，但从深层探究它也是一个社会问题、政治问题，因此始终是当今世界各国社会经济发展的重大问题。从系统的理论研究角度来说，如果从 19 世纪初期法国经济学家让—巴蒂斯特·萨伊在其 1803 年出版的《政治经济学概论》中提出的所谓"萨伊定律"算起，就业理论已有 200 余年的历史了。但是就业作为一个重大的理论问题而受到西方经济学界的重视，应该是从 20 世纪 30 年代经济危机时期开始的。此后，就业问题一直困扰着世界绝大多数国家。在经济全球化迅猛发展的今天，劳动就业日益成为经济社会发展中的突出问题。回顾和总结就业理论，对于进一步提高对就业问题的认识，明确本书研究的价值有特别重要的意义。

就业理论简单分类来看，可划分为西方经济学的就业理论、发展经济学的劳动力转移理论、马克思主义的就业理论等。这里主要概述前两种就业理论。

1.4.1　西方经济学的就业理论

（1）古典学派的自愿失业理论：1803 年，法国经济学家萨伊在其《政治

① Paul Krugman, Geography and Trade ［M］. Cambridge, Mass. The MIT Press, 1991.

经济学概论》一书中提出的"供给会自己给自己创造需求",即"萨伊定律",它是西方传统就业理论的基石①。萨伊认为,在资本主义自由竞争制度下,如果工资不是刚性的而是具有弹性的,则根本不会发生真正的失业;只要人们愿意按照现行工资水平受雇于资本家,就都会有工作。充分就业被说成是社会经济活动中的自然的倾向。庇古对就业问题的看法是从萨伊定律出发的。他认为,只要存在着完全竞争制度下的劳动力市场,那么,工资就可以随着劳动市场供求的变化而变化,就业量也将随之而自行调整;只要工人愿意接受现行工资水平,就都能就业。

(2) 凯恩斯主义的非自愿失业理论:1929～1933 年的经济大危机给人们带来了难以置信的灾难,英国失业人数一度高达 3500 万人以上。传统的西方经济学就业理论不攻自破。在此背景下,凯恩斯在其 1936 年出版的《就业、利息和货币通论》中,提出了一种与传统的西方经济学就业理论不同的就业理论②。他认为,资本主义社会有"非自愿失业",但失业并不是资本主义制度的必然产物,而是"有效需求"不足的结果,只要采用国家干预经济的政策,增加"有效需求",就可以实现充分就业。凯恩斯就业理论一出现,就引起了整个西方经济界的轰动,被称为"凯恩斯革命"。此后,西方一些主要国家的政府均接受凯恩斯理论,宣告以实现"充分就业"作为制定经济政策的目标。凯恩斯认为,只要消除了"非自愿失业",就意味着充分就业。

(3) 新古典综合派的就业理论:按照凯恩斯的就业理论,在失业和通货膨胀之间存在着一条分界线,即只有超过了充分就业的总需求才会有通货膨胀。他没有能解释失业与通货膨胀并存的现象。即凯恩斯理论只能说明需求过度引起的通货膨胀,而不能解释成本增长推动的通货膨胀。1958 年菲利普斯在《英国 1861～1957 年失业率和货币工资率的变化率之间的关系》③ 一文中,绘出一条表示失业率与货币工资变动率之间关系的曲线,这条曲线被萨缪尔森和索罗称之为"菲利普斯曲线"。曲线表明:失业减少,工资增长就快;失业增加,工资增长就慢。由于失业率与工资增长率之间的关系可以表述为失业率与物价上涨率(通货膨胀率)之间的关系。所以菲利普斯曲线可表明失业与

① 萨伊. 政治经济学概论 [M]. 北京:商务印书馆,1963.
② 凯恩斯. 就业、利息和货币通论 [M]. 北京:华夏出版社,2012.
③ Phillips A W., "The Relation Between Unemployment and the Rate of Change of Money Wage Rates in the United Kingdom, 1861 – 1957" [J]. Economica, 1958, 25 (100):283 – 299.

通货膨胀之间的关系。菲利普斯曲线的出现，为西方国家政府制定宏观经济政策提供了一个依据。即：当政府认为通货膨胀已经成为经济不稳定的主要因素时，则可以用提高失业率的办法来降低通货膨胀率；或者，当政府认为失业率已经成为经济不稳定的主要因素时，则可以用提高通货膨胀率的办法来降低失业率。使失业率和通货膨胀率都控制在社会可以接受的范围之内。

（4）现代古典学派的就业理论：从 20 世纪 60 年代初开始，凯恩斯主义的就业理论又受到一些经济学家的怀疑。以弗里德曼为代表的货币主义学派就是反对凯恩斯就业理论的先锋。1968 年，弗里德曼提出"自然失业率"假说。他认为，自然失业率是"在任何时候，都存在着与实际工资率结构相适应的某种均衡失业水平"。由此出发，弗里德曼强调政府不必干预，听任市场的自发调节，让失业人口自行消长。他认为，"如果依靠'单一规划'使资本主义经济保持稳定，那么整个经济也就会正常地运行，就业问题将在这个正常的经济环境中逐步得到解决，最终使高于或低于'自然失业率'的市场失业率接近于'自然失业率'水平，也就是接近均衡的失业率水平。"

与货币主义相类似，反对凯恩斯就业理论的还有 20 世纪 70 年代兴起的供给学派和理性预期学派。供给学派批评凯恩斯学派片面注重需求而忽视供给，认为美国经济的主要问题在于供给，所以他们重新搬出"萨伊定律"，认为只要市场机制发挥作用，就业问题可以自行解决，国家没有必要干预经济，刺激需求。理性预期学派则认为，人们的理性预期会抵消政府干预经济的政策的作用，从而使之化为乌有。经济的运行有它自身的规律性，它主要受人们的心理活动的支配，不受外界力量的支配，因而提出：政府不应当违背常规行事，一切应当顺乎经济的自然。政府越是背离常规行事，它在公众心目中的信誉就越差，公众越要设法对政府可能采取的政策进行估计和采取预防性的对策。即任何形式的国家干预经济的措施归根到底是徒劳无益的。

由此可见，货币主义、供给学派和理性预期学派的就业理论从某种意义上说都是古典就业理论的复归，他们再次强调自由放任、反对国家干预。

1.4.2　发展经济学的就业理论

第二次世界大战结束以后，许多殖民地国家纷纷独立，世界经济与政治格局发生了根本性的变化。为了维持世界资本主义经济的发展，也作为对世界经济格局变化的一种反应，经济学家们开始关注第三世界国家的经济发展和就业问题，其中，刘易斯·费·拉尼斯的二元经济发展模型和托达罗的劳动力转移模式在理论界产生了重大的影响。

威廉·阿塞·刘易斯于 1954 年发表了《劳动力无限供给下的经济发展》[①]一文，最早系统提出了经济发展中劳动力由农村向城市流动的转移模式，受到经济学界的高度重视。刘易斯把发展中国家的经济分为传统的"维持生计部门"和"现代资本主义部门"两个部分，并由此称之为二元经济。刘易斯认为随着这些国家经济的发展，传统部门的劳动力将不断地被吸收到现代部门，现代部门的发展过程中，能以几乎保持不变的低水平工资不断从传统部门获得充裕而又廉价的劳动力。

1961 年，费景汉和古斯塔夫·拉尼斯合作写成了《劳力剩余经济的发展》[②]一书，对刘易斯的二元经济模式给予了补充和发展。在他们的模型中对农业也给予了必要的重视，他们把二元经济的发展分为三个阶段：第一，农业中存在大量过剩劳动力，劳动的边际生产力接近于零，工业部门能得到无限的劳动供给；第二，工业吸收劳动力达到一定数量以后，农产品开始出现短缺，工业贸易条件恶化，工资开始较快地上升，工业吸收劳动力的进程变缓。第三，农业劳动生产力明显提高，市场化进程加快。等到城乡工农业市场趋向统一，劳动力流动及其工资率趋于均衡时，二元经济将不再存在。费·拉尼斯同样认为，要使发展中国家实现工业化，增加工业部门中的劳动力就业，必须使工业部门获得更多的利润。一方面使工业部门愿意增加劳动力的雇佣；另一方面使工业部门有足够的利润被用于再投资，以便吸纳更多的劳动力。

刘易斯·费·拉尼斯的二元经济发展模型以城市中不存在失业为前提，注重发展城市经济，而忽视农村的发展以及城乡结构的平衡与协调，从而存在较大的局限性。针对这一弱点，迈克尔·皮·托达罗对发展中国家的经济发展与就业问题进行了独到的研究，提出了他自己的劳动力转移和就业理论。他认为大量劳动力向城市流动在发展中国家是经常发生的，关于这一劳动力转移的动因问题，他引进了两个主要变量，概括地说，由乡村迁往城市的决定与两个主

---

① Lewis, "Economies Development with Unlimited supplies of Labor" [J], Manchester School Economic Science Studies, 1954 (22): 39 –191.

② Fei C. H. and Ranis G., "A Theory of Economic Development" [J], American Economic Review, 1961 (9): 128 –146.

要变量有关：①城乡实际收入的差异；②获得城市工作的可能性。后一个变量在分析中起关键作用。与刘易斯·费·拉尼斯的模型不同，托达罗强调收入预期因素在劳动力迁移中的作用，迁移者要考虑预期的收入差异与迁移代价的比较，而不仅限于现实的收入差异。他认为发展中国家城市失业和农村劳动力过剩是一个长期性的问题。

1.4.3　就业理论的新发展——就业观点重心从宏观到微观的深入

随着经济学家对就业问题考察的不断深入，他们的视线也不断地从宏观层次转向微观层次，理论研究也不断地由抽象变得具体，这反映了就业理论的"重心"出现不断下移的倾向。在古典经济学那边，就业理论主要存在于他们抽象的理论假设之中：只要市场正常运转，就能实现充分就业。20 世纪 30 年代大危机以后，经济学家们开始真正重视就业问题。凯恩斯正是看到市场解决就业问题中出现失灵的事实，发现有效需求不足的市场"惯性"，进而从宏观上提出刺激需求、促进就业的经济学说和政策主张。然而凯恩斯的就业理论只是一个总量理论，很难适用于深入的具体操作。60 年代西方失业问题又显突出，并日益与通货膨胀交织在一起，于是引导出劳工市场的结构分析。托宾的劳工市场技术结构分析、希克斯的劳工市场部门结构分析等都可谓是凯恩斯以后就业理论从总量向结构的深化。

20 世纪 60 年代以后，就业理论的另一个演变就是向劳动力供给为重点的微观层次发展。贝克尔通过家庭产出（home - production）法来分析家庭的行为模型，把家庭的许多活动看作是"家庭生产"，例如做饭、购物、洗衣服等都被看作给家庭带来效用的生产活动，这些家庭效用可以通过对"生产时间"与"购买物品和劳务"进行不同的组合而获得。这样具有不同规模、不同收入以及不同劳动优势与偏好的家庭会在就业、家庭生产以及休闲之间进行不同的选择，从而决定或影响着劳动供给。

在劳动力供给的理论方面更为值得一提的则是人力资本理论。20 世纪 60 年代，美国著名经济学家西奥多·舒尔茨从长期的农业问题研究中发现，促使美国农业产量迅速增加和农业劳动生产力提高的重要原因是人的能力和技术水平的提高，它对经济增长的贡献远比物质资本和劳动力数量的增加更为重要。

基于这一思想，舒尔茨提出了人力资本的概念（Manpower Capital），是体现在劳动者身上以劳动力数量和质量表示的非物质资本。人力资本概念提出以后就在劳动就业理论中得到广泛的运用，人们开始运用它来分析劳动者技能差异的原因、个人收入差异的原因、教育与培训的投资行为以及劳动力流动等问题。它在更大程度上动摇了以往建立在劳动力匀质性前提下的劳动就业理论，从而更有效地促进了就业理论向纵深发展。

在最近 20 多年的时间里，就业理论又在许多方面取得了更新的进展，主要包括工作寻访理论、隐性合约理论、内部人——外部人理论和利润分享制理论等，由于篇幅关系，在此不再赘述。

1.4.4　就业理论简评

就业理论的所有这些演变过程以及诸多新理论的出现，都反映出一个明显的特征，那就是就业理论的重心正日益地从宏观向微观下移，并且越来越侧重于劳动力的供给方面。

纵观每一个就业理论的产生，无不与当时特定的政治、经济环境相适应。就业理论的演变正是为了适应社会发展的现实需要。可见，就业理论的更迭并不能说明哪一个就业理论更为成熟。因为就业问题从来没有令人满意地解决，而且这些就业理论本身也存在着缺陷。

另外，上述关于就业理论的研究，主要局限于从一国内部来研究就业问题尤其是就业的数量问题，缺乏从全球化视角探讨经济周期波动下国际资本流动给各国带来的就业结构和就业转移效应，这无疑给本书研究留下了一个新的切入点。

1.5

劳动力流动与收入差距的关系理论

关于劳动力流动对城乡收入差距影响的问题，国外学者从不同角度出发进行了大量研究：部分学者认为，劳动力的流动将会有益于城乡收入差距的缩小。斯塔克和卢卡斯（Lucas and Stark，1985）认为，流动劳动力的利他性程度决定了其对家庭收入分配的影响。如果流动者流动的动机是"利他"的，

那么这种流动将改善家庭中低收入人口的收入分配状况；如果流动的动机是
"自利"的，那么这种流动将仅仅改善流动者的福利①。20 世纪 80 至 90 年代，
杨小凯（Xiaokai Yang，1989）通过运用超边际分析的方法，认为人们的自由
择业、城乡劳动力的自由流动都是推动发展中国家经济发展、消除其城乡二元
经济状况的必要条件。随着交易效率的提高，经济将逐步向完全分工的状态发
展，二元经济结构最终将消失，城市和农村之间的生产力、生产结构和收入将
趋于一致②。巴罗（Barro，1992）利用美国 1800～1990 年的州际数据，研究
劳动力流动与经济增长和收入的关系，结果发现，劳动力流动对地区收入的收
敛有促进作用③。阿萨夫·拉斯金、袁治华（Assaf Razin、Chi - WangYuen，
1996）通过实证研究发现，农村劳动力流动对于收入趋同有正向作用，如果将
农村劳动力流动的条件加以限制，将导致收入呈发散状况④。海尔（Hare，
1999）利用河南省夏邑县的农户调查数据，发现劳动力流出地会通过汇款流入
和回流劳动力人力资本的增加而获益，从而为农村劳动力流动有利于城乡收入
差距缩小提供了经验支持⑤。张顺明和约翰·维利（Shunming Zhang and John
Whalley，2007）在对我国劳动力流动和收入平等问题的研究中，分别在劳动
力存在差异、劳动力无差异、城乡房屋价格存在差异三个不同假设条件下，引
入国际贸易模型，经过数据模拟分析，发现农村劳动力流动在取消户籍制度阻
碍的情况下，将显著改善城乡收入差距⑥。

　　同时，也有学者认为，劳动力的流动对缩小城乡收入差距的作用是负面
的。利普顿（Lipton，1977）认为农村劳动力向城市流动可能将对农村产生各

　　① Lucas R. E. B. ，Stark，"Motivations to remit：the case of Botswana"［J］. Journal of Political Econo-
my，1985（5）：901 – 918.

　　② 杨小凯. 发展经济学——超边际与边际分析［M］. 北京：社会科学文献出版社，1989.

　　③ Barro R T，Sala – I – Martin X. Regional growth and migration：A Japan – United States comparison
［J］. Journal of the Japanese & International Economies，1992，6（4）：312 – 346.

　　④ Razin，Assaf and Chi – wang Yuen．"Capital Income Taxation and Long-run Growth：New Perspec-
tives"［J］. Journal of Public Economics，1996（59）：239 – 263.

　　⑤ Denise Hare．"Push" versus "Pull" Factors in Migration Out-flows and Returns：Determination of
Migration Satus and Spell Duration among China's Rural Population ［J］. Journal of Development Studied 1999，
（3）.

　　⑥ John Whalley，Shunming Zhang. Inequality Change in China and and（Hukou）Labour Mobility Re-
strictions［J］. Journal of Development Economics，2007. 83（2）.

种形式的负外在性，从而导致农村收入分配恶化[①]。亚当（Adam，1989）通过模拟埃及家庭收入方程，比较存在汇款和不存在汇款条件下埃及的收入分配状况，结果发现流动劳动力的汇款使该国的收入分配恶化[②]。德·希恩（De Hean，1999）认为，劳动力流动随着地区和时期的不同对收入分配的影响存在较大差异，农村劳动力流动不一定能提高农村居民的收入水平或缩小城乡收入差距[③]。菲利普·马丁和爱德华·泰勒（Philip L. Martin and J. Ewdard Taylor，2001）指出，随着农村劳动力的外流，大量农村劳动力自身的物质资本和人力资本也同时外流，将有可能降低流出地的劳动生产率和收入水平[④]。贾斯汀·林、王珞玮、赵耀辉（Justin Y. Lin、Gewei Wang、Yaohui zhao，2004）考察了我国 1985~1990 年和 1959~2000 年两个时期农村劳动力流动与城乡、地区收入差距的关系。他们指出，随着农村劳动力流动规模增加，我国沿海地区和内陆地区的城乡收入差距不断拉大，并认为农村劳动力流动数量没有达到足以缩小收入差距的规模是关键因素之一，而根本原因是政府对农村劳动力流动的限制政策[⑤]。

国内学者关于劳动力流动与城乡收入差距关系的研究，起步相对较晚。但随着我国城市化进程的不断推进，农村劳动力流动对城乡收入差距的影响成为学界关注的焦点之一，越来越多的学者开始致力于这方面的研究：

从现有的文献看，国内大部分学者认为农村劳动力流动有助于缩小城乡收入差距。姚枝仲、周素芳（2003）认为，农村劳动力流动一方面可以改变城乡需求结构，消除要素禀赋差异，另一方面使流出地与流入地的要素收入趋同，从而有助于缩小城乡收入差距。同时，他们指出，我国农村劳动力的流动没有对缩小城乡收入差距发挥作用，很大程度是由于我国劳动力流动受到较大

① Lipton M. Why Poor People Stay Poor：A Stay of Urban Bias in World Development ［M］. London：Temple Smith，1977.

② Adams R. Worker Remittances and Inequality in Rural Egypt ［J］. Economic Development and Cultural Change，1989，38：45 –71.

③ De Hean A. Livelihoods and Poverty：The Role of Migration——A Critical Review of the Migration Literature ［J］. The Journal of Development Studies，1999，36：1 –47.

④ J. Ewdard Taylor，Philip L. Martin Human Capital：Migration and rural Population Change ［J］. Handbook of Agricurtural Economics，2001，1：457 –511.

⑤ Justin Y. Lin，Gewei Wang and Yaohui zhao. Regional Inequality and Labor Transfers in China ［J］Economic Development and Cultural Change，2004，3：587 –603.

限制①。林毅夫等（2003）运用弹性分析方法对我国劳动力流动和收入差距进行研究，得出结论：农村劳动力流动是缩小收入差距的重要机制。但由于我国特殊户籍障碍的存在，目前的劳动力流动尚未达到足以缩小城乡收入差距的规模②。郎永清（2007）指出，农村劳动力的流动对缩小城乡收入差距是至关重要的。同时，为实现缩小城乡收入差距的目标，在推动农村劳动力流动的同时，还要注意农村劳动力流动数量与农村人力资本流动的均衡，降低农村劳动力流动对农业生产活动和农村经济发展的消极影响③。张世伟等（2007）以吉林省农户数据为样本，在农村劳动力流动收入分配效应的经验研究中发现，农村劳动力流动显著提高了农村居民的收入水平，改善了农村社会福利，在一定程度上缓解了城乡收入差距的扩大④。侯风云、张凤兵（2007）指出，农村的人力资本将随着农村劳动力的流动向城市溢出，有可能影响农村经济的可持续发展。因此，在推动劳动力流动的进程中，必须加强政府对农村的教育投入，加大对农村的人力资本投资，缩小城乡人力资本投资差距是缩小我国城乡收入差距的有效措施⑤。

也有少数学者持有不同的观点。李实（2003）指出，农村劳动力流动有助于缩小富裕地区和城市的内部收入差距，但却扩大了贫困地区和农村的内部收入差距，农村劳动力流动对城乡收入差距缩小的作用甚微⑥。陈静敏等（2008）认为，在我国城市化和农村劳动力流动的进程中，劳动力市场的城乡分割、各种歧视性和限制性制度、户籍障碍等都使得农村流动劳动力无法在城市中享受与城市居民等同的社会保障和受教育权利，导致农村流动劳动力的实际收入长期处于较低水平，人为地扩大了城乡收入差距⑦。姚上海（2008）认为，当前我国农村劳动力流动呈现劳务东进、资金西流、回流资金使用效益大打折扣的新特征。农村流动劳动力每年打工回流家乡的资金总额数以千亿计，但大部分回流资金缺乏投资引导，使用效益大打折扣，绝大部分流回资金投向

---

①　姚枝仲，周素芳. 劳动力流动与地区差距 [J]. 世界经济，2003.

②　林毅夫，刘培林. 中国的经济发展战略与收入差距 [J]. 经济研究，2003（3）.

③　郎永清. 农村劳动力转移与城乡收入差距 [J]. 山西财经大学学报，2007（9）.

④　张世伟，赵亮，樊立庄. 农村劳动力流动的收入分配效应——基于吉林省农户数据的经验研究 [J]. 吉林大学社会科学学报，2007，47（4）.

⑤　侯风云，张凤兵. 农村人力资本投资及外溢与城乡差距实证研究 [J]. 财经研究，2007，33（8）.

⑥　李实. 中国个人收入分配研究回顾与展望 [J]. 经济学，2003（6）.

⑦　陈静敏，陆铭，陈钊. 劳动力短缺时代有没有到来 [J]. 经济学动态，2008（4）.

生活消费领域，农业科技投入不足、农业产业化发展资金积累不足、农业基础设施建设落后、农村公共设施缺乏，影响了农村的经济发展，也不利于改善城乡收入差距扩大的问题①。

综上可见，国内外已有的有关劳动力流动与收入差距的关系的研究分别就劳动力流动是否有助于缩小收入差距、原因及政策建议展开了探讨，但也多是从一国内部角度考虑，忽视了全球化背景下经济周期波动、国际资本流动带来的外力因素的影响，这同样赋予了本书新的研究视角和研究价值。

1.6

经济周期波动→FDI 流动→经济空间重构→
就业转移→收入分配变迁：新的分析框架

以上我们分别对经济周期理论、FDI 理论、经济空间理论、就业理论、劳动流动与收入差距的关系理论进行了全面的回顾与梳理，这为本书研究的新的理论分析框架的提出奠定了很好的基石。下面我们将把上述几方面的关系做一个完整的链接，从而找出它们之间的内在逻辑关联和新的理论构思的线索。

首先看经济周期波动与 FDI 流动的关系。FDI 对世界经济波动是非常敏感的，经济波动的周期性也必然在 FDI 方面有所表现，经济周期的上下起伏会影响跨国企业的投资利润的变化和对未来投资前景的判断以及投资战略调整，使得跨国企业的 FDI 会随着世界经济周期性波动在流量和增长率上不断变化。按照经典经济周期波动理论和直接投资理论，世界经济波动必然会引起世界直接投资的波动，传统经济波动四个阶段的特点也会在世界直接投资中反映出来。实际上，FDI 和世界经济周期有着极其密切的相关性，世界经济周期影响 FDI 的流量和速率，FDI 影响东道国的经济，进而影响世界经济周期，然后反作用于 FDI。

其次分析 FDI 流动与经济空间重构的关系。"经济空间重构"即不同地域、不同产业经济增长及其差异的形成、特点和结构演变、重洗的过程。在世界经济周期起伏波动下，国际 FDI 的流量、速率和流向随之变化，由于 FDI 是影响各国区域、产业、城乡结构变动的重要外部因素，而世界经济周期波动必

---

① 姚上海. 新农村视野下中国农村劳动力城镇转移流动行为研究 [J]. 中南民族大学学报，2008，28 (2).

然会引起 FDI 在各国产业和空间上的扩张伸缩、流入流出，从而导致东道国经济空间重构。

再论 FDI 与就业的关系。关于投资和就业的内在联系，凯恩斯主义者的观点具有一定的代表性和开创性，凯恩斯本人认为"不论投资增量如何微小，有效需求将作累积的增加，一直达到充分就业为止"（凯恩斯，1936）。他的意思是说，通过增加政府支出以增加总需求，通过投资乘数原理，新增加的投资引起对生产资料需求的增加从而引起生产资料部门的就业人数及收入多倍增加，从而实现充分就业。发展经济学家费·拉尼斯与刘易斯都认为发展中国家就业问题的实质是资本积累的问题，托达罗主张调整发展中国家的投资结构，以实现国内地区间经济的平衡发展，进而达到解决就业问题。舒尔茨的"人力资本理论"从劳动力供给的角度拓宽和加深了我们对于劳动力素质与就业关系的认识。钱纳里和斯特劳特提出的"两缺口"模式强调了外资对于发展中国家经济发展和就业增长的积极作用。不过上述理论主要使用的是总量分析方法，缺乏对外资结构的具体分析；过分强调外资对经济发展和就业的积极作用，忽视了其不利影响等等。我们认为，FDI 流入对一国就业的影响是多方面的，既有总量效应也有结构效应；既有直接效应也有间接效应；既可以增加或减少就业的数量也可以提高或降低就业的质量，还可以改变就业的区位结构、产业结构和职业结构等。FDI 对就业产生的总效应是所有这些效应共同作用的结果。下面主要从就业创造、就业替代和挤出以及就业转移三大层面来具体分析：

（1）就业创造效应。FDI 与劳动力作为要素投入，在规模效益一定时通过增加其投入量可以推动产值的增长。但 FDI 流入与劳动力之间更多地表现为二者的要素配比关系，在技术一定的条件下，增加一定量的资本则必然要求增加相应的劳动力投入。FDI 流入通过资本供给的增加实现企业的扩大再生产，从而扩大就业规模。FDI 流入通过溢出效应促动内资企业技术水平提高，市场竞争力加强，推动内资企业与外资企业形成良性竞争和互动，促进国家宏观经济稳定增长、市场需求扩大、劳动就业市场繁荣，不仅自身创造了大量的就业，而且带动内资企业提供了众多的就业机会。相反，FDI 流出会对就业产生消极影响。

（2）就业替代和挤出效应。FDI 流入不仅直接增加了各产业的资本供给，还以技术外溢等方式增加了产业内的其他要素供给或提高了要素生产率，推动各行业技术水平和资本有机构成的提高，在产出规模一定的情况下，将出现资本、技术替代劳动力的现象，从而产生就业的替代效应。另一方面，当 FDI 过多地进入竞争性行业，或者是国内投资机会有限，外资与内资争夺稀缺资源的情况下，FDI 流入与内资会呈现出挤出效应。通常处于竞争弱势的部分内资企业会面临经营困难甚至关门倒闭，职工下岗失业，因此对就业产生一定的挤出效应。同理 FDI 流出会对就业产生反方向的影响。

（3）就业转移效应。全球化下世界经济周期波动必然会引起 FDI 流量和方向的变化，并通过经济空间重构引致东道国的国内就业转移。

最后，我们对经济周期波动→FDI 流动→经济空间重构→就业转移→收入分配变迁：一个新的分析框架做出全面的解读。我们认为：

经济周期波动影响一切经济活动，以跨国公司为主体的外商直接投资也必然受经济周期的影响。改革开放以来特别是 20 世纪 90 年代后，世界经济步入黄金增长期，FDI 大量流入中国东部沿海制造业，对我国的剩余劳动力转移、就业增长和结构转换发挥了积极的推动作用。然而，FDI 在很大程度上也给我国区域、产业、城乡结构带来了一些新的不平衡问题：在区域结构方面，FDI 大量流入我国东部地区，致使我国包括劳动力在内的大量的生产要素往东部沿海"聚集"、"流动"和"转移"，这一方面造成我国中西部地区的"外围化"、"边缘化"，区域差距扩大，另一方面将加剧年复一年的"民工潮"等社会问题；在产业结构方面，FDI 大量聚集在我国制造业也是导致我国产业结构失衡的一个重要原因；在城乡结构方面，FDI 的流入表现出较强的城镇偏好，不仅使得我国城乡差距进一步扩大，同时也造成我国农村劳动力大量外流。由此可见，FDI 在产业和空间上的扩张伸缩、流入流出，从一定程度上造成了我国区域、产业、城乡结构的失衡，并进一步导致我国经济空间重构。因此，FDI 流动是导致我国经济空间重构的重要原因之一。

近年来由于国内外多重因素的作用，中国的劳动力就业在总量上增长缓慢的情况下呈现出了明显的区域分布不均和替代的特征。这种就业替代和就业转移很大程度上是由 FDI 流入所引致的地区差异造成的。在经济全球化背景下，随着中国对外开放程度的不断加深，外商直接投资的不断流入，沿海地区的区位优势得以充分的释放，以高新技术产业和劳动密集型产业为主的制造业和服务业发展迅速，并对国有部门和传统工业地区形成了刚性就业替代，地区差距在就业机会方面的表现十分突出。随着沿海出口导向型工业的大发展以及产业结构的演变，大量广大农村劳动力离开农业，转入非农产业，从"离土不离乡"到"离土又离乡"，流向沿海地区和各级城镇，基本改变了过去人口稀疏区扩散的模式，转而向人口密集区集聚。在开放背景下，中国劳动力的流动实际上正是中国就业岗位空间分布不平衡的结果，而全球化以及因此导致的外商直接投资的流动则是出现这一结果的重要原因。FDI 一方面通过投资倾斜驱动中西部地区人口和劳动力加速向东部沿海地区迁移流动，带来新增就业机会，对就业转移产生直接影响；另一方面通过加快经济全球化进程、拉大区域经济发展差距、带动技术创新和技术进步，促进区域产业结构的调整和升级等对就业转移产生间接影响。就业转移实质上是生产要素的流动，劳动力通过由流出地向流入地的流动，一方面影响了流出劳动力的收入，另一方面也通过各种途径作用于流入地经济发展，影响着流入地劳动力的收入，从而导致了流入地与流出地之间的居民收入差距的相对变化。因此，经济周期波动→FDI 流动→经济空间重构→就业转移→收入差距，这是解释转型时期中国外商直接投资与就业关系的一个新的分析框架。

1. 7
本章小结

本章通过对经济周期理论、FDI 理论、经济空间理论、就业理论、劳动力流动与收入差距等相关理论进行回顾和梳理，尝试性地提出了一个新的理论分析框架：经济周期波动→FDI 流动→经济空间重构→就业转移→收入分配变迁。主要结论如下：

（1）国外学者对经济周期已经进行了较长时间的研究，形成了一些系统的经济周期理论，其中较有代表性的主要有凯恩斯经济周期理论、货币主义经济周期理论、实际经济周期理论、新凯恩斯主义经济周期理论，等等。总结上述不同经济周期理论可以发现，经济周期理论主要在于解释世界经济周期波动的生成原因、传导渠道和作用机理及其经济影响，但由于经济体系高度复杂充满着模糊性，由于认识能力和研究手段的局限性，不同的经济学流派难以得出完整、全面、正确的认识。但是从中我们也可以看出其共同之处是，都在不同程度上承认了需求特别是投资需求对于经济周期波动的生成作用以及经济周期波动对产出和就业的影响。这为本书的研究提供了一定的理论支持。

（2）国际直接投资（FDI）理论着重研究了跨国企业对外直接投资的决定因素、发展条件及其行为方式等，其中较有代表性的主要包括海默的垄断优势理论、弗农的国际产品生命周期理论、邓宁的国际生产折衷理论、小岛清的"比较优势论"、威尔斯的"小规模技术理论"、拉奥的"技术地方化理论"、波特的"竞争优势理论"，等等。综观 FDI 理论的发展历程可以发现，由于 FDI 的投资来源国不同，跨国公司的自身条件各异，进入的产业、区域、方式、动机及外溢效应发挥的差别较大，加之各国的经济发展规律及宏观经济政策有其特殊性，这些 FDI 理论的普适性和应用性还需要经过实践的进一步检验。特别是在经济全球化快速推进、世界经济周期剧烈波动给跨国公司的投资战略及行为带来越来越大影响的今天，如何将 FDI 行为与经济周期波动联系起来，如何利用理论与实证相结合的方法进一步研究 FDI 的经济效应及国民福利后果将是未来 FDI 理论的重要发展方向。

（3）经济空间指的是不同地域、不同产业经济增长及其差异的形成、特点和结构演变的过程。在经济学研究中，空间经济研究一直是非主流并且容易被忽视，它是在区位论的基础上发展起来的。相关有影响的理论主要有杜能的农业区位论、韦伯的工业区位论、克里斯塔勒的中心地理论、廖什的市场区位论、艾萨德的一般区位论、克鲁格曼的"中心－外围"模型，等等。其中值得一提的是克鲁格曼的"中心－外围"模型，开创性地将递增报酬与垄断竞争分析工具用于空间经济研究，奠定了空间经济学的基础，使空间问题进入了主流经济学研究的视野，并使得空间经济学与国际经济学做到了较好的融合。作为上述理论及其思想的延伸，未来的经济空间理论有必要进一步探讨全球化背景下经济周期波动、国际资本流动与国际贸易模式变迁的关系及其对经济活动的空间组织形态的影响，从这个角度来看，本书的研究无疑有助于丰富和发展前人的有关经济空间理论研究的内涵和成果。

（4）就业问题既是个经济问题，也是个社会问题、政治问题，因此始终是当今世界各国研究的重大理论问题。就业理论简单上可划分为西方经济学的就业理论、发展经济学的劳动力转移理论、马克思主义的就业理论等。西方经济学的就业理论主要包括古典学派的自愿失业理论、凯恩斯主义的非自愿失业理论、新古典综合派的就业理论、现代古典学派的就业理论（货币主义学派、供给学派和理性预期学派等）。发展经济学的就业理论主要包括刘易斯·费·拉尼斯的二元经济发展模型和托达罗的劳动力转移模式等。纵观每一个就业理论的产生，无不与当时特定的政治、经济环境相适应。就业理论的演变正是为了适应社会发展的现实需要，就业理论的更迭并不能说明哪一个就业理论更为成熟。因为就业问题从来没有令人满意地解决，而且这些就业理论本身也存在着缺陷。另外，上述关于就业理论的研究，主要局限于从一国内部来研究就业问题尤其是就业的数量问题，缺乏从全球化视角探讨经济周期波动下国际资本流动给各国带来的就业结构变化和就业转移效应问题，这无疑给本书研究留下了一个新的切入点。

（5）关于劳动力流动对城乡收入差距影响的问题，国内外学者利用不同的方法，从不同角度出发进行了大量研究。部分学者认为，劳动力的流动将会有益于城乡收入差距的缩小；同时，也有学者认为，劳动力的流动对缩小城乡收入差距的作用是负面的。不少学者还对其中的原因及政策建议展开了探讨。但总体来看，这些作者多是从一国内部因素考虑，忽视了全球化背景下经济周期波动、国际资本流动带来的外力因素的影响，这同样赋予了本书新的研究视角和研究价值。

（6）全球化下世界经济周期波动影响一切经济活动，以跨国公司为主体的 FDI 流动也必然受经济周期波动的影响。FDI 在产业和空间上的扩张伸缩、流入流出，从一定程度上造成了我国区域、产业、城乡结构的失衡，并进一步导致我国经济空间重构及国内就业转移，规模不断扩大的劳动力流动和就业转移将推动国民收入分配格局的变迁。中国收入分配失衡问题中一个很重要的诱因在于 FDI 的投资倾斜所带来的就业机会的转移。一个是直接转移效应，另一个是间接转移效应，并通过因果累积循环机制强化其作用。经济周期波动→FDI 流动→经济空间重构→就业转移→收入差距，这是解释转型时期中国外商直接投资与就业关系的一个新的分析框架。

第二篇

实证分析

第2章

经济周期波动、FDI 流动与就业的相关性

本章首先采用"谷—谷"的划分方法，根据 GDP 增长率在时间序列的相邻低谷间的距离来衡量经济周期，将中国改革开放以后的经济周期进行了阶段划分，总结了其特征及原因；其次利用协整分析、格兰杰（Granger）因果检验分析了中国经济周期与世界经济周期波动的相关性；接着统计描述了 FDI 流入、流出我国的特征，计量检验了 FDI 流动与中国经济周期波动以及就业的相关性。

2.1
中国经济周期与世界经济周期的相关性

2.1.1 中国经济周期的阶段划分、总体特征及原因分析

经济周期波动，是指国民经济运行中所呈现的一起一落、扩张与收缩不断交替的周期性波动。以 GDP 增长率为研究经济波动的基准序列，在我国经济学界已经是基本的共识。我国经济波动的具体特点基本是由大规模投资启动，引发经济过热和通胀，导致经济整体供求失衡，而政府不得不进行宏观调控，使经济降温而趋于平衡。中国经济运行的这个特征，决定了我们在进行经济周期分析时，使用"谷—谷"法对我国经济周期进行划分是符合经济本身的运行逻辑的。

如表 2-1 和图 2-1 所示，采用"谷—谷"的划分方法，根据国内生产总

值增长率这一时间序列的相邻低谷间的距离来衡量经济周期，即从 GDP 增长率的一个最低点到另一个 GDP 增长率的最低点。通过这种方法可以将中国改革开放以后的经济周期阶段按照国内生产总值的增长率波动划分为 5 个阶段，第一轮周期：1978～1981 年，历时 4 年；第二轮周期：1982～1986 年，历时 5 年；第三轮周期：1987～1990 年，历时 4 年；第四轮周期：1991～1999 年，历时 9 年；第五轮周期：2000～2012（统计数据截止到 2012 年），历时 13 年。

表 2-1 　　　　　　　　　　1978～2012 年中国 GDP 增长率 　　　　　　　　单位：%

年份	GDP 增长率	年份	GDP 增长率	年份	GDP 增长率
1978	11.7	1990	3.8	2002	9.1
1979	7.6	1991	9.2	2003	10
1980	7.8	1992	14.2	2004	10.1
1981	5.2	1993	13.5	2005	10.4
1982	9.1	1994	12.6	2006	11.1
1983	10.9	1995	10.9	2007	11.4
1984	15.2	1996	10	2008	9
1985	13.5	1997	9.3	2009	9.2
1986	8.8	1998	7.8	2010	10.4
1987	11.6	1999	7.6	2011	9.3
1988	11.3	2000	8.4	2012	7.7
1989	4.1	2001	8.3		

资料来源：根据各年统计年鉴整理计算得来。

图 2-1　1978～2012 年中国 GDP 增长率波动

从图表 2-1 中我们可以发现，1978～2012 年我国改革开放以来经济周期波动特点总体表现为，初期波动幅度大，周期历时时间短，后期波幅减小并趋于平缓。具体见表 2-2。

表 2-2 　　　　　　　　　中国经济周期波动特征

周期阶段	波峰年份	波谷年份	峰值（%）	谷值（%）	波幅（%）	波位（%）	波动性质
1978～1981	1978	1981	11.7	5.2	6.5	8.1	增长型波动
1982～1986	1984	1986	15.2	8.8	6.4	11.5	增长型波动
1987～1990	1987	1990	11.6	3.8	7.8	7.7	增长型波动
1991～1999	1992	1999	14.2	7.6	6.6	10.6	增长型波动
2000～2012	2007	2008	11.4	9	2.4	9.8	增长型波动

　　经济周期按其性质可以分为古典型经济周期和增长型经济周期，古典型经济周期是指国民经济的活动绝对水平会出现有规律的交替和循环的上升和下降特征，在波谷所在年份其国内生产总值的增长率小于 0，国民生产水平会出现绝对量的下降情况。增长型经济周期是指国民经济的活动相对水平会出现一种有规律的上升、下降的交替和循环，在波谷年份国内生产总值的增长率表现为正值，国民生产的绝对量并没有出现下降现象，只是表现为经济增长速度的趋缓。相比较而言，古典型经济周期对一个国家经济的发展是极其不利的。从上图表可以发现，中国改革开放以后经历的 5 轮经济周期，即使是在任何经济周期阶段内的低谷年份，中国国内生产总值的增长率仍为正值，所以这 5 轮经济周期都是增长型经济周期。

　　峰值表示每个经济周期阶段内经济扩张的强度，峰值的高低水平反映了经济增长力的强弱，而且还隐含反映了经济增长的稳定性。谷值表示每个周期阶段内经济收缩的力度，波谷的值越低，表明经济增长越不稳定，从表 2-2 可以发现，在 1978～1981 和 1987～1990 这两个经济周期里，波谷分别为 5.2% 和 3.8%，表明在这两个经济周期阶段里，经济发展很不稳定。波幅表示每个经济周期内峰值与谷值的离差，表明每个经济周期阶段内经济增长出现高低起伏的剧烈程度，也是反映一国经济增长是否稳定的重要指标。波幅越小，表明经济增长越稳定，2000～2012 年的波幅为 2.4%，说明在这个阶段，中国经济发展相对稳定，而最不稳定的是在 1987～1990 年，波幅高达 7.8%。波位表示每个经济周期内所包含的各个年度经济增长率的平均水平。它表明每个经济周期内经济增长的总体水平，也从另一个侧面反映了经济增长的稳定性。综合以上四个方面的分析，可以得出：中国实行改革开放政策以后，经济波动的特征出现了一些新变化：峰位下降，谷值上升，波幅出现大幅度下降，但是波位稍有提高，扩张与收缩的比例有所下降，说明了中国经济增长正在从过去的大起大落、巨幅波动向小幅波动、平稳增长的路径过渡。

对于经济会出现周期性波动的原因，早期的经济周期理论解释是经济内部多种因素共同起作用所产生的结果，经济运行的每一个循环阶段都会对下一个阶段的循环产生影响，扩张会带来下一阶段的萧条，萧条又会导致下一阶段的扩张，经济始终运行在一个可以自我维系的周期循环中。而现代经济周期理论将经济的波动归结为是随机的冲击和扰动机制所造成的，认为如果没有外生冲击的影响就不会有经济周期。而能够引起经济波动的外在冲击因素特别多。就中国而言，存在着三种主要的外在冲击机制，包括货币政策、投资政策以及财政政策。这三种外在冲击机制在中国的经济运行体系中都是有着极其重要意义的经济变量，而其中投资的变动对经济波动的影响十分显著。反过来，经济周期的波动也会在很大程度上影响投资的变动。

从中国经济周期的划分可以看出，中国经济在 1978～2012 年这个阶段经历了一个从大幅波动到平稳增长的逐步优化过程。由于 1980 年中国出现了严重的财政状况，所以政府在 1981 年采取了紧缩的财政政策，通过缩减基础项目建设方面的投资，以及采取控制消费资金的增长等措施以达到降低总需求的目的。因为当时的政策主要是以财政政策为主，货币政策为辅，所以采取紧缩的财政政策对国民经济造成的影响很大，使得 1981 年的国内生产总值的增长率处于低谷状态。1982 年以后国家实施较为宽松的财政政策，通过采取一系列财政体制和税制改革措施，使中国低迷经济很快走出低谷状态。1984 年中国经济出现了过热和物价上涨的局面，GDP 增长率达到 15.2%。1985 年中国经济出现了通货膨胀，政府开始采取紧缩的财政政策和货币政策来抑制国民经济过热的态势，伴随着一系列宏观经济政策的实施，物价水平和经济增长率都有了大幅度下降。为了防止过分紧缩而使经济陷入低谷状态，中国从 1986 年起逐步放松了货币政策的管理。由于政府连续多年实行宽松政策，导致国内需求总量逐渐膨胀，财政赤字扩大，物价上涨迅速，对国内经济的健康有序发展十分不利。1990 年政府开始采取双紧措施，大规模压缩国内固定资产投资规模，缩减消费需求，紧缩国家财政开支，这一措施迅速抑制了经济不良通胀状况，但也使国民经济出现疲软问题。进入 90 年代以后，市场体制改革给中国经济注入了新的活力，特别是在中国由计划经济向市场经济转变的时候对中国经济的增长起到了巨大作用。而 1997 年亚洲金融危机影响了中国的经济发展，导致了中国 GDP 增长率的下滑。再加上世界范围内的其他国家经济也都处于萧条阶段，1999 年以后政府采取一系列积极措施以扩大内需，并且采取稳健的货币政策以防止出现通货膨胀。2000 年以后，中国进入到新一轮经济周期循环中，全球化给中国的经济发展带来了大量机遇，2001 年加入 WTO 是中国经济全面开始走向世界的开端，FDI 大量流入中国东部沿海制造业，对我国的经济增长发挥了积极的推动作用，2001 ~ 2007 年中国经济一直保持小幅平稳增长态势。2008 年 10 月以后，在美国次贷危机引发的全球金融危机影响下，沿海不少外企撤资，FDI 流入出现负增长，外需萎缩迅速造成了我国经济增速放缓，在此大背景下，政府在 2008 年推出了 4 万亿大规模投资救市计划，这对经济增长的稳定做出了重要贡献，经济增速从 2008 年的 9% 回升到 2010 年的 10.4%。然而，4 万亿救市计划在经济领域仍带来了不少的负面影响，加上国际经济周期一直处于低迷状态，外资流入速度减慢甚至部分外资流出，使得近几年我国经济增长受到了不少冲击，经济增速下滑明显。

　　以上说明，中国与世界经济的联系越来越密切，特别是中国加入 WTO 融入全球化国际市场以后，世界经济周期的波动对中国经济周期的波动产生了更深远的影响。经济周期波动影响一切经济活动，以跨国公司为主体的国际直接投资（FDI）也必然受经济周期的影响。世界经济周期影响 FDI 的流量和方向，并通过经济空间重构影响东道国的经济增长和就业转移。接下来，我们将运用协整分析和格兰杰因果检验方法依次分析中国经济波动与世界经济波动的相关性、FDI 流动与中国经济周期波动的相关性、FDI 流动与中国就业的相关性。

2.1.2　中国经济波动与世界经济波动的相关性

　　在全球经济一体化条件下，世界范围内各国经济发展已经紧密地联系在一起，一国经济的繁荣或者萧条可以通过各种机制的传导作用，影响与其有经济联系的其他国家并引起其他国家经济的波动。中国实行改革开放以后，经济已经逐步融入世界经济体系中，与世界各国的经济联系也逐渐加强，伴随着中国经济开放进程的逐步推进，中国经济与世界经济关联的程度也进一步加深。

图 2 - 2 表示中国与世界 GDP 增长率的波动情况。

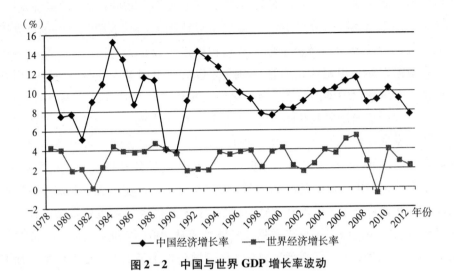

图 2 - 2　中国与世界 GDP 增长率波动

　　如果将 1978～2012 年中国 GDP 的增长率与世界 GDP 的增长率作为经济波动的依据进行两者之间的相关性分析，则可以发现在 2000 年之前，中国 GDP 的增长率与世界 GDP 的增长率之间的相关性程度其实并不是很高，而自从 2001 年中国加入 WTO 以后，中国经济与世界经济的走势才出现趋同的迹象，这说明了中国经济周期与世界经济周期的相关性是与中国改革开放的渐进水平相吻合的。中国入世以前，尽管我们的国门开始打开，但开放度还有限，开放水平还较低，这之后，中国才逐渐进入了一个全方位、多层次、宽领域的对外开放格局，中国经济才真正成为世界经济的一个重要组成部分，真正开始融入全球一体化的经济大潮之中，世界经济周期波动逐步加大了对中国经济周期波动的影响。这点通过表 2 - 3 可见一斑。

表 2 - 3　　　　　　1978～2012 年中国经济与世界及主要国家地区经济的相关系数

阶段	前四个周期（1978～1999）	第五个周期（2000～2012）
R^2	0.221	0.889

　　对比 1978～2012 年中国的经济波动和世界经济波动的相关性，可以发现前四个周期（1978～1999）中国经济与世界经济的相关系数较低，只有

0.221；而到了 2000 年后，即第五个周期（2000～2012），中国经济与世界经济达到了 0.889 的高度相关性水平。主要原因是因为 2001 年中国加入 WTO 后，经济的全球化给中国经济带来了巨大的发展机遇和空间。而且实施改革开放政策 20 多年以后，市场经济体制改革取得了一系列很好的成效，政府的宏观调控以及国家各项政策法律法规也得到了进一步补充和完善，这一切让国外投资者看见了中国经济开放的诚意，同时有 WTO 协议的保障，再加上中国表现出巨大的市场潜力和广阔的市场前景所带来的吸引力，FDI 开始大量流入中国，并且带动了东部地区加工贸易的发展。由于中国采取许多的对外开放的优惠措施，使外来投资者获得了很多实惠，经济发展便进入了良性循环，其他各种与国际相接轨的项目也迅速得到发展。另一方面，全面融入世界经济以后也让中国看到了属于自己的比较优势，而且国际市场拥有比国内市场更为广阔的各种需求以及国外企业所拥有的各种先进的生产经营管理技术，促使国内企业纷纷尝试"走出去"战略，进出口贸易额呈现大幅度增长趋势。所以中国 2000 年以后的经济发展与世界经济保持着很强的相关性，中国经济与世界经济开始相互融合，相互影响。这一点我们下面进一步通过协整分析和格兰杰（Granger）因果关系检验来进行证明。

2.1.3　世界经济与中国经济之间的协整分析及格兰杰因果检验

通常在进行时间序列分析之前，都要求所有要分析的序列必须是平稳的，否则就会产生伪回归的问题，所以为了使回归分析有意义，就应该对序列进行平稳化处理，采用的方法是进行对数化处理。在进行格兰杰因果检验之前要进行协整关系分析，用来判断因变量和自变量之间是否存在着长期稳定协整关系。而协整分析之前首先需要进行平稳性检验，通常采用的是 ADF 检验，这是在进行时间序列平稳性检验时所使用的一种主要方法，ADF 检验的表达形式为：

$\Delta X_t = \alpha + \beta t + \gamma X_{t-1} + \sum_{i=1}^{p} \theta_i X_{t-i} + \xi_t$，其中 X_t 为待检验的时间序列，α 为常数项，t 为时间变化趋势，i 是滞后值，ξ_t 是随机误差项。

格兰杰（Granger，1969）提出了一种称之为 Granger 的因果关系定义：当 $\{X_t\}$ 和 $\{Y_t\}$ 是平稳序列时，则当变量 x 的过去和现在的信息对改进变量 y

的预测有帮助，即如果用过去的 x 与 y 做预测比仅仅只是用 y 的过去值来预测，这样的预测所产生的误差如果比较小，即 $\sigma^2(y \mid y_{t-k}, k>0) > \sigma^2(y_i \mid y_{t-k}, x_{t-k}, k>0)$，那么就称 x 是 y 的格兰杰原因。格兰杰检验模型表示为：

$y_t = \alpha_0 + \sum\limits_{i=1}^{m} \partial_i y_{t-i} + \sum\limits_{j=1}^{n} \beta_j x_{t-j} + \xi_t$，其中 ∂_i 和 β_j 是常数，$\{\xi_t\}$ 是白噪声。

判定 x 的变化并不是引起 y 变化的格兰杰原因就相当于对原假设 H_0：$\beta_1 = \beta_2 = \cdots \beta_n = 0$ 进行 F 检验。如表 2 – 4 所示。

表 2 – 4　　　　　　　　　　　　ADF 单位根检验

变量	ADF 检验值	5% 临界值	D. W 值	A. I. C 值	概率	结论
LN（CGDP）	– 4. 4860	– 3. 5529	2. 0130	0. 1848	0. 0058	平稳
LN（WGDP）	– 4. 8670	– 3. 5485	1. 9860	2. 3292	0. 0021	平稳

据此，首先对中国 GDP 增长率（CGDP）与世界 GDP 增长率（WGDP）序列进行单位根检验，在得知 CGDP 序列与 WGDP 序列均为非平稳序列后，我们对其进行对数处理（取自然对数是为了消除异方差的影响，且这种变换不影响变量之间的长期稳定关系和短期调整效应，此外，还有更深刻的原因：一是自然对数变换是 Cox 变换中最重要的一种形式；二是可以检验多数经济变量时间序列服从或近似服从对数正态分布，而非正态分布；三是可以证明双对数线性模型具有最小的平方预测误差），分别对 LN（CGDP）和 LN（WGDP）进行单位根检验，结果表明它们的对数序列都是平稳序列。

我们通过协整关系检验，来说明世界经济增长与中国经济增长之间是否存在长期稳定的关系。约翰森（Johansen）协整检验结果如表 2 – 5 所示，通过协整检验我们得出：世界经济增长率与中国经济增长率之间存在着协整关系。

表 2 – 5　　　　　　　　　　　　Johansen 协整检验结果

检验变量	特征值	零假设	概率	迹统计量	5% 临界值	结论
LN（CGDP）	0. 478	r = 0	0. 0001	35. 654	15. 495	有 2 个
LN（WGDP）	0. 350	r ≤ 1	0. 0002	14. 204	3. 841	协整关系

格兰杰因果检验可以考察世界 GDP 增长波动是否是中国经济增长波动产生的原因，以及中国经济增长率变动是否是世界 GDP 增长率波动的格兰杰成

因，结果如表 2 - 6 所示：

表 2 - 6 　　　　　　　中国与世界 GDP 增长率的格兰杰因果检验结果

	零假设 H₀:	F - 统计值	概率
LNWGDP	does not Granger Cause LNCGDP	4. 0706	0. 0494
LNCGDP	does not Granger Cause LNWGDP	12. 6546	0. 0014

可见，对于"世界 GDP 增长率不是中国 GDP 增长率的格兰杰原因"的原假设，检验结果概率是 0. 0494，所以拒绝原假设，说明了至少在 95% 的置信区间水平下，世界 GDP 增长率的变化是中国 GDP 增长率变化的格兰杰原因，世界经济的波动将会导致中国经济的波动。第二个检验的概率为 0. 0014，表明"中国 GDP 的增长率不是世界 GDP 增长率的格兰杰原因"的概率比较小，同样要拒绝原假设，这样就可以认为 LNCGDP 与 LNWGDP 成格兰杰因果关系，即中国经济波动也对世界经济波动起影响作用。

中国经济周期受到世界经济周期的影响，且程度越来越大，这一现象伴随中国经济的逐步开放进程愈发明显。如 1997 年发生在东南亚的金融危机，使中国经济在实行"软着陆"政策以后的经济运行受到强烈冲击；2000 年以来中国发生的经济通货紧缩与美国、日本等发达国家的经济低迷是分不开的；2008 年以后的中国 GDP 增长率下滑是与美国次贷危机引发的全球金融危机密切相关的。当然，这期间某些时候世界经济的增长也给中国经济发展带来了巨大的机遇和广大发展空间。因此，中国经济的发展离不开世界这个广阔的经济运行环境，而中国的经济同样也会影响着世界经济的发展。所以在经济全球化一体化下的新一轮经济周期调整与缓慢复苏起伏的过程中，中国经济将继续保持与世界的经济周期波动的紧密关联性。

2.2

FDI 流动与中国经济周期的相关性

2.2.1　FDI 流入流出我国的概况及特征

改革开放以来，FDI 流入我国总体上呈增长态势。如表 2 - 7 所示，自

1984 年（14.19 亿美元）起至 2012 年（1117.16 亿美元）止 FDI 流入我国合计 10596.63 亿美元，年均 443.92 亿美元。从 FDI 流入我国的发展轨迹来看，大体经历了 5 个阶段：①1984～1991 年的起步阶段。这一阶段我国的基础设施不完善，也没有健全的法律体系，市场经济模式远未形成，投资的软环境均不理想，外商对华直接投资没有信心。在此阶段，总共实际利用外资仅为 223.73 亿美元，年平均为 27.97 亿美元。②1992～1995 年的高速发展阶段。1992 年邓小平南方谈话后，我国确立了建立社会主义市场经济体制改革的总体目标，并且对外开放的区域进一步扩大，我国在吸引外资方面取得巨大进展，FDI 流入我国达 1098.11 亿美元，年平均 274.53 亿美元。③1996～2000 年的稳定调整阶段。按照党的十四届三中全会所指出的"创造条件对外商投资企业实行国民待遇，依法完善对外商投资企业的管理"和在"九五"计划中提出的"对外商投资企业逐步实行国民待遇"的相关精神，我国加快了以实现国民待遇体制为主要方向的外资政策调整步伐。从 1995 年底开始，我国逐渐取消了外商投资企业所享有的"超国民待遇"，降低了对外资的绝对优惠水平，逐步取消了一些"普适性"的优惠政策；1997 年制定了《外商投资产业指导目录》，明确了外商投资的领域，加强了以产业、技术引进和地区为导向的"差别性"优惠政策，将利用外资从单纯引进资金向技术引进和促进产业结构调整以及产业升级的方向倾斜；1997 年后的几年，又来了东南亚金融危机的影响。这些因素叠加起来，使得此间引进外资速度放慢，FDI 流入我国速度比前期有所下滑，但流量仍然保持较高水平。④2001～2007 年的恢复阶段，由于中国加入 WTO 和国际引资环境出现了一些有利于中国的因素，我国引进 FDI 重新恢复上升趋势。⑤2008 年后的成熟完善阶段，由于美国次贷危机引发的全球金融危机和 2008 年 11 月中国的四万亿投资推出的影响，FDI 从流入减缓到流入回升，外资流入进入到一个相对成熟稳定和逐步理性完善的阶段。

FDI 的流出主要表现为外资企业的撤资，是指跨国公司由于某种原因，通过一定形式，撤出资本，全部或部分地终止在东道国或地区的生产经营活动。随着我国引资数额的增大，越来越多的在华跨国公司进入营运期和成熟期，并且伴随着早期合同的到期，一些跨国公司在华的撤资事件也日益频繁。

关于跨国公司在华撤资的数据统计研究具有种种困难，我国的统计资料从来就没有公布每年注销（包括退出、停业、清算）的企业数及它们对应的撤资金额，因此目前我们只能根据有关的数据大致估测跨国公司在华撤资的规模。

（1）撤资金额的估算。

国家外汇管理局公布的我国每年的国际收支平衡表中资本金融项目下有外商在华直接投资一项，《国际收支平衡表指标说明》对此项的解释是，"贷方表示外国投资者在我国设立外商投资企业的投资，包括股本金、收益再投资和其他资本；总投资额数据来源于外经贸部。借方表示外商企业的撤资和清算资金汇出我国。"所以，这里选取历年国际收支平衡表中的借方金额代表 FDI 撤资额和 FDI 流出额，见表 2 - 7。但是这个数据的缺陷有两点：其一，该统计数据从 1995 年开始计起，这是由于 1994 年以前，我国的外汇管制实行外汇留成制，外商投资者的资金撤出很少选择直接汇出外汇，他们通常通过关联交易等方式把利润转移出国外，从 1994 年起我国对外汇制度改革后，实行外汇收入结汇制，外商直接投资的借方余额才有了零的突破。一方面，1994 年以前的撤资金额没有相关记录；另一方面，这种统计也不包含以其他方式撤出我国的外资。其二，该借方金额只是记录了每一笔登记在案汇出我国的外商直接投资。而有些跨国公司撤资后，并不是直接把这笔资金以外资的形式汇出我国，有可能置换成以人民币计价的固定资产或金融资产，这一方面的漏损无从考证。尽管如此，但这已是现有资料数据中最能直观反映外商撤资额和 FDI 额的方法了（段媛，2008）。

（2）撤资企业数的估算。

根据学者毛蕴诗和段媛的方法，外商撤资企业数 = 当年新批外商直接投资项目企业数 - 外商投资企业净增减数（当年末外商投资企业登记户数 - 上年末外商投资企业登记户数），粗略估算出 1984 ~ 2012 年外商投资企业撤资数，见表 2 - 7 所示的 FDI 流出数。

外商投资企业在华撤资具有以下特点：

第一，撤资企业数和撤资金额总量不大，但总体呈上涨趋势。就撤资金额来看，从 1995 年的 19 亿美元逐步上升到 2012 年的 310 亿美元，撤资金额占流入金额的比例大部分不高，但最近几年却有提高势头；再看撤资企业个数，从 1984 年的 473 个上升到 2012 年的 30803 个，说明撤资金额和撤资企业数呈现逐年上涨的趋势，需要引起注意。第二，某些年份的撤资企业数增加却同时出现实际 FDI 流入金额的上升，说明外商在减少在华投资企业数目的同时，也扩大了其投资企业的规模，这很可能是跨国并购带来的结果。第三，某些年份的撤资企业数与撤资金额不一致可能源于其中的企业规模差异因素等。

从 FDI 流入流出我国金额的速率来看，在 1984～2012 期间，有几次大的波动，分别在 1992 年、1995 年、1998 年、2009 年。1992 年邓小平同志南方讲话为 FDI 流入注入强大动力，所以 1992 年 FDI 的流入量达到自此前历史最高点 110.08 亿美元，流入速率创纪录，较上年增长 152%；1995 年底开始，我国逐渐取消了外商投资企业所享有的"超国民待遇"，降低了对外资的绝对优惠水平，逐步取消了一些"普适性"的优惠政策，使得中国 FDI 流入的速度较前有所下降，不少 FDI 流出中国；1998 年 FDI 流入速度大幅下降（0.46%），而流出速度大幅上升（70%），原因可能是由于 1997 年东南亚出现的金融危机引起的不良影响所造成；2009 年再次出现 FDI 流入速度大幅下降（2.82%），而流出速度大幅上升（142.75%），可能是因为 2008 美国次贷危机引发的全球金融海啸的影响所致。这之后由于 2008 年 11 月中国政府及时推出四万亿经济刺激计划的影响，2010 年 FDI 流入速度迅速回升（20.77%），FDI 流出快速下降（31.76%），经过一段时间的刺激计划，经济逐渐回稳，2012 年 FDI 流入速度略有下降（3.71%），FDI 流出出现增长（16.37%）。由上可见，FDI 在我国的流入流出无不与当时的国际国内经济周期波动、政策变化以及自身投资动机调整密切相关。

表 2－7　　　　　1984～2012 年 FDI 流入流出我国的规模和增长率

时间	FDI 流入额（亿美元）	FDI 流出额（亿美元）	FDI 流出额/流入额（亿美元）	FDI 流入额增长率（%）	FDI 流出额增长率（%）	FDI 流出数（个）	FDI 流出数增长率（%）
1984	14.19	—	—	54.90	—	473	—
1985	19.56	—	—	37.84	—	160	−66.17
1986	22.44	—	—	14.72	—	−114	−171.25
1987	23.14	—	—	3.12	—	211	−285.09
1988	31.94	—	—	38.03	—	744	252.61
1989	33.93	—	—	6.23	—	558	−25.00
1990	34.87	—	—	2.77	—	852	52.69
1991	43.66	—	—	25.21	—	1152	35.21
1992	110.08	—	—	152.00	—	1608	39.58
1993	275.15	—	—	150.00	—	301	−81.28
1994	337.67	—	—	22.72	—	8960	2876.74
1995	375.21	19	5.06	11.12	—	9543	6.51
1996	417.26	22	5.27	11.21	15.79	17673	85.19

时间	FDI 流入额（亿美元）	FDI 流出额（亿美元）	FDI 流出额/流入额（亿美元）	FDI 流入额增长率（%）	FDI 流出额增长率（%）	FDI 流出数（个）	FDI 流出数增长率（%）
1997	452. 57	10	2. 21	8. 46	- 54. 55	25767	45. 80
1998	454. 63	17	3. 74	0. 46	70	27673	7. 40
1999	403. 19	17	4. 22	- 11. 31	0	32289	16. 68
2000	407. 15	24	5. 89	0. 98	41. 18	31575	- 2. 21
2001	468. 78	26	5. 55	15. 14	8. 33	27042	- 14. 36
2002	527. 43	34	6. 45	12. 51	30. 77	28421	5. 10
2003	535. 05	64	11. 96	1. 44	88. 24	22764	- 19. 90
2004	606. 3	57	9. 40	13. 32	- 10. 94	27753	21. 92
2005	603. 25	65	10. 77	- 0. 50	14. 04	26285	- 5. 29
2006	630. 21	85	13. 49	4. 47	30. 77	26610	1. 24
2007	747. 68	112	14. 98	18. 64	31. 76	26502	- 0. 41
2008	923. 95	131	14. 18	23. 58	16. 96	- 121191	- 557. 29
2009	950	318	33. 47	2. 82	142. 75	24124	- 119. 91
2010	1147. 34	217	18. 91	20. 77	- 31. 76	16410	- 31. 98
2011	1160. 11	341	29. 39	1. 11	57. 14	26469	61. 30
2012	1117. 16	311	27. 84	- 3. 71	8. 80	30803	16. 37

注：" - "表示数据缺乏。

资料来源：根据联合国贸发会议 2013 年《世界投资报告》（FDI 流入中国数据）、中国国际收支平衡表（FDI 流出中国数据：国际收支平衡表的资本和金融账户中的外国在华直接投资差额的借方数据）相关数据整理。

2.2.2　FDI 流动与中国经济周期的相关性分析

在现代经济周期理论中，投资通常都被认为是影响着经济波动的一个重要原因。在 GDP 的主要构成成分当中，消费需求一直都保持着比较平滑的变化趋势，而进出口需求对经济增长的波动所起的影响正逐渐降低，所以能够引起国内生产总值波动较大的成分主要是投资需求，国内外投资波动成为判断一国经济波动的重要依据。

为了更科学地分析 FDI 流动与经济波动的关系，下面利用 1984 ~ 2012 年中国 FDI 流入流出和 GDP 的数据，数据经过汇率折算和自然对数转换（后同），运用 Granger 因果检验方法，对其相关关系进行实证分析，结果如表 2 - 8 所示。

表 2 - 8 　　　　　　FDI 流入、流出与中国 GDP 的 Granger 因果检验

	零假设:	F - 统计值	P 值
FDI 流入	LNGDP does not Granger Cause LNinflowFDI	27. 3404	0. 0000
	LNinflowFDI does not Granger Cause LNGDP	21. 1633	0. 0057
FDI 流出	LNGDP does not Granger Cause LNoutflowFDI	16. 6138	0. 5588
	LNoutflow FDI does not Granger Cause LNGDP	0. 5967	0. 5675

　　从表 2 - 8 中的 P 值可以看出，中国 GDP 是引起 FDI 流入量变动的（Granger）原因，反过来 FDI 流入量同样也是引起中国 GDP 变化的 Granger 原因。然而，中国 GDP 却不是引起 FDI 流出量变动的（Granger）原因，同样，FDI 流出也不是引起中国 GDP 变化的（Granger）原因。

　　FDI 流入受中国经济周期波动影响较大，但 FDI 流出却不然。那么它是否受其投资来源国经济周期波动的影响呢？为此，下面尝试对 FDI 流出量与其主要投资来源国——部分发达国家或地区的二者关系进行 Granger 因果检验。根据我国 FDI 的相关统计数据可以发现，我国的外商直接投资来源国或地区主要包括中国香港和台湾、日本、韩国、德国、英国和美国等，因此，GDP 的数据主要选取自上述这些发达的国家或地区。见表 2 - 9，从中可以发现，这些国家或地区的 GDP 波动是引起 FDI 流出我国变动的 Granger 原因，但反之不成立。

表 2 - 9 　　　　FDI 流出与部分发达国家或地区 GDP 的 Granger 因果检验

零假设:	F - 统计值	P 值
LNGDP does not Granger Cause LNoutflowFDI	10. 1387	0. 0259
LNoutflowFDI does not Granger Cause LNGDP	0. 5974	0. 4512

2. 3

FDI 流动与中国就业的相关性

　　中国在改革开放初期利用外商直接投资的规模很小，利用外资的形式主要是对外借款，而相比而言利用 FDI 所占的比重很低。1979 ~ 1984 年，中国全部利用的外资金额只有 288 亿美元，而 FDI 所占比重仅为利用外资全部比重的 36%。在 20 世纪 90 年代初期，外商在中国的投资金额大幅度增加。1992 年流

入中国的外商直接投资突破了 100 亿美元大关，外商直接投资在中国吸收的全部外资中所占的比重达到了 57% 的高水平。2002 年的时候，中国实际外商直接投资金额已经占到世界的 6.4%，占到发展中国家比重的 22.9%，首次超过了美国，成为外商直接投资流入金额最多的国家。

据一项针对在中国投资的外资企业的投资动机调查显示，在利用中国廉价劳动力、扩大和占领当地市场份额、保证原材料充分供应和利用当地丰富的自然资源等投资动机中，排名第一位的是利用中国大量的廉价劳动力这一投资动机。受劳动力成本低廉的导向驱动，许多外商直接投资进入到中国的劳动密集型行业，创造了大量的就业机会，对中国就业作出了很大贡献。1986 年城镇外商直接投资企业中的就业人员只有 13 万人，城镇外企从业人数在全国城镇总就业中所占比例只有 0.098%；而到 2005 年，城镇外商投资企业从业人员已经达到 1245 万，城镇外企从业人数所占比例已经提高到 4.6%。到了 2007 年，城镇外商投资企业就业人数已经达到 1583 万，占全部城镇就业人员的比例提高到 5.39%，2008 年受美国次贷危机引发的全球金融危机的冲击，外商流出金额增多，外资企业就业人数也相应减少，由 2007 年的 1583 万人减少为 2008 年的 1522 万人，这之后由于中国四万亿投资刺激，外资及外企就业人数有所回升，城镇外企从业人数所占比例基本上稳定在 5% 以上。如表 2 – 10 所示。

表 2 – 10　　　　　　　　　城镇外商直接投资企业从业人数

年份	城镇外商直接投资企业从业人数（万人）	城镇就业人数（万人）	城镇外企从业人数所占比重（%）	城镇外资企业从业人数增长率（%）
1986	13	13292	0.10	53.8
1990	66	17041	0.39	28.8
1991	165	17465	0.95	60.0
1992	221	17861	1.24	25.3
1993	288	18262	1.58	23.2
1994	406	18653	2.18	29.0
1995	513	19040	2.69	20.9
1996	540	19922	2.71	5.00
1997	581	20781	2.80	6.88
1998	587	21616	2.72	1.02
1999	612	22412	2.73	4.08
2000	642	23151	2.77	4.67

年份	城镇外商直接投资企业从业人数（万人）	城镇就业人数（万人）	城镇外企从业人数所占比重（%）	城镇外资企业从业人数增长率（%）
2001	671	23940	2.80	4.32
2002	758	24780	3.06	11.5
2003	863	25639	3.37	12.2
2004	1033	26476	3.90	16.5
2005	1245	27331	4.55	17.0
2006	1407	28310	4.97	11.5
2007	1583	29350	5.39	11.1
2008	1522	30210	5.04	-3.85
2009	1634	33322	5.02	7.34
2010	1864	34687	5.12	14.1
2011	2017	35914	5.31	8.21
2012	2146	37102	5.46	6.4

资料来源：根据 2013 年《中国统计年鉴》相关数据整理。

虽然外资企业就业人员在中国总体就业中所占的比重并不太高，但由于每年流入中国的 FDI 规模日益庞大，它已经成为影响中国劳动力市场的生力军和推动中国就业增长的重要力量。

在全球经济一体化背景下，FDI 的流动将影响中国的经济发展，进而直接或间接地作用于就业。

从表 2-10 的相关数据来看，中国外资企业所吸纳的劳动力一直都处于增长趋势，只是每年的增长速度都会有所不同。根据 FDI 流入和中国外企劳动力就业的发展轨迹，也可以将其相应地分为以下 5 个阶段：①1992 年前为起步阶段。这段时期 FDI 流入总体规模较小，外企吸纳的劳动力就业基数较低，FDI 流入对中国总体就业的贡献较小，但增速较快；②1992~1995 年属于高增长阶段，在 1992 年邓小平南方谈话以后加上中国已经确立了要对市场经济体制进行改革的目标，因此对外开放的范围进一步扩大。大量吸引外商直接投资的进入也相应使得外商直接投资企业所吸纳的就业数量大幅度增加，这一阶段的中国就业数量的平均增长速度较快。③1996~2000 年为低速增长阶段，由于 1995 年底开始，我国逐渐取消了外商投资企业所享有的"超国民待遇"，降低了对外资的绝对优惠水平，逐步取消了一些"普适性"的优惠政策，以及 1997 年的东南亚金融危机的不利影响，使得中国引进外资的速度放慢，流入中国的 FDI 速度趋缓，而且有大量的 FDI 流出中国，外商直接投资企业的从业人数增长速度也趋缓，平均增速只有 4.33%。④2001～2007 年为恢复增长阶段，在中国加入世贸组织后，国际投资环境也逐渐好转，流入中国的外商直接投资金额重新恢复了上升趋势，外商直接投资企业吸纳的就业增长速度也开始逐渐增加，平均增速达到 12.01%。⑤2008 年由于受到世界范围内金融危机的影响，大量 FDI 流出中国，外资企业从业人数较往年相比也出现了下降趋势。为了应对国际金融危机对中国的负面影响，2008 年 11 月中国政府推出了四万亿经济刺激计划，使得 FDI 流入回升，FDI 流出下降。外资企业吸纳就业人员数量重新恢复增长。上述外企就业增长数据呈波动型变化表明国际直接投资的就业效应不仅受世界范围内的投资环境影响，而且东道国采取的经济政策以及国内经济环境也很大程度上影响 FDI 的就业效应，也反映了外商直接投资对中国就业影响的复杂性和不稳定性。

考虑到 1992 年邓小平南方谈话以前中国引进 FDI 的总体规模很小，下面主要将 1992 年到 2012 年作为一个样本区间，利用 Granger 检验来考察下 FDI 流动和中国就业之间的关系。见表 2 - 11。

表 2 - 11　　　　FDI 流入、流出与中国就业人数的因果关系检验

	零假设：	F - 统计值	P 值
FDI 流入	LNEMP does not Granger CauseLNinflowFDI	2.2671	0.0500
	LNinflowFDI does not Granger Cause LNEMP	2.7711	0.0203
FDI 流出	LNEMP does not Granger CauseLNoutflowFDI	1.0671	0.3801
	LNoutflowFDI does not Granger Cause LNEMP	25.3513	0.0021

从表中可以得出，在考察期间，国际直接投资流入量与中国就业人数之间互为因果关系，FDI 流入量是引起中国就业人数变化的原因，而中国就业人数也是 FDI 进入中国的格兰杰原因。通过表 2 - 11 可以发现，中国就业人数不是引起国际直接投资流出量变化的格兰杰原因，而国际直接投资流出量却是引起中国就业人数变化的格兰杰原因，这说明了 FDI 的流出会对中国就业造成很大的影响，因此要密切关注 FDI 的波动对我国就业冲击的负面效应。

2.4

FDI 流动对中国就业影响的概况

2.4.1　FDI 流入对中国就业总体的影响

　　根据著名的对外经济研究专家、国务院发展研究中心对外经济研究部部长、赵晋平研究员的研究成果，"改革开放几十年来，利用外资创造了大量就业机会。随着利用外资规模的不断扩大，外资企业吸收的劳动力数量逐年增加，由 1985 年的 6 万人增加到 2007 年的 1583 万人，年均递增 72 万人，对同期全国城镇就业新增数的贡献率达到 9.5%。如果将直接或间接从事与外资企业有关的配套加工、服务等活动的劳务人员计算在内，利用外资大约解决了2600 万人左右的就业。利用外资加速了国内劳动力从第一产业向第二产业和第三产业的转移进程，并通过职工培训等人力资本开发投入和'边干边学'，促进了国内劳动力素质的提高和人力资本积累"（赵晋平，2008）①。国务院发展研究中心"我国加工贸易当前就业状况调查"课题组隆国强等研究发现，"加工贸易是我国吸纳就业，尤其是中低端劳动力就业的重要领域。根据课题组对广州、东莞、苏州、河南四个加工贸易代表性地区的典型调查数据来判断，2012 年我国加工贸易直接吸纳的就业人数在 3000 万左右，带动的相关上下游行业就业人数约 1000 万人，合计吸纳和带动就业约有 4000 万人。"（隆国强，2014）②。从企业结构看，外资企业保持加工贸易企业的主体地位。1995年，我国加工贸易进出口总额为 1320.7 亿美元，其中外资企业所占比重为59.9%；到 2013 年，我国加工贸易进出口总额达到 13578.1 亿美元，而外资企业所占比重达到 81.1%。19 年间外资企业在加工贸易进出口中所占比重平均为 76.9%（王生辉、张京红，2014）③。据上述资料粗略测算，由外资推动的我国单纯加工贸易直接和间接吸纳的就业人数年均大约在 3000 万左右。

　　从质量上看，FDI 对我国就业的影响主要是积极的。具体表现为外资企业

---

　　①　赵晋平. 改革开放 30 年我国利用外资的成就与基本经验 [J]. 国际贸易，2008（11）.

　　②　隆国强等. 我国加工贸易就业规模及变动特征 [J]. 发展研究，2014（11）.

　　③　王生辉，张京红. 外资主导下的我国加工贸易转型升级问题 [J]. 生产力研究，2014（12）.

的生产力水平普遍高于国内企业、外资企业尤其是跨国公司为员工提供的社会保险福利、工作条件要优于国内企业、外资企业不但为本公司的员工提供各种培训学习的机会，也在本地开发培养各种人才，提高了当地劳动力的就业质量。通过外资企业的示范和学习效应，我国企业不断提高自己的竞争力，从而大大提高了国内企业员工的就业质量。

从结构来看，无论是地区还是行业分布，FDI 的投资倾斜与我国的就业差异具有很大的一致性。据商务部外资统计，东部地区一直是中国吸收外商投资的主要地区，外商投资中西部地区较少。截至 2012 年底，东部地区外商投资项目、实际使用金额占全国累计外商投资项目和实际使用金额总数的比重分别为 83.5%、85.9%，中部地区为 10.6%、8.0%，西部地区为 5.9%、6.1%。在行业上，外商投资主要集中在我国的第二产业、第三产业。具体而言，2002～2012 年，服务业累计实际吸收外资 3368.7 亿美元，占全国总量的 38%；同期制造业利用外资金额为 4906.6 亿美元，占同期外资金额的 55.5%。动态来看，2002 年服务业吸收外资 121 亿美元，占当年全国总量的 22%，2012 年升至全国总量的 48.2%；制造业从 2002 年的 66.9% 降至 2012 年的 43.7%。从外资企业类型上看，外商独资和中外合资是主要方式。2002～2012 年，外商独资企业实际使用外资 6354.3 亿美元，占同期实际使用外资总额的 73.90%；中外合资企业 1920.3 亿美元，占 21.70%；中外合作企业 268.6 亿美元，占比为 3%；外商投资股份制企业 104 亿美元，占比为 1.64%。

在就业地区结构上，1990 年我国东、中、西部地区就业人数分别为 24311.9 万人、15823.2 万人、16604.3 万人，占全国总就业人数的 42.85%、27.89%、29.26%；2012 年我国东、中、西部地区就业人数分别为 41311.5 万人、30169.1 万人、33314.8 万人，占全国总就业人数的 39.42%、28.79%、31.79%。可见在就业的区域分布上，东部地区占优。从就业的行业结构上看，1990 年我国第一产业、第二产业、第三产业就业人数分别为 38914 万人、13856 万人、11979 万人，占全国总就业人数的 60.10%、21.40%、18.50%；2012 年我国第一产业、第二产业、第三产业就业人数分别为 25773 万人、23241 万人、27690 万人，占全国总就业人数的 33.60%、30.30%、36.10%，我国产业就业结构上出现了明显的从第一产业向第二产业、三产业转移的趋势，尤其是第三产业逐渐成为吸纳我国就业的主战场。这些与 FDI 在我国的投资分布及趋向有着很强的一致性。

2.4.2　FDI 流入对中国就业影响的案例剖析

（1）湖北省利用外资概况。

改革开放初期，作为中国中部地区的一个省份，湖北省并不是外商直接投资的主要目的地。但是，随着改革开放的不断深入，湖北省利用 FDI 的规模与日俱增。并且在党中央提出"中部崛起"政策口号之后，湖北省每年吸引的FDI 金额呈现明显上升趋势。外商在湖北省的投资方式，以及外商直接投资在湖北省的产业分布和地域分布结构也正在逐渐优化。FDI 的流入，为湖北省的经济发展提供了资金、技术和管理理念，在增加了湖北省的就业总量的同时，改善了湖北省人口就业的结构。

从外商投资方式看，2004 年以前，外商在湖北省的直接投资方式为合资、合作和独资，即"三资模式"，其中合资经营企业超过半壁江山，并且有所下滑，从 1990 年占比 85.93% 下降到 2004 年的 62.79%；独资经营企业的占比稳步上升，从 1990 年占比 11.14% 上升到 2004 年的 30.01%；合作经营企业所占比例较小。2005 年以后，外商新增了一种进入方式，即外商投资股份制企业，从 2005 年的 1.25% 稳步上升到 2013 年的 2.76%；从这以后，合资经营企业的比例迅速下降，最高值为 2012 年的 45.49%；合作经营企业的比例下降得更快，从 2005 年的 2.33% 下降到 2013 年的 0.55%；而独资经营企业的比例仍然延续 2004 年之前的态势，从 2005 年的 34.47% 稳步上升到 2013 年的64.18%。总之，湖北省在利用 FDI 的企业类型上，主要为合资与独资经营企业，合作经营企业逐渐被外商投资股份制企业所代替。具体如表 2-12 所示：

表 2-12　　　　　　　　　　实际外商直接投资金额

年份	合计（万美元）	合资经营企业		合作经营企业		独资经营企业		外商投资股份制企业	
		金额（万美元）	占比（%）	金额（万美元）	占比（%）	金额（万美元）	占比（%）	金额（万美元）	占比（%）
1990	2900	2492	85.93	85	2.93	323	11.14	0	0.00
1995	62253	40259	64.67	5012	8.05	16982	27.28	0	0.00
2000	94368	59879	63.45	2789	2.96	31700	33.59	0	0.00
2003	155702	104622	67.19	5513	3.54	45139	28.99	0	0.00
2004	207126	130048	62.79	11741	5.67	62155	30.01	0	0.00

续表

年份	合计（万美元）	合资经营企业		合作经营企业		独资经营企业		外商投资股份制企业	
		金额（万美元）	占比（%）	金额（万美元）	占比（%）	金额（万美元）	占比（%）	金额（万美元）	占比（%）
2005	218475	65472	29.97	5089	2.33	75305	34.47	2739	1.25
2007	276622	43946	15.89	6077	2.20	81762	29.56	1650	0.60
2008	324481	101474	31.27	16665	5.14	180960	55.77	25382	7.82
2009	365766	122227	33.42	21117	5.77	198474	54.26	23948	6.55
2010	405015	132679	32.76	3319	0.82	235498	58.15	33519	8.28
2011	465503	202268	43.45	2992	0.64	231847	49.81	28396	6.10
2012	566591	257765	45.49	647	0.11	298393	52.66	9786	1.73
2013	688847	223950	32.51	3758	0.55	442107	64.18	19032	2.76

资料来源：湖北省统计年鉴 2014（http://www.stats-hb.gov.cn/）。

从三大产业分布来看，结合近五年的数据，如表 2-13 所示，外资主要分布在湖北省的第二产业和第三产业。分别选择湖北省的农林牧渔业、制造业和房地产业代表该省份第一产业、第二产业和第三产业进行分析。其中，投资在第一产业的农林牧渔业 FDI 维持在一个很低的比例上，且比例有下降趋势；而投资于第二产业的制造业 FDI 总体上超过 50%，也保持一个下降趋势，从 2009 年的 63.86% 下降到 2013 年的 51.32%；第三产业的房地产业 FDI 的比例在稳步上升，从 2009 年的 19.62% 上升到 2013 年的 27.48%，第三产业的 FDI 主要分布在批发零售、住宿和餐饮、房地产和商业服务上，投资结构和比例正在不断优化。湖北省目前占竞争优势的产业大多为劳动密集型或低技术密集型产业，如服装、纺织、食品工业等。FDI 投入多在第二产业，这只是更多地利用了湖北的传统产业优势。另一方面，在高新产业与新兴技术方面的投入还待加强。

表 2-13　　　　　　　　湖北省外商实际投资

年份	合计（万美元）	农、林、牧、渔业		制造业		房地产业	
		总量（万美元）	占比（%）	总量（万美元）	占比（%）	总量（万美元）	占比（%）
2009	365766	7649	2.09	233583	63.86	71780	19.62
2010	405015	4544	1.12	247292	61.06	83210	20.54
2011	465503	12005	2.58	306328	65.81	64717	13.90
2012	566591	8070	1.42	348236	61.46	138955	24.52
2013	688847	6945	1.01	353536	51.32	189318	27.48

资料来源：湖北省统计年鉴（2010~2014 历年）（http://www.stats-hb.gov.cn/）。

从 FDI 的地域分布看，湖北省不同地市的经济发展水平具有很大差异，各地也有不同的支柱产业，所以 FDI 在不同地市的分布也存在着很大差异。FDI 区域发展极不平衡。2011 年，武汉市引进外国直接投资 46.55 亿美元，占了全省 80.78%，而湖北省西部的恩施地区仅 291.7 万美元，仅占全省的 0.06%，为全省实际利用外资最少地区，形成了鲜明的对比。这样一个格局，造成了武汉地区的经济更加发达，其他尤其是鄂西地区的经济更加缺乏生机。襄阳高新区 2013 年前 5 个月 FDI（实际利用外资额）再创历史新高，实际利用外资额达 11928 万美元，同比增长 21%，仅次于武汉，居湖北省各市州第二位。在湖北省 15 个市州中，武汉市承接 FDI 总量居于绝对主导地位，与襄樊、宜昌两个省域副中心城市及其他地市之间拉开了明显的差距，区域之间尚未形成吸收 FDI 的协调层次关系。以湖北市州开发区吸收外商投资为例，2006 年除武汉市以外的其他市州开发区吸收 FDI 总额无一超过 1 亿美元，2007 年也仅有黄冈市开发区和襄樊市开发区刚刚超过 1 亿美元，所占比例均低于 6%，而 2006 年、2007 年两年武汉市各类开发区吸收 FDI 总额均超过 10 亿美元，呈现一市独大局面。近几年，武汉市承接 FDI 一市独大的局面有所改善。襄樊、黄冈、孝感和咸宁 4 个市的开发区吸收 FDI 投资均超过 1 亿美元。值得注意的是，武汉城市圈内与武汉区位最近的城市中，如黄冈、孝感和咸宁，吸收 FDI 的增长速度较快。

（2）湖北省外商投资企业利用外资对就业的影响。

FDI 的不断增多，对湖北省的就业影响比较明显。从数量上看，外商直接投资对湖北省就业的直接影响主要表现在外商投资企业不可避免地雇佣当地的就业人员，通过直接雇佣劳动力来改变当地的就业状况。无论是港澳台外商投资企业，还是其他外商投资企业，都扩大了对湖北省本地劳动力的雇佣量。湖北省有很多外商投资企业，2014 年，湖北省新批外商投资企业 301 个，同比增长 1.3%；合同外资 63 亿美元，同比增长 29.7%；实际使用外资 79.3 亿美元，同比增长 15.1%。外商投资企业吸收了湖北省大量本地人员就业，在外企就业的人员从 2000 年的 23.5 万人增加到了 2014 年的 41.2 万人。2014 年湖北省外商投资企业吸收当地员工是 2000 年的 2.33 倍。外商投资企业除了长期雇佣本地劳动力外，有时也会雇佣当地临时工来解决用工需求，这也在一定程度上增加当地外商投资企业的就业人数。

FDI 除了对湖北省的就业数量、就业结构有所改变外，也能够对湖北省的就业质量带来不可忽视的影响。投资是拉动中国经济增长的主要因素，外商直接投资在客观层面能够提高中国的就业质量。同本土企业相比，外商投资企业拥有更为先进的、成熟的管理体制，不仅能够在微观层面上提高当地员工的就业水平，也能够在宏观层面上改善当地的就业环境。在微观层面，外商投资企业的工作环境、招聘培训机制、晋升空间、工资福利等方面比国内企业更为完善，更具有竞争力。

通过湖北省统计年鉴和中华人民共和国人力资源和社会保障部两个网站，搜集到 2004~2009 年连续六年湖北省外商投资企业投资和就业数据，如表 2-14 所示。

表 2-14　　　　　　　　湖北省外商投资企业投资和就业情况

年份	FDI（亿美元）	年末人数（人）	平均工资（元）
2004	20.71	105878	21447
2005	21.85	133107	22021
2006	24.49	158973	23261
2007	27.66	172848	23167
2008	32.45	182469	27934
2009	36.58	168927	31755

资料来源：湖北省统计年鉴（2010~2014 历年）（http://www.stats-hb.gov.cn/）以及中华人民共和国人力资源和社会保障部（http://www.mohrss.gov.cn/SYrlzyhshbzb/）。

接下来，采用灰色关联分析方法对湖北省利用 FDI 对就业的影响进行进一步分析。灰色关联分析理论是邓聚龙教授于 1982 年提出的，是对一个系统发展变化态势的定量描述和比较的方法，是灰色聚类分析和灰色决策的基础。

灰色关联分析主要用于分析灰色系统中主行为因子和相关行为因子的关系密切程度，对于一个系统发展变化态势提供了量化的度量，非常适合动态历程分析。从数据可得性方面来看，仅搜集到连续 6 年的实际外商直接投资和就业的数据，这也是选择灰色关联分析方法的重要原因之一。

选择湖北省外商投资企业年末就业量和平均工资为参考系列 $y(k)$，外商投资企业的 FDI 数量作为比较系列 $x(k)$。然后，对参考系列和比较系列进行标准化处理，将原始数据取自然对数作为后续操作的标准化数据。

首先需要求出两级最小值 $\Delta min = \min_i \min_k |y(k) - x_i(k)|$ 和两级最大值 $\Delta max = \max_i \max_k |y(k) - x_i(k)|$。各比较数列与参考数列在各个时刻的关联度

可由公式算出：

$$\xi_i(k) = \frac{\min_i\min_k |y(k)-x_i(k)| \, \rho \max_i\max_k |y(k)-x_i(k)|}{|y(k)-x_i(k)| + \rho \max_i\max_k |y(k)-x_i(k)|}$$

其中 ρ 称为分辨系数，一般取 ρ = 0.5。最后，对 ξ_i（k）求平均数，即可计算出参考序列和比较序列的关联系数。

根据以上步骤，计算得到：湖北省外商投资企业年末就业人数与 FDI 数量的关联系数为 0.7187；外商投资企业员工平均工资与 FDI 数量的关联系数为 0.8786。由此说明，外商直接投资的增加，将直接导致外商投资企业部门的就业总量的显著增加和员工平均工资的明显上涨。前者可以看作 FDI 的就业数量效应，后者可以看作 FDI 的就业质量效应。湖北省 FDI 的就业数量效应和就业质量效应均比较明显，关联系数均大于 0.71。并且，湖北省外商投资企业的 FDI 对就业的质量效应强于数量效应，说明了外商直接投资为湖北省这样的中部地区带来的不仅仅是就业机会，更多的是提高了劳动力素质，也就相应的提高了劳动报酬。

（3）湖北省外商直接投资对不同产业和行业的就业影响。

从整体数量上看，外商直接投资最终能够促进湖北省就业的增长；从结构上看，FDI 能够减少第一产业的就业人数，促进第二产业与第三产业就业人数的增加。如表 2-15 所示，湖北省农、林、牧、渔业在岗职工人数由 2009 年的 14.7 万人下降到 2013 年的 10.2 万人，占比由 2009 年的 2.25% 下降到 2013 年的 1.09%；制造业在岗职工人数由 2009 年的 208.0 万人上升到 2013 年的 326.3 万人，占比维持在 34% 左右水平；房地产业在岗职工人数由 2009 年的 10.5 万人上升到 2013 年的 19.4 万人，占比由 2009 年的 1.61% 上升到 2013 年的 2.06%。

表 2-15　　　　　　　　　　湖北省在岗职工人数

年份	合计（人）	农、林、牧、渔业		制造业		房地产业	
		总量（人）	占比（%）	总量（人）	占比（%）	总量（人）	占比（%）
2009	6524945	146796	2.25	2079956	31.88	105122	1.61
2010	6608976	124495	1.88	2256281	34.14	109600	1.66
2011	7701113	92893	1.21	2778580	36.08	133252	1.73
2012	8237589	102999	1.25	2825063	34.29	170457	2.07
2013	9398807	102142	1.09	3262905	34.72	193673	2.06

资料来源：湖北省统计年鉴（2010~2014 历年）（http://www.stats-hb.gov.cn/）。

表 2-16 反映了湖北省农林牧渔业、制造业和房地产业为代表的三大产业在岗职工的平均工资，以及各产业平均工资与全部行业平均工资的比例。不难看出，湖北省农、林、牧、渔业在岗职工平均工资由 2009 年的 14105 元上升到 2013 年的 23693 元，与全部行业平均工资的比例由 2009 年的 59.49% 上升到 2013 年的 61.19%，基本不变且略大于 50%；制造业在岗职工平均工资由 2009 年的 20589 元上升到 2013 年的 35750 元，比例由 2009 年的 86.84% 上升到 2013 年的 92.33%；房地产业在岗职工平均工资由 2009 年的 24201 元上升到 2013 年的 39146 元，比例基本不变，略大于 100%。

表 2-16　　　　　　　　　　　湖北省在岗职工平均工资

年份	全部行业平均工资（元）	农、林、牧、渔业		制造业		房地产业	
		平均工资（元）	比例（%）	平均工资（元）	比例（%）	平均工资（元）	比例（%）
2009	23709	14105	59.49	20589	86.84	24201	102.07
2010	28092	16940	60.30	24966	88.87	29224	104.03
2011	32050	20318	63.39	29303	91.43	33350	104.06
2012	35179	22886	65.06	32313	91.85	37324	106.10
2013	38720	23693	61.19	35750	92.33	39146	101.10

资料来源：湖北省统计年鉴（2010~2014 历年）（http：//www.stats-hb.gov.cn/）。

由于数据的可得性，仅得到近 5 年的湖北省外资和就业的相关数据，在此仍然采用灰色关联分析的方法。在做灰色关联分析之前，先将农林牧渔业、制造业、房地产业各自的就业和 FDI 进行相关性检验，采用 SPSS 软件，得到如表 2-17 中"相关程度"一栏。从就业数量效应来看，农林牧渔业的就业量与 FDI 的相关程度为 -0.5272，即该行业的 FDI 与就业量呈现负相关，即增加农林牧渔业的实际外商直接投资，将使该行业的就业人数减少；制造业和房地产业的就业量与 FDI 的相关程度分别为 0.9625 和 0.8773，均为正效应，且制造业的 FDI 与就业相关程度比房地产业明显。从就业质量效应来看，三个行业的 FDI 对行业平均工资均具有正向效应，相关程度依次为 0.2646，0.9674，0.7528；且制造业的 FDI 和工资相关程度高于房地产业，再高于农林牧渔业。

表 2 - 17 湖北省 FDI 的就业效应统计指标

	农、林、牧、渔业		制造业		房地产业	
	就业量	平均工资	就业量	平均工资	就业量	平均工资
相关程度	-0.5272	0.2646	0.9625	0.9674	0.8773	0.7528
关联系数	-0.5618	0.2381	0.5700	0.4790	0.8472	0.9120

在相关性分析的基础上，进行灰色关联分析。从就业数量效应来看，湖北省利用 FDI 对农林牧渔业、制造业、房地产业的就业数量效应各不相同，FDI 对农林牧渔业的就业数量具有挤出效应，增加 1% 的 FDI，农林牧渔业的就业量将减少 -0.5618%，这归结于 FDI 的技术溢出效应，FDI 进入湖北省第一产业将极大提高生产效率，劳动力基本素质提高，从业人员精简；FDI 对房地产业的就业促进作用为 0.8472，显著高于 FDI 对制造业的就业促进作用 0.5700，主要因为第三产业是以科学技术为主导，比较迎合 FDI 先进的投资管理理念，大幅度带动第三产业的就业是必然的。从就业质量效应来看，FDI 对三个行业劳动工资的提升作用依次增强，促进效应分别为：0.2381，0.4790 和 0.9120，这充分说明湖北省在利用 FDI 方面，必须注重外资的引进结构；以房地产为代表的第三产业就业数量和劳动工资对外资均具有正向反应，且效果明显，因此湖北省应积极引导外资向第三产业的流入；第二产业的外资就业效应没有第三产业那么显著，可以考虑适当将外资从第二产业调整到第三产业；而对第一产业的外资，在引进数量上需要进行控制。

2.4.3 OFDI 对中国就业的影响

（1）背景和意义。

中国加入 WTO 以来，积极实施"走出去"战略，作为战略的重要一部分，中国对外直接投资（Outward Foreign Direct Investment，OFDI）流量迅猛增长，2002～2012 年对外直接投资年均增长率高达 41.6%，2013 年位列全球第三大对外投资国。2014 年，在"一带一路"战略下中国对外投资呈现出新的格局。在此背景下，人们逐渐认识到研究对外直接投资对就业影响的意义。

（2）相关文献综述。

由于就业问题的复杂性，不同国家 OFDI 对母国就业的影响往往不同，并且同一个国家不同地区不同时间段 OFDI 对就业的影响也可能存在一定的差异。在理论上，研究 OFDI 的母国就业效应起始于贾塞（Jasay，1960）。他认为 OFDI 会给母国就业带来"替代效应"，当一个国家资本和资源有限时，如果 OFDI 不会带来出口增加或者进口减少，就会造成母国就业条件恶化[①]。鲁滕伯格（Ruttenberg，1968）通过对美国企业 1960 - 1965 年的面板数据进行实证分析，估计 OFDI 每增加一个单位会间接减少就业 0.7 个单位，支持了这一观点[②]。相反，霍金斯（Hawkins，1972）认为 OFDI 会促进母国就业，通过防御性投资，会派生对母国国内设备、中间产品以及辅助产品的需求，进而刺激出口，带动就业[③]。陈添枝和顾英华（Tainjy Chen and Yinghua Ku，2003）通过对中国台湾制造业 OFDI 对产业内部不同劳动人员的就业影响进行实证分析，得出 OFDI 对于内部就业有促进作用，且对技术人员的促进作用最大[④]。另外，也有一部分学者持有折衷的想法，认为 OFDI 对就业既有促进作用，也有替代作用，最终结果取决于两种效应的对比以及 OFDI 的产业、区域、投资主体等情况。如哈米尔（Hamill，1992）认为跨国公司在进行 OFDI 时采取的战略不同，对母国就业的影响也会不同[⑤]。坎贝尔（Campbell，1994）认为跨国公司 OFDI 对母国在就业数量、质量及区位方面均具有直接的积极和消极效应，以及间接的积极和消极效应[⑥]。

　　我国学者关于 OFDI 的国内就业效应研究相对较少，初期多为理论或者简单的定量分析。杨建清（2004）从微观和宏观两个角度分析了对外直接投资的就业效应，认为中国发展对外直接投资对本国就业是利大于弊的[⑦]。黄晓玲、刘会政（2007）利用 Granger 因果关系检验得出虽然对外直接投资对中国

① Jasay A. E. The Social Choice Between Home and Oversea Investment [J]. Economic Journal, 1960 (7): 277 - 285.

② Ruttenberg W B. Effects of UK Direct Investment Overseas [M]. Cambridge University Press, 1968: 408.

③ Hawkins, R. G. Job Displacement and Multi-national Firm: A Methodological Review [J]. Center of Multinational Studies, 1972.

④ Tainjy Chen, Yinghua Ku. The Effect of Overseas Investment on Domestic Employment [J]. Chung - Hua Institution for Economic Research, 2003: 5 - 7.

⑤ Hamill J. Employment Effect of Changing Multinational Strategies in Europe [J]. European Management Journal, 1992 (10).

⑥ Campbell D. Foreign Investment, Labor Immobility and the Quality of Employment [J]. International Labor Review, 1994, 133 (2): 185 - 204.

⑦ 杨建清. 对外直接投资对母国就业的影响 [J]. 商业时代, 2004 (35).

就业总量产生替代效应，但较为有限①。这些研究大多基于国外的就业理论或者简单将就业和对外直接投资进行回归，缺乏足够的说服力。近年来针对不同区域、不同行业、不同投资主体对外直接投资就业效应的研究逐渐多起来，也开始采用更为新颖、更为前沿的分析工具。在不同行业和不同投资主体方面，刘辉群、王洋（2011）运用 OLS 方法研究了中国对外直接投资对投资主体和具体行业就业量的影响，结果表明中国对外直接投资对国有企业和股份制企业的国内就业量有较小的替代作用，但对外商投资和港澳台投资企业有较大的促进作用；在五个行业中对商务服务业就业量的促进作用最大，其次是制造业和采矿业②。通过对区域的不同划分，不同学者有不同的结论，其中姜亚鹏、王飞（2012）研究了中国 30 个省（市、区）对外直接投资母国就业效应的区域差异，结果表明在长期内我国对外直接投资与就业间正相关，但最近 8 年各省（市、区）对外直接投资的母国就业效应存在一定差异，其中"一线城市"及沿边省份呈微弱负相关，其余省份为正相关③。张建刚、康宏和康艳梅（2013）将中国分为东、中、西三部分，分别研究各区域对外直接投资的就业效应，结果表明从总体来看对外直接投资对就业的创造效应大于替代效应，但各区域之间存在差异，东部地区对外直接投资对就业呈创造效应，中部地区表现出不确定性效应，而西部地区呈替代效应④。上述研究主要从总量、质量和结构方面对 OFDI 的国内就业效应进行了一定的分析，缺乏对其直接与间接效应的综合考量。下面将利用联立方程模型定量测度 OFDI 对中国就业的直接、间接及其综合效应。

（3）模型构建与变量说明。

从 Cobb - Douglas 生产函数出发：

$$Q_t = A^\gamma K_t^\alpha L_t^\beta (t = 1, \cdots, T) \qquad (2-1)$$

为了全面考察 OFDI 对我国国内就业的影响，假设资本要素在国际间是自由流动的，一国的资本要素不仅仅包括国内的资本 K，还包括对外投资 OFDI

① 黄晓玲，刘会政. 中国对外直接投资的就业效应分析 [J]. 管理现代化，2007（1）.
② 刘辉群，王洋. 中国对外直接投资的国内就业效应：基于投资主体和行业分析 [J]. 国际商务：对外经济贸易大学学报，2011（4）.
③ 姜亚鹏，王飞. 中国对外直接投资母国就业效应的区域差异分析 [J]. 上海经济研究，2012（7）.
④ 张建刚，康宏，康艳梅. 就业创造还是就业替代—OFDI 对中国就业影响的区域差异研究 [J]. 中国人口·资源与环境，2013（1）.

（假设国外资本完全通过 OFDI 流出），则上述生产函数变为：

$$Q_t = A^\gamma f(K_t^\alpha, \ OFDI_t^h, \ L_t^\beta) \qquad (2-2)$$

在完全竞争的条件下，厂商的利润可以表示为：

$$\pi_t = p_t A^\gamma f(K_t^\alpha, \ OFDI_t^h, \ L_t^\beta) - w_t L_t - r_t(K_t + OFDI_t) \qquad (2-3)$$

其中 Pt 代表 t 时期商品价格，w 和 r 分别代表劳动和资本价格。假定厂商的目标是利润最大化，则有：

$$\frac{\partial \pi_t}{\partial L_t} = \beta p_t A^\gamma K_t^\alpha OFDI_t^h L_t^{\beta-1} - w_t = 0 \qquad (2-4)$$

两边取对数简化后可得：

$$\ln L_i = c_1 + c_2 \ln K_t + c_3 \ln OFDI_t + c_4 \ln A_t + c_5 \ln w_t + \varepsilon_{1t} \qquad (2-5)$$

其中 $c_1 = \ln \beta p_t / (1-\beta)$；$c_2 = \alpha / (1-\beta)$；$c_3 = h / (1-\beta)$；$c_4 = \gamma / (1-\beta)$；$c_5 = -1/(1-\beta)$。式中 C_2、C_3、C_4 可以分别看作国内投资、OFDI 和生产率对就业的直接效应。一般而言，OFDI 可以通过对国内投资产生挤入或挤出效应进而对国内就业产生影响。假设企业仅通过本年度和上年度的产出决定未来的投资，则有：

$$K_t = f(OFDI_t, \ Q_t, \ Q_{t-1}) \qquad (2-6)$$

两边同时取对数化简后有：

$$\ln K_{it} = c_6 + c_7 \ln OFDI_t + c_8 \ln Q_t + c_9 \ln Q_{t-1} + \varepsilon_{2t} \qquad (2-7)$$

式中 C7 反映了企业对外直接投资对国内投资的挤入或挤出效应，因而 C7 和 C2 的乘积可以看作 OFDI 通过影响国内投资对就业产生的间接效应。

另一方面，生产率水平的变化可以反映一国技术水平 A，假定 OFDI 是决定中国全要素生产率的影响因素之一，为了测算中国 OFDI 的逆向技术溢出效应，这里在前人基础上建立了计量模型，表达式如下所示：

$$A_t = \upsilon(1 + share)OFDI_t \qquad (2-8)$$

其中 share 表示 OFDI 占资本（包括国内和国外）的比重；υ 表示影响技术水平的其他因素。两边取对数后有：

$$\ln A_{it} = c_{10} + c_{11} share + c_{12} \ln OFDI_t + \varepsilon_{3t} \qquad (2-9)$$

式中 C12 反映了企业对外直接投资对技术进步的促进作用，因而 C12 和 C4 的乘积可以看作 OFDI 通过影响生产率水平对就业产生的间接效应。

综上所述，可以构建出测算 OFDI 对国内就业的直接效应和间接效应的模型：

$$\begin{cases} \ln L_t = c_1 + c_2 \ln K_t + c_3 \ln OFDI_t + c_4 \ln A_t + c_5 \ln w_t + \varepsilon_{1t} & (2-5) \\ \ln K_{it} = c_6 + c_7 \ln OFDI_t + c_8 \ln Q_t + c_9 \ln Q_{t-1} + \varepsilon_{2t} & (2-7) \\ \ln A_{it} = c_{10} + c_{11} share + c_{12} \ln OFDI_t + \varepsilon_{3t} & (2-9) \end{cases}$$

(4) 数据说明与计量结果分析。

这里的样本数据取自 2004～2012 年间的年度数据，数据来源于各年度《中国统计年鉴》和《中国对外直接投资统计公报》。模型中各变量采用的数据解释如下：

L 为就业人数（万人）；K 为国内固定资产投资总额（亿元）；OFDI 为对外直接投资总额（万元），并依据当年汇率换算为人民币；w 为就业人员平均工作（元）；Q 为产出，用每年 GDP 表示（亿元）；A 为全员劳动生产率（元/人），用实际 GDP 与各产业就业人数的比值表示；share 为 OFDI 占总投资（国内和国外）的比重。

对联立方程模型的估计方法主要有二阶段最小二乘法（2SLS）、三阶段最小二乘法（3SLS）、广义矩法（GMM）等，这里采用的是 3SLS 法，模型估计结果如表 2-18 所示：

表 2-18　　　　　　　　　　　联立方程模型估计结果

变量系数	模型	概率
C_1	10.869 ***	0.000
C_2	0.003	0.489
C_3	-0.002 **	0.016
C_4	0.017 **	0.013
C_5	0.026 **	0.020
C_6	-4.585 ***	0.000
C_7	-0.0003	0.994
C_8	0.398 **	0.014
C_9	0.931 ***	0.000
C_{10}	4.031 ***	0.000
C_{11}	-13.989 ***	0.001
C_{12}	0.232 ***	0.000
Adj R^2 (5)	0.997	
Adj R^2 (7)	0.997	
Adj R^2 (9)	0.950	

注：*** 、** 、* 分别表示通过了 1%、5%、10% 的显著性水平检验。

由表 2 - 18 可知模型中绝大部分解释变量均通过 10% 的显著性检验，模型中各方程的拟合情况也相当好，调整的 R2 值在 0.950 ~ 0.997 之间。由模型可知：C3 < 0，说明 OFDI 对中国就业直接效应为负。C7 < 0 表示 OFDI 对固定资产投资是有挤出效应的，但效果并不显著。C12 > 0 表示 OFDI 显著促进技术进步。

最后，测算 OFDI 对就业的直接和间接效应，结果如表 2 - 19 所示：

表 2 - 19　　　　　各产业 OFDI 直接、间接和综合就业效应结果

就业效应	表达式	模型
直接效应	C_3	- 0.002
通过影响 K 产生间接效应	$C_2 \times C_7$	$-9 * E^{-7}$
通过影响 A 产生间接效应	$C_4 \times C_{12}$	0.003944
总效应		0.0019431

从表 2 - 19 可以看出，虽然 OFDI 会对国内就业产生替代作用，OFDI 每增加 1% 将会引起直接就业下降 0.002%。OFDI 每增加 1% 将会挤出 0.0003% 的国内投资，从而间接减少大约 $9 * E^{-7}$% 的就业。但 OFDI 也给国内就业的带来了正向影响，对外直接投资促进国内生产技术的进步，OFDI 每增加 1% 可以推动生产率水平上升 0.232%，进而间接增加了近 0.004% 的国内就业机会。最后综合来看，OFDI 每增加 1% 将拉动实际就业量扩大近 0.002%。

2.5

本章小结

经济周期是经济发展过程中出现的一种周期性规律，表现为经济扩张与经济的紧缩交替更迭和循环往复。经济周期总是客观存在着的，是开放经济条件下发展起来的一种内生形态，经济周期的波动影响着众多的经济活动，以跨国公司投资为主体的外商直接投资必然也会受到世界经济周期的影响。相应的世界经济的波动一定会引起外商直接投资的变化，使得外商直接投资加速流动。实际上，经济周期波动、FDI 流动与就业之间有着十分密切的相关性。

（1）本章采用"谷—谷"的划分方法，根据 GDP 增长率在时间序列的相邻低谷间的距离来衡量经济周期，将中国改革开放以后的经济周期按照国内生产总值的增长率波动划分为 5 个阶段，从中我们可以发现，我国改革开放以来经济周期波动特点总体表现为，初期波动幅度大，周期历时时间短，后期波幅减小并趋于平缓。中国改革开放以后经历的 5 轮经济周期，都是增长型经济周期。

（2）经济出现周期性波动的原因，既有经济内部多种因素共同起作用，也有外部随机的冲击和扰动机制所造成的。就中国而言，存在着三种主要的外在冲击机制，包括货币政策、投资政策以及财政政策。这三种外在冲击机制在中国的经济运行体系中都是有着极其重要意义的经济变量，而其中投资的变动对经济波动的影响十分显著。反过来，经济周期的波动也会在很大程度上影响投资的变动。

（3）在全球经济一体化条件下，世界范围内各国经济发展已经紧密的联系在一起，一国经济的繁荣或者萧条可以通过各种机制的传导作用，影响与其有经济联系的其他国家并引起其他国家经济的波动。中国实行改革开放特别是加入 WTO 以后，经济已经逐步融入世界经济体系中，与世界各国的经济联系也逐渐加强，伴随着中国经济开放进程的逐步推进，中国经济与世界经济关联的程度也进一步加深，世界经济周期的波动对中国经济周期的波动产生了更深远的影响。本章的 Johansen 协整检验结果得出，世界经济增长率与中国经济增长率之间存在着协整关系。格兰杰因果检验表明世界 GDP 增长波动与中国经济增长波动互为 Granger 因果关系。

（4）改革开放以来，FDI 流入我国总体上呈增长态势，特别是 1992 年邓小平同志南方讲话后，FDI 流入非常明显；中间经历国际国内经济周期波动及政策影响，有些起伏，后期外资流入进入到一个相对成熟稳定和逐步理性完善的阶段。FDI 流出主要表现为外商投资企业在华撤资，其特点是：外商撤资企业数和撤资金额总量不大，但总体呈上涨趋势。FDI 在我国的流入流出无不与当时的国际国内经济周期波动、政策变化以及自身投资动机调整紧密相关。

（5）通过格兰杰因果检验发现，中国的经济周期波动是引起 FDI 流入量变动的 Granger 原因，反过来 FDI 流入量同样也是引起中国经济周期波动变化的 Granger 原因；然而，中国的经济周期波动却不是引起 FDI 流出量变动的 Granger 原因，同样，FDI 流出也不是引起中国 GDP 变化的 Granger 原因。外商投资来源国或地区的经济周期波动是引起 FDI 流出我国变动的 Granger 原因，但反之不成立。

（6）从就业看，虽然外资企业就业人员在中国总体就业中所占的比重并不太高，但由于每年流入中国的 FDI 规模日益庞大，它已经成为影响中国劳动力市场的生力军和推动中国就业增长的重要力量。格兰杰因果检验表明，在考察期间，FDI 流入量与中国就业人数之间互为 Granger 因果关系。但中国就业人数不是引起 FDI 流出量变化的 Granger 原因，而 FDI 流出量却是引起中国就业人数变化的 Granger 原因。这说明了 FDI 的流入、流出与中国就业之间有着密切的关联，因此应高度关注经济周期波动下 FDI 流动对我国就业均衡增长带来的全方位的影响。

（7）改革开放几十年来，利用外资创造了大量就业机会。根据相关调查及资料粗略测算，由 FDI 推动的我国直接和间接吸纳的就业人数年均大约在 4000 万左右。从质量上看，FDI 主要通过提高劳动生产率、提供较好的社会保险福利、工作条件、培训学习的机会，提高了当地劳动力的就业质量，并通过外资企业的示范和学习效应，带动和提高了国内企业员工的就业质量。从结构来看，无论是地区还是行业分布，FDI 的投资倾斜与我国的就业差异具有很大的一致性。FDI 主要流入了我国东部沿海地区和第二产业、第三产业，这些与我国的就业趋向有着很强的一致性。随着近年来我国引资政策的完善和内地吸引力的增长，上述失衡现象有所缓解或改善。

（8）改革开放初期，作为中国中部地区的一个省份，湖北省并不是外商直接投资的主要目的地。但是，随着改革开放的不断深入，湖北省利用 FDI 的规模与日俱增。并且在党中央提出"中部崛起"政策口号之后，湖北省每年吸引的 FDI 金额呈现明显上升趋势。外商在湖北省的投资方式，以及外商直接投资在湖北省的产业分布和地域分布结构也正在逐渐优化。FDI 的流入，为湖北省的经济发展提供了资金、技术和管理理念，在增加了湖北省的就业总量的同时，改善了湖北省人口就业的结构，提高了就业的质量。

（9）由于就业问题的复杂性，不同国家 OFDI 对母国就业的影响往往不同，并且同一个国家不同地区不同时间段 OFDI 对就业的影响也可能存在一定的差异。在相关研究上，国内外学者采用了不同的方法围绕 OFDI 对母国就业的数量、质量和结构效应展开了有益的探讨，结论是仁者见仁、智者见智。但总体来看，上述研究主要从总量、质量和结构方面对 OFDI 的国内就业效应进行了一定的分析，缺乏对其直接与间接效应的综合考量。本章利用联立方程模型定量测度 OFDI 对中国就业的直接、间接及其综合效应。研究结果表明，虽然 OFDI 会对国内就业产生替代作用，OFDI 每增加 1% 将会引起直接就业下降 0.002%。OFDI 每增加 1% 将会挤出 0.0003% 的国内投资，从而间接减少大约 $9*E^{-7}$% 的就业。但 OFDI 也给国内就业的带来了正向影响，对外直接投资促进国内生产技术的进步，OFDI 每增加 1% 可以推动生产率水平上升 0.232%，进而间接增加了近 0.004% 的国内就业机会。最后综合来看，OFDI 每增加 1% 将拉动实际就业量扩大近 0.002%。

第 3 章

FDI 流动对我国就业均衡的影响

改革开放以来特别是 20 世纪 90 年代后，外商直接投资（FDI）大量流入中国，对我国的剩余劳动力转移、经济增长和就业结构转换发挥了积极的推动作用。而 2008 年金融危机后，世界经济迅速衰退，我国不少外企撤资，FDI 流出我国，促使就业形势发生扭转，大量劳动力失业返乡，给我国劳动力就业增添了巨大压力。FDI 在我国分布的区域差异较大，这种不平衡在很大程度上引起了我国经济发展的不平衡：东部地区经济发展迅速而中、西部地区经济发展相对滞后，从而导致我国就业区域结构呈现明显的失衡：一方面劳动力大量往东部沿海聚集和转移，造成其与中、西部地区的就业差距扩大；另一方面引起的"民工潮"和"用工荒"等社会问题。因此，FDI 流动带来的就业区域结构失衡需引起社会的高度关注。

从国内外已有的关于 FDI 与就业关系的研究进展来看，仍存在以下几方面的不足：①主要是从 FDI 流动的单维角度研究它对就业的作用，缺乏从 FDI 流入、流出的双向二维层面探测其对东道国就业结构的综合效应；②对 FDI 的就业结构效应研究不够深入，忽视从动态视角考察 FDI 在不同区域、产业间流动所引致的就业冲击。本章正是以此为切入点，首先通过一个基于 DMP 模型基础之上的劳动力与资本市场的数理均衡模型，比较 FDI 不同流动情形下，国际资本流动对本国劳动力市场均衡的影响；然后在对我国 FDI 流入流出和就业增长的区域和产业失衡的统计描述基础上，运用 VAR 模型，结合协整分析和误差修正（VEC）模型，通过脉冲响应分析和方差分解的方法，研究了 FDI 流动与就业的长期均衡与短期波动的关系，揭示了 FDI 流动对区域和产业就业均衡动态作用的路径变化，最后给出本章的结论及政策启示。

3. 1

国际资本流动对我国就业均衡影响：
基于 DMP 模型的数理均衡分析

对于我国来说，国际资本远没有达到完全自由流动的程度，而现有的研究多是针对国际资本完全自由流动的，并不能很好的解释国际资本流动对我国劳动力市场的影响。鉴于以上不足，本章在综合借鉴 2010 年诺贝尔经济学奖得主戴蒙德（Peter A. Diamond）、莫滕森（Dale T. Mortensen）和皮萨里德斯（Christopher A. Pissarides）的搜寻理论及其 DMP 模型、阿扎利艾迪和皮萨里德斯（Costas Azariadis. ，Christopher A. Pissarides. ，2007）、刘鹏飞和张亚斌（2007）[①] 等相关研究成果的基础上，通过建立一个劳动力市场与资本市场的均衡模型，比较分析国际资本完全不流动和国际资本不完全自由流动的情形下，国际资本流动对本国劳动力市场均衡的影响。

3.1.1　模型构建

根据传统理论，劳动市场理应自行运作，让求职者找到职缺。但事实并非如此，原因是在求职过程中，劳资双方均需付出时间及资源寻找适合对象；即使双方"情投意合"，亦可能因工资谈不拢而无法雇用，导致劳动市场上一方面有大量职位空缺，另一方面却有很多人失业。来自美国麻省理工学院的戴蒙德（Peter A. Diamond），于 1971 年首次就上述经济现象解释提出基础理论。他发现，即使是些微的搜寻成本，都会造成与传统"竞争平衡"模式完全不同的配对结果。莫滕森（Dale T. Mortensen）和皮萨里德斯（Christopher A. Pissarides）进一步拓展这个搜寻理论，并应用到劳动市场，提出著名的"DMP 模型"（Diamond – Mortensen – Pissarides Model）。时至今日，DMP 模型已成为人们理解"规章制度和经济政策如何影响失业率、职位空缺和工资"的常用工具。

（1）生产者行为。

假设生产者投入劳动力和资本两种要素生产产品，并创造新的工作机会，

[①] 刘鹏飞、张亚斌. 国际资本流动对我国就业影响的均衡分析 [J]，国际经贸探索，2007. 11

且工作只持续一个时期，用下标 t 代表时期。为简化计算，假设在每期初都只有一单位的劳动力（L）产生，生产者提供的工作机会数量为 v_t。并且生产者创造工作机会的单位成本为 c。根据戴蒙德（Peter A. Diamond）、莫滕森（Dale T. Mortensen）和皮萨里德斯（Christopher A. Pissarides）的搜寻理论及其 DMP 模型，在自由市场经济中，劳动力市场上存在太多的失业者和太多的职位空缺，即职位空缺与失业并存的现象，远未达到"出清"状态。在劳动力市场上不但工人在寻找工作，而且厂商也在寻找合适的工人，市场存在搜寻摩擦，这就需要双方进行匹配，而成功的匹配需要工人和厂商通过讨价还价来决定工资。因此，DMP 模型就有两个关键的部分，即匹配函数和工资议价。匹配函数表示雇主招募新雇员、雇员搜寻以及雇主与雇员相互评价这样一个复杂的过程，它受很多因素影响，其中主要取决于新工作岗位数、失业人数和就业人数等。设失业率为 u，失业与就业时工作岗位的提供可看作是近似服从参数 $\lambda_0 = \lambda_1$ 的柏松分布，则匹配函数只取决于工作岗位数。因此，我们假设匹配函数为 $m_t = v_t^{1-\eta}$。于是 m_t 即为就业率，$u_t = 1 - m_t$ 为失业率。

C – D 生产函数的一般形式为 $Y_t = AK_t^{\alpha} L_t^{1-\alpha}$，由前面假设 L = 1，则生产函数等价于人均的形式：$y_t = Ak^{\alpha}$，其中 k 为工人的人均资本。用 w_t 表示劳动力市场均衡时的工资水平，r_t 代表资本的价格，亦等于资本回报率，即 $r_t = y_t / K_t = Ak_t^{\alpha} / K_t = \alpha Ak_t^{\alpha-1}$。那么，生产者从一份匹配的工作可得到的净收益为：

$$\pi_t = Y_t - (r_t k_t + w_t) = (1 - \alpha) Ak_t^{\alpha} - w_t \qquad (3 - 1)$$

依据前述假定和分析可知新的工作机会被匹配的概率为 m_t / v_t，所以生产者的期望收益为 $(m_t / v_t) \pi_t$。

（2）国内劳动力市场。

一个人成年后要么就业工作，要么失业赋闲或退休在家。就业工作时可以获得收入并储蓄和消费，但是失业赋闲或退休在家时就只是纯粹的消费者。如果政府对工人就业时征税，对非就业时进行转移支付，则在工人的就业或非就业状态确定后，每个工人就知道了自己的收入水平。设个人所得税税率为 τ_t，就业时的收入为 $(1 - \tau_t) w_t$；政府通过转移支付给予工人非就业时补偿，设补偿率为 b，则工人非就业时的收入为 $b(1 - \tau_t) w_t$。每个工人都将自己的收入在消费和储蓄间进行分配，以求跨期总效用的最大化，假设他们跨期的效用函数为：

$$u(c_t, c_{t+1}) = \ln c_t + (1 + \lambda)^{-1} \ln c_{t+1} \qquad (3 - 2)$$

其中 λ 为跨期效用的贴现率。设储蓄率为 s，本期的储蓄构成下一期的资本存量。对于工人就业时而言，$c_t = (1-s)(1-\tau_t)w_t$，$c_{t+1} = s(1-\tau_t)w_t r_{t+1}$。最大化效用可得最优的储蓄率 $s = 1/(2+\lambda)$。同理，对于工人非就业时也可得出同样的结论。然而，对于任何一个工人而言，其收入具有不确定性。因为在每期初，他有就业和失业的两种可能性，概率分别为 m_t 和 $1-m_t$，因此，在每期初我们只知道工人的期望效用：

$$E_t U_t = m_t [\ln(1-s)(1-\tau_t)w_t + (1+\lambda)^{-1} E_t \ln s(1-\tau_t)w_t r_{t+1}] + (1-m_t)$$

$$[\ln(1-s)b(1-\tau_t)w_t + (1+\lambda)^{-1} E_t \ln sb(1-\tau_t)w t r_{t+1}] \qquad (3-3)$$

于是最优化问题就是在生产者利润为 0（在完全竞争假设下，生产者均衡时最大化利润为零）的约束下最大化工人的期望效用：

$$\max E_t U_t \text{ subject to } (m_t/v_t)\pi_t \geq c \qquad (3-4)$$

求解该最优化问题可得均衡工资：

$$w_t = \beta(1-\alpha)Ak_t^\alpha$$

其中
$$\beta = \frac{\eta}{\eta - (1-\eta)\ln b} \qquad (3-5)$$

将均衡工资代入生产者的零收益约束条件，得到其最优工作机会创造条件：

$$(1-\alpha)(1-\beta)Ak_t^\alpha v_t^{-\eta} = c \qquad (3-6)$$

即生产者创造另一单位工作机会的边际收益等于边际成本时，生产者创造的工作机会量达到最优。由工作机会创造条件（3-6）和匹配函数可得到就业率的表达式：

$$m_t = \left\{ \left(\frac{(1-\alpha)(1-\beta)}{c}Ak_t^\alpha \right)^{(1-\eta)/\eta} \right\} \qquad (3-7)$$

上式两边取对数可知就业率与人均资本存量存在下面的对数线性关系：

$$\ln m_t = \frac{1-\eta}{\eta} \left[\ln \frac{(1-\alpha)(1-\beta)A}{c} + \alpha \ln k_t \right] \qquad (3-8)$$

（3）国际资本市场。

家庭储蓄可通过资本市场流向企业，在没有公共债务情况下，假设本期总的家庭储蓄即是下一期的资本存量，因此，在我们的模型中国家 i 的资本市场均衡时第 t+1 期世界的资本存量就应该等于第 t 期世界的储蓄：

$$\sum_{i=1}^{N} m_{it+1} k_{it+1} = \sum_{i=1}^{N} s m_{it} w_{it} \qquad (3-9)$$

在没有国际资本流动的情况下，每个国家内部资本市场达到均衡时下一期的资本存量都与本期自身的储蓄相等，于是对于每个国家 i，由（3 - 9）式表示的均衡条件变为：

$$m_{it+1}k_{it+1} = sm_{it}w_{it} \qquad (3 - 10)$$

我们知道，资本在全世界范围内完全自由流动情况下，国际资本市场均衡时（3 - 9）式必成立。并且所有国家的资本回报率都是相等的，即对所有（i，j，t）有：$r_{it} = r_{jt}$　$y_{it}/K_{it} = y_{jt}/K_{jt}$　$\alpha Ak_{it}^{\alpha - 1}{}_t = \alpha Ak_{jt}^{\alpha - 1}$，简化后得：

$$k_{it}^{\alpha - 1} = k_{jt}^{\alpha - 1} \qquad (3 - 11)$$

但是，在现实中由于各种壁垒或制度约束，资本不可能达到完全自由流动，更多的情况是国际资本的不完全自由流动。对我国来说，更是如此。在国际资本不完全自由流动的情况下，国内的资本回报率与世界资本回报率并不相等，假定国内与外国的资本回报率存在下列关系：

$$\alpha Ak_t^{\alpha - 1} = r^f(1 + d) \qquad (3 - 12)$$

上式中 r^f 表示外国的资本回报率，其中 d > 0 为一外生参数，衡量一国的资本市场开放度。d 越大，说明本国的开放度越低；d 越小，说明本国的开放度越高；在极端情形 d = 0 时，本国是完全开放的，则国内与国外的资本回报率相等，这就是上面（3 - 11）式所描述的情形。理论上来说，一国的资本回报率比国外的资本回报率高，就能吸引国外资本不断的流入，我国改革开放以来 FDI 的不断流入即证明了这种情况。

3.1.2　国际资本不同流动情形下的均衡及其就业影响分析

（1）国际资本完全不流动时的均衡。

将（3 - 10）式两边取对数，并将（3 - 5）式和（3 - 8）式代入可得到决定就业人员人均资本存量的动态方程：

$$\ln k_{t+1} = \frac{1}{\alpha(1 - \eta) + \eta}\left[\eta \ln s\beta(1 - \alpha)A + \alpha \ln k_t\right] \qquad (3 - 13)$$

由上式可以看出，第 t + 1 期的人均资本存量 k_{t+1} 与上期人均资本 k_t 是正相关的。

由（3 - 8）和（3 - 13）式可以推出有关就业率的动态方程：

$$\ln m_{t+1} = \frac{1}{\alpha(1 - \eta) + \eta}\left[\alpha(1 - \eta)B + \alpha \ln m_t\right] \qquad (3 - 14)$$

其中 $B \equiv \ln s\beta(1-\alpha) + \dfrac{1}{\alpha}\ln A + \dfrac{1-\alpha}{\alpha}\ln\dfrac{(1-\alpha)(1-\beta)}{c}$

上式表明，第 $t+1$ 期的就业率 m_{t+1} 与上期就业率 m_t 是正相关的。

由（3-14）式可得在均衡点时国际资本完全不流动情形下本国就业率的动态方程：

$$1nm = \frac{\alpha(1-\eta)B}{\eta(1-\alpha)} \qquad (3-15)$$

为了区别于后面的资本不完全流动情形下的就业率，以 m^c 表示封闭经济下资本完全不流动时国内的均衡的就业率，m^o 表示资本不完全自由流动时国内均衡就业率，那么（3-15）式就改写为：

$$1nm^c = \frac{\alpha(1-\eta)B}{\eta(1-\alpha)} \qquad (3-16)$$

（2）国际资本不完全自由流动时的均衡。

由于多种因素导致一般情况下资本是不完全自由流动的，特别是在我国，因此，由（3-12）式两边取对数可以得出：

$$\ln k_t = \frac{\ln\alpha + \ln A - \ln r^f(1+d)}{1-\alpha} \qquad (3-17)$$

由（3-8）式和（3-17）式可得到资本不完全自由流动时本国就业率的动态方程：

$$\ln m^0 = \frac{1-\eta}{\eta(1-\alpha)}\alpha C \qquad (3-18)$$

其中 $C \equiv \ln\alpha + \dfrac{1}{\alpha}\ln A - \ln r^f(1+d) + \dfrac{1-\alpha}{\alpha}\ln\dfrac{(1-\alpha)(1-\beta)}{c}$

（3）国际资本流动对国内就业的影响。

下面比较分析在国际资本完全不流动和国际资本不完全自由流动时国际资本流动对国内劳动力市场就业的影响。国际资本流动对就业的影响主要体现在两个方面：一是就业水平，这里用就业率的均值衡量；二是就业的稳定性即波动风险，这里用方差来衡量。

①国际资本流动对就业水平的影响。

首先比较分析国际资本不同流动情形下对就业水平的影响。

对（3-16）式两边取期望，可得到国际资本完全不流动时就业率的水平：

$$E(\ln m^c) = \frac{\alpha(1-\eta)B}{\eta(1-\alpha)} \qquad (3-19)$$

其中 $B \equiv \ln s\beta(1-\alpha) + \frac{1}{\alpha}\ln A + \frac{1-\alpha}{\alpha}\ln\frac{(1-\alpha)(1-\beta)}{c}$

由上式可以看出国际资本完全不流动时均衡就业率水平主要与工作机会的创造成本（c）有关，工作机会的创造成本越高，均衡就业率水平越低，反之越高。

对（3-18）式两边取期望有：

$$E(\ln m^o) = \frac{\alpha(1-\eta)C}{\eta(1-\alpha)} \qquad (3-20)$$

其中 $C \equiv \ln\alpha + \frac{1}{\alpha}\ln A - \ln r^f(1+d) + \frac{1-\alpha}{\alpha}\ln\frac{(1-\alpha)(1-\beta)}{c}$，

由上式可以看出资本流动时均衡就业率水平主要与国外的资本回报率水平（r^f）、本国的资本市场开放度（d）、工作机会的创造成本（c）有关。其中，均衡就业率水平与国外资本回报水平（r^f）成反比，国外资本回报率越低，流入本国的 FDI 就越多，就越有利于国内的就业；均衡就业率水平与本国的开放度（d）成正比，这说明增加开放度有利于提高本国的就业水平；均衡就业率水平与本国的工作创造成本也是成反比的，而工作创造成本是与国内经济状况、工作搜寻及匹配成本等因素相关的，因此，改善经济发展状况、减低工作搜寻及匹配成本等措施有利于提高均衡就业率水平。

②对就业波动的影响。

接下来比较分析国际资本不同流动情形下对就业波动即就业风险的影响。

对（3-16）式两边取方差，可得国际资本完全不流动时对数就业率的方差值：

$$Var(\ln m^c) = \frac{(1-\eta)^2}{\eta(1-\alpha)[\eta(1-\alpha)+2\alpha]}\frac{\eta(1-\alpha)+\alpha(1+\rho)}{\eta(1-\alpha)+\alpha(1-\rho)}\frac{\sigma^2}{1-\rho^2}$$

$$(3-21)$$

同理，对（3-18）式两边取方差，可得国际资本不完全自由流动时对数就业率的方差值：

$$Var(\ln m^o) = \frac{(1-\eta)^2}{\eta(1-\alpha)^2}\frac{\sigma^2}{1-\rho^2} \qquad (3-22)$$

由于 $-1 < \rho \leqslant 0$，因此由（3-21）式和（3-22）式知：

$$Var(\ln m^o) > Var(\ln m^c) \qquad (3-23)$$

于是我们可得出以下结论，国际资本的流动增加了均衡就业率的方差，加剧了国内劳动力市场的波动性，增大了国内劳动力的就业风险。

3.1.3 结论及启示

通过比较国际资本完全不流动与国际资本不完全自由流动时国际资本流动对劳动力就业市场的均衡影响分析表明：①国际资本的流动程度对本国就业水平有着重要影响，增加开放度有利于提升本国的就业水平；良好的国内投资环境和较高的资本投资回报率有助于吸引 FDI 的流入，有利于促进国内的就业；改善经济发展状况、减低工作搜寻及匹配成本等措施有利于提高均衡就业率水平。②国际资本流入会增加本国就业市场波动及就业均衡风险，加剧本国劳动力市场的不稳定性。

为此，我国一方面应继续循序渐进地稳步推进资本市场开放，使其帮助进一步促进国内经济发展和就业改善；另一方面，我国要在开放的同时加强对国际资本流动的管理，强化对短期投机资本的监管和防范，引导长期资本朝着有序有利的方向发展，最大限度的规避其对我国经济发展和劳动力就业市场的冲击。与此同时，我国还应汲取 DMP 模型及其理论的思想精髓，进一步加强劳动力就业市场的建设和管理，提高就业市场的匹配质量和效率，降低就业市场双方的"搜寻成本"，促进我国劳动力就业的长期均衡发展。

3.2

FDI 流动对我国就业均衡的影响：基于 VAR 模型的脉冲响应分析

3.2.1 我国 FDI 流动和就业失衡的格局

3.2.1.1 FDI 流入的区域和产业分布

改革开放以来，特别是邓小平同志南方谈话以后，我国吸引外商直接投资规模不断扩大。据商务部资料显示，截至 2012 年，中国累计设立外资企业超过 76 万家，实际使用 FDI 高达 12789 亿美元。FDI 在推动我国经济增长、扩大出口、增加就业、促进技术进步等方面发挥了积极作用。然而，在数量迅猛增长的同时，FDI 并没有均衡的进入到我国各地区和各产业。

　　从区域分布看（见表 3 - 1），我国的 FDI 明显呈不平衡的格局。根据商务部外资统计，截至 2012 年底，中国累计吸收外商直接投资项目数 763278 个，东、中、西部地区占比分别为 83.5% 、10.6% 、5.9% ；实际使用外资金额累计 12789 亿美元，东、中、西部地区占比分别为 85.9% 、8.0% 、6.1% 。可见无论是从外商直接投资的项目数还是实际使用外资金额看，FDI 都主要集中在东部沿海地区。

表 3 - 1　　　　　　　截至 2012 年东部、中部、西部地区外商直接投资情况

单位：亿美元

地方名称	项目数	比重%	实际使用外资金额	比重%
总计	763278	100	12789.0	100
东部地区	637368	83.5	10984.5	85.9
中部地区	80963	10.6	1024.8	8.0
西部地区	44947	5.9	779.8	6.1

　　注：有关部门项下包括银行、证券、保险行业吸收外商直接投资数据。东部地区：北京、天津、河北、辽宁、上海、江苏、浙江、福建、山东、广东、海南。中部地区：山西、吉林、黑龙江、安徽、江西、河南、湖北、湖南。西部地区：内蒙古、广西、四川、重庆、贵州、云南、陕西、甘肃、青海、宁夏、新疆、西藏。本报告中的东、中、西部地区除单独标注外，均按此划分。
　　资料来源：商务部外资统计。

　　分产业看（见表 3 - 2），我国的 FDI 也明显呈不平衡的格局。根据商务部外资统计，截至 2012 年，中国累计吸收外商直接投资项目数 763278 个，第一产业、第二产业、第三产业占比分别为 2.88% 、67.18% 、29.94% ；合同外资金额累计 26293.39 亿美元，第一产业、第二产业、第三产业占比分别为 2.03% 、60.82% 、37.16% 。可见无论是从外商直接投资的项目数还是合同外资金额看，FDI 都主要集中在第二产业，其次是第三产业，第二产业、第三产业合计占比高达 97% 。

表 3 - 2　　　　　截至 2012 年外商直接投资产业结构　　　　单位：亿美元

产业名称	项目数	比重%	合同外资金额	比重%
总计	763278	100	26293.39	100
第一产业	21974	2.88	533.41	2.03

续表

产业名称	项目数	比重%	合同外资金额	比重%
第二产业	512801	67.18	15990.5	60.82
第三产业	228503	29.94	9769.48	37.16

资料来源：商务部外资统计。

3.2.1.2 FDI 流出的区域和产业分布

伴随着我国 FDI 流入的不断增加，外商撤资也频频发生，我国 FDI 流出也不断增加。截止 2012 年底，我国累计 FDI 流出 1870 亿美元，累计撤资企业数 321417 个（见表 3 - 3）。

表 3 - 3 　　　　1984 ~ 2012 年 FDI 流入流出我国的规模

时间	FDI 流出额 （亿美元）	FDI 流出数 （个）	时间	FDI 流出额 （亿美元）	FDI 流出数 （个）
1984	-	473	1999	17	32289
1985	-	160	2000	24	31575
1986	-	- 114	2001	26	27042
1987	-	211	2002	34	28421
1988	-	744	2003	64	22764
1989	-	558	2004	57	27753
1990	-	852	2005	65	26285
1991	-	1152	2006	85	26610
1992	-	1608	2007	112	26502
1993	-	301	2008	131	- 121191
1994	-	8960	2009	318	24124
1995	19	9543	2010	217	16410
1996	22	17673	2011	341	26469
1997	10	25767	2012	311	30803
1998	17	27673	合计	1870	321417

注："-"表示数据缺乏。

资料来源：FDI 流出额根据中国国际收支平衡表中的资本和金融账户中的外国在华直接投资差额的相关数据整理，FDI 流出数根据外商撤资企业数 = 当年新批外商直接投资项目企业数 - 外商投资企业净增减数（当年末外商投资企业登记户数 - 上年末外商投资企业登记户数）粗略估算出。它同。

表 3 - 4　　　　　　　　2012 年东、中、西部各地区外商撤资情况

地区		2011 年外商投资企业数	2012 年外商投资企业数	2012 年外商投资企业净增/减数	2012 年新增外商直接投资项目数	撤资数
东部	北京	25672	26535	863	1361	498
	天津	11850	11491	-359	625	984
	河北	8817	7426	-1391	204	1595
	辽宁	18164	17960	-204	745	949
	上海	58993	61461	2468	4046	1578
	江苏	52959	50461	-2498	4146	6644
	浙江	29288	29595	307	1597	1290
	山东	28915	25885	-3030	1334	4364
	福建	23727	23381	-346	917	1263
	广东	97084	98564	1480	6446	4966
	海南	2960	3105	145	71	-74
	东部合计	358429	355864	-2565	21492	24057
中部	吉林	4327	4298	-29	107	136
	黑龙江	5426	5039	-387	98	485
	安徽	5427	4466	-961	194	1155
	江西	6926	7334	408	789	381
	山西	3849	3623	-226	39	265
	河南	10404	10168	-236	334	570
	湖北	7473	8023	550	271	-279
	湖南	5257	4882	-375	495	870
	中部合计	49089	47833	-1256	2327	3583
西部	广西	4650	3773	-877	109	986
	四川	3985	4461	476	288	-188
	陕西	10026	9107	-919	144	1063
	重庆	2029	1688	-341	247	588
	内蒙古	3919	3956	37	39	2
	云南	298	208	-90	120	210
	甘肃	5765	5983	218	20	-198
	贵州	2177	2262	85	53	-32
	新疆	471	347	-124	54	178
	宁夏	579	476	-103	11	114
	青海	1247	1311	64	17	-47
	西藏	3601	3114	-487	4	491
	西部合计	38747	36686	-2061	1106	3167

资料来源：利用商务部外资统计、2013 中国外商投资报告、中国统计年鉴相关数据根据外商撤资企业数 = 当年新批外商直接投资项目企业数 - 外商投资企业净增减数（当年末外商投资企业登记户数 - 上年末外商投资企业登记户数）粗略估算出。它同。

从发展趋势看，撤资金额从 1995 年的 19 亿美元到 2012 年的 311 亿美元，撤资金额与流入金额比不算高，但却有上升势头；撤资企业个数从 1984 年的 473 个上升到 2012 年的 30803 个，撤资企业数总体也呈现增加的趋势，这将给我国就业带来相当不利的影响，应该引起我们足够的重视。

表 3 - 5   2013 年我国各产业外商撤资情况

产业	行业	2011 年外商投资企业数	2013 年外商投资企业数	2013 年外商投资企业净增/减数	2013 新增外商直接投资项目数	撤资数
第一产业	农、林、牧、渔业	6993	6661	-332	882	1214
	第一产业合计	6993	6661	-332	882	1214
第二产业	采矿业	991	870	-121	53	174
	制造业	181017	166195	-14822	8970	23792
	电力、燃气及水的生产供应业	3920	4222	302	187	-115
	建筑业	4812	4839	27	209	182
	第二产业合计	190740	176126	-14614	9419	24033
第三产业	交通运输、仓储和邮政业	10494	11337	843	397	-446
	信息传输、计算机服务和软件业	57836	43421	-14415	926	15341
	批发和零售业	73163	91146	17983	7029	-10954
	住宿和餐饮业	17481	22000	4519	505	-4014
	金融业	6442	8639	2197	282	-1915
	房地产业	17826	17497	-329	472	801
	租赁和商务服务业	37491	40593	3102	3229	127
	科学研究、技术服务和地质勘查业	16212	18664	2452	1287	-1165
	水利、环境和公共设施管理业	1021	1008	-13	122	135
	居民服务和其他服务业	5001	4754	-247	192	439
	教育	318	406	88	11	-77
	卫生、社会保障和社会福利业	229	217	-12	24	36
	文化、体育和娱乐业	2276	2613	337	145	-192
	其他	2964	880	-2084	3	2087
	第三产业合计	248754	263175	14421	14624	203

分地区来看，2012 年我国累计外商企业撤资数 30807 个，其中东部地区占比 78.09%，中部地区占比 11.63%，西部地区占比 10.28%，说明 2012 年以撤资反映的 FDI 流出与流入一样也明显集中在我国东部地区。

分产业来看，2013 年我国累计外商企业撤资数 25450 个，其中第一产业占比 4.77%，第二产业占比 94.43%，第三产业占比 0.79%，说明 2013 年以撤资反映的 FDI 流出与流入一样主要集中在我国第二产业。

3.2.1.3　我国就业的区域和产业分布

就区域就业分布而言，改革开放以后，尤其是 20 世纪 90 年代以来，就业人员的增长主要集中在东部沿海地区，大量的新增劳动密集性产业外商直接投资投向东部沿海地区，使这些地区成为吸引外来劳动力的巨大磁场，三大区域间的就业格局存在明显的不均（见表 3 - 6）。我国东部地区就业比重从 1990年的 27.02% 升到 2012 年的 44.46%；而中部的就业比重从 1990 年的 40.13%降到 2012 年的 27.31%，西部就业比重从 1990 年的 32.84% 降到 2012 年的28.23%。我国区域就业也呈现出明显的中西部下降、东部上升的特征。

表 3 - 6　　　　　　　　　　1990 ~ 2012 年全国及三大地区就业情况

年份	就业量（万人）			就业占全国比重（%）			
	东部	中部	西部	总计	东部	中部	西部
1990	15332.30	22771.80	18635.30	56739.40	27.02	40.13	32.84
1991	22795.87	19788.60	14530.00	57114.47	39.91	34.65	25.44
1992	23168.33	20141.20	14838.52	58148.05	39.84	34.64	25.52
1993	23458.73	20464.90	15074.75	58998.38	39.76	34.69	25.55
1994	23809.83	20943.90	15326.14	60079.87	39.63	34.86	25.51
1995	24966.17	20423.10	16653.19	62042.46	40.24	32.92	26.84
1996	24933.53	20533.90	16746.30	62213.73	40.08	33.01	26.92
1997	25143.80	20940.80	16934.37	63018.97	39.90	33.23	26.87
1998	24610.29	20799.50	16962.02	62371.81	39.46	33.35	27.20
1999	24674.26	20892.00	17068.61	62634.87	39.39	33.36	27.25
2000	25037.33	21108.70	17231.28	63377.31	39.51	33.31	27.19
2001	25267.07	20953.49	17308.83	63529.39	39.77	32.98	27.25
2002	25550.44	21131.70	18982.90	65665.04	38.91	32.18	28.91
2003	26072.68	21309.57	19245.01	66627.26	39.13	31.98	28.88
2004	26889.05	21655.90	19675.52	68220.47	39.41	31.74	28.84
2005	27731.01	22082.70	20298.73	70112.44	39.55	31.50	28.95
2006	26821.05	23826.03	19809.70	70456.78	38.07	33.82	28.12
2007	29714.75	24159.16	18747.98	72621.89	40.92	33.27	25.82

年份	就业量（万人）			就业占全国比重（%）			
	东部	中部	西部	总计	东部	中部	西部
2008	29309.02	22737.02	19068.17	71114.21	41.21	31.97	26.81
2009	30404.53	23286.67	19391.47	73082.68	41.60	31.86	26.53
2010	31125.28	25192.08	20516.35	76833.70	40.51	32.79	26.70
2011	34776.41	21374.11	22119.23	78269.75	44.43	27.31	28.26
2012	35448.21	21771.74	22511.95	79731.91	44.46	27.31	28.23

资料来源：根据历年《中国统计年鉴》及各省（区、市）的统计年鉴资料整理得出。

从产业就业分布看，改革开放以来，在 FDI 大量涌入和推动下，我国进入了快速城镇化和工业化阶段，表现为第一产业吸纳就业人员的比重呈现迅速下降趋势，从 1978 年的 70.5% 降到 2012 年的 33.60%；而第二产业的比重从 1978 年的 17.3% 增加到 2012 年的 30.3%；第三产业比重从 1978 年的 12.2% 增加到 2012 年的 36.1%（见表 3-7）。第二产业、第三产业就业的比重的迅速上升，不仅吸纳了绝大多数新进入劳动年龄的劳动力，而且吸纳了第一产业转移出来的剩余劳动力。

表 3-7　　　　　　1978～2012 年我国按三次产业分就业人员数

年份	就业总数（万人）	第一产业（万人）	第二产业（万人）	第三产业（万人）	第一产业比重（%）	第二产业比重（%）	第三产业比重（%）
1978	40152	28318	6945	4890	70.5	17.3	12.2
1979	41024	28634	7214	5177	69.8	17.6	12.6
1980	42361	29122	7707	5532	68.7	18.2	13.1
1981	43725	29777	8003	5945	68.1	18.3	13.6
1982	45295	30859	8346	6090	68.1	18.4	13.5
1983	46436	31151	8679	6606	67.1	18.7	14.2
1984	48197	30868	9590	7739	64.0	19.9	16.1
1985	49873	31130	10384	8359	62.4	20.8	16.8
1986	51282	31254	11216	8811	60.9	21.9	17.2
1987	52783	31663	11726	9395	60.0	22.2	17.8
1988	54334	32249	12152	9933	59.3	22.4	18.3
1989	55329	33225	11976	10129	60.1	21.6	18.3
1990	64749	38914	13856	11979	60.1	21.4	18.5

续表

年份	就业总数（万人）	第一产业（万人）	第二产业（万人）	第三产业（万人）	第一产业比重（%）	第二产业比重（%）	第三产业比重（%）
1991	65491	39098	14015	12378	59.7	21.4	18.9
1992	66152	38699	14355	13098	58.5	21.7	19.8
1993	66808	37680	14965	14163	56.4	22.4	21.2
1994	67455	36628	15312	15515	54.3	22.7	23.0
1995	68065	35530	15655	16880	52.2	23.0	24.8
1996	68950	34820	16203	17927	50.5	23.5	26.0
1997	69820	34840	16547	18432	49.9	23.7	26.4
1998	70637	35177	16600	18860	49.8	23.5	26.7
1999	71394	35768	16421	19205	50.1	23.0	26.9
2000	72085	36043	16219	19823	50.0	22.5	27.5
2001	72797	36399	16234	20165	50.0	22.3	27.7
2002	73280	36640	15682	20958	50.0	21.4	28.6
2003	73736	36204	15927	21605	49.1	21.6	29.3
2004	74264	34830	16709	22725	46.9	22.5	30.6
2005	74647	33442	17766	23439	44.8	23.8	31.4
2006	74978	31941	18894	24143	42.6	25.2	32.2
2007	75321	30731	20186	24404	40.8	26.8	32.4
2008	75564	29923	20553	25087	39.6	27.2	33.2
2009	75828	28890	21080	25857	38.1	27.8	34.1
2010	76105	27931	21842	26332	36.7	28.7	34.6
2011	76420	26594	22544	27282	34.8	29.5	35.7
2012	76704	25773	23241	27690	33.6	30.3	36.1

资料来源：2013 年中国统计年鉴。

综上所述，改革开放以后尤其是 20 世纪 90 年代以来，我国 FDI 流入流出不断增加，且呈现出明显的区域和产业不均衡；同时我国的就业也呈现出类似的总量和结构特点。FDI 流动的区域和产业差异不断推动我国的经济空间重构，并对我国的就业均衡产生重要冲击。

3.2.2　FDI 流动对我国就业均衡影响：基于 VAR 模型的脉冲响应分析

本节为了更好地证明上节的结论，并进一步研究 FDI 流动对我国区域就业和产业就业均衡的动态冲击影响，选择建立 VAR 模型进行脉冲响应分析。VAR 模型是能够动态反映每个被解释变量都对自身及其他被解释变量的影响的向量自回归模型。其主要分析工具脉冲响应可以用于衡量随机扰动项的一个标准差冲击对内生变量当前和未来取值的影响，它能够形象地刻画出 FDI 对产业就业和区域就业动态作用的路径变化。

VAR 模型即向量自回归模型（Vector Autoregression）由希姆斯（C. A. Smis）提出，是指在一个含有 n 个（被解释变量）方程的模型中，用每个被解释变量对自身及其他被解释变量的若干期滞后值回归。若令滞后阶数为 p，则其一般形式表示为：

$$Y_t = \sum_{i=1}^{p} A_i Y_t - i + B_i X_t + \varepsilon i$$

其中，Y_t 表示由第 t 期观测值构成的 n 维内生变量列向量，X_t 表示由 t 期观测值构成的 m 维外生变量行向量第 A_i 为 $n*n$ 系数矩阵，B_i 是 $n*m$ 系数矩阵，ε_i 是由随机误差项构成的 n 维列向量，其中随机误差项 $\varepsilon i (t=1, 2, \cdots, n)$ 为白噪音过程，且满足 $E(\varepsilon_{it} \varepsilon_{jt}) = 0 (i, j=1, 2, \cdots, n，且 i \neq j)$。

对某变量全部滞后项系数的联合检验能够反映该变量是否对被解释变量有显著的影响，但是不能反映这种影响的正负趋势，也不能反映这种影响发生作用所需要的时间。脉冲响应分析则可以解决这一问题，它度量的是被解释变量对单位冲击的响应。

3.2.2.1　FDI 流动对我国区域就业均衡的影响

（1）模型构建及数据选取。

区域就业结构方面的 VAR 模型为：

$$\begin{bmatrix} lnempe_t \\ lnempm_t \\ lnempw_t \\ lnfdi_t \end{bmatrix} = \sum_{i=1}^{n} \Phi \begin{bmatrix} lnempe_{t-i} \\ lnempm_{t-i} \\ lnempw_{t-i} \\ lnfdi_{t-i} \end{bmatrix} + \varepsilon_t \tag{3-24}$$

公式（3-24）中 $\{empe_t\}$ 是东部地区就业人数序列；$\{empm_t\}$ 是中部地区就业人数序列；$\{empw_t\}$ 是西部地区就业人数序列。考虑到我国改革开放的环境和数据的可得性，这里将数据时序长度定位于 1995～2012 年，数据均来源于历年《中国统计年鉴》，联合国贸发会议《世界投资报告》、《中国外商投资报告》、商务部外资统计等，相关数据经过汇率折算、价格平减指数处理、无纲量化和自然对数转换（后同）。

（2）单位根检验和协整分析。

首先，对 5 个变量及其差分进行平稳性检验，采用 ADF 检验法。结果如表 3-8 所示：

表 3-8　　　　　　　FDI 和区域就业结构五个指标的 ADF 检验

指标	t 统计量	检验形式 (c, t, n)	p 值	指标	t 统计量	检验形式 (c, t, n)	p 值
lnfdii	-2.26	(c, t, 5)	0.19	Δlnfdii	-3.30	(c, t, 5)	0.03
lnfdio	-0.49	(c, 0, 0)	0.88	Δlnfdio	-6.15	(c, 0, 0)	0.00
lnempe	-4.92	(c, t, 5)	0.00	Δlnempe	-8.49	(c, 0, 0)	0.00
lnempm	-5.17	(c, t, 5)	0.00	Δlnempm	-8.48	(c, 0, 0)	0.00
lnempw	-5.21	(c, t, 5)	0.00	Δlnempw	-8.48	(c, 0, 0)	0.00

注：表中指标 fdii 表示 FDI 流入，fdio 表示 FDI 流出，empe、empm、empw 分别表示东、中、西部地区的就业。* 表示在 5% 的显著性水平下拒绝原假设，c 表示截距项，t 表示趋势项，n 表示滞后期。

由于各变量均为一阶差分平稳过程，因此需要对方程的各变量之间是否存在协整关系进行进一步检验。

采用 Johansen 检验方法对 lnempe、lnempm、lnempw、lnfdii 以及 lnempe、lnempm、lnempw、lnfdio 构成的方程进行变量协整检验，结果见下表。

表 3-9　　　　　　　　　　Johansen 协整检验

	原假设协整数目	特征值	迹统计量	P 值	最大特征根统计量	P 值
方程（3）	没有 *	0.84	84.04	0.00	43.98	0.00
	至多一个 *	0.66	40.06	0.00	26.06	0.00
	至多两个 *	0.43	14.00	0.08	13.38	0.07
	至多三个 *	0.03	0.62	3.84	0.62	0.43
方程（4）	没有 *	0.99	141.03	0.00	106.70	0.00
	至多一个 *	0.61	34.33	0.01	22.40	0.03
	至多两个 *	0.34	11.93	0.16	9.85	0.22
	至多三个 *	0.08	2.078	0.15	2.08	0.15

注：* 表示在 5% 的显著性水平下拒绝原假设。

由上表可知，无论是迹检验还是最大特征根检验，各方程中的变量之间至少有一个协整关系，这表明，FDI 与三大区域就业之间存在长期稳定的均衡关系。其协整方程如下所示：

FDI 流入方面：

协整方程1：

$$lnempe_t = -0.44lnempm_t + 1.18lnempw_t - 0.02lnfdii_t + 2.74$$
$$(-1.96) \qquad (5.16) \qquad (3.92)$$

协整方程2：

$$lnempm_t = 0.26lnempe_t + 1.12lnempw_t + 0.03lnfdii_t + 1.54$$
$$(-1.96) \qquad (9.58) \qquad (-2.05)$$

协整方程3：

$$lnempw_t = 0.45lnemp1_t + 0.71lnemp2_t + 0.011lnfdi_t - 1.66$$
$$(5.17) \qquad (9.58) \qquad (-2.80)$$

上式中括号中为 T 检验值（后同）。协整方程1、2、3 表示东、中、西部地区就业人数与 FDI 流入之间存在长期均衡关系，在其他条件不变的情况下，当期 FDI 流入增加1个百分点，东部地区就业人数（就业弹性）会减少 0.02个百分点，中部地区就业人数（就业弹性）会增加 0.03 个百分点，西部地区就业人数（就业弹性）会增加 0.011 个百分点。为什么在考察期间 FDI 流入对东部地区就业弹性为负而对中西部地区就业弹性为正？原因可能是：FDI 的就业效应包括就业创造、就业替代（资本、技术替代劳动力）、就业挤入挤出（外资对内资的挤入挤出使就业增加或减少）以及就业转移效应等，在改革开放初期，FDI 大量投入东部地区的劳动密集型产业，东部地区的就业创造和就业挤入效应明显大于就业替代和就业挤出效应，大量中西部劳动力向东部转移。但随着时间的推移，在国家对 FDI 投资导向指引下，外资企业逐步加大对资本、技术型产业的投资力度，以及东部地区劳动力工资成本、生活成本，土地使用及其他综合成本的上升，再加上西部大开发、中部崛起等战略实施，部分外资和劳动力向中西部地区转移，就业替代效应和就业挤出效应大于就业创造和就业挤入效应，大量劳动力返乡回流转移至故乡本土就业。

FDI 流出方面：

协整方程4：

$$\text{lnempe}_t = 2.60 + 0.67\text{lnempm}_t - 0.76\text{lnempw}_t + 0.03\text{lnfdio}_t$$
$$(3.30)\qquad\quad(1.99)\qquad\quad(6.68)$$

协整方程 5：

$$\text{lnempm}_t = 0.18\text{lnempe}_t + 0.86\text{lnempw}_t - 0.005\text{lnfdio}_t$$
$$(1.80)\qquad\quad(11.17)\qquad\quad(1.74)$$

协整方程 6：

$$\text{lnempw}_t = -0.16\text{lnemp1}_t + 1.02\text{lnemp2}_t + 0.03\text{lnfdio}_t + 1.49$$
$$(2.08)\qquad\quad(11.48)\qquad\quad(2.15)$$

协整方程 4、5、6 表示东、中、西部地区就业人数与 FDI 流出之间存在长期均衡关系，在其他条件不变的情况下，当期 FDI 流出增加 1 个百分点，东部地区就业人数会增加 0.03 个百分点，中部地区就业人数会减少 0.005 个百分点，西部地区就业人数会增加 0.03 个百分点。为什么 FDI 撤出，就业弹性会增加？原因可能有多方面，其中重要一点也可以从外资对内资的挤入挤出效应来分析。当 FDI 过多地进入竞争性行业，或者是国内投资机会有限，外资与内资争夺稀缺资源的情况下，FDI 流入与内资会呈现出挤出效应。通常处于竞争弱势的部分内资企业会面临经营困难甚至关门倒闭，职工下岗失业，因此对就业产生一定的挤出效应。当部分 FDI 撤资流出后，上述挤出效应减少，内企投资总量将大幅扩张，就业人数会相应增加。从短期来看，外商企业迅速而大量的撤资会导致我国东部沿海地区就业的明显下降，但一定时期后，内资投资的稳定将使就业重新升温；长期来看，内资占绝对主导地位有利于国内就业的稳定和经济的稳定。而中、西部地区刚好相反，随着 FDI 从东部向该地区的转移，就业也会在一定程度上明显增加，对其挤入效应明显。目前来看，FDI 的大量流出主要对东部地区造成明显影响，对中、西部地区就业的负面影响不大，随着外资对该地区的投入，挤入效应明显。

（3）VECM 模型（向量误差修正模型）的建立和回归估计。

上述协整方程反映的是 FDI 流动与我国三大区域就业增长之间的长期均衡关系，而没有考虑各变量短期不均衡的情况，因此，为了研究时间序列之间长期均衡与短期调整之间的关系，我们建立向量误差修正模型（Vector Error Correction Model，VECM），其基本表达式如下所示：

$$\Delta y_t = \text{vecm}_t - 1 + \sum_{i=1}^{p-1}\Gamma_t\Delta y_t - 1 + \varepsilon_t$$

其中 p 为滞后阶数，$\Delta yt = yt - yt - 1$ 为回归变量的差分，$vecm_{t-1}$ 是非均衡误差，即误差修正项。其中 $y_t = [\,lnempelnempmlnempw\,]'$。模型中各差分项反映了短期波动的影响。就业的短期波动被分解为两个部分：偏离长期均衡的影响和短期 FDI 波动的影响。

FDI 流入方面：

误差修正模型 1 为：

$$\Delta lnempe_t = 1.47vecm1_t - 1 + 1.61\Delta lnempe_t - 0.75\Delta lnempe_t - 1 + 2.52\Delta lnempm_t -$$
$$\qquad (1.67) \qquad\qquad (2.04) \qquad\quad (-1.47) \qquad\quad (1.80)$$
$$0.71\Delta lnempm_{t-1} - 0.046\Delta lnempw_t - 0.86\Delta lnempw_{t-1} - 0.06\Delta lnfdii_t$$
$$\quad (0.95) \qquad\qquad (0.12) \qquad\qquad (-1.78) \qquad\qquad (1.41)$$
$$-0.17\Delta lnfdii_{t-1} + 0.08$$
$$\quad (-1.96)$$

误差修正模型 2 为：

$$\Delta lnempm_t = 0.98vecm2_{t-1} + 0.85\Delta lnempm_t + 0.49\Delta lnempm_{t-1} - 1.22\Delta lnempe_t$$
$$\qquad (1.17) \qquad\qquad (1.13) \qquad\qquad (-1.01) \qquad\qquad (0.91)$$
$$-0.85\Delta lnempe_{t-1} - 0.22\Delta lnempw_t + 0.27\Delta lnempw_{t-1}$$
$$\quad (-1.20) \qquad\qquad (-0.60) \qquad\qquad (0.60)$$
$$-0.04\Delta lnfdii_t + 0.09\Delta lnfdii_{t-1} + 0.037$$
$$\quad (-1.05) \qquad (1.08)$$

误差修正模型 3 为：

$$\Delta lnempw_t = -1.33vecm1_{t-1} + 1.20\Delta lnempw_t + 0.79\Delta lnempw_{t-1} - 1.36\Delta lnempe_t$$
$$\quad (-1.15) \qquad\quad (1.17) \qquad\qquad (1.19) \qquad\quad (-0.74)$$
$$-0.75\Delta lnempe_{t-1} - 0.54\Delta lnempm_t - 0.69\Delta lnempm_{t-1} - 0.065\Delta lnfdii_t$$
$$\quad (-0.77) \qquad\qquad (-1.08) \qquad\qquad (-1.09) \qquad\qquad (-1.15)$$
$$+0.014\Delta lnfdii_{t-1}$$
$$\quad (1.23)$$

从误差修正模型 1、2、3 中可知，短期波动来看，ΔFDI 增长 1%，将引起当期东部地区就业人数变动减少 0.06%，中部地区就业人数变动将减少 0.04%，西部地区就业人数变动减少 0.065%；引起下期东部地区就业人数变动减少 0.17%，中部地区就业人数变动增加 0.09%，西部地区就业人数变动增加 0.014%。其中误差修正项的系数分别为 1.47、0.98 和 -1.33，反映了其短期非均衡状态会分别以 1.47%、0.98% 和 −1.33% 的速度向长期均衡状态趋近。可以看出，FDI 流入对中部地区和西部地区就业的积极效应从第二期开始，而对东部地区的积极效应的滞后期更长。这说明，FDI 流入的区域就业效应具有滞后性，且长期吸纳效应和短期挤出效应并存。

FDI 流出方面：

误差修正模型 4 为：

$$\Delta lnempe_t = 0.67vecm3_{t-1} - 1.13\Delta lnempe_t - 0.61\Delta lnempe_{t-1} - 1.25\Delta lnempm_t$$
$$(2.61) \quad\quad (-3.36) \quad\quad (-2.08) \quad\quad (-1.59)$$
$$- 1.97\Delta lnempm_{t-1} + 1.37\Delta lnempw_t + 0.66\Delta lnempw_{t-1}$$
$$(-2.76) \quad\quad (2.64) \quad\quad (1.51)$$
$$- 0.045\Delta lnfdio_t - 0.035\Delta lnfdio_{t-1} + 0.03$$
$$(-1.39) \quad\quad (-1.30) \quad\quad (2.23)$$

误差修正模型 5 为：

$$\Delta lnempm_t = -0.23vecm1_t + 0.18\Delta lnempm_t - 0.19\Delta lnempm_{t-1} + 0.40\Delta lnempe_t$$
$$(-0.86) \quad\quad (0.50) \quad\quad (0.63) \quad\quad (0.48)$$
$$+ 0.88\Delta lnempe_{t-1} - 0.52\Delta lnempw_t + 0.04\Delta lnempw_{t-1} - 0.0005\Delta lnfdio_t$$
$$(1.18) \quad\quad (-0.96) \quad\quad (0.51) \quad\quad (-0.013)$$
$$- 0.028\Delta lnfdio_{t-1} - 0.002$$
$$(-0.29)$$

误差修正模型 6 为：

$$\Delta lnempw_t = 0.76vecm2_t + 0.68\Delta lnempw_t + 0.50\Delta lnempw_{t-1} + 1.37\Delta lnempe_t$$
$$(2.38) \quad\quad (-1.61) \quad\quad (-1.38) \quad\quad (1.39)$$
$$+ 1.78\Delta lnempe_{t-1} - 1.56\Delta lnempm_t - 0.97\Delta lnempm_{t-1}$$
$$(2.00) \quad\quad (2.42) \quad\quad (1.79)$$
$$- 0.004\Delta lnfdio_t + 0.005\Delta lnfdio_{t-1} + 0.023$$
$$(-0.86) \quad\quad (0.49)$$

从误差修正模型 4、5、6 中可知，短期波动来看，ΔFDIO 增长 1%，将引起当期东部地区就业人数变动减少 0.045%，中部地区就业人数变动将减少 0.0005%，西部地区就业人数变动减少 0.004%；引起下期东部地区就业人数变动减少 0.035%，中部地区就业人数变动减少 0.028%，西部地区就业人数变动增加 0.005%。其中误差修正项的系数分别为 0.67、−0.23 和 0.76 反映了其短期非均衡状态会分别以 0.67% 、 - 0.23% 和 0.76% 的速度向长期均衡状态趋近。可以看出，FDI 流出对东部地区就业的影响最大，且迅速，对中、西部地区就业的影响较小且较缓。当外商大规模撤资时，我国东部地区的经济会首先遭受重创，而中、西部地区的经济不会受到明显的影响，且这种消极影响会逐渐减弱。

（4）脉冲响应分析。

脉冲响应是 VAR 模型动态分析的重要工具。是用于衡量随机扰动项的一个标准差冲击对内生变量当前和未来取值的影响，它能够形象地刻画出 FDI 对区域就业动态作用的路径变化。下列各图中的横轴表示 FDI 动态作用的滞后期数（单位：年），纵轴表示因变量对解释变量的响应程度，曲线为脉冲响应函数的计算值。在模型中将 FDI 动态冲击作用的滞后期设定为 25 年（后同）。

下面来看一下 FDI 流动对区域就业增长动态作用的路径变化。

FDI 流入方面：

从图 3 - 1 来看，初期 FDI 流入对东部地区的就业弹性会产生较大波动的负效应，后期冲击影响趋缓，其影响大小介于 - 0.2% 和 0.2% 之间；初期 FDI 流入对中部地区的就业弹性会产生正效应，从第 7 期开始产生负的效应，后期冲击影响趋缓，其影响大小介于 - 0.05% 和 0.07% 之间；初期 FDI 流入会对西部地区的就业弹性产生一定上下振幅的正效应，从第 10 期开始冲击影响趋缓，其影响介于 0 和 0.25% 之间。上图表明，从时间上看，FDI 流入初期对各地区就业波动影响相对较大，后期作用趋缓；从影响大小排序看，东部地区首当其冲，脉冲响应较明显。

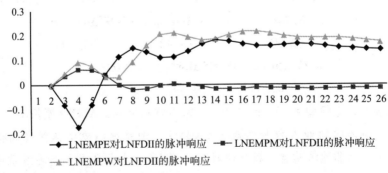

图 3 - 1　LNEMPe、LNEMPm 和 LNEMPw 对 LNFDII 的脉冲响应

FDI 流出方面：

从图 3 - 2 来看，初期 FDI 流出对东部地区的就业弹性会产生较大波动的正效应，后期冲击影响趋缓，其影响大小介于 0.01% 和 0.05% 之间；FDI 流出对中部地区的就业弹性波动相对平缓，其影响大小介于 - 0.01% 和 0.01% 之间；FDI 流出会对西部地区的就业弹性产生正效应，初期影响幅度较大，后期影响趋缓，其影响大小介于 0 和 0.06% 之间。上图表明，从时间上看，FDI 流出初期对各地区就业波动影响相对较大，后期作用趋缓；从影响大小排序看，也是东部地区相对较大，脉冲响应较明显，其次是西部地区，中部地区相对稳定些。这与我们上面误差修正模型估计所得出的结果基本一致，由于我国东部是 FDI 流入流出的主要集中区域，因此当世界经济周期剧烈波动而引起 FDI 加快流动时，我国东部地区的就业会首当其冲。

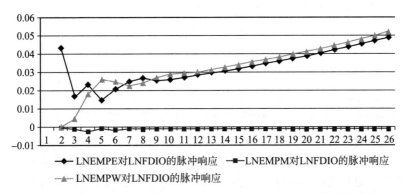

图 3 - 2　**LNEMPe、LNEMPm 和 LNEMPw 对 LNFDIO 的脉冲响应**

3.2.2.2　FDI 流动对我国产业就业均衡的影响

（1）模型构建及数据选取。

产业就业结构方面的 VAR 模型为：

$$
\begin{bmatrix} \mathrm{lnemp1}_t \\ \mathrm{lnemp2}_t \\ \mathrm{lnemp3}_t \\ \mathrm{lnfdi}_t \end{bmatrix} = \sum_{i=1}^{n} \Phi \begin{bmatrix} \mathrm{lnemp1}_{t-i} \\ \mathrm{lnemp2}_{t-i} \\ \mathrm{lnemp3}_{t-i} \\ \mathrm{lnfdi}_{t-i} \end{bmatrix} + \varepsilon_t \qquad (3-25)
$$

公式（3 - 25）中 $\{\mathrm{emp1}_t\}$ 是第一产业就业人数序列；$\{\mathrm{emp2}_t\}$ 是第二产业就业人数序列；$\{\mathrm{emp3}_t\}$ 是第三产业就业人数序列，$\{\mathrm{lnfdi}_t\}$ 是 FDI 流动

序列，包括 FDI 流入 {lnfdiit} 和 FDI 流出 {lnfdiot} 两个序列，以下同理。考虑到我国改革开放的环境和数据的可得性，这里将数据时序长度定位于 1995~2012 年，数据均来源于历年《中国统计年鉴》，联合国贸发会议《世界投资报告》、《中国外商投资报告》、商务部外资统计等，相关数据经过汇率折算、价格平减指数处理、无纲量化和自然对数转换。

（2）单位根检验和协整分析。

首先，对五个变量及其差分进行平稳性检验，采用 ADF 检验法。结果如表 3 - 10 所示。

表 3 - 10　　　　　　**FDI 与产业就业结构的五个指标的 ADF 检验**

指标	t 统计量	检验形式 (c, t, n)	p 值	指标	t 统计量	检验形式 (c, t, n)	p 值
lnfdii	0.32	(c, t, 5)	0.97	Δlnfdii	-3.13	(c, t, 5)	0.04
lnfdio	0.56	(c, 0, 0)	0.98	Δlnfdio	-6.26	(c, 0, 0)	0.00
lnemp1	-0.31	(c, 0, 0)	0.90	Δlnemp1	-3.18	(c, t, 5)	0.00
lnemp2	1.04	(c, t, 5)	0.91	Δlnemp2	-3.89	(c, t, 5)	0.00
lnemp3	9.39	(c, t, 5)	1.00	Δlnemp3	-7.29	(c, t, 5)	0.00

注：* 表示在 5% 的显著性水平下拒绝原假设，c 表示截距项，t 表示趋势项，n 表示滞后期。

由于各变量均为一阶差分平稳过程，因此需要对方程的各变量之间是否存在协整关系进行进一步检验。这里采用 Johansen 检验方法对 lnemp1、lnemp2、lnemp3、lnfdii、lnemp1、lnemp2、lnemp3、lnfdio 构成的方程（1）、（2）进行变量协整检验，结果见表 3 - 11。

表 3 - 11　　　　　　　　　　**Johansen 协整检验**

	原假设协整数目	特征值	迹统计量	P 值	最大特征根统计量	P 值
方程（1）	没有 *	0.76	48.31	0.04	52.85	0.03
	至多一个 *	0.60	25.45	0.14	21.13	0.31
	至多两个 *	0.46	10.69	0.23	14.26	0.21
	至多三个 *	0.04	0.69	0.41	3.84	0.41

	原假设 协整数目	特征值	迹统计量	P 值	最大特征根 统计量	P 值
方程（2）	没有 *	0.96	87.45	0.00	52.41	0.00
	至多一个 *	0.72	35.04	0.01	20.45	0.06
	至多两个 *	0.57	14.58	0.06	13.66	0.06
	至多三个 *	0.06	0.92	0.33	0.92	0.33

注：* 表示在 5% 的显著性水平下拒绝原假设。

由表 3-11 可知，无论是迹检验还是最大特征根检验，各方程中的变量之间至少有一个协整关系，这表明，FDI 与三次产业就业之间存在长期稳定的均衡关系。其协整方程如下所示：

FDI 流入方面：

协整方程 1：

$$lnemp1_t = 16.14 - 0.76 lnemp2_t + 0.25 lnemp3_t - 0.11 lnfdii_t$$
$$(-8.75) \qquad (3.33) \qquad (17.23)$$

协整方程 2：

$$lnemp2_t = 19.10 - 1.10 lnemp1_t - 0.26 lnemp3_t + 0.07 lnfdii_t$$
$$(-8.75) \qquad (2.64) \qquad (-1.12)$$

协整方程 3：

$$lnemp3_t = -23.81 - 1.78 lnemp1_t - 1.29 lnemp2_t + 0.43 lnfdii_t$$
$$(3.33) \qquad (2.64) \qquad (5.34)$$

上式中括号内表示 t 统计值（下同）。协整方程 1、2、3 表示第一产业、第二产业、第三产业就业人数与 FDI 流入之间存在长期均衡关系，在其他条件不变的情况下，当期 FDI 流入增加 1 个百分点，第一产业就业人数会减少 0.11个百分点，第二产业就业人数会增加 0.07 个百分点，第三产业就业人数会增加 0.43 个百分点。发展中国家在工业化初期，大量的非熟练劳动力滞留在第一产业，而第二产业由于技术、管理及资本等因素制约而发育不良，迫切需要外援。如果 FDI 进入第二产业，则刚好能弥补这一缺陷，给发展中国家的第二产业发展以强有力的支撑，加速其工业化进程。随着产业结构的升级，传统服务业及新兴第三产业在发展中国家的蓬勃发展，使得第三产业在发展中国家所占比重逐渐增大，就业效应更加明显。FDI 在第二产业和第三产业会创造积极的就业效应，但在第一产业则可能产生负的替代效应。在中国改革开放的初期，大量的外资主要投向中国的第二产业，所以20世纪80年代以来的巨额外资流入为中国创造了大量的劳动力就业机会，加快了农村劳动力的转移，随着我国产业结构的调整及升级，我国第三产业发展迅速，FDI大量流入产生更加明显的就业积极效应。

FDI流出方面：

协整方程4：

$$lnemp1_t = 16.66 + 0.88lnemp2_t - 0.25lnemp3_t - 0.03lnfdio_t$$
$$(-6.56) \qquad (2.94) \qquad (-2.18)$$

协整方程5：

$$lnemp2_t = 17.93 + 1.05lnemp1_t + 0.29lnemp3_t - 0.08lnfdio_t$$
$$(-24.73) \qquad (-1.81) \qquad (-1.63)$$

协整方程6：

$$lnemp3_t = -20.70 + 1.52lnemp1_t - 1.47lnemp2_t + 0.11lnfdio_t$$
$$(2.94) \qquad (3.19) \qquad (5.57)$$

协整方程4、5、6表示第一产业、第二产业、第三产业就业人数与FDI流出之间存在长期均衡关系，在其他条件不变的情况下，当期FDI流出增加1个百分点，第一产业就业人数会减少0.03个百分点，第二产业就业人数会减少0.08个百分点，第三产业就业人数会增加0.11个百分点。随着FDI对第二产业、第三产业投入的加重，FDI的大量流出将首先影响第二产业、第三产业的就业，尤其是第三产业，而对第一产业的影响相对较小。1998年和2008年的金融危机证实了这一点，尤其是以房地产等行业为代表的第三产业遭到严重的冲击。

（3）VECM模型的建立和回归估计。

协整方程反映的是FDI与三次产业就业人数增减变化之间的长期均衡关系，而没有考虑各变量短期不均衡的情况，因此，为了研究时间序列之间长期均衡与短期波动之间的关系，我们建立向量误差修正模型，其基本表达式如下所示：

$$\Delta y_t = vecm_{t-1} + \sum_{i=1}^{p-1} \Gamma_t \Delta y_{t-1} + \varepsilon_t$$

其中p为滞后阶数，$\Delta yt = yt - yt-1$为回归变量的差分，$vecm_{t-1}$是非均衡误差，即误差修正项。其中$y_t = [lnemp1 lnemp2 lnemp3]'$。模型中各差分项反映了短期波动的影响。就业的短期波动被分解为两个部分：偏离长期均衡的影响和短期 FDI 波动的影响。

FDI 流入方面：

误差修正模型（1）为：

$$\Delta lnemp1_t = -0.35 vecm1_{t-1} + 0.68\Delta lnemp1_t - 0.11\Delta lnemp1_{t-1} - 0.35\Delta lnemp2_t$$
$$(2.04)\qquad\qquad (1.41)\qquad\qquad (1.06)\qquad\qquad (-1.47)$$
$$+0.39\Delta lnemp2_{t-1} - 0.41\Delta lnemp3_t + 0.30\Delta lnemp3_{t-1} + 0.04\Delta lnfdii_t$$
$$(1.48)\qquad\qquad (1.36)\qquad\qquad (-1.31)\qquad\qquad (-0.80)$$
$$+0.04\Delta lnfdii_{t-1} + 48.24$$
$$(-0.71)$$

误差修正模型（2）为：

$$\Delta lnemp2_t = 0.64 vecm3_{t-1} - 0.61\Delta lnemp2_t - 0.47\Delta lnemp2_{t-1} - 1.96\Delta lnemp1_t$$
$$(-1.87)\qquad\qquad (-1.56)\qquad\qquad (1.39)\qquad\qquad (1.78)$$
$$-2.41\Delta lnemp1_{t-1} - 0.30\Delta lnemp3_t - 0.17\Delta lnemp3_{t-1} - 0.12\Delta lnfdii_t$$
$$(2.46)\qquad\qquad (-1.17)\qquad\qquad (-1.16)\qquad\qquad (-1.31)$$
$$+0.07\Delta lnfdii_{t-1} + 4.88$$
$$(1.79)$$

误差修正模型（3）为：

$$\Delta lnemp3_t = 0.23 vecm2_{t-1} - 0.23\Delta lnemp3_t + 1.42\Delta lnemp3_{t-1} - 0.35\Delta lnemp1_t$$
$$(-0.83)\qquad\qquad (-1.74)\qquad\qquad (1.24)\qquad\qquad (-1.02)$$
$$-1.36\Delta lnemp1_{t-1} - 0.39\Delta lnemp2_t - 0.52\Delta lnemp2_{t-1} - 0.06\Delta lnfdii_t$$
$$(-0.82)\qquad\qquad (1.05)\qquad\qquad (1.71)\qquad\qquad (-1.48)$$
$$-0.2\Delta lnfdii_{t-1} + 0.55$$
$$(-2.53)$$

从模型（1）、（2）、（3）中可知，短期波动来看，ΔFDII 增长 1%，将引起当期第一产业就业人数变动增加 0.04%，第二产业就业人数变动将减少 0.12%，第三产业就业人数变动减少 0.06%；引起下期第一产业就业人数变动增加 0.04%，第二产业就业人数变动增加 0.07%，第三产业就业人数变动减少 0.2%。其中误差修正项的系数分别为 -0.35、0.64 和 -0.23 反映了其对偏离长期均衡状态的修正力度。可以看出，FDI 流入在当期和下期对三大产业的影响不完全一致，长期吸纳效应和短期挤出效应并存，说明 FDI 流入的产业就业效应具有替代性、滞后性和复杂性。

FDI 流出方面：

误差修正模型（4）为：

$$\Delta lnemp1_t = 0.08vecm3_t + 1.22\Delta lnemp1_t - 0.20\Delta lnemp1_{t-1} - 0.04\Delta lnemp2_t$$
$$\quad(1.14)\qquad\quad(1.75)\qquad\quad(-1.11)\qquad\qquad(-1.05)$$
$$\quad - 0.16lnemp2_{t-1} - 0.34\Delta lnemp3_t + 0.91\Delta lnemp3_{t-1}$$
$$\qquad(1.19)\qquad\qquad(-1.03)\qquad\qquad(1.98)$$
$$\quad + 0.005\Delta lnfdio_t + 0.002\Delta lnfdio_{t-1} + 1.086$$
$$\qquad(0.57)\qquad\qquad(0.43)$$

误差修正模型（5）为：

$$\Delta lnemp2_t = -0.54vecm1_t + 1.87\Delta lnemp2_t + 0.29\Delta lnemp2_{t-1} + 2.10\Delta lnemp1_t$$
$$\quad(-2.78)\qquad\quad(2.59)\qquad\qquad(1.21)\qquad\qquad(-1.72)$$
$$\quad - 0.16\Delta lnemp1_{t-1} - 0.28\Delta lnemp3_t + 0.2\Delta lnemp3_{t-1}$$
$$\qquad(-0.78)\qquad\qquad(-1.17)\qquad\qquad(0.46)$$
$$\quad - 0.06\Delta lnfdio_t - 0.01\Delta lnfdio_{t-1} + 5.08$$
$$\qquad(-1.34)\qquad\qquad(-1.02)$$

误差修正模型（6）为：

$$\Delta lnemp3_t = -0.34vecm4_t - 0.10\Delta lnemp3_t + 0.81\Delta lnemp3_{t-1} + 0.84\Delta lnemp1_t$$
$$\quad(-1.58)\qquad\quad(-0.63)\qquad\qquad(1.88)\qquad\qquad(1.63)$$
$$\quad - 0.83\Delta lnemp1_{t-1} - 0.22\Delta lnemp2_t + 0.38\Delta lnemp2_{t-1}$$
$$\qquad(-1.58)\qquad\qquad(-1.37)\qquad\qquad(1.58)$$
$$\quad - 0.16\Delta lnfdio_t - 0.02\Delta lnfdio_{t-1} + 2.12$$
$$\qquad(-2.01)\qquad\qquad(-2.37)$$

从模型（4）、（5）、（6）中可知，短期波动来看，ΔFDIO 增长 1%，将引起当期第一产业就业人数变动增加 0.005%，第二产业就业人数变动将减少 0.06%，第三产业就业人数变动减少 0.16%；引起下期第一产业就业人数变动增加 0.002%，第二产业就业人数变动减少 0.01%，第三产业就业人数变动减少 0.02%。其中误差修正项的系数分别为 0.08、-0.54 和 -0.34 反映了其对偏离长期均衡状态的修正力度。可以看出，FDI 流出对第二产业和第三产业就业的冲击影响较明显，第一产业发挥了就业"蓄水池"的作用，当外企撤资，部分劳动力从第二、第三产业失业后，会回流返乡转移至第一产业务农，从而使第一产业就业增加。

（4）脉冲响应分析。

下面用 VAR 模型动态分析的重要工具 – 脉冲响应方法来衡量 FDI 流动的一个标准差冲击对我国产业就业变量当前和未来取值的影响，形象地描绘出 FDI 对产业就业动态作用的路径变化。下列各图中的横轴表示 FDI 动态作用的滞后期数（单位：年），纵轴表示因变量对解释变量的响应程度，曲线为脉冲响应函数的计算值。在模型中将 FDI 动态冲击作用的滞后期设定为 25 年。

FDI 流入方面：

从图 3 - 3 可以看出，给 FDI 流入一个冲击，在整个滞后期对第一产业就业具有较明显的影响，且影响有增加趋势；对第二产业、第三产业有一定的影响，影响相对较缓。表明 FDI 流入在较长时间内都对第一产业的剩余劳动力转移有显著效应，对第二产业、第三产业就业的影响由于替代效应、挤入挤出效应和转移效应等综合作用，初期效应较明显，后期效应减缓。

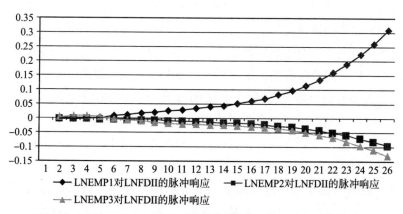

图 3 – 3　LNEMP1、LNEMP2 和 LNEMP3 对 LNFDII 的脉冲响应

FDI 流出方面：

从图 3 - 4 可以看出，给 FDI 流出一个冲击，初期对三大产业就业变化都有较明显的影响，后期对第二产业、第三产业作用趋缓，但对第一产业影响波动仍较明显；同时总体来看，第一产业与第二产业、第三产业就业在 FDI 流出冲击影响下，具有较显著的反方向变化即就业转移效应，再一次证明了第一产业的剩余劳动力"蓄水池"作用。

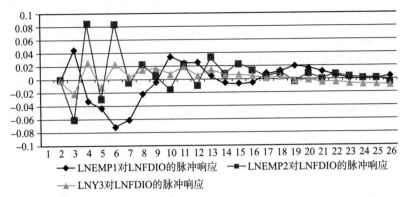

图 3 – 4 **LNEMP1、LNEMP2 和 LNEMP3 对 LNFDIO 的脉冲响应**

3.3

本章小结

（1）通过一个基于 DMP 模型基础之上的劳动力与资本市场的数理均衡模型，比较 FDI 不同流动情形下，对本国劳动力市场的影响分析表明，国际资本流动加剧了国内劳动力市场的就业风险，并且国际资本流动对就业水平影响与本国资本市场的开放度有关，增加开放度有利于提高本国的就业水平。

（2）改革开放以后尤其是 20 世纪 90 年代以来，我国 FDI 流入流出不断增加，且呈现出明显的区域和产业不均衡；分地区看，FDI 流入主要集中在东部地区，分产业看，主要在第二、三产业；FDI 流出主要集中在东部地区和第二产业。

（3）我国的就业增长也呈现出类似的不均衡特征。就区域而言，就业增长主要集中在东部沿海地区，大量的新增劳动密集型产业外商直接投资投向东部沿海地区，使这些地区成为吸引外来劳动力的巨大磁场，三大区域间的就业格局存在明显的不均。从产业就业分布看，改革开放以来，在 FDI 大量涌入和推动下，我国进入了快速城镇化和工业化阶段，表现为第一产业吸纳就业人员的比重呈现迅速下降趋势，第二、三产业就业的比重的迅速上升，不仅吸纳了绝大多数新进入劳动年龄的劳动力，而且吸纳了第一产业转移出来的剩余劳动力。FDI 流动的区域和产业差异不断推动我国的经济空间重构，并对我国的就业均衡产生重要影响。

（4）基于 VAR 模型，分析了 FDI 流动与区域就业和产业就业的长期均衡与短期波动的关系，通过脉冲响应分析揭示了 FDI 流动对区域就业和产业就业增长动态作用的路径变化。研究结果表明：考察期 FDI 流动与区域就业和产业就业之间存在长期均衡关系；虽然从绝对量上说，FDI 流入对东部就业增长有利，对中西部不利，但从就业增长弹性的长期趋势上看，FDI 流入导致了东部就业弹性下降、中西部就业弹性增加。其原因可能是：在改革开放初期，FDI 大量投入东部地区的劳动密集型产业，东部地区的就业创造和就业挤入效应明显大于就业替代和就业挤出效应，大量中西部劳动力向东部转移。但随着时间的推移，在国家对 FDI 投资导向指引下，外资企业逐步加大对资本、技术型产业的投资力度，以及东部地区劳动力工资成本、生活成本、土地使用及其他综合成本的上升，再加上西部大开发、中部崛起等战略实施，部分外资和劳动力向中西部地区转移，就业替代效应和就业挤出效应大于就业创造和就业挤入效应，大量劳动力返乡回流转移至故乡本土就业，中西部就业弹性相应增加。考察期 FDI 流出导致东部地区就业弹性增加，中部地区就业弹性下降，西部地区就业弹性增加。FDI 撤出却使就业弹性增加的原因可能有多方面，其中重要一点也可以从外资对内资的挤入挤出效应来分析。目前来看，FDI 的大量流出主要对东部地区造成明显影响，对中、西部地区就业的负面影响不大，随着外资对该地区的投入，挤入效应明显。

（5）从 VECM 模型（向量误差修正模型）的短期波动分析看，FDI 流入对中部地区和西部地区就业的积极效应从第二期开始，而对东部地区的积极效应的滞后期更长。这说明，FDI 流入的区域就业效应具有滞后性，且长期吸纳效应和短期挤出效应并存。FDI 流出对东部地区就业的影响最大，且迅速，对中、西部地区就业的影响较小且较缓。当外商大规模撤资时，我国东部地区的经济会首先遭受重创，而中、西部地区的经济不会受到明显的影响，且这种消极影响会逐渐减弱。

（6）脉冲响应分析表明，FDI 流入初期对各地区就业波动影响相对较大，后期作用趋缓；从影响大小排序看，东部地区首当其冲，脉冲响应较明显。FDI 流出初期对各地区就业波动影响相对较大，后期作用趋缓；从影响大小排序看，也是东部地区相对较大，脉冲响应较明显，其次是中部地区，西部地区相对稳定些。这与我们上面误差修正模型估计所得出的结果基本一致，由于我国东部是 FDI 流入流出的主要集中区域，因此当世界经济周期剧烈波动而引起 FDI 加快流动时，我国东部地区的就业会首当其冲。

（7）FDI 流动与三次产业就业增长之间存在长期稳定的均衡关系。考察期 FDI 流入导致第一产业就业弹性下降，第二产业、第三产业就业弹性增加；FDI 流出将首先影响第二产业、第三产业的就业，尤其是第三产业，而对第一产业的影响相对较小。

（8）从 VECM 模型（向量误差修正模型）的短期波动分析看，FDI 流入在当期和下期对三大产业的影响不完全一致，长期吸纳效应和短期挤出效应并存，说明 FDI 流入的产业就业效应具有替代性、滞后性和复杂性。FDI 流出对第二产业和第三产业就业的冲击影响较明显，第一产业发挥了就业"蓄水池"的作用，当外企撤资，部分劳动力从第二产业、第三产业失业后，会回流返乡转移至第一产业务农，从而使第一产业就业增加。

（9）脉冲响应分析表明，给 FDI 流入一个冲击，在整个滞后期对第一产业就业具有较明显的影响，且影响有增加趋势；初期对第二产业、第三产业有一定的影响，后期影响趋缓。表明 FDI 流入在较长时间内都对第一产业的剩余劳动力转移有显著效应，对第二产业、第三产业就业的影响由于替代效应、挤入挤出效应和转移效应等综合作用，初期效应较明显，后期效应减缓。给 FDI 流出一个冲击，初期对三大产业就业变化都有较明显的影响，后期对第二产业、第三产业作用趋缓，但对第一产业影响波动仍较明显；同时总体来看，第一产业与第二产业、第三产业就业在 FDI 流出冲击影响下，具有较显著的反方向变化即就业转移效应，再一次证明了第一产业的剩余劳动力"蓄水池"作用。

第*4*章

FDI 流动对经济空间重构的影响

在当前世界经济周期剧烈波动下，国际资本流动进一步加快，由于 FDI 属于国际资本的主要表现形式之一，其快速流动使得我国利用 FDI 进入新的发展阶段。同时，由于 FDI 是影响各国区域、产业、城乡结构变动的重要外部因素，而世界经济周期波动必然会引起 FDI 在我国产业和空间上的扩张伸缩、流入流出，从而导致我国经济空间重构、就业转移和收入分配变迁。

本章拟在此背景下，研究 FDI 流动与我国经济空间重构的相互关系，全面分析 FDI 流动对我国经济结构失衡和二元经济结构演化的影响。在具体内容安排上，首先运用相关统计指标从区域（三大地区）、产业、城乡结构三个维度描述了我国二元经济结构的特征；其次利用泰尔指数对 FDI 在我国的区域（三大地区）、产业、城乡分布进行了差异度量及因素分解；接着运用分布滞后模型实证分析了 FDI 流动对我国经济空间重构的影响。

4.1
中国二元经济结构的特征

4.1.1 中国区域二元结构的特征

（1）资料来源及研究方法。

区域二元结构是二元结构在区域上的表现。本节主要从经济发展水平和产业结构高级化程度两方面来研究中国区域二元结构的特征。经济发展水平用人均国内生产总值（简称人均 GDP）来衡量，人均 GDP 的差异表明不同地区生产力的差别，它是衡量地区经济发展水平的综合指标，也是标志着地区发展与富裕程度的近似值。产业结构高级化程度用非农产业增加值比重来衡量，非农产业增加值指的是工业和服务业中从业人员所创造的新价值，非农产业增加值比重主要是反映产业结构的发展变化，衡量产业发展的水平高低，它是整个地区经济发展水平的重要体现。

选用变异系数和基尼系数对人均 GDP 进行测度，将其结果作为衡量区域经济结构差距的指标之一。变异系数是衡量地区相对经济差距的统计量，它可以消除单位和平均数不同对两个或多个资料变异程度比较的影响。变异系数等于标准差与平均数的比值，记为 CV，用计算公式表示为：

$$CV = \frac{\sigma}{\overline{X}} \qquad (4-1)$$

其中，$\sigma = \sqrt{\dfrac{\sum (Xi - \overline{X})^2}{n}}$；$\overline{X} = \dfrac{(\sum Xi)}{n}$。

对于人均 GDP 的变异系数，上式中，n 表示区域数，X_i 表示第 i 个区域的人均 GDP，其中 i = 1，2，…，n。

基尼系数是意大利经济学家科拉多·基尼（Corrado Gini）于 1922 年提出的用于刻画收入分配差异程度的指标，它反映了区域间的绝对差异，是目前研究区域经济发展差异中被广泛采用的一种度量方法。基尼系数是将所有区域的指标值取差，然后加总所有的绝对差距，再除以所有区域的个数和区域指标的平均值，记为 G，计算公式为：

$$G = \frac{1}{2n^2\mu} \sum_{j=1}^{n} \sum_{i=1}^{n} |Yj - Yi| \qquad (4-2)$$

对于人均 GDP 的基尼系数，上式中，n 为区域数，μ 为各区域人均 GDP 的平均值，Y_i 和 Y_j 分别为第 i 和第 j 个区域的人均 GDP。基尼系数的值介于 0~1 之间，当值为 0 时，表明分配完全平均，当值为 1 时，表明分配极其不平衡，即基尼系数越大，表明区域之间的差异越大。

（2）中国区域二元结构的定量测度。

根据《中国统计年鉴》、《中国经济信息网数据库》提供的 1978~2012 年相关数据，整理求得东、中、西三大区域的人均 GDP 及相互间的比值和非农产业增加值比重，并依据可得数据算出人均 GDP 的变异系数和基尼系数。计算结果见表 4-1、4-2、4-3，图 4-1、4-2、4-3、4-4。

表 4 – 1　　1978 ~ 2012 年东部、中部、西部三大区域和全国的人均 GDP 及其比值

年份	东部地区人均 GDP（元）	中部地区人均 GDP（元）	西部地区人均 GDP（元）	全国人均 GDP（元）	东部/中部人均 GDP	东部/西部人均 GDP
1978	485.19	310.62	263.2	381.23	1.5620	1.8434
1979	537.44	392.5	290.3	419.25	1.3693	1.8513
1980	598.26	390.56	315.46	463.25	1.5318	1.8964
1981	643.17	424.48	337.98	492.16	1.5152	1.9030
1982	705.94	458.1	376.91	527.78	1.5410	1.8730
1983	778.67	517	416.99	582.68	1.5061	1.8674
1984	929.16	602.6	481.75	695.2	1.5419	1.9287
1985	1122.86	708.59	572.09	857.82	1.5846	1.9627
1986	1245.46	784.53	629.51	963.19	1.5875	1.9785
1987	1474.92	910.01	726.48	1112.38	1.6208	2.0302
1988	1863.87	1096.71	908.11	1365.51	1.6995	2.0525
1989	2087.59	1218.93	1024.22	1519	1.7127	2.0382
1990	2212.11	1336.07	1268.7	1644	1.6557	1.7436
1991	2565.52	1450.66	1316.32	1892.76	1.7685	1.9490
1992	3188.4	1723.04	1537.82	2311.09	1.8505	2.0733
1993	4350.39	2147.97	1915.58	2998.36	2.0253	2.2711
1995	7244.18	3540.88	3038.24	5045.73	2.0459	2.3843
1996	8433.38	4187.16	3530.41	5845.89	2.0141	2.3888
1997	9457.67	4666.19	3909.42	6420.18	2.0268	2.4192
1998	10224.08	4959.02	4162.42	6796.03	2.0617	2.4563
1999	10956.22	5177.38	4366.24	7158.5	2.1162	2.5093
2000	11792.28	5759.86	4795.45	7857.68	2.0473	2.4591
2001	12967.67	6255.3	5256.6	8621.71	2.0731	2.4669
2002	14389	6814.76	5791.49	9398.05	2.1114	2.4845
2003	16617.39	7710.97	6582.11	10541.97	2.1550	2.5246
2004	19710.61	9294.57	7929.97	12335.58	2.1207	2.4856
2005	23273.37	11151.74	9490.93	14185.36	2.0870	2.4522
2006	26795.28	12911.81	11202.48	16499.7	2.0753	2.3919
2007	31516.56	15618.75	13629.24	20169.46	2.0179	2.3124
2008	36555.69	18746.22	16679.85	23707.71	1.9500	2.1916
2009	39395.9	20499.26	18406.39	25607.53	1.9218	2.1403
2010	45510.16	24871.22	22569.58	29991.82	1.8298	2.0164
2011	52949.08	30118.63	27672.40	36018	1.7580	1.9134
2012	57428.55	33381.61	31268.47	39544	1.7204	1.8366

　　资料来源：根据《中国统计年鉴》、《中国经济信息网数据库》（1979 ~ 2011 年历年）相关数据计算整理。

结合表 4 - 1 和图 4 - 1 可以看出，改革开放 33 年来，中国东部、中部、西部三大区域的人均 GDP 都有了突飞猛进的增长，特别是 1992 年以后，三大区域的人均 GDP 开始大幅上升，至 2012 年三大区域的人均 GDP 较 35 年前增加了逾 100 倍，尤其是东部地区，其 2012 年人均 GDP 值是 1978 年的 118.36 倍。此外，从东、中、西部人均 GDP 之间的比较来看，东部地区一直处于领先地位，且这种领先优势从 1999 年开始迅速扩大，2004 年以后几乎呈直线上升；中、西部地区人均 GDP 一直低于全国人均 GDP，但中部地区一直略高于西部地区，且中、西部地区的人均 GDP 几乎保持同步增长。

为了更加直观的显示出中国三大区域间差距的变化，本部分又分别计算了东部地区人均 GDP 与中部、西部、中西部地区的比值，结果见表 4 - 1 和图 4 - 2。由表 4 - 1 和图 4 - 2 可以看出，从 1978 ~ 1984 年，东部与中部地区人均 GDP 的比值一直维持在 1.5 左右，从 1985 年开始这一比值逐步增加，到 1993 年，东部地区人均 GDP 值首次超过中部地区的一倍，且直到 2007 年，东部人均 GDP 一直都维持在中部地区人均 GDP 的一倍以上，2008 年这一比值开始回落，且逐年下降；东部地区与西部地区人均 GDP 的比值除 1990 年有较大幅度的下跌以外，从 1978 ~ 1992 年一直徘徊在 2.0 左右，这一比值从 1993 年开始逐步增长至 2.5 左右，直到 2006 年，东部地区对西部地区人均 GDP 的比值开始逐年下跌，到 2012 年这一比值已低于 1.9，低于 1978 年的水平。

从以上分析可以得出，中国三大区域之间的差距在改革开放初期就已经存在，改革开放以来差距仍不断扩大，尤其是从 1992 ~ 2004 年东部地区与中、西部地区的差距最为明显，近年来，东部地区与中、西部地区之间的差距虽有减小趋势，但整体差距仍然显著。

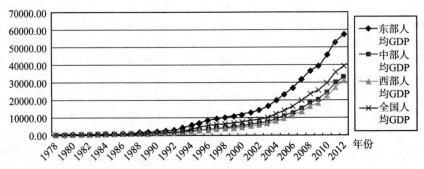

图 4 - 1　1978 ~ 2012 年东部、中部、西部三大区域及全国人均 GDP 的演变

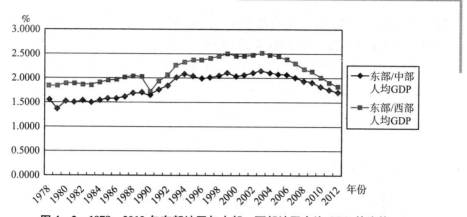

图 4 – 2   1978～2012 年东部地区与中部、西部地区人均 GDP 的比值

表 4 – 2   1978～2012 年东部、中部、西部三大区域人均 GDP 的变异系数和基尼系数

年份	1978	1979	1980	1981	1982	1983	1984	1985	1986	1987	1988	1989
变异系数	0.2611	0.2437	0.2654	0.2653	0.2665	0.2625	0.274	0.2809	0.283	0.2942	0.3078	0.3083
基尼系数	0.1294	0.131	0.1357	0.1378	0.1385	0.1379	0.143	0.1427	0.1421	0.1495	0.1555	0.1556
年份	1990	1991	1992	1993	1994	1995	1996	1997	1998	1999	2000	2001
变异系数	0.2624	0.302	0.327	0.3716	0.3803	0.3817	0.38	0.3879	0.399	0.4124	0.3974	0.4007
基尼系数	0.1275	0.1467	0.1587	0.1805	0.1818	0.1852	0.1864	0.192	0.1982	0.2046	0.1979	0.1988
年份	2002	2003	2004	2005	2006	2007	2008	2009	2010	2011	2012	
变异系数	0.4102	0.4264	0.4265	0.4342	0.4242	0.3969	0.3765	0.3691	0.3455	0.3170	0.3015	
基尼系数	0.2033	0.2115	0.2122	0.2159	0.21	0.1971	0.1863	0.1821	0.17	0.156	0.147	

　　表 4 – 2 和图 4 – 3 反映的是 1978～2012 年东部、中部、西部三大区域人均 GDP 的变异系数和基尼系数。由图表可以看出，三大区域人均 GDP 的变异系数在 1978～1989 年间处于一个波动上升的状态，从 0.2611 上升至 0.3083，区域差距逐年加大，1990 年突然急剧下降至 0.2624，但从 1991～1993 年开始大幅上升，1994～2005 年变异系数的增速虽有所减缓，但上升趋势还是比较明显，说明区域差距在进一步扩大，并在 2005 年上升到最高值 0.4342 以后开始逐年下降；三大区域人均 GDP 的基尼系数与变异系数的大体趋势还是比较一致的，整体上也是呈阶梯式上升，只是在近五年开始逐年下降，1978～1989 年基尼系数从 0.1294 上升至 0.1556，区域差异逐渐扩大，在 1990 年出现了一次短暂的下降，降至 33 年来的最低值 0.1275，从 1991 年开始，基尼系数逐年上升，区域差距迅速扩大，到 1999 年基尼系数已达到 0.2046，2000 年基尼系

数经过一次小幅回落以后开始逐年递增，在 2000～2005 年年间基尼系数变化平稳并呈现上涨态势，在 2005 年达到 33 年来的最高值 0.2159 以后开始逐年下降，至 2012 年已降至 0.147，说明近年来区域差距逐渐缩小。

两个指标一致说明中国东、中、西三大区域从改革开放开始，差距逐渐扩大，直到 2005 年，区域差距才开始缩小。

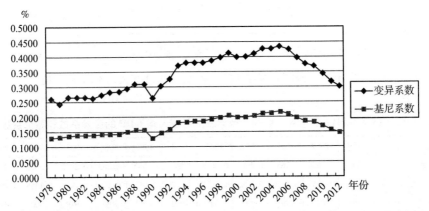

图 4-3　1978～2012 年东部、中部、西部三大区域人均 GDP 的变异系数和基尼系数

非农产业增加值比重即第二产业、第三产业所创造的新价值所占比重，它是衡量产业发展的水平高低和产业结构高级化程度的指标。这里选取 1978～2012 年的相关数据计算出全国及中国三大区域的非农产业增加值比重，如表 4-3 和图 4-4。由图表可以看出以下几点：第一，中国东部地区非农产业增加值比重最高，远高于中西部地区；第二，中国中部、西部地区的非农产业增加值比重均低于全国平均水平，且中部地区略高于西部地区，但两者差距不大，只相隔一到两个百分点；第三，改革开放以来中国三大区域的非农产业增加值比重均显著增长，且中西部地区的增幅要高于东部地区；第四，近年来中国三大区域非农产业增加值比重之间的差距明显缩小。

该指标说明改革开放以来中国三大区域的产业发展水平均有所提高，其中东部地区的产业发展水平最高，中部、西部地区产业水平相差不大，但中部地区略高于西部地区，此外，从 1994 年开始三大区域的非农产业发展速度加快，且中部、西部地区增速高于东部地区，所以近年来中国三大区域产业发展水平之间的差距逐渐缩小。

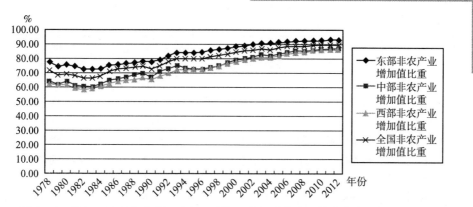

图 4 – 4　1978～2012 年东部、中部、西部三大区域及全国的非农产业增加值比重

表 4 – 3　1978～2012 年东部、中部、西部三大区域及全国非农产业增加值比重变化

年份	东部非农产业增加值比重（%）	中部非农产业增加值比重（%）	西部非农产业增加值比重（%）	全国非农产业增加值比重（%）
1978	77. 91	64. 34	62. 87	71. 81
1979	74. 88	62. 14	61. 88	68. 73
1980	76. 03	64. 51	62. 10	69. 83
1981	75. 03	61. 31	59. 55	68. 12
1982	72. 94	61. 01	58. 78	66. 61
1983	72. 74	60. 85	59. 94	66. 82
1984	73. 28	62. 55	60. 88	67. 87
1985	75. 82	65. 53	62. 90	71. 56
1986	76. 31	66. 34	64. 29	72. 86
1987	77. 15	67. 30	64. 88	73. 19
1988	77. 59	69. 59	65. 77	74. 30
1989	78. 53	70. 43	66. 76	74. 90
1990	77. 96	67. 33	65. 65	72. 88
1991	79. 55	71. 32	67. 78	75. 47
1992	82. 26	73. 64	70. 39	78. 21
1993	84. 46	75. 50	73. 08	80. 29
1994	84. 47	73. 91	72. 75	80. 14
1995	84. 37	73. 15	72. 97	80. 04
1996	84. 89	73. 38	73. 07	80. 31
1997	86. 12	74. 81	73. 91	81. 71
1998	86. 88	76. 11	75. 11	82. 44

年份	东部非农产业增加值比重（%）	中部非农产业增加值比重（%）	西部非农产业增加值比重（%）	全国非农产业增加值比重（%）
1999	87.76	78.25	76.85	83.53
2000	88.99	80.01	78.43	84.94
2001	89.56	80.79	79.66	85.61
2002	90.33	81.59	80.58	86.26
2003	91.19	83.43	81.30	87.20
2004	91.31	82.58	81.33	86.61
2005	91.93	83.85	82.62	87.88
2006	92.55	85.13	84.15	88.89
2007	92.96	85.78	84.46	89.23
2008	93.07	85.74	85.00	89.27
2009	93.26	86.42	86.27	89.67
2010	93.51	87.09	86.85	89.90
2011	93.60	87.59	87.26	89.96
2012	93.61	87.64	87.42	89.91

资料来源：根据《中国统计年鉴》（1979～2013 年历年）公布数据计算整理。

（3）中国区域二元结构的特征分析。

通过上述分析，我们可以得出两点结论：第一，中国东部、中部、西部三大区域间的差距非常明显，主要表现在东部和中、西部之间，中部和西部的差距则不大，中部地区略高于西部地区。可见，中国的三大区域间的差距主要表现为高度发展的东部和较为落后的中、西部之间的巨大差距，它是二元经济结构在我国区域上的显著表现。第二，中国东部地区与中、西部地区间的差距在改革开放初期表现得十分明显，后来一段时期差距略有波动并一度扩大，但2004 年以来中国三大区域的差距已开始逐渐缩小。也就是说，虽然中国东、中、西三大区域间的差距仍然存在，但近年来已显著缩小。

4.1.2 中国产业二元结构的特征

（1）产业二元结构的量化指标。

二元经济结构是发展中国家国民经济体系的共有特征，中国作为现今世界上最大的发展中国家，二元经济结构突出地表现为整个国民经济结构中，存在着两大经济部门，即以农村传统农业为代表的传统部门和以城市现代工业为代表的现代部门，以及两部门差距十分明显的一种状态。二元经济结构体现了传统部门和现代部门之间的经济差异程度，而这种差异指标则表现为产值和劳动力在两部门之间的配置。下面采用比较劳动生产率、二元对比系数和二元反差指数三个指标对中国改革开放以来的二元经济结构进行统计测度。

比较劳动生产率（Comparative Labor Productivity，CLP）指一个部门的国内生产总值（GDP）所占比重与该部门就业（EMP）比重的比率，其计算公式为：

$$CLP_i = \frac{\dfrac{GDP_i}{GDP}}{\dfrac{EMP_i}{EMP}} \qquad (4-3)$$

比较劳动生产率能够反映出一个部门当年劳动生产率的高低。如果一个部门的劳动力比重越低，而 GDP 比重越高，那么该部门的比较劳动生产率就越高。一般来说，农业部门的比较劳动生产率低于 1，而非农部门的比较劳动生产率往往高于 1。农业部门与非农部门之间的比较劳动生产率差距越大，二元经济结构就表现得越显著。

二元对比系数是农业部门比较劳动生产率与非农部门比较劳动生产率之间的比率，其计算公式为：

$$二元对比系数 = \frac{CLP_{农}}{CLP_{非农}} \qquad (4-4)$$

比较劳动生产率反映的是一个部门劳动生产率的高低，而二元对比系数反映的是两部门比较劳动生产率之间的相对差距，因此二元对比系数能够很好的反映出经济的二元化程度。从公式（4-4）可知，二元对比系数越小，说明农业部门比较劳动生产率与非农部门比较劳动生产率之间的比率越低，农业部门与非农部门的比较劳动生产率之间的差距就越大，二元经济结构就越显著。二元对比系数取值在 0-1 之间，当二元对比系数为 0 时，经济二元性最显著；当二元对比系数为 1 时，经济结构的二元性消失，二元经济完全转变为一元经济。

二元反差指数是两部门产值比重与劳动力比重之差的绝对数的平均值，其计算公式为：

$$二元反差指数 = \frac{1}{2}\left(\left|\frac{GDP_{农}}{GDP} - \frac{EMP_{农}}{EMP}\right| + \left|\frac{GDP_{非农}}{GDP} - \frac{EMP_{非农}}{EMP}\right|\right) \qquad (4-5)$$

由于 $GDP_{农} + GDP_{非农} = GDP$，$EMP_{农} + EMP_{非农} = EMP$，所以，$GDP_{非农} = GDP - GDP_{农}$，$EMP_{非农} = EMP - EMP_{农}$，因而上式可以变形为：

$$二元反差指数 = \left| \frac{GDP_{农}}{GDP} - \frac{EMP_{农}}{EMP} \right| \qquad (4-6)$$

二元反差指数主要反映的是经济结构中两部门产值转换与劳动力转换之间的速度差异。二元反差指数与二元对比系数相反，如果二元反差指数越小，则两部门的反差程度越小，二元经济结构就越不明显。二元反差指数理论上的取值也在 0~1 之间，取值为 0 时，二元性消失，转变为一元经济结构。

中国产业经济结构的差异主要体现在以农业为主的第一产业和以工业、服务业为主的第二产业、第三产业之间的二元产业结构矛盾。二元产业结构主要是指发展中国家现代化的第二、三产业与技术落后的第一产业同时并存的经济结构。二元产业结构主要产生于新中国成立初期重工业优先发展的赶超战略背景之下，虽然在后来的转型时期各个地区已经逐渐地放弃重工业优先发展战略，但中国的二元产业结构仍然没有消除。

这里将产业结构的二元性作为研究产业经济结构差异的重点，将第一产业作为农业部门，第二产业、第三产业作为非农业部门，采用比较劳动生产率、二元对比系数和二元反差指数这三个目前学术界公认的衡量二元经济结构强度的指标对中国改革开放以来的二元产业结构进行统计测度。

（2）中国产业二元结构的现状描述。

中国产业结构的二元性是经过多年演化而逐步形成的，在不同时期的表现及演化特征也不同。利用上述指标，选取 1978~2012 年的相关数据，通过计算来测量中国产业二元经济结构的演进程度。具体计算结构见表 4-4、图 4-5、图 4-6。

图 4-5 反映了中国 1978~2012 年农业部门和非农业部门的比较劳动生产率，可以看到，改革开放以来中国非农业部门的比较劳动生产率一直都高于 1，且整体上呈下降趋势；而非农业部门的比较劳动生产率在 1992 年以前几乎都处于 0.4~0.5 之间，1992 年以后开始小幅下降，并保持在 0.3 左右波动。总体来说，中国非农业部门的比较劳动生产率基本符合经济结构演变的一般规律，但农业部门的比较劳动生产率并没有随着经济的发展而持续上升，反而表现出下降态势。

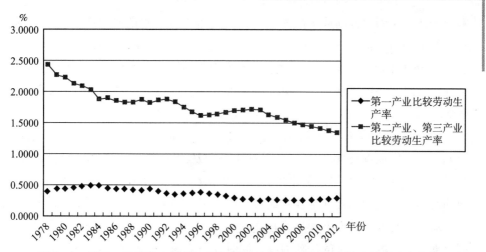

图 4 – 5 1978 ~ 2012 年中国第一产业和第二产业、第三产业的比较劳动生产率

图 4 – 6 描绘了改革开放以来中国第一产业与第二产业、第三产业的二元对比系数与二元反差指数的变化轨迹，可以看到，改革开放 35 年来中国产业结构的二元对比系数与二元反差指数呈现出较大的波动起伏，根据这种走势，结合表 4 – 4 中的具体数据，将中国产业二元经济结构的演化进程大致分为以下四个阶段。

第一阶段为 1978 ~ 1984 年，这一阶段二元对比系数从 0.1640 上升到 0.2657，二元反差指数从 0.4234 下降到 0.3192，说明中国产业结构的二元性得到改善。这主要是因为 1978 年中国经济体制改革首先从农村开始推行，农村家庭联产承包制的实施改变了农村生产关系，扩大了农民的经营自主权，从而调动了农民从事农业生产的积极性，使得农业生产率得到了提高，缩小了农业部门与非农部门之间的差距。此外由于农业经济改革的联动效应使得农村消费市场的急剧扩张，这不仅带动了中国轻工业的发展，而且使得重工业从长期自我循环转向为农业和消费品工业服务，这些都促使了二元产业结构之间的差距在缩小。

第二阶段为 1984 ~ 1996 年，这一阶段中国产业结构的二元性出现了强化态势，二元对比系数震荡回落到 0.2403，同时二元反差指数下降到 0.3081。特别是到 1993 年，二元对比系数降到了 0.1898，同时二元反差系数也上升到 0.3669，二元产业结构势头强劲。其主要原因是从 1984 年开始，中国改革的重点从农村转向了城市，国有企业的改革和个体、私营经济的等非国有部门的发展诱使工业部门连续数年高速增长，同时由于这一时期农业产值份额下降、农业剩余劳动力转移速度下降等因素使得中国产业结构的二元性出现了复归的趋势。1993 年以后，中国的经济进入全面的转型时期，经济体制开始全面由计划经济向市场经济转型，中国二元产业结构开始减缓，且减缓的趋势十分明显。

第三阶段是 1996 ~ 2003 年，这一阶段中国产业结构的二元性出现了逆转，二元产业结构强度逐年扩大，二元对比系数从 1996 年的 0.2403 逐年下降至 2003 年的 0.1521，而二元反差指数也由 0.3081 增加到 0.3630。1996 年以后，前期改革中遗留的问题开始逐步显现，中国宏观经济形式发生了重大变化，经济增速的下滑使得城市下岗工人增多，政府出于维护社会稳定等多方面考虑，明显加大了对城市经济的扶持力度，同时亚洲金融危机的爆发以及全球买方市场的到来，使得中国农产品出口困难加剧，进一步缩小了中国农民的增收渠道。这些都导致中国产业结构的二元强度持续增加，致使二元对比系数在 2003 年下降到了改革开放以来的最低点。

第四阶段是 2004 ~ 2012 年，这一阶段是中国产业结构二元性特征波动减缓阶段，二元对比系数由 0.1521 缓慢上涨至 0.2220，二元反差指数由 0.3630 逐年下降至 0.2350。由于上一阶段产业二元矛盾的日益激化引起了各方的高度重视，2003 年起，政府部门相继出台了一系列旨在缩小产业差距的各种措施，例如取消农业税等优惠政策，这些在很大程度上减轻了农民的负担，提高了农业产值比重，在一定程度上缓解了产业间差距，使中国产业结构的二元性特征开始有所缓和。

表 4 - 4   1978 ~ 2010 年中国产业二元结构演进的相关指标数据

年份	第一产业 GDP 比重 （%）	第二、三产业 GDP 比重 （%）	第一产业就业比重 （%）	第二、三产业就业比重 （%）	第一产业比较劳动生产率	第二、三产业比较劳动生产率	二元对比系数	二元反差指数
1978	28.19	71.81	70.53	29.47	0.3997	2.4368	0.1640	0.4234
1979	31.27	68.73	69.80	30.20	0.4479	2.2760	0.1968	0.3853
1980	30.17	69.83	68.75	31.25	0.4389	2.2344	0.1964	0.3858
1981	31.88	68.12	68.10	31.90	0.4681	2.1354	0.2192	0.3622
1982	33.39	66.61	68.13	31.87	0.4901	2.0901	0.2345	0.3474
1983	33.18	66.82	67.08	32.92	0.4946	2.0298	0.2437	0.3390

续表

年份	第一产业GDP 比重（%）	第二、三产业 GDP比重（%）	第一产业就业比重（%）	第二、三产业就业比重（%）	第一产业比较劳动生产率	第二、三产业比较劳动生产率	二元对比系数	二元反差指数
1984	32.13	67.87	64.05	35.95	0.5017	1.8878	0.2657	0.3192
1985	28.44	71.56	62.42	37.58	0.4557	1.9041	0.2393	0.3398
1986	27.15	72.85	60.95	39.05	0.4454	1.8656	0.2388	0.3380
1987	26.81	73.19	59.99	40.01	0.4469	1.8293	0.2443	0.3318
1988	25.70	74.30	59.35	40.65	0.4330	1.8279	0.2369	0.3365
1989	25.11	74.89	60.05	39.95	0.4181	1.8747	0.2230	0.3494
1990	27.12	72.88	60.10	39.90	0.4512	1.8267	0.2470	0.3298
1991	24.53	75.47	59.70	40.30	0.4108	1.8728	0.2194	0.3517
1992	21.79	78.21	58.50	41.50	0.3725	1.8846	0.1976	0.3671
1993	19.71	80.29	56.40	43.60	0.3494	1.8415	0.1898	0.3669
1994	19.76	80.24	54.30	45.70	0.3639	1.7558	0.2073	0.3454
1995	19.86	80.14	52.20	47.80	0.3805	1.6765	0.2270	0.3234
1996	19.69	80.31	50.50	49.50	0.3899	1.6224	0.2403	0.3081
1997	18.29	81.71	49.90	50.10	0.3665	1.6310	0.2247	0.3161
1998	17.56	82.44	49.80	50.20	0.3525	1.6423	0.2147	0.3224
1999	16.47	83.53	50.10	49.90	0.3287	1.6739	0.1964	0.3363
2000	15.06	84.94	50.02	49.98	0.3011	1.6994	0.1772	0.3496
2001	14.39	85.61	50.00	50.00	0.2878	1.7122	0.1681	0.3561
2002	13.74	86.26	50.00	50.00	0.2749	1.7251	0.1593	0.3626
2003	12.80	87.20	49.10	50.90	0.2606	1.7132	0.1521	0.3630
2004	13.39	86.61	46.90	53.10	0.2856	1.6310	0.1751	0.3351
2005	12.12	87.88	44.80	55.20	0.2706	1.5920	0.1700	0.3268
2006	11.11	88.89	42.60	57.40	0.2609	1.5485	0.1685	0.3149
2007	10.77	89.23	40.80	59.20	0.2640	1.5073	0.1751	0.3003
2008	10.73	89.27	39.60	60.40	0.2710	1.4780	0.1834	0.2887
2009	10.33	89.67	38.10	61.90	0.2712	1.4486	0.1872	0.2777
2010	10.10	89.90	36.70	63.30	0.2753	1.4202	0.1938	0.2660
2011	10.00	90.00	34.80	65.20	0.2874	1.3804	0.2082	0.2480
2012	10.10	89.90	33.6	66.40	0.3006	1.3539	0.2220	0.2350

资料来源：根据《中国统计年鉴》（1979～2013 年）相关数据计算整理。

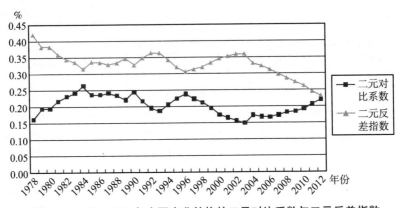

图 4 - 6　1978 ~ 2012 年中国产业结构的二元对比系数与二元反差指数

（3）中国产业二元结构的特征分析。

由上述分析可以看出，中国产业结构间的差异是在盲目推进工业化过程中形成的，其演进过程是在波动中进行的，这说明中国产业结构的二元性转换十分不稳定。纵观改革开放以来中国产业结构的二元性演化进程，尽管目前中国产业结构的二元性与改革开放初期相比虽有一定程度的改善，但整体来看，成效却不显著。目前中国产业结构的二元性并未得到实质性的改善，其二元对比系数始终偏低，即使在二元对比系数最高的 1984 年，数值也仅为 0.2657，仍低于发展中国家的平均水平。在中国的产业结构中，传统产业一直处于落后的局面。改革开放以来，中国产业二元经济结构发展极不稳定，表现出较大的波动性，这说明中国产业二元结构的转化难度较大，且二元性还将长期存在。

4.1.3　中国城乡二元结构的特征

（1）城乡二元结构的量化指标。

在发展中国家，二元性是一个普遍存在的现象，它并不仅仅存在于产业经济结构中。就中国而言，城乡经济结构也存在二元性，且城乡二元经济结构是最能集中体现各种二元现象，又能准确反映中国经济发展现状的二元结构。

本节在研究中国城乡二元结构中选取的衡量指标除了前述的比较劳动生产率、二元对比系数和二元反差指数以外，还增加了二元结构强度、城乡居民收入差异系数、城乡居民恩格尔系数差异三个最能直观反映城乡二元经济结构程度的指标。

　　二元结构强度是城镇与农村人均 GDP 的相对差距，用城镇人均 GDP 与农村人均 GDP 的比值表示，它反映了中国城乡二元结构的总体水平。

　　城乡居民收入差异系数是城镇居民人均可支配收入与农村居民人均纯收入的比值。城乡居民收入差异系数大于 0.5 时，说明中国城乡经济结构处于二元状态；城乡居民收入差异系数处于 0.2 到 0.5 之间时，说明中国城乡经济结构正处于由二元结构向一元结构转变的过渡时期；城乡居民收入差异系数小于 0.2 时，说明中国基本上完成了城乡一体化。城乡居民收入差异系数不仅可以反映城乡居民生活水平差异，还可以在一定程度上衡量城乡二元经济结构的分化程度，因为城乡经济结构各方面的差距最终都可以通过收入表现出来。

　　城乡居民恩格尔系数差异是农村居民恩格尔系数与城镇居民恩格尔系数之差，它反映了城乡居民生活质量的差异。当城乡居民恩格尔系数差异小于 5% 时，说明城乡居民生活质量基本一致，不存在二元结构；当城乡居民恩格尔系数差异处于 5% 到 10% 之间时，说明城乡居民生活质量差异较大，处于由二元结构向一元结构转变的过渡时期；当城乡居民恩格尔系数差异大于 10% 时，说明城乡结构的二元性十分突出。

　　（2）中国城乡二元结构的现状描述。

　　从国际经济发展的经验来看，二元经济结构是发展中国家从传统的农业社会向先进的工业社会转化过程中必然出现的普遍经济现象。中国作为世界上最大的发展中国家，同样也面临着以发达的城市和落后的乡村为主要内容和典型特征的城乡二元经济结构。

　　下面根据《中国统计年鉴》、《中国农业统计资料》、《中国经济信息网数据库》提供的 1978~2012 年相关数据，结合上述指标，通过计算衡量中国城乡二元经济结构的演进程度。计算结果见表 4-5、表 4-6，图 4-7、图 4-8、图 4-9、图 4-10、图 4-11。

　　图 4-7 显示的是中国改革开放以来城乡比较劳动生产率的演变，结合表 4-5，我们可以明显看到，城镇比较劳动生产率除少数年份出现波动以外，整体上呈下降趋势，且下降趋势明显，1978 年城镇比较劳动生产率为 2.8，2012 年这一值降到了 1.4576，但即使在城镇比较劳动生产率最低的年份，它的数值仍远大于 1；而农村比较劳动生产率始终都在 1 以下，虽然整体上是处于上升趋势，但上涨幅度较小，且个别年份下降波动时降幅较大。总的来说，中国城乡比较劳动生产率差距非常明显，虽然改革开放以来，这种差距在逐渐缩小，但却始终存在。

表 4 – 5　　　　1978 ~ 2012 年中国城乡二元经济结构演进的相关指标数据

年份	农村GDP比重（%）*	城镇GDP比重（%）	农村人口就业比重（%）	城镇人口就业比重（%）	农村比较劳动生产率	城镇比较劳动生产率	二元对比系数	二元反差指数	二元结构强度
1978	33. 65	66. 35	76. 31	23. 69	0. 4410	2. 8000	0. 1575	0. 4265	9. 0331
1979	37. 06	62. 94	75. 63	24. 37	0. 4901	2. 5822	0. 1898	0. 3856	7. 2578
1980	36. 18	63. 82	75. 15	24. 85	0. 4814	2. 5685	0. 1874	0. 3897	7. 3321
1981	39. 42	60. 58	74. 72	25. 28	0. 5276	2. 3965	0. 2201	0. 3530	6. 0874
1982	42. 11	57. 89	74. 77	25. 23	0. 5632	2. 2944	0. 2455	0. 3266	5. 1310
1983	42. 57	57. 43	74. 70	25. 30	0. 5698	2. 2704	0. 2510	0. 3214	4. 8899
1984	41. 21	58. 79	74. 63	25. 37	0. 5522	2. 3171	0. 2383	0. 3342	4. 7723
1985	36. 76	63. 24	74. 32	25. 68	0. 4946	2. 4627	0. 2008	0. 3756	5. 5374
1986	37. 60	62. 40	74. 08	25. 92	0. 5076	2. 4072	0. 2109	0. 3648	5. 1064
1987	38. 41	61. 59	73. 89	26. 11	0. 5199	2. 3585	0. 2204	0. 3547	4. 7290
1988	37. 14	62. 86	73. 74	26. 26	0. 5036	2. 3940	0. 2104	0. 3660	4. 8644
1989	37. 14	62. 86	73. 99	26. 01	0. 5020	2. 4169	0. 2077	0. 3685	4. 7646
1990	40. 29	59. 71	73. 68	26. 32	0. 5468	2. 2687	0. 2410	0. 3339	4. 1295
1991	37. 93	62. 07	73. 33	26. 67	0. 5172	2. 3277	0. 2222	0. 3541	4. 4387
1992	38. 20	61. 80	73. 00	27. 00	0. 5233	2. 2888	0. 2286	0. 3480	4. 2733
1993	42. 14	57. 86	72. 66	27. 34	0. 5799	2. 1168	0. 2739	0. 3053	3. 5328
1994	50. 14	49. 86	72. 35	27. 65	0. 6931	1. 8030	0. 3844	0. 2220	2. 4933
1995	49. 01	50. 99	72. 03	27. 97	0. 6804	1. 8228	0. 3733	0. 2302	2. 5422
1996	41. 63	58. 37	71. 11	28. 89	0. 5855	2. 0201	0. 2898	0. 2948	3. 1979
1997	46. 38	53. 62	70. 24	29. 76	0. 6604	1. 8015	0. 3666	0. 2386	2. 4668
1998	47. 04	52. 96	69. 40	30. 60	0. 6778	1. 7307	0. 3916	0. 2236	2. 2503
1999	46. 75	53. 25	68. 61	31. 39	0. 6814	1. 6962	0. 4017	0. 2186	2. 1358
2000	44. 65	55. 35	67. 88	32. 12	0. 6578	1. 7234	0. 3817	0. 2323	2. 1828
2001	43. 93	56. 07	66. 86	33. 14	0. 6570	1. 6922	0. 3882	0. 2294	2. 1132
2002	44. 23	55. 77	65. 67	34. 33	0. 6735	1. 6244	0. 4146	0. 2144	1. 9648
2003	43. 58	56. 42	64. 43	35. 57	0. 6765	1. 5859	0. 4266	0. 2084	1. 8993
2004	45. 00	55. 00	63. 25	36. 75	0. 7115	1. 4965	0. 4754	0. 1825	1. 7045
2005	43. 46	56. 54	61. 97	38. 03	0. 7013	1. 4867	0. 4718	0. 1851	1. 7252
2006	34. 93	65. 07	60. 48	39. 52	0. 5775	1. 6466	0. 3507	0. 2555	2. 3382
2007	34. 19	65. 81	58. 91	41. 09	0. 5805	1. 6014	0. 3625	0. 2471	2. 2695
2008	32. 77	67. 23	57. 52	42. 48	0. 5698	1. 5824	0. 3601	0. 2474	2. 0515

　　* 这里在计算农村 GDP 比重（农村 GDP 与全国总 GDP 的比值）时，由于缺少农村 GDP 的数据，故采用第一产业 GDP 与乡镇企业增加值之和代替。

续表

年份	农村 GDP 比重 （%）*	城镇 GDP 比重 （%）	农村人 口就业 比重 （%）	城镇人 口就业 比重 （%）	农村比 较劳动 生产率	城镇比 较劳动 生产率	二元 对比 系数	二元 反差 指数	二元 结构 强度
2009	33.88	66.12	56.06	43.94	0.6045	1.5045	0.4018	0.2217	1.9512
2010	33.56	66.44	54.42	45.58	0.6167	1.4576	0.4231	0.2086	1.9793
2011	32.86	67.14	53.00	47.00	0.6199	1.4287	0.4339	0.2015	2.0434
2012	33.56	66.44	51.63	48.37	0.6501	1.3735	0.4733	0.1806	1.9793

资料来源：根据《中国统计年鉴》、《中国农业统计资料》、《中国经济信息网数据库》（1979 ~ 2013 年）相关数据计算整理。

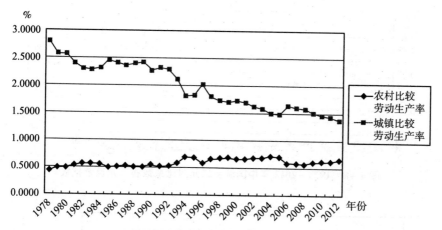

图 4 - 7　1978 ~ 2012 年中国农村和城镇的比较劳动生产率

　　图 4 - 8 和图 4 - 9 描绘了改革开放以来，由城乡比较劳动生产率计算得到的二元对比系数、二元反差指数及二元结构强度的变化轨迹，结合表 4 - 5 中的数据不难看出，上述指标反映了中国二元经济结构的强度呈现出波动起伏的演变走势。

　　在改革开放初期，二元对比系数非常低，1978 年取值仅 0.1575，说明当时中国城乡二元经济结构十分突出，随后二元对比系数开始上升，特别是1992 ~ 1994 年间，二元对比系数从 0.2286 上升到 0.3844，改革开放以来首次达到发展中国家的正常值，说明此时城乡经济二元结构开始逐渐缓解。此后，二元对比系数在 1996 年跌至 0.2989，2004 年又上升到 0.4754，虽然波动较大，但整体上还是处于上升趋势，这一方面说明中国城乡二元经济结构状态不稳定，另一方面也说明城乡二元结构开始逐渐好转，但与发达国家 0.52 ~ 0.86 的标准还存在一定差距。

从图 4－9 所反映的二元结构强度可以看到，1978 年中国城乡二元结构强度指标为 9.0331，1984 年该指标降到了 4.7723，此后虽出现较大波动，但整体下降趋势明显，2004 年，中国城乡二元结构强度指标下降到改革开放 33 年来的最低点 1.7045，虽然近几年二元结构强度有所回升，但幅度不大，且相对改革开放初期已有较大缓解。可以看出二元结构强度也显示出与二元对比系数一样的结论，即中国城乡二元经济结构在逐渐弱化。

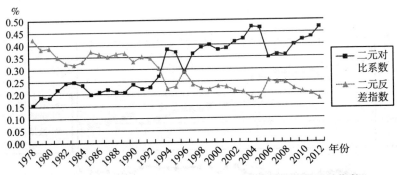

图 4－8　1978～2012 年中国城乡二元对比系数和二元反差指数

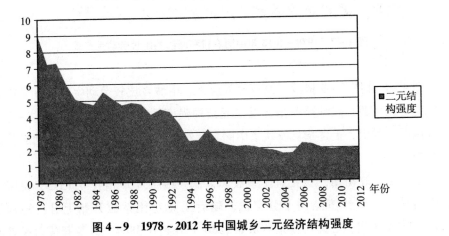

图 4－9　1978～2012 年中国城乡二元经济结构强度

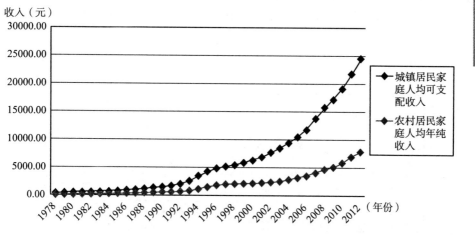

图 4 - 10　1978～2012 年中国城乡居民人均收入变化趋势

　　城乡居民收入差异是衡量城乡二元经济结构的一个重要指标,图 4 - 10 描述了中国改革开放以来城乡居民人均收入的变化趋势,图 4 - 11 显示了改革开放以来中国城乡居民收入差异系数和恩格尔系数差异。

　　由表 4 - 6 和图 4 - 10 可知,改革开放以来中国城乡居民收入都有了大幅的增长,城镇居民 2012 年的人均收入是 1978 年的 71.53 倍,农村居民 2012 年的人均收入是 1978 年的 59.26 倍。结合图 4 - 11 中显示的城乡居民收入差异系数变化趋势可以发现,中国城乡居民人均收入差距基本上呈扩大趋势。虽然在改革开放初期有下降的趋势,但进入 20 世纪 90 年代后,城乡居民人均收入差距则呈现波动上升的趋势,且差距越来越大。从 2002 年开始,城镇居民的人均收入已经达到农村居民的三倍以上。因此,从收入差距角度来看,中国城乡二元经济结构仍旧十分显著,并且还有强化的趋势。

　　图 4 - 11 中城乡居民恩格尔系数差异反映了城乡居民消费结构的差异。表 4 - 6 中数据显示,从城乡居民恩格尔系数差异来看,1978 年城乡居民恩格尔系数差异为 10.2%,但随后急剧缩小,1983 年达到最低值 0.2%,此后城乡恩格尔系数差距一度扩大到 4.49%,但在 1989 年又急剧缩小到 0.3%,这说明此时城乡二元经济结构强度较低,但不太稳定。1989 年以后,城乡恩格尔系数差距持续波动扩大,到 1999 年上升到 10.53%,超过 1978 年达到最大值,此后城乡恩格尔系数差距又开始波动下降,近年来维持在四个百分点左右。从城乡恩格尔系数差距角度来看,中国城乡二元经济结构虽然较改革开放初期有

了一定程度的改善，但城乡经济二元结构仍然十分明显，且波动较大，还未出现缓解的迹象。

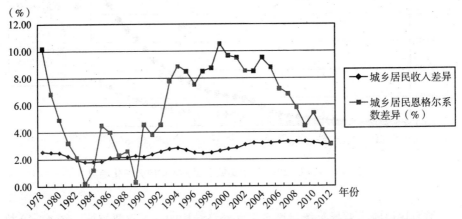

图 4-11　1978~2012 年中国城乡居民收入差异系数及恩格尔系数差异

表 4-6　　1978~2012 年中国城乡居民收入差异系数及恩格尔系数差异

年份	城镇居民家庭人均可支配收入	农村居民家庭人均年纯收入	城乡居民收入差异系数	城镇家庭恩格尔系数（%）	农村居民恩格尔系数（%）	城乡居民恩格尔系数差异（%）
1978	343.40	133.60	2.5704	57.50	67.70	10.20
1979	405.00	160.20	2.5281	57.20	64.00	6.80
1980	477.60	191.30	2.4966	56.90	61.80	4.90
1981	500.40	223.40	2.2399	56.70	59.90	3.20
1982	535.30	270.10	1.9819	58.60	60.70	2.10
1983	564.60	309.80	1.8225	59.20	59.40	0.20
1984	652.10	355.30	1.8354	58.00	59.20	1.20
1985	739.10	397.60	1.8589	53.31	57.80	4.49
1986	900.90	423.80	2.1258	52.40	56.40	4.00
1987	1002.10	462.60	2.1662	53.50	55.80	2.30
1988	1180.20	544.90	2.1659	51.40	54.00	2.60
1989	1373.90	601.50	2.2841	54.50	54.80	0.30
1990	1510.20	686.31	2.2005	54.24	58.80	4.56
1991	1700.60	708.60	2.3999	53.80	57.60	3.80
1992	2026.60	784.00	2.5849	53.04	57.60	4.56

年份	城镇居民家庭人均可支配收入	农村居民家庭人均年纯收入	城乡居民收入差异系数	城镇家庭恩格尔系数（%）	农村居民恩格尔系数（%）	城乡居民恩格尔系数差异（%）
1993	2577.40	921.60	2.7967	50.32	58.10	7.78
1994	3496.20	1221.00	2.8634	50.04	58.90	8.86
1995	4283.00	1577.70	2.7147	50.09	58.60	8.51
1996	4838.90	1926.10	2.5123	48.76	56.30	7.54
1997	5160.30	2090.10	2.4689	46.60	55.10	8.50
1998	5425.10	2162.00	2.5093	44.66	53.40	8.74
1999	5854.02	2210.30	2.6485	42.07	52.60	10.53
2000	6280.00	2253.40	2.7869	39.44	49.10	9.66
2001	6859.60	2366.40	2.8987	38.20	47.70	9.50
2002	7702.80	2475.60	3.1115	37.68	46.20	8.52
2003	8472.20	2622.20	3.2310	37.10	45.60	8.50
2004	9421.60	2936.40	3.2086	37.70	47.20	9.50
2005	10493.00	3254.90	3.2238	36.70	45.50	8.80
2006	11759.50	3587.00	3.2784	35.80	43.00	7.20
2007	13785.80	4140.40	3.3296	36.29	43.10	6.81
2008	15780.76	4760.62	3.3149	37.89	43.67	5.78
2009	17174.65	5153.17	3.3328	36.52	40.97	4.45
2010	19109.44	5919.01	3.2285	35.70	41.09	5.39
2011	21809.80	6977.30	3.1258	36.30	40.40	4.10
2012	24564.70	7,916.60	3.1029	36.20	39.30	3.10

资料来源：根据《中国统计年鉴》、《中国经济信息网数据库》（1979～2013 年历年）相关数据计算整理。

（3）中国城乡二元结构的特征分析。

综合以上分析可以看出，从城乡比较劳动生产率、二元对比系数、二元反差指数及二元结构强度的角度来看，中国城乡差距在逐渐缩小，城乡二元经济结构在逐渐弱化。但从中国城乡居民收入差异系数及恩格尔系数差异的角度却得出了相反的结论，它们显示出中国城乡二元经济结构还十分显著，且有不断强化的趋势。由于城乡比较劳动生产率、二元对比系数、二元反差指数及二元结构强度反映了农村经济增长，而城乡居民收入差异系数及恩格尔系数差异则反映了农村经济发展状况，因此这个结论可以理解为，虽然农村经济得到了快速发展，但是其快速发展并未给农村居民带来生活质量和收入水平的提高，同时，城镇居民生活质量和收入水平的增长速度却高于农村居民，这也说明，总体上看，中国城乡二元经济结构的现象并未得到缓解。

4.2

FDI 流动对中国经济空间重构的影响

中国是一个发展中大国，自 20 世纪中期以来，一直是典型的二元经济结构形态。这种二元经济结构广泛地表现在区域结构、产业结构和城乡结构等方面。二元经济结构及其产生的连带效应不仅扩大了区域、产业、城乡之间的差距，而且影响了劳动力的转移，增加了制度变迁成本，制约了中国经济的科学发展。造成中国二元经济结构的因素有很多，主要可以分为内部因素和外部因素。

从区域二元结构来看，中国东部地区地处沿海，交通运输便利，具有较好的区位和资源禀赋优势，此外由于东部地区已经完成了经济体制转型，进入全面扩张时期，且市场化程度较高，经济发展处于领先地位；而中西部地区由于发展较晚，经济体制还处于转型的过程中，经济发展水平、区位优势、市场化程度等方面都与东部地区存在较大差距。随着市场经济的进一步发展，东部地区凭借其区位优势和经济发展水平吸引了大量外资，致使区域经济的二元性进一步演化，中国区域经济差距日益加大。

从产业二元结构来看，在新中国成立初期，中国整体上还是一个以传统农业为主的农业国。新中国成立之后，我们采取了优先发展重工业的战略，在此战略思想的主导下，中国工业化所需的资本积累必须从农业部门获取，这就导致中国产业发展差距迅速拉大，产业经济结构的二元现象日益突出。长期以来，过度的资源倾斜配置导致农业现代化水平低下，大量外资流向工业、服务业也加剧了产业二元经济结构强度的固化。

从城乡二元结构来看，中国改革开放前在制度上规定"农村发展农业，城市发展工业"，使得中国农村和城市各自发展，为今天城乡二元经济结构埋下了祸根。改革开放以来，政府对中国城乡基础设施及建设上投入的差异主要导致了中国城乡发展水平的差距，其中大量外资积聚于发达的城镇开发区对中国城乡二元经济结构的形成与转化起着重要的作用。

综上所述，无论是对于区域二元结构、产业二元结构还是城乡二元结构来说，其内部因素都包括市场化水平、经济发展程度、技术进步、资源禀赋差异以及历史和政策因素等等，外部因素主要是 FDI、对外进出口以及像制度、技术等其他区域外对本地区具有影响的因素。内部因素往往是既定的或需要通过长期调整才会发生变化的因素，相比较而言，外部因素是能够调控的，并且能在相对短的时间内见到成效的因素，而外部因素中影响中国经济二元结构最重要的因素就是 FDI。FDI 随着世界经济周期波动不断地在我国产业和空间上扩张伸缩、流入流出，从而导致我国经济空间重构和二元结构演化。

本节将利用计量分析方法实证研究 FDI 流动与我国经济空间重构的相互关系，全面分析 FDI 流动对我国经济结构失衡和二元经济结构演化的影响。

4.2.1　FDI 流动对中国区域经济空间重构的影响

4.2.1.1　FDI 流动对区域经济结构的影响

（1）变量选择及数据来源。

本节在研究 FDI 对区域经济结构影响这部分，选取地区 GDP 比重作为衡量区域经济结构的指标，以地区吸收的 FDI 为解释变量，区域 GDP 比重为被解释变量构建模型。为避免币值波动对研究结果的影响，其中 FDI 值已经以当年平均汇率换算为人民币计价，单位均为亿元。变量 GDPX 和 FDIX 分别表示 X 部地区 GDP 比重及 FDI 的总量，X 分为东（E）、中（M）、西（W）三个地区。为了消除异方差，对二者数据进行了对数化处理。根据数据的可得性，该部分的样本期为 1985~2012 年，数据来自中国经济网统计数据库、历年《中国统计年鉴》及各省、市、自治区的统计年鉴。

（2）单位根检验。

在 Eviews6.0 中，ADF 检验有三种形式，即含截距项、含截距项和时间趋势项、不含截距项也不含时间趋势项。在做 ADF 检验时，先选择有截距和时间趋势项，若截距与时间趋势项不显著，再选择有截距项，若截距项也不显著，最后选择无截距无趋势项，如果在无截距项与无趋势项的情况下仍无法形成稳定的时间序列，再进行一阶差分重复以上检验过程直到得到平稳序列为止。本节对最佳滞后期的选择采用 AIC 信息准则，最大滞后期根据软件默认为 5。

我们在这里使用 ADF 单位根检验对 LnGDPE、LnGDPM、LnGDPW、Ln-FDIE、LnFDIM、LnFDIW 进行平稳性检验。具体结果见表 4 - 7。

表 4 - 7　　　　FDI 流动对区域经济结构影响的实证数据平稳性检验结果

变量	ADF 统计量	5% 临界值	检验形式 (c, t, p)	DW 值	结论
LnGDPE	- 2.2356	- 3.7912	(c, t, 1)	2.3905	不平稳
ΔLnGDPE	- 2.2994	- 3.8290	(c, t, 1)	2.0302	不平稳
Δ^2LnGDPE	- 3.7127	- 3.1199	(c, n, 0)	1.9962	平稳
LnGDPM	- 1.2440	- 3.7912	(c, t, 1)	2.1168	不平稳
ΔLnGDPM	- 3.5240	- 3.7912	(c, t, 0)	2.1168	不平稳
Δ^2LnGDPM	- 2.0206	- 1.9882	(n, n, 4)	1.3000	平稳
LnGDPW	- 0.2350	- 3.8290	(c, t, 2)	1.9767	不平稳
ΔLnGDPW	- 2.6439	- 3.7911	(c, t, 0)	1.1907	不平稳
Δ^2LnGDPW	- 3.5920	- 1.9710	(n, n, 0)	1.1582	平稳
LnFDIE	- 0.1982	- 1.9740	(n, n, 3)	2.0037	不平稳
ΔLnFDIE	- 2.4848	- 3.6736	(c, t, 5)	2.5156	不平稳
Δ^2LnFDIE	- 3.7743	- 3.6584	(c, t, 3)	1.6244	平稳
LnFDIM	- 1.6555	- 3.6122	(c, t, 1)	1.6139	不平稳
ΔLnFDIM	- 0.1055	- 4.1078	(c, t, 5)	2.3094	不平稳
Δ^2LnFDIM	- 8.0969	- 3.8290	(c, t, 0)	1.8068	平稳
LnFDIW	- 1.7877	- 3.7597	(c, t, 3)	1.5086	不平稳
ΔLnFDIW	- 3.7052	- 3.8753	(c, t, 3)	1.7563	不平稳
Δ^2LnFDIW	- 4.7996	- 1.9710	(c, n, 0)	1.9703	平稳

注：表中 t、c、p 分别表示 ADF 检验中是否包含截距项、时间趋势项及检验采用的滞后期数，n 表示不包含截距项或时间趋势项。Δ 表示一阶差分，Δ^2 表示二阶差分。

表 4 - 7 的检验结果显示，LnGDPE、LnGDPM、LnGDPW、LnFDIE、Ln-FDIM、LnFDIW 及其一阶差分变量的 ADF 统计值均大于 5% 水平下的麦金农（MacKinnon）临界值，而其二阶差分变量的 ADF 统计值均小于 5% 水平下的麦金农临界值，因此原变量及其一阶差分变量没有拒绝"存在单位根"的原假设，二阶差分变量拒绝了"存在单位根"的原假设，即 LnGDPE、LnGDPM、LnGDPW、LnFDIE、LnFDIM、LnFDIW 均符合 I（2）。由于六个变量都具有同阶单整性，因此可以对其进行协整分析。

（3）恩格尔 - 格兰杰（Engel - Granger）协整检验。

首先借助 Eviews6.0 进行回归，建立 LnGDPE 与 LnFDIE、LnGDPM 与 Ln-

FDIM、LnGDPW 与 LnFDIW 的回归模型：

$$LnGDPE = 4.7425 + 0.4343LnFDIE \qquad (4-7)$$
$$(24.9889^{***}) \qquad (5.9897^{***})$$
$$R^2 = 0.9371 \quad DW = 0.6573$$

$$LnGDPM = 8.4772 + 0.7052LnFDIM \qquad (4-8)$$
$$(35.7636^{***}) \qquad (12.7779^{***})$$
$$R^2 = 0.9210 \quad DW = 0.3364$$

$$LnGDPW = 7.1721 + 0.6992LnFDIW \qquad (4-9)$$
$$(11.7886^{***}) \qquad (6.3976^{***})$$
$$R^2 = 0.9250 \quad DW = 0.6609$$

由上述方程中的 DW 值可以看出，残差项有较强的一阶自相关性，因此考虑加入适当的滞后项，得到新的回归方程如下：

$$LnGDPE = 0.3168 + 0.2889LnFDIE - 0.1564LnFDIE(-1) + 0.9071LnGDPE(-1)$$
$$(4-10)$$
$$t: (2.1636^{**}) \ (6.6552^{***}) \qquad (-4.4869^{***}) \qquad (16.4520^{***})$$
$$R^2 = 0.9960 \qquad DW = 1.3137$$

$$LnGDPM = 0.6954 + 0.1665LnFDIM - 0.1376LnFDIM(-1) + 0.9654LnGDPM(-1)$$
$$(4-11)$$
$$t: (2.6393^{***}) \qquad (3.1528^{***}) \quad (-2.9061^{***}) \qquad (39.6994^{***})$$
$$R^2 = 0.9965 \qquad DW = 2.2926$$

$$LnGDPW = 0.6637 + 0.0815LnFDIW - 0.0567LnFDIW(-1) + 0.9267LnGDPW(-1)$$
$$(4-12)$$
$$t: (2.5790^{***}) \ (2.6049^{***}) \qquad (-1.1142) \qquad (22.1756^{***})$$
$$R^2 = 0.9987 \qquad DW = 1.9679$$

方程（4-7）、（4-8）、（4-9）的残差分别为 e_e、e_m、e_w，用 ADF 法对回归残差 e_e、e_m、e_w 进行平稳性检验，检验结果见表 4-8。

表 4-8 中对残差的检验结果表明，e_e、e_m、e_w 的 ADF 统计量均小于 5% 水平下的麦金农临界值，因此 LnGDPE 与 LnFDIE、LnGDPM 与 LnFDIM、LnG-DPW 与 LnFDIW 是协整的，他们之间具有长期稳定的均衡关系。

*** 表示在 1% 的水平下显著，** 表示在 5% 的水平下显著；* 表示在 10% 的水平下显著。

表4-8 　　　　　　　　　　　　残差序列的平稳性检验结果

变量	ADF统计量	5%临界值	检验形式（c, t, p）	DW值	结论
e_e	−2.7366	−1.9684	(n, n, 0)	1.5167	平稳
e_m	−2.7747	−1.9709	(n, n, 0)	1.9058	平稳
e_w	−4.2793	−1.9684	(n, n, 0)	1.9905	平稳

（4）格兰杰（Granger）因果检验。

LnGDPE 与 LnFDIE、LnGDPM 与 LnFDIM、LnGDPW 与 LnFDIW 存在协整关系的基础上，为了进一步分析 FDI 对中国区域经济结构的影响，本节分别对东、中、西部的 FDI 与 GDP 进行格兰杰（Granger）因果检验，检验结果见表4-9。

表4-9 的结果显示，东部和中部地区外商直接投资的增加是其区域经济增长的格兰杰（Granger）原因，但其经济增长并不是 FDI 增加的格兰杰（Granger）原因，这说明东部和中部地区的外商投资能带动当地的经济增长，但经济增长并没有起到促进当地招商引资的作用，这两者之间并没有形成互动的反馈机制，东部和中部地区的外商直接投资对当地经济增长存在直接的滞后影响。相反，西部地区的经济增长是其 FDI 变动的格兰杰（Granger）原因，但西部地区的 FDI 并不是其经济增长的格兰杰（Granger）原因，这表示对于西部地区来说，促进其经济增长可以带来更多的外资，说明西部地区要想吸引更多的 FDI，就必须改善投资环境，加大政策支持力度，提高区域经济实力。

表4-9 　　　　　东、中、西部 FDI 与 GDP 的格兰杰（Granger）
因果检验结果（滞后阶数为2）

原假设 （不是变动的原因）	F统计量	P值	结论
LnFDIE→LnGDPE	5.0342	0.0821	拒绝
LnFDIE←LnGDPE	2.7820	0.1146	接受
LnFDIM→LnGDPM	8.8982	0.0074	拒绝
LnFDIM←LnGDPM	0.1454	0.8667	接受
LnFDIW→LnGDPW	0.8762	0.4491	接受
LnFDIW←LnGDPW	8.1719	0.0320	拒绝

（5）分布滞后模型。

由于区域 FDI 对其经济结构的影响具有滞后性，为了验证滞后效应，利用阿尔蒙（Almon）多项式法分别构建东、中、西部 FDI 对 GDP 比重影响的分布滞后模型，模型方程如下：

$$LnGDPX = \alpha + \lambda LnGDPX(-1) + \beta_0 LnFDIX + \beta_1 LnFDIX(-1)$$
$$+ \beta_2 LnFDIX(-2) + \cdots + \beta_s LnFDIX(-s) + u_X \qquad (4-13)$$

其中，X 表示东（E）、中（M）、西（W），u 为随机误差项。结合拟合优度最大，AIC 和 SC 准则最小的标准，参考各参数的显著性，经过反复模拟，确定模型的约束条件如表 4 - 10。

表 4 - 10　　　　东、中、西部区域经济结构分布滞后模型估计的约束条件

	滞后期 s	多项式次数 m	附加约束
东部区域经济结构 DLM	3	2	远端约束
中部区域经济结构 DLM	4	2	远端约束
西部区域经济结构 DLM	5	2	远端约束

在表 4 - 10 的约束条件下，利用 1985 ~ 2012 年各区域的相关时间序列数据，借助 Eviews6.0 软件对方程（4 - 13）分别进行普通最小二乘估计，可以得到阿尔蒙（Almon）变换后的回归方程和初始的待估计方程。东、中、西部 FDI 对其区域经济结构滞后影响的回归方程如下：

$$LnGDPE = -0.0594 + 0.9723LnGDPE(-1) + 0.2431LnFDIE - 0.0205LnFDIE(-1)$$
$$t: (-1.0674) \qquad (27.3879^{***}) \qquad (6.6246^{***}) \qquad (-0.0307)$$
$$-0.0649LnFDIE(-2) - 0.0354LnFDIE(-3) + \hat{u}_E$$
$$t: (-3.5941^{***}) \qquad (-7.7001^{***}) \qquad\qquad (4-14)$$
$$R^2 = 0.9994 \qquad \overline{R}^2 = 0.9992 \qquad F = 5709.28 \qquad DW = 1.6595$$

$$LnGDPM = -0.2391 + 1.0430LnGDPM(-1) + 0.1119LnFDIM + 0.0570LnFDIM(-1)$$
$$t: (-0.4888) \qquad (15.7188^{***}) \qquad (3.3833^{***}) \qquad (1.6870^*)$$
$$-0.0108LnFDIM(-2) - 0.0723LnFDIM(-3)$$
$$t: (-4.4537^{***}) \qquad (-4.4164^{***})$$
$$-0.0213LnFDIM(-4) + \hat{u}_M$$
$$(-8.1101^{***}) \qquad\qquad (4-15)$$
$$R^2 = 0.9989 \qquad \overline{R}^2 = 0.9984 \qquad F = 2226.56 \qquad DW = 2.3749$$

$$LnGDPW = -0.7096 + 1.1268LnGDPW(-1) + 0.0316LnFDIW - 0.0287LnFDIW(-1)$$

t：（ -2.9208^{***} ）　　（ 22.5099^{***} ）　　　（ 2.5718^{***} ）　　　（ -0.8583 ）

$$-0.0068LnFDIW(-2) - 0.0607LnFDIW(-3) - 0.0237LnFDIW(-4)$$

t：（ -2.9560^{***} ）　　　（ -7.6275^{***} ）　　　（ -8.2386^{***} ）

$$-0.0454LnFDIW(-5) + \hat{u}_W$$

t：（ -8.1667^{***} ）

(4-16)

$R^2 = 0.9991$ 　　$\overline{R}^2 = 0.9986$ 　　$F = 2099.49$ 　　$DW = 2.3419$

上述三个方程的各项参考指标都比较理想，说明回归方程拟合程度较好，总体的线性关系显著成立。方程（4-14）中解释变量 LnGDPE（-1）、LnFDIE、LnFDIE（-2）、LnFDIE（-3）的 t 值显著，且 LnGDPE（-1）、LnFDIE 的系数为正，LnFDIE（-2）、LnFDIE（-3）的系数为负，说明对于东部地区来说，前一年的 GDP 和当期的 FDI 对区域经济结构具有正效应，前两三年的 FDI 对区域经济结构有负的影响。方程（4-15）中所有解释变量均显著，但 LnGDPM（-1）、LnFDIM、LnFDIM（-1）的系数为正，LnFDIM（-2）、LnFDIM（-3）、LnFDIM（-4）的系数为负，说明对于中部地区来说，一方面前一年的 GDP、FDI 和当期的 FDI 对区域经济结构有正面影响，另一方面 FDI 在一个较长时期内也对后期的区域经济结构产生负面影响。方程（4-16）中除 LnFDIW（-1）以外其他解释变量均显著，LnGDPW、LnFDIW 的系数为正，LnFDIW（-2）、LnFDIW（-3）、LnFDIW（-4）、LnFDIW（-5）的系数为负，说明对于西部地区来说，前一年的 GDP 和当期的 FDI 对区域经济结构有正的影响，FDI 在一个较长时期内对后期的区域经济结构产生负面影响。

4.2.1.2　FDI 流动对区域就业结构的影响

（1）数据及变量选择。

本节在研究 FDI 对区域就业结构影响这部分，选取区域总 FDI 作为解释变量，区域就业人数比重作为被解释变量构建模型。其中区域就业人数比重用 EMPX 表示，单位为万人，X 为东（E）、中（M）、西（W）。为了与前文保持一致，FDI 值以当年汇率换算为人民币计价，单位为亿元。为了消除异方差，对二者数据进行了对数化处理。该部分引入数据的样本期为 1990~2012 年，所有数据来自中国经济网统计数据库、历年《中国统计年鉴》及各省、市、自治区的统计年鉴。

（2）ADF 单位根检验。

在这一部分，我们对 LnEMPE、LnEMPM、LnEMPW、LnFDIE、LnFDIM、LnFDIW 进行 ADF 单位根检验，检验的样本区间为 1990～2012 年，最大滞后期为 4，具体检验结果见表 4 – 11。

表 4 – 11　　　FDI 流动对区域就业结构影响的实证数据平稳性检验结果

变量	ADF 统计量	1% 临界值	5% 临界值	10% 临界值	检验形式 (c, t, p)	结论
ΔLnEMPE	– 6.9649 ***	– 4.5326	– 3.6736	– 3.2774	(c, t, 0)	平稳
ΔLnEMPM	– 7.1444 ***	– 3.8315	– 3.0300	– 2.6552	(c, n, 0)	平稳
ΔLnEMPW	– 4.1016 **	– 4.6679	– 3.7332	– 3.3103	(c, t, 4)	平稳
ΔLnFDIE	– 3.1422 ***	– 2.6998	– 1.9614	– 1.6066	(n, n, 1)	平稳
ΔLnFDIM	– 3.2273 **	– 3.9591	– 3.0810	– 2.6813	(c, n, 4)	平稳
ΔLnFDIW	– 3.4816 **	– 3.8315	– 3.0299	– 2.6551	(c, n, 0)	平稳

注：表中 t、c、p、n 表示的含义与前文相同。

表 4 – 11 的检验结果显示，ΔLnEMPE、ΔLnEMPM、ΔLnEMPW、ΔLnFDIE、ΔLnFDIM、ΔLnFDIW 的 ADF 统计量均显著，说明一阶差分变量拒绝了"存在单位根"的原假设，也就是 LnEMPE、LnEMPM、LnEMPW、LnFDIE、LnFDIM、LnFDIW 都是一阶单整的，即为 I（1）。由于这六个变量都具有同阶单整性，因此可以对其进行协整分析。

（3）恩格尔 – 格兰杰（Engel – Granger）协整检验。

首先建立 LnEMPE 与 LnFDIE、LnEMPM 与 LnFDIM、LnEMPW 与 LnFDIW 的回归模型，使用 Eviews6.0 软件得到回归方程如下：

$$LnEMPE = 10.0103 + 0.0235LnFDIE \qquad (4-17)$$
$$t:(19.7923^{***})\ (5.0577^{***})$$
$$R^2 = 0.7757 \quad DW = 0.7784$$

$$LnEMPM = 9.7480 + 0.0835LnFDIM \qquad (4-18)$$
$$t:(29.5123^{***})\ (10.459^{***})$$
$$R^2 = 0.9575 \quad DW = 0.8049$$

$$LnEMPW = 9.7760 + 0.0669LnFDIW \qquad (4-19)$$
$$t:(31.9105^{***})\ (7.7092^{***})$$
$$R^2 = 0.8130 \quad DW = 1.2191$$

可见上述方程的拟合程度一般，且残差项有较强的一阶自相关性，因此考虑加入适当的滞后项，得到新的协整方程：

$$LnEMPE = -1.1261 + 0.0044LnFDIE - 0.0596LnFDIE(-1) + 1.1747LnEMPE(-1)$$

$$(4-20)$$

$$t: (-4.1054^{***}) \quad (0.3189) \quad (-0.7743) \quad (4.6165^{***})$$

$$R^2 = 0.9650 \quad DW = 1.9969$$

$$LnEMPM = -0.0733 + 0.0207LnFDIM - 0.0176LnFDIM(-1) + 1.2281LnEMPM(-1)$$

$$(4-21)$$

$$t: (-0.4682) \quad (1.1302) \quad (-1.5807) \quad (4.29082^{***})$$

$$R^2 = 0.9632 \quad DW = 2.0224$$

$$LnEMPW = 4.8897 + 0.0544LnFDIW - 0.0374LnFDIW(-1) + 0.1095LnEMPW(-1)$$

$$(4-22)$$

$$t: (1.8903^{**}) \quad (1.4640^{*}) \quad (-0.4350) \quad (4.3219^{***})$$

$$R^2 = 0.9251 \quad DW = 2.0077$$

方程（4-20）、（4-21）、（4-22）的残差分别为 ε_e、ε_m、ε_w，用 ADF 法对回归残差 ε_e、ε_m、ε_w 进行平稳性检验，检验结果见表 4-12。

表 4-12　　　　　　　　　　残差序列的平稳性检验结果

变量	ADF 统计量	1% 临界值	5% 临界值	10% 临界值	检验形式 (c, t, p)	结论
ε_e	-4.3970***	-3.8868	-3.0522	-2.6666	(c, t, 0)	平稳
ε_m	-5.7949***	-4.7284	-3.7597	-3.3249	(c, t, 0)	平稳
ε_w	-3.6072***	-3.2714	-2.0823	-1.5998	(c, t, 4)	平稳

协整结果显示，LnEMPE 与 LnFDIE、LnEMPM 与 LnFDIM、LnEMPW 与 LnFDIW 存在协整关系，说明区域外商直接投资与区域就业结构之间存在长期稳定的均衡关系。

（4）格兰杰（Granger）因果检验。

在确定各区域的外商直接投资与就业结构之间存在长期稳定均衡关系的基础上，下面进一步验证各区域的 FDI 与就业结构之间是否存在因果关系，分别对东、中、西部的 FDI 与就业人数比重进行格兰杰（Granger）因果检验，结果见表 4-13。

表4－13　　　东、中、西部 FDI 与 EMP 的格兰杰（Granger）因果检验

结果（滞后阶数为 2）

原假设（不是变动的原因）	F 统计量	P 值	结论
LnFDIE→LnEMPE	0.4625	0.9839	接受
LnFDIE←LnEMPE	4.8190 **	0.0274	拒绝
LnFDIM→LnEMPM	3.0829 *	0.0917	拒绝
LnFDIM←LnEMPM	6.9389 ***	0.0043	拒绝
LnFDIW→LnEMPW	3.9050 *	0.0766	拒绝
LnFDIW←LnEMPW	19.2706 ***	0.0001	拒绝

表4－13 中的格兰杰（Granger）因果检验结果显示，东部地区 FDI 与就业结构之间存在单向的格兰杰（Granger）关系，就业结构是 FDI 变动的格兰杰（Granger）原因，这说明东部地区就业比重增加能促进当地吸收外资，也就是说大量劳务流向东部沿海地区也是促使其吸收大量 FDI 的一个重要原因；中部和西部地区的 FDI 与就业结构之间存在双向的格兰杰（Granger）因果关系，形成了互动的反馈机制，说明中西部地区的外商直接投资对促进当地就业发挥了巨大作用，而且当地就业量的增加也吸引了更多的外商来投资。

（5）分布滞后模型。

为了进一步考查区域 FDI 对当地就业结构的影响程度和趋势，借助阿尔蒙（Almon）多项式法对中国东、中、西部的 FDI 与就业人数比重分别构建分布滞后模型，模型方程为：

$$LnEMPX = \alpha + \lambda LnEMPX(-1) + \beta_0 LnFDIX + \beta_1 LnFDIX(-1)$$
$$+ \beta_2 LnFDIX(-2) + \cdots + \beta_s LnFDIX(-s) + u_X \quad (4-23)$$

其中，X 表示东（E）、中（M）、西（W），u 为随机误差项。结合拟合优度最大，AIC 和 SC 准则最小的标准，参考各参数的显著性，经过反复模拟，确定模型的约束条件如表4－14。

表4－14　　东、中、西部区域就业结构分布滞后模型估计的约束条件

	滞后期 s	多项式次数 m	附加约束
东部区域就业结构 DLM	6	2	远端约束
中部区域就业结构 DLM	3	2	远端约束
西部区域就业结构 DLM	3	2	远端约束

　　在此约束条件下，利用 1990～2012 年东、中、西部的 FDI 和就业人数比重的数据，借助 Eviews6.0 软件对方程（4－23）分别进行普通最小二乘估计，回归数据经过阿尔蒙（Almon）变换整理后得到东、中、西部 FDI 对其区域就业结构滞后影响的回归方程如下：

$$LnEMPE = 4.8508 + 0.4132LnEMPE(-1) + 0.0270LnFDIE + 0.0324LnFDIE(-1)$$

$$t：(2.7407^{***}) \qquad (2.3574^{**}) \qquad (3.4183^{***}) \qquad (3.4271^{***})$$

$$+0.0297LnFDIE(-2) + 0.0359LnFDIE(-3) + 0.0007LnFDIE(-4)$$

$$t：(3.7779^{***}) \qquad (3.5649^{***}) \qquad (0.0738)$$

$$-0.0097LnFDIE(-5) - 0.0045LnFDIE(-6) + \hat{u}_E$$

$$t：(-1.9544^{**}) \qquad (-2.2572^{*}) \qquad\qquad (4-24)$$

$$R^2 = 0.9891 \qquad \overline{R^2} = 0.9862 \qquad F = 290.64 \qquad DW = 1.6788$$

$$LnEMPM = 1.4661 + 0.8971LnEMPM(-1) + 0.0246LnFDIM + 0.0070LnFDIM(-1)$$

$$t：(0.6433) \qquad (3.6210^{***}) \qquad (3.9139^{***}) \qquad (1.4831^{*})$$

$$-0.0079LnFDIM(-2) - 0.0093LnFDIM(-3) + \hat{u}_M$$

$$t：(-1.7930^{**}) \qquad (-3.1519^{***}) \qquad\qquad (4-25)$$

$$R^2 = 0.9734 \qquad \overline{R^2} = 0.9622 \qquad F = 183.15 \qquad DW = 2.0053$$

$$LnEMPW = -0.9672 + 1.1275LnEMPW(-1) + 0.0014LnFDIW + 0.0004LnFDIW(-1)$$

$$t：(-0.6912) \qquad (10.9671^{***}) \qquad (1.7256^{**}) \qquad (0.1275)$$

$$-0.0048LnFDIW(-2) - 0.0037LnFDIW(-3) + \hat{u}_W$$

$$t：(-2.7147^{***}) \qquad (-3.6595^{***}) \qquad\qquad (4-26)$$

$$R^2 = 0.9948 \qquad \overline{R^2} = 0.9939 \qquad F = 740.89 \qquad DW = 2.0056$$

　　上述方程的判断系数 R^2 均在 0.97 以上，说明方程的拟合程度均非常理想；回归方程的 F 值均大于临界值系数 $F_{0.05}$，表示方程总体的线性关系显著成立，解释变量对被解释变量的解释程度较高；此外，从三个方程的 DW 值还可以看出方程中的残差序列相关现象基本消除。

　　方程（4－24）中除 LnFDIE（－4）以外，其他解释变量的 t 值均显著，但 LnEMPE（－1）、LnFDIE、LnFDIE（－1）、LnFDIE（－2）、LnFDIE（－3）的系数为正，LnFDIE（－5）、LnFDIE（－6）的系数为负，说明对于东部地区来说，该区域前一年的就业人数和当期及近期（前 3 年）的 FDI 总量对区域就业结构具有正效应，同时早期的 FDI 还会对区域就业结构产生负面的影响。从整个系数来看，前一年就业比重就当期就业比重的影响最大，近期 FDI 产生的正效应要大于远期 FDI 产生的负效应。

方程（4 - 25）中所有解释变量的 t 值均显著，LnEMPM（ - 1）、Ln-
FDIM、LnFDIM（ - 1）的系数为正，LnFDIM（ - 2）、LnFDIM（ - 3）的系数
为负，说明对于中部地区来说，前一年的就业和近期的 FDI 对当期就业的影响
是主要的。一方面前一年的就业、FDI 和当期的 FDI 对区域就业结构有正面影
响，且前一年的就业比 FDI 对当期就业的影响较大，另一方面 FDI 在一个相对
较长的时期内对后期的区域就业结构会产生负面影响，但 FDI 所造成的负面影
响小于其产生的正面影响。

方程（4 - 26）中 LnGDPW（ - 1）、LnFDIW 的 t 值显著且为正，LnFDIW
（ - 2）、LnFDIW（ - 3）的 t 值显著且为负，说明对于西部地区来说，前一年
的就业和当期的 FDI 对该区域的就业结构具有正效应，早期（前两三年）的
FDI 对区域就业结构具有负效应。从各解释变量的系数来看，当期 FDI 产生的
正效应与早期 FDI 产生的负效应几乎抵消，而前一年的就业对当期就业的影响
远大于 FDI 对其产生的影响。

4.2.1.3　结论及启示

首先，实证结果表明 FDI 对中国各个区域的经济和就业增长均具有一定的
促进作用，但这种促进作用并非关键性作用，无论是在 FDI 大规模流入的东部
地区，还是在 FDI 存量较低的西部地区，它对经济和就业的促进作用均低于国
内资本的作用，因此 FDI 对中国区域结构的总体影响程度在减小。

其次，FDI 对中国区域经济和就业的影响在东部地区比较明显，而在西部
地区缺乏显著性。这主要是由于东部沿海地区聚集了较多劳动密集型企业，区
位优势明显，经济发展水平较高，投资环境优化，在一段较长时间内都是外商
直接投资的首选地区，外商的大量涌入不仅促进其经济增长，还带来了大量的
工作机会。因此，要想提高 FDI 对中西部地区影响的显著性，一方面要引导外
资向中西部地区大规模转移，这就需要中国应加大对中西部投资环境改善和政
策支持力度，搞好能源、通信、交通、环境等基础设施建设，加快改革开放的
步伐，不断优化投资环境和产业配套条件，另一方面在积极引进外资的同时还
应从整体角度考虑，建立一套系统而完整的 FDI 甄别机制，区分不同产业以及
不同技术层次 FDI 对不同地区的经济、就业及环境的不同影响，从而有针对性
地制定 FDI 引进政策，充分发挥 FDI 对经济与就业的积极作用。

最后，FDI 对区域经济和就业的长期影响较之短期拉动作用不明显，甚至出现抑制作用。这主要是由于长期来看，外商依靠其雄厚的财力、先进的技术和科学的管理抢占了中国国内企业的市场，对国内企业的发展产生了挤出效应，从而导致国内企业不景气甚至破产，部分工人失业，制约了区域经济发展。因此，我国在吸引外国直接投资时需要更加重视经济环境的改善以及国内的自主创新，使外商直接投资对区域经济结构调整产生长期的正效应。

4.2.2 FDI 流动对中国产业经济空间重构的影响

4.2.2.1 FDI 流动对产业经济结构的影响

（1）数据及变量选择。

本节在研究 FDI 对产业经济结构影响这部分，以三大产业吸收的 FDI 为解释变量，选取三大产业的 GDP 比重作为被解释变量衡量产业经济结构。其中变量 GDPN 和 FDIN 分别表示第 N 产业的 GDP 比重及 FDI，N = 1，2，3。为避免币制波动对研究结果的影响，FDI 值已经以当年汇率换算为人民币计价，单位均为亿元。为了消除异方差，对二者数据进行了对数化处理。由于 1997 年以前，统计的是分行业对外签订外商直接投资协议额，从 1997 年开始统计口径改成分行业外商实际直接投资额，为保证统计数据口径的一致，以及根据数据的可得性，该部分的样本期为 1997 ~ 2012 年，数据均来自历年《中国统计年鉴》相关数据计算所得。

（2）ADF 单位根检验。

首先对 LnGDP1、LnGDP2、LnGDP3、LnFDI1、LnFDI2、LnFDI3 六个变量进行平稳性检验，我们选择 ADF 单位根检验，最大滞后期根据样本数量确定为 2，具体检验结果见表 4 - 15。

表 4 - 15 **FDI 流动对产业经济结构影响的实证数据平稳性检验结果**

变量	ADF 统计量	1% 临界值	5% 临界值	10% 临界值	检验形式 (c, t, p)	结论
ΔLnGDP1	- 4. 4172 **	- 5. 1249	- 3. 9334	- 3. 4200	(c, t, 1)	平稳
ΔLnGDP2	- 6. 2331 ***	- 5. 1249	- 3. 9334	- 3. 4200	(c, t, 1)	平稳

续表

变量	ADF 统计量	1% 临界值	5% 临界值	10% 临界值	检验形式 （c，t，p）	结论
ΔLnGDP3	− 3. 4224 **	− 4. 1220	− 3. 1450	− 2. 7138	（c，n，0）	平稳
ΔLnFDI1	− 2. 3472 **	− 2. 7719	− 1. 9740	− 1. 6029	（n，n，0）	平稳
ΔLnFDI2	− 3. 5599 **	− 4. 1220	− 3. 1449	− 2. 7138	（c，n，0）	平稳
ΔLnFDI3	− 3. 3897 *	− 4. 9923	− 3. 8753	− 3. 3883	（c，t，0）	平稳

注：表中 t、c、p、n 表示的含义与前文相同。

　　表 4 – 15 中检验结果表明所有变量的水平值均存在单位根，而一阶差分值都拒绝存在单位根的原假设，因此所有变量都是一阶单整的，可以对其进行协整分析。

　　（3）恩格尔 – 格兰杰（Engel – Granger）协整检验。

　　要对 LnGDP1、LnGDP2、LnGDP3、LnFDI1、LnFDI2、LnFDI3 进行协整分析，首先要分别建立 LnGDP1 与 LnFDI1、LnGDP2 与 LnFDI2、LnGDP3 与 LnF-DI3 的协整方程，使用 Eviews6. 0 软件得到回归方程如下：

$$LnGDP1 = 8. 2498 + 0. 7741 LnFDI1 \qquad (4 - 27)$$
$$t：(17. 9879^{***}) \qquad (3. 7619^{***})$$
$$R^2 = 0. 5411 \quad DW = 0. 5029$$

$$LnGDP2 = - 3. 1114 + 2. 3955 LnFDI2 \qquad (4 - 28)$$
$$t：(- 2. 1770^{**}) \quad (8. 1025^{***})$$
$$R^2 = 0. 8455 \quad DW = 1. 0429$$

$$LnGDP3 = 5. 9757 + 0. 9799 LnFDI3 \qquad (4 - 29)$$
$$t：(9. 0810^{***}) \quad (7. 7908^{***})$$
$$R^2 = 0. 8349 \quad DW = 0. 4499$$

　　上述三个方程的 DW 值偏小，说明方程的残差项有较强的一阶自相关性，且判断系数 R^2 也不大，方程的拟合程度一般，因此考虑加入适当的滞后项，得到新的协整方程如下：

$$LnGDP1 = - 0. 6135 + 0. 1181 LnFDI1 - 0. 0892 LnFDI1(-1) + 1. 0627 LnGDP1(-1)$$
$$(4 - 30)$$
$$t：(- 1. 3818^{*}) \qquad (1. 3942^{*}) \qquad (- 0. 8910) \qquad (13. 4463^{***})$$
$$R^2 = 0. 9769 \qquad DW = 1. 6571$$

$$LnGDP2 = -0.8139 + 0.2215LnFDI2 + 0.0468LnFDI2(-1) + 0.9899LnGDP2(-1) \tag{4-31}$$

t: (-2.2720^{**}) (1.5332^{*}) (0.2679) (13.0671^{***})

$$R^2 = 0.9939 \qquad DW = 1.5494$$

$$LnGDP3 = -0.0573 + 0.0816LnFDI4 - 0.0518LnFDI3(-1) + 0.9931LnGDP3(-1) \tag{4-32}$$

t: (-0.2190) (1.4551^{*}) (-0.9748) (25.0158^{***})

$$R^2 = 0.9981 \qquad DW = 1.9573$$

方程（4-30）、（4-31）、（4-32）的拟合程度均非常好，设三个方程的残差分别为 e_1、e_2、e_3，用 ADF 单位根检验对回归残差分别进行平稳性检验，检验结果见表4-16。

表4-16   残差序列的平稳性检验结果

变量	ADF 统计量	1% 临界值	5% 临界值	10% 临界值	检验形式 (c, t, p)	结论
e_1	-2.7576^{*}	-4.1220	-3.1449	-2.7138	(c, n, 0)	平稳
e_2	-4.2576^{**}	-5.1249	-3.9334	-3.4200	(c, t, 1)	平稳
e_3	-2.8968^{*}	-4.1220	-3.1449	-2.7138	(c, n, 0)	平稳

表4-16 的结果显示，残差序列 e_1、e_2、e_3 都拒绝存在单位根的原假设，都是平稳序列，因此 LnGDP1 与 LnFDI1、LnGDP2 与 LnFDI2、LnGDP3 与 LnF-DI3 是协整的，他们之间具有长期稳定的均衡关系。

（4）Granger 因果检验。

从前面的实证结果我们知道，三大产业的 FDI 与其产业结构之间存在长期稳定的均衡关系，但他们之间是否存在因果关系，三大产业的 FDI 是否是造成其产业结构变动的原因，三大产业的结构变化又是否会造成其 FDI 的变动，这就需要我们进行进一步的验证。在此我们运用 Granger 因果检验验证三大产业的 FDI 与相应 GDP 比重之间是否存在因果关系，结果见表4-17。

表 4 – 17　　三大产业 FDI 与 GDP 比重的 Granger 因果检验结果（滞后阶数为 2）

原假设（不是变动的原因）	F 统计量	P 值	结论
LnFDI1→LnGDP1	4.9756 **	0.0453	拒绝
LnFDI1←LnGDP1	0.0369	0.9640	接受
LnFDI2→LnGDP2	1.8099	0.2325	接受
LnFDI2←LnGDP2	3.2783	0.1989	接受
LnFDI3→LnGDP3	3.6803 *	0.0809	拒绝
LnFDI3←LnGDP3	2.0655	0.1972	接受

表 4 – 17 中三大产业 FDI 与 GDP 比重的 Granger 因果检验结果说明，第一、三产业的 FDI 对其产业结构存在单向的 Granger 因果关系，FDI 作为其产业结构变动的 Granger 原因对产业 GDP 比重的变动存在直接的滞后影响；而第二产业的 FDI 与其 GDP 比重之间不存在 Granger 因果关系，说明第二产业外资的进入对提高其 GDP 比重的影响已经并不显著，而第一、三产业仍存在通过引进外资来提高产值结构的机会。

（5）分布滞后模型。

为了进一步考查三大产业 FDI 对其产业结构的影响程度和趋势，我们借助阿尔蒙（Almon）多项式法分别构建分布滞后模型，模型方程如下：

$$LnGDPN = \alpha + \lambda LnGDPN(-1) + \beta_0 LnFDIN + \beta_1 LnFDIN(-1)$$
$$+ \beta_2 LnFDIN(-2) + \cdots + \beta_s LnFDIN(-s) + u_N \quad (4-33)$$

N 表示第 N 产业，N = 1，2，3，u 为随机误差项。结合拟合优度最大，AIC 和 SC 准则最小的标准，参考各参数的显著性，还要考虑到损失较少的自由度，综合上述条件，经过反复模拟，确定模型的约束条件如表 4 – 18。

表 4 – 18　　　　三次产业经济结构分布滞后模型估计的约束条件

	滞后期 s	多项式次数 m	附加约束
第一产业经济结构 DLM	1	2	远端约束
第二产业经济结构 DLM	3	2	远端约束
第三产业经济结构 DLM	3	2	远端约束

在此约束条件下，利用 1997～2012 年三次产业 FDI 和 GDP 比重的数据，借助 Eviews6.0 软件对方程（4-33）分别进行普通最小二乘估计，得到三大产业 FDI 对其产业结构影响的回归方程如下：

$$LnGDP1 = -0.6135 + 1.0627LnGDP1(-1) + 0.1181LnFDI1 - 0.0892LnFDI1(-1) + \hat{u}_1$$

$$t: (-1.3818^*) \quad (13.4463^{***}) \quad (1.3942^*) \quad (-0.8910)$$

$$(4-34)$$

$$R^2 = 0.9769 \quad \overline{R}^2 = 0.9693 \quad F = 127.35 \quad DW = 1.6571$$

$$LnGDP2 = -1.6327 + 0.7976LnGDP2(-1) + 0.2323LnFDI2 + 0.1896LnFDI2(-1)$$

$$t: (-3.4933^{***}) \quad (12.1560^{***}) \quad (1.9667) \quad (2.7857^{**})$$

$$+ 0.3534LnFDI2(-2) + 0.1823LnFDI2(-3) + \hat{u}_2$$

$$t: (3.2580^{**}) \quad (2.2058^{**}) \quad (4-35)$$

$$R^2 = 0.9986 \quad \overline{R}^2 = 0.9972 \quad F = 707.57 \quad DW = 2.4936$$

$$LnGDP3 = 0.9701 + 0.8726LnGDP3(-1) + 0.1340LnFDI3 + 0.0878LnFDI3(-1)$$

$$t: (3.4264^{***}) \quad (20.6814^{***}) \quad (3.5509^{***}) \quad (2.2310^*)$$

$$- 0.1179LnFDI3(-2) - 0.0059LnFDI3(-3) + \hat{u}_3$$

$$t: (-3.0538^{**}) \quad (-3.3280^{***}) \quad (4-36)$$

$$R^2 = 0.9996 \quad \overline{R}^2 = 0.9991 \quad F = 2273.41 \quad DW = 2.6467$$

从上述方程的各项判定指标可以看出，整体来说，以上三个方程的拟合程度非常理想，方程总体的线性关系显著成立，解释变量对被解释变量的解释程度较高。

方程（4-34）中所有解释变量的 t 值均显著，说明对于第一产业来说，当期的 FDI 和滞后一期的 FDI 及 GDP 比重对当年的产业结构影响较大，但 LnFDI1（-1）的系数为负，说明前一年的 FDI 对当年的产业经济结构具有负效应。从具体系数来看，第一产业当年的 FDI 每增加 1 个单位（%），会导致当期 GDP 比重会增加 0.1181 个单位（%），同时导致下一年的 GDP 比重将会减少 0.0892 个单位（%）；而上一年的 GDP 比重每增长 1 个单位（%）将使得当年的 GDP 比重增长 1.0627 个单位（%），这说明第一产业 FDI 对 GDP 比重产生的效应要远小于上一期 GDP 比重对其产生的效应。

方程（4-35）中除 LnFDI2 以外其余变量的 t 值均显著，且所有解释变量的系数都为正，说明对于第二产业来说，前一年的 GDP 比重和前三年的 FDI 对其产业结构有显著的正效应，而当期的 FDI 对 GDP 比重的影响并不显著，这说明第二产业的 FDI 对其经济结构有显著的滞后效应。

方程（4 - 36）中所有的解释变量 t 值均显著，但 LnGDP3（-1）、LnF-DI3、LnFDI3（-1）的系数为正，LnFDI3（-2）、LnFDI3（-3）的系数为负，说明对于第三产业来说，前一年的 GDP 比重及近期的 FDI 对其经济结构都有显著影响，但当期的 FDI 和滞后一期的 FDI 及 GDP 比重对第三产业的结构有正面影响，而滞后两期和三期的 FDI 对其有负面影响。

4.2.2.2　FDI 流动对产业就业结构的影响

（1）数据及变量选择。

在考查 FDI 对产业就业结构影响的这一部分中，选取三次产业 FDI 为解释变量，三次产业就业人数比重为被解释变量，分别用 FDIN 和 EMPN 来表示，N =1，2，3。为了与前文保持一致，FDI 值已经以当年汇率换算为人民币计价，单位为亿元。为了消除异方差，对二者数据进行了对数化处理。由于 1997 年以前，统计的是分行业对外签订外商直接投资协议额，从 1997 年开始统计口径改成分行业外商实际直接投资额，为保证统计数据口径的一致，以及根据数据的可得性，该部分的样本期为 1997 ~ 2012 年，数据均来自历年《中国统计年鉴》相关数据计算所得。

（2）ADF 单位根检验。

首先要对该部分出现的变量进行平稳性检验，选择 ADF 单位根检验法，对最佳滞后期的选择采用 AIC 信息准则，选择最大滞后期为 2，具体检验结果见表 4 - 19。

表 4 - 19　　FDI 流动对产业就业结构影响的实证数据平稳性检验结果

变量	ADF 统计量	1% 临界值	5% 临界值	10% 临界值	检验形式 (c, t, p)	结论
ΔLnEMP1	- 4. 4645 **	- 4. 9923	- 3. 8753	- 3. 3883	(c, t, 0)	平稳
ΔLnEMP2	- 2. 0856 **	- 2. 7922	- 1. 9777	- 1. 6021	(n, n, 1)	平稳
ΔLnEMP3	- 3. 1616 **	- 4. 1220	- 3. 1450	- 2. 7138	(c, n, 0)	平稳
ΔLnFDI1	- 2. 3472 **	- 2. 7719	- 1. 9740	- 1. 6029	(n, n, 0)	平稳
ΔLnFDI2	- 3. 5599 **	- 4. 1220	- 3. 1449	- 2. 7138	(c, n, 0)	平稳
ΔLnFDI3	- 3. 3897 *	- 4. 9923	- 3. 8753	- 3. 3883	(c, t, 0)	平稳

注：表中 t、c、p、n 表示的含义与前文相同。

表 4 - 19 中检验结果显示，LnEMP1、LnEMP2、LnEMP3、LnFDI1、LnF-DI2、LnFDI3 的一阶差分变量的 ADF 统计值均小于麦金农临界值，所以拒绝了存在单位根的原假设，因此所有变量都是一阶单整的，那么 LnEMP1 和 LnF-DI1、LnEMP2 和 LnFDI2、LnEMP3 和 LnFDI3 都是同阶单整的，可以对其进行协整分析。

（3）恩格尔 - 格兰杰（Engel - Granger）协整检验。

用 OLS 法对 LnEMP1 和 LnFDI1、LnEMP2 和 LnFDI2、LnEMP3 和 LnFDI3 分别进行协整回归，借助 Eview6.0 软件得到协整方程式如下：

$$LnEMP1 = 15.7277 - 0.1671LnFDI1 \tag{4-37}$$
$$t: (11.5101^{***}) \quad (-2.7183^{**})$$
$$R^2 = 0.3828 \quad DW = 0.3833$$

$$LnEMP2 = 6.0071 + 0.4150LnFDI2 \tag{4-38}$$
$$t: (3.1751^{***}) \quad (2.4136^{**})$$
$$R^2 = 0.5878 \quad DW = 0.5364$$

$$LnEMP3 = 9.6606 + 0.1899LnFDI3 \tag{4-39}$$
$$t: (27.1031^{***}) \quad (6.4220^{***})$$
$$R^2 = 0.7746 \quad DW = 0.3689$$

由于上述三个方程的判断系数 R^2 和 DW 值都偏小，说明方程的拟合程度一般，且残差项有较强的一阶自相关性，因此考虑加入适当的滞后项，得到新的协整方程：

$$LnEMP1 = -1.8869 + 0.0336LnFDI1 - 0.0516LnFDI1(-1) + 1.1704LnEMP1(-1) \tag{4-40}$$
$$t: (-2.2683^{**}) \quad (1.1204) \quad (-1.8931^{**}) \quad (12.6283^{***})$$
$$R^2 = 0.9667 \quad DW = 1.8661$$

$$LnEMP2 = -1.0752 - 0.0102LnFDI2 + 0.1481LnFDI2(-1) + 0.9129LnEMP2(-1) \tag{4-41}$$
$$t: (-1.6775^{*}) \quad (-0.1357) \quad (2.1816^{***}) \quad (8.8884^{***})$$
$$R^2 = 0.9652 \quad DW = 1.5189$$

$$LnEMP3 = -0.8112 - 0.0093LnFDI4 - 0.0145LnFDI3(-1) + 1.0890LnEMP3(-1) \tag{4-42}$$
$$t: (-2.6076^{*}) \quad (-0.4528) \quad (-1.3574^{*}) \quad (17.5789^{***})$$

$$R^2 = 0.9944 \qquad DW = 2.8189$$

设方程（4 - 40）、（4 - 41）、（4 - 42）的残差分别为 ε_1、ε_2、ε_3，用 ADF 法对残差序列 ε_1、ε_2、ε_3 进行平稳性检验，检验结果见表 4 - 20。

表 4 - 20　　　　　　　残差序列的平稳性检验结果

变量	ADF 统计量	1% 临界值	5% 临界值	10% 临界值	检验形式 (c, t, p)	结论
e_1	- 4. 7059 ***	- 2. 8861	- 1. 9958	- 1. 5991	(n, n, 0)	平稳
e_2	- 3. 7787 **	- 4. 2971	- 3. 2127	- 2. 7477	(c, n, 1)	平稳
e_3	- 4. 3465 **	- 5. 5219	- 4. 1078	- 3. 5150	(c, t, 2)	平稳

表 4 - 20 的结果说明残差序列 ε_1、ε_2、ε_3 都拒绝存在单位根的原假设，都是平稳序列，因此 LnEMP1 与 LnFDI1、LnEMP2 与 LnFDI2、LnEMP3 与 LnFDI3 存在协整关系。

（4）格兰杰（Granger）因果检验。

为了进一步分析 FDI 对中国产业就业结构的影响，对三次产业的 FDI 与其就业人数比重进行格兰杰（Granger）因果检验，结果见表 4 - 21。

表 4 - 21　　　　三大产业 FDI 与就业人数比重的格兰杰（Granger）

因果检验结果（滞后阶数为 2）

原假设（不是变动的原因）	F 统计量	P 值	结论
LnFDI1→LnEMP1	4. 7179 *	0. 0504	拒绝
LnFDI1←LnEMP1	2. 4761	0. 1537	接受
LnFDI2→LnEMP2	6. 4699 **	0. 0256	拒绝
LnFDI2←LnEMP2	0. 2316	0. 7991	接受
LnFDI3→LnEMP3	2. 9076 *	0. 0908	拒绝
LnFDI3←LnEMP3	8. 5666 **	0. 0131	拒绝

格兰杰（Granger）因果检验结果显示，第一、二产业的 FDI 与其就业比重存在单向的格兰杰（Granger）因果关系，第一、二产业 FDI 流入量的变化是造成其就业结构变动的格兰杰（Granger）原因；第三产业的 FDI 与其就业结构之间存在双向的格兰杰（Granger）因果关系。这就说明第一、二产业可以通过引导外资的流向来改善其就业结构，第三产业不仅可以通过引导外资流

向改善其就业结构，还可以通过调控就业来增加 FDI 的比重。

（5）分布滞后模型。

由于三次产业 FDI 对其就业结构的影响具有滞后性，为了验证三大产业 FDI 对其就业结构的具体影响程度和趋势，分别对三次产业的 FDI 和就业人数比重构建分布滞后模型，模型方程为：

$$LnEMPN = \alpha + \lambda LnEMPN(-1) + \beta_0 LnFDIN + \beta_1 LnFDIN(-1)$$
$$+ \beta_2 LnFDIN(-2) + \cdots + \beta_s LnFDIN(-s) + u_N \qquad (4-43)$$

N 表示第 N 产业，N = 1，2，3，u 为随机误差项。结合拟合优度最大，AIC 和 SC 准则最小的标准，参考各参数的显著性，还要考虑到损失较少的自由度，综合上述条件，经过反复模拟，确定模型的约束条件如表 4 - 22。

表 4 - 22　　　　　　三次产业就业结构分布滞后模型估计的约束条件

	滞后期 s	多项式次数 m	附加约束
第一产业就业结构 DLM	4	2	远端约束
第二产业就业结构 DLM	3	2	远端约束
第三产业就业结构 DLM	2	2	远端约束

在表 4 - 22 的约束条件下，利用相关数据，借助 Eviews6.0 软件对方程（4 - 42）分别进行 OLS 估计，得到三大产业 FDI 对其就业结构影响的回归方程如下：

$$LnEMP1 = -0.6900 + 0.9736LnEMP1(-1) + 0.0054LnFDI1 - 0.0317LnFDI1(-1)$$
$$t: (-1.7992^*) \quad (11.2462^{***}) \quad (0.2274) \quad (-2.9881^{***})$$
$$-0.0625LnFDI1(-2) - 0.0149LnFDI1(-3) - 0.0759LnFDI1(-4) + \hat{u}_1$$
$$t: (-4.7792^{***}) \quad (-5.1237^{***}) \quad (-5.6683^{***})$$
$$(4-44)$$
$$R^2 = 0.9966 \quad \overline{R}^2 = 0.9897 \quad F = 145.20 \quad DW = 2.2944$$

$$LnEMP2 = -0.1630 + 0.6716LnEMP2(-1) - 0.0331LnFDI2 + 0.0716LnFDI2(-1)$$
$$t: (-0.7335) \quad (10.9820^{***}) \quad (-0.7504) \quad (4.4215^{***})$$
$$+0.0816LnFDI2(-2) + 0.1983LnFDI2(-3) + \hat{u}_2$$
$$t: (5.8480^{***}) \quad (4.3537^{***}) \qquad (4-45)$$
$$R^2 = 0.9962 \quad \overline{R}^2 = 0.9924 \quad F = 263.79 \quad DW = 2.8198$$

$$LnEMP3 = -0.0669 + 1.1345LnEMP3(-1) - 0.0191LnFDI3 - 0.0288LnFDI3(-1)$$

t：（－1.9049*）　　（11.9746***）　　　（－1.2658*）　　　（－1.1633）

　　　+0.0205LnFDI3（－2）+$\hat{u}_3$

　　t：（1.0659）　　　　　　　　　　　　　　　　　　　　（4－46）

R^2=0.9941　　$\overline{R}^2$=0.9910　　F=196.48　　DW=2.8876

上述三个方程整体来说，拟合程度非常理想，方程总体的线性关系显著成立，解释变量对被解释变量的解释程度较高。

方程（4－44）中除 LnFDI1 以外其余变量的 t 值均显著，且除前一年的就业人数比重的系数为正以外，FDI 滞后各期的系数均为负，这说明前一年的就业和前四年的 FDI 对第一产业就业结构产生的影响是主要的，但前四年的 FDI 所产生的影响是负面的，且这四年的总效应加起来仍远小于前一年的就业对其产生的影响。

方程（4－45）中也是除了当期 FDI 以外，其他解释变量的 t 值均显著，但所有显著的解释变量其系数均为正，这说明对于第二产业来说，FDI 对就业结构的影响存在一定的滞后效应，滞后期为 3 年，并且这种滞后效应带来的是正面影响。

方程（4－46）中只有 LnEMP3（－1）和 LnFDI3 的 t 值是显著的，说明第三产业的 FDI 对其就业结构不存在滞后效应，当期 FDI 与前一年的就业对第三产业的就业结构影响较大，此外由于当期 FDI 的系数为负，还可以说明第三产业的 FDI 对其就业结构具有负面影响。

4.2.2.3　结论及启示

从以上实证结果分析可以归纳出如下结论：

第一，FDI 对中国第二产业经济结构和就业结构的促进作用最为显著。第二产业 FDI 与 GDP 及就业结构的估计系数均为正，且在一定的滞后期内系数均为正，这说明第二产业 FDI 的流入在一段较长的时期内都有助于提高其产业 GDP 和就业人数比重。FDI 在第二产业的集聚不仅促进了工业经济的繁荣和发展，还吸引了大量的劳动力在工业部门就业，这是中国工业化初期大量兴建工厂，企业依靠投资拉动经济所必然出现的现象。改革开放以来，中国经济增长很大程度上有赖于国内外的投资拉动，这种靠投资拉动的经济增长见效快，增长迅速，对中国的工业技术水平的提高以及工业化进程的不断向前推进的确起到了积极的促进作用，但我们还必须看到这种短期繁荣背后所隐藏的交通、能源、原材料短缺所带来的发展瓶颈。

第二，FDI 有利于促进中国产业结构升级及实现就业人口非农化。FDI 对第一产业就业的负向推动和对第二产业就业的正向促进，以及对第一、二产业 GDP 比重变动的滞后影响，不仅促进了中国劳动力素质的整体提升，还直接带动了中国工业技术水平的提高，这是产业结构升级最突出的两点表现。并且，由于 FDI 与第二产业就业比重的估计系数为正，与第一产业就业比重估计系数为负，表明 FDI 有利于促进第二产业就业比重增加及减少第一产业就业比重，即 FDI 有利于实现就业人口非农化。虽然 FDI 在第一产业投入的比重不大，但是由于目前农业投资本身存在的投资总量不足、投资结构不合理和投资效益低下等诸多问题，因而 FDI 仍能够促进农业经济的发展和推动农村剩余劳动力转移。

第三，FDI 对第三产业经济结构的影响较为显著，对其就业结构的影响不足，不利于中国农村剩余劳动力的转移及产业结构的进一步优化。第三产业 FDI 与 GDP 结构在一段较长的时间内都存在正效应，但这主要因为近年来房地产业的快速发展及其较高的利润，吸引越来越多的外商投资，拉动了第三产业的经济增长。然而外资过多地流向商业、房地产、金融保险业等利润较高的行业，流向交通运输、地质勘探和科教文卫部门等公共部门的则很少，这样并不利于中国产业结构的进一步优化。此外，世界各国第三产业相对国民收入的时间序列表现出的下降趋势，以及劳动力相对比重的上升，表明第三产业具有很强的劳动力吸纳能力。且有分析显示，中国第一、二产业的劳动力吸纳能力已经趋于饱和，而第三产业还存在相当大的就业创造空间。因此，第三产业应该是中国农村大量剩余劳动力有效转移的关键途径，中国沉淀在农村的大量剩余劳动力只能依靠第三产业的发展和壮大实现有效转移。然而，中国第三产业 FDI 仅对其当期的就业结构存在很小的负效应，第三产业 FDI 对其就业结构的影响明显不足，严重制约了中国农村剩余劳动力的转移。

4.2.3　FDI 流动对中国城乡经济空间重构的影响

4.2.3.1　FDI 流动对城乡经济结构的影响

（1）数据及变量选择。

本节在研究 FDI 对中国城乡经济结构这部分，在指标选取方面，选取城镇和农村的 GDP 比重为被解释变量，分别表示城乡的经济结构，以全国总实际利用外资作为解释变量。其中 GDPU 表示城镇 GDP 比重，GDPR 表示农村 GDP 比重，全国实际利用外资用 FDI 表示。为避免币制波动对研究结果的影响，FDI 值已经以当年汇率换算为人民币计价，单位均为亿元。为了消除序列中存在的异方差现象，对变量进行对数变换，变换后不改变原序列的协整关系。该部分模型数据的时间跨度为 1985～2012 年，有关数据根据历年《中国统计年鉴》、《中国农业统计资料》、《中国经济信息网数据库》公布数据自行计算得出。

（2）ADF 单位根检验。

运用 ADF 单位根检验法对变量 LnGDPU、LnGDPR、LnFDI 分别进行平稳性检验，最大滞后期选择为 5，借助 Eviews6.0 软件得到检验结果见表 4 - 23。

表 4 - 23　　　　FDI 对中国城乡经济结构影响的实证数据平稳性检验结果

变量	ADF 统计量	1% 临界值	5% 临界值	10% 临界值	检验形式 (c, t, p)	结论
ΔLnGDPU	- 3. 5289 *	- 4. 3943	- 3. 6122	- 3. 2431	(c, t, 0)	平稳
ΔLnGDPR	- 3. 4028 *	- 4. 3943	- 3. 6122	- 3. 2431	(c, t, 0)	平稳
ΔLnFDI	- 2. 6918 *	- 3. 7529	- 2. 9981	- 2. 6388	(c, n, 1)	平稳

注：表中 t、c、p、n 表示的含义与前文相同。

由表 4 - 23 中的检验结果可知，变量 LnGDPU、LnGDPR、LnFDI 的一阶差分序列是平稳的，所以这些均为一阶单整序列，因此可进一步检验变量之间的协整关系。

（3）Engel - Granger 协整检验。

本节采用 Engel - Granger 法对变量 LnGDPU、LnGDPR、LnFDI 进行协整分析。由于变量 LnGDPU、LnGDPR、LnFDI 均为一阶单整序列，可用 OLS 法对 LnGDPU、LnFDI 和 LnGDPR、LnFDI 分别进行协整回归，借助 Eviews6.0 软件得到的协整方程如下：

$$\text{LnGDPU} = 5.9503 + 0.6338\text{LnFDI} \qquad (4-47)$$
$$t：(13.5318^{***})\ (10.7556^{***})$$
$$R^2 = 0.8282 \quad DW = 0.1248$$

$$\text{LnGDPR} = 5.3326 + 0.6669\text{LnFDI} \qquad (4-48)$$
$$t：(18.5706^{***})\ (17.3327^{***})$$
$$R^2 = 0.9260 \quad DW = 0.1836$$

可以看出两个方程的拟合程度都还可以，但 DW 值明显偏小，说明方程的残差项有较强的一阶自相关，因此考虑加入适当的滞后变量，得到新的协整方程如下：

$$LnGDPU = 0.0851 + 0.0878LnFDI - 0.0829LnFDI(-1) + 1.0015LnGDPU(-1)$$

$$(4-49)$$

$$t：(0.3647) \qquad (2.9077^{**}) \qquad (-2.2530^{**}) \qquad (28.5883^{***})$$

$$R^2 = 0.9958 \qquad DW = 1.6009$$

$$LnGDPR = 0.6231 + 0.2508LnFDI - 0.1827LnFDI(-1) + 0.8998LnGDPR(-1)$$

$$(4-50)$$

$$t：(1.8837^{*}) \qquad (3.6321^{***}) \qquad (-2.2278^{**}) \qquad (15.888^{***})$$

$$R^2 = 0.9953 \qquad DW = 1.9426$$

上述方程的拟合优度较高，且其他各指标也都显著。设方程（4 - 49）、（4 - 50）的残差分别为 e_u、e_r，用 ADF 单位根检验对回归残差分别进行平稳性检验，检验结果见表 4 - 24。

表 4 - 24   残差序列的平稳性检验结果

变量	ADF 统计量	1% 临界值	5% 临界值	10% 临界值	检验形式 (c, t, p)	结论
e_u	-5.2392***	-4.4163	-3.6220	-2.2486	(c, t, 1)	平稳
e_r	-5.9309 ***	-4.4163	-3.6220	-2.2486	(c, t, 1)	平稳

表 4 - 24 的结果显示，残差序列 e_u、e_r 都是平稳序列，因此 LnGDPU 和 LnFDI、LnGDPR 和 LnFDI 之间存在长期的协整关系。

（4）Granger 因果检验。

从前面的分析我们知道，LnGDPU 和 LnFDI、LnGDPR 和 LnFDI 之间存在长期稳定的均衡关系。为了进一步分析 FDI 对中国城乡经济结构的影响，本节对 LnGDPU 和 LnFDI、LnGDPR 和 LnFDI 分别进行 Granger 因果检验，结果见表 4 - 25。

表 4 - 25 中 Granger 因果检验结果显示，FDI 对农村 GDP 比重存在单项的 Granger 因果关系，FDI 流入量的增加是造成农村 GDP 比重增加的 Granger 原因；FDI 与城镇 GDP 比重之间不存在 Granger 因果关系，说明外资的进入对中国城镇 GDP 比重的影响并不显著。

表 4 - 25　　FDI 与中国城乡 GDP 比重的 Granger 因果检验结果（滞后阶数为 2）

原假设（不是变动的原因）	F 统计量	P 值	结论
LnFDI→LnGDPU	0.1770	0.8391	接受
LnFDI←LnGDPU	0.6576	0.5295	接受
LnFDI→LnGDPR	14.1377 ***	0.0002	拒绝
LnFDI←LnGDPR	0.6100	0.3251	接受

（5）分布滞后模型。

为了进一步考查 FDI 对中国城乡经济结构的影响程度和趋势，分别对 FDI 与城镇 GDP 比重、FDI 与农村 GDP 比重构建分布滞后模型，模型方程如下：

$$LnGDPU = \alpha + \lambda LnGDPU(-1) + \beta_0 LnFDI + \beta_1 LnFDI(-1)$$
$$+ \beta_2 LnFDI(-2) + \cdots + \beta_s LnFDI(-s) + u_U$$

$$(4-51)$$

$$LnGDPR = \alpha + \lambda LnGDPR(-1) + \beta_0 LnFDI + \beta_1 LnFDI(-1)$$
$$+ \beta_2 LnFDI(-2) + \cdots + \beta_s LnFDI(-s) + u_R$$

$$(4-52)$$

结合拟合优度最大，AIC 和 SC 准则最小的标准，参考各参数的显著性，还要考虑到损失较少的自由度，综合上述条件，经过反复模拟，确定模型的约束条件如表 4 - 26。

表 4 - 26　　FDI 对中国城乡经济结构影响分布滞后模型估计的约束条件

	滞后期 s	多项式次数 m	附加约束
城镇经济结构 DLM	2	2	远端约束
农村经济结构 DLM	2	2	远端约束

在表 4 - 26 的约束条件下，利用相关数据分别对方程（4 - 51）和（4 - 52）进行 OLS 估计，借助 Eviews6.0 软件得到回归方程如下：

$$LnGDPU = 0.0754 + 1.0054LnGDPU(-1) + 0.0745LnFDI - 0.0576LnFDI(-1)$$

t：(0.2733)　　　(24.2652^{***})　　　　(2.2824^{**})　　(-1.5369^{*})

$$-0.0161LnFDI(-2) + \hat{u}_U$$

t：(-2.1751^{**})

$$(4-53)$$

$$R^2 = 0.9953 \qquad \overline{R^2} = 0.9943 \qquad F = 1004.69 \qquad DW = 1.6304$$

$$LnGDPR = 1.0533 + 0.9991LnGDPR(-1) + 0.1129LnFDI - 0.0037LnFDI(-1)$$

$$t: (2.8830^{**}) \qquad (16.3048^{***}) \qquad (4.4389^{***}) \qquad (-0.1874)$$

$$-0.2459LnFDI(-2) + \hat{u}_R$$

$$t: (-2.9766^{**}) \tag{4-54}$$

$$R^2 = 0.9961 \qquad \overline{R^2} = 0.9953 \qquad F = 1227.28 \qquad DW = 2.5939$$

方程（4-53）中所有解释变量的 t 值均显著，说明当期及滞后两期的 FDI 对城镇 GDP 比重的影响较为显著。此外，由于 LnFDI 的系数为正，LnFDI（-1）、LnFDI（-2）的系数为负，说明当期 FDI 对当年中国城镇经济结构有正面影响，而前一年和前两年的 FDI 流入的增加会引起中国城镇 GDP 比重下降。

方程（4-54）中除了 LnFDI（-1）的 t 值不显著，其他解释变量的 t 值均显著，且 LnFDI 的系数为正，LnFDI（-2）的系数为负，说明当年和前两年的 FDI 对中国农村 GDP 比重的影响最为显著，而且当年 FDI 对中国农村经济结构的影响为正，前两年的 FDI 对中国农村经济结构的影响为负。

从具体系数来看，当年流入到中国的 FDI 每增加 1 个单位（%），会引起中国城镇和农村 GDP 比重分别增加 0.0745 和 0.1129 个单位（%），这说明当年 FDI 对中国农村经济结构的影响要大于城镇经济结构的影响；前一年流入中国的 FDI 每增加 1 个单位（%），中国城镇 GDP 比重会随之减少 0.0576 个单位（%），但对中国农村 GDP 比重的影响并不显著，可以忽略不计；前两年流入中国的 FDI 每增加 1 个单位（%），将造成中国城镇 GDP 比重减少 0.0161 个单位（%），农村 GDP 比重减少 0.2459 个单位（%）。总的来说，FDI 对中国城镇经济结构的影响几乎为零，可忽略不计，但对中国农村经济结构具有正面影响。

4.2.3.2　FDI 流动对城乡就业结构的影响

（1）数据及变量选择。

本节在研究 FDI 对中国城乡就业结构的影响这部分，在指标选取方面，与前文一致，选择城镇和农村的就业人数比重为被解释变量，分别用 EMPU 和 EMPR 表示，选择全国总实际利用外资作为解释变量，用 FDI 表示。为了与前文保持一致，FDI 值已经以当年汇率换算为人民币计价，单位均为亿元。为了消除序列中存在的异方差现象，对变量进行对数变换。该部分使用数据的时间跨度为 1985～2012 年，有关数据来自历年《中国统计年鉴》。

（2）ADF 单位根检验。

首先还是检验变量的平稳性，由于前面已经对 LnFDI 进行了平稳性检验，得到它是一阶单整序列，现在运用 ADF 单位根检验法对变量 LnGDPU、LnGD-PR 进行平稳性检验，最大滞后期选择为 5，检验结果见表 4 – 26。

由表 4 – 27 中的检验结果可知，变量 LnEMPU、LnEMPR、LnFDI 的一阶差分变量均拒绝了存在单位根的原假设，所以这三个变量均为一阶单整序列，因此可对其进行协整分析。

表 4 – 27　　　　　　FDI 对中国城乡就业结构影响的实证数据平稳性检验结果

变量	ADF 统计量	1% 临界值	5% 临界值	10% 临界值	检验形式 (c，t，p)	结论
ΔLnEMPU	– 5. 8572 ***	– 4. 3943	– 3. 6122	– 3. 2431	(c，t，0)	平稳
ΔLnEMPR	– 5. 4401 ***	– 4. 4983	– 3. 6584	– 3. 2690	(c，t，4)	平稳
ΔLnFDI	– 2. 6918 *	– 3. 7529	– 2. 9981	– 2. 6388	(c，n，1)	平稳

注：表中 t、c、p、n 表示的含义与前文相同。

（3）Engel – Granger 协整检验。

由于变量 LnEMPU、LnEMPR、LnFDI 均为一阶单整序列，本节采用 Engel – Granger 法对 LnEMPU、LnFDI 和 LnEMPR、LnFDI 分别进行协整分析，借助 Eviews6. 0 软件得到的协整方程如下：

$$LnEMPU = 4. 1732 + 0. 1608LnFDI \qquad (4-55)$$
$$t：(3. 3887^{***})\ (9. 7463^{***})$$
$$R^2 = 0. 7983 \quad DW = 0. 1642$$

$$LnEMPR = 1. 2760 + 0. 0326LnFDI \qquad (4-56)$$
$$t：(19. 4333^{***})\ (3. 7009^{***})$$
$$R^2 = 0. 3633 \quad DW = 0. 2150$$

可以看出两个方程的 DW 值明显偏小，说明方程的残差项有较强的一阶自相关，因此考虑加入适当的滞后变量，得到新的协整方程如下：

$$LnEMPU = -0. 0738 - 0. 0214LnFDI + 0. 0163LnFDI(-1) + 1. 0097LnEMPU(-1)$$
$$(4-57)$$
$$t：(-0. 2478)\quad(-2. 8651^{**})\quad(2. 6817^{**})\quad(21. 3882^{***})$$
$$R^2 = 0. 9907 \qquad DW = 2. 7011$$

$$LnEMPR = -0.0579 - 0.0218LnFDI + 0.0524LnFDI(-1) + 1.0463LnEMPR(-1)$$

$$(4-58)$$

t: (-0.4936)   (-2.8171***) (2.2238**)   (10.6903***)

$$R^2 = 0.8981 \qquad DW = 2.5104$$

上述方程的拟合优度较高，DW 值也处于正常范围，且各解释变量的 t 值也都显著。设方程（5-41）、（5-42）的残差分别为 ε_u、ε_r，用 ADF 单位根检验对回归残差分别进行平稳性检验，检验结果见表 4-28。

表 4-28　　　　　　　　残差序列的平稳性检验结果

变量	ADF 统计量	1% 临界值	5% 临界值	10% 临界值	检验形式 (c, t, p)	结论
ε_u	-2.7699*	-3.8085	-3.0207	-2.6504	(c, n, 4)	平稳
ε_r	-2.5393**	-2.6924	-1.9602	-1.6071	(n, n, 5)	平稳

表 4-28 的检验结果说明，残差序列 ε_u、ε_r 都拒绝存在单位根的原假设，都是平稳序列，因此 LnEMPU 和 LnFDI、LnEMPR 和 LnFDI 之间存在长期的协整关系。

（4）Granger 因果检验。

LnEMPU 和 LnFDI、LnEMPR 和 LnFDI 的格兰杰因果关系检验结果见表 4-29，检验结果表明，FDI 与城乡就业人数均存在单项的格兰杰因果关系，外商投资的增加是引起中国城乡就业人口结构变动的格兰杰原因，说明中国可以通过调节流入城乡的 FDI 来引导就业转移。

表 4-29　　　　　　FDI 与中国城乡就业结构的格兰杰因果检验结果

（滞后阶数为 2）

原假设（不是变动的原因）	F 统计量	P 值	结论
LnFDI→LnEMPU	5.3399***	0.0023	拒绝
LnFDI←LnEMPU	2.5187	0.1071	接受
LnFDI→LnEMPR	5.1874**	0.0107	拒绝
LnFDI←LnEMPR	1.5884	0.2302	接受

（5）分布滞后模型。

引入分布滞后模型进一步考查 FDI 对中国城乡就业结构的影响程度和趋

势，分别对 FDI 与城乡就业人数比重构建模型，方程如下：

$$LnEMPU = \alpha + \lambda LnEMPU(-1) + \beta_0 LnFDI + \beta_1 LnFDI(-1)$$
$$+ \beta_2 LnFDI(-2) + \cdots + \beta_s LnFDI(-s) + u_U$$

$$(4-59)$$

$$LnEMPR = \alpha + \lambda LnEMPR(-1) + \beta_0 LnFDI + \beta_1 LnFDI(-1)$$
$$+ \beta_2 LnFDI(-2) + \cdots + \beta_s LnFDI(-s) + u_R$$

$$(4-60)$$

同样根据前面所述的分布滞后模型选择滞后期和多项式次数的方法，经过反复模拟，确定模型的约束条件如表 4 - 30。

表 4 - 30　FDI 对中国城乡就业结构影响分布滞后模型估计的约束条件

	滞后期 s	多项式次数 m	附加约束
城镇就业结构 DLM	2	2	远端约束
农村就业结构 DLM	1	2	远端约束

在表 4 - 30 的约束条件下，利用相关数据，分别对方程（4 - 59）和（4 - 60）进行 OLS 估计，借助 Eviews6.0 软件，得到 FDI 对中国城乡就业结构的回归方程如下：

$$LnEMPU = 0.0686 + 0.9731 LnEMPU(-1) - 0.0436 LnFDI + 0.0674 LnFDI(-1)$$

t：　（1.6946）　　　　（18.8232***）　　　（-2.6905**）　　　（2.0768**）

$$+ 0.0529 LnFDI(-2) + \hat{u}_U$$

t：（2.6131**）

$$(4-61)$$

$$R^2 = 0.9908 \quad \overline{R^2} = 0.9888 \quad F = 509.06 \quad DW = 2.4992$$

$$LnEMPR = -0.0579 + 1.0463 LnEMPR(-1) - 0.0218 LnFDI + 0.0524 LnFDI(-1) + \hat{u}_R$$

t：　（-0.4936）　　　　（10.6903***）　　　（-2.8171***）　　　（2.2238**）

$$(4-62)$$

$$R^2 = 0.8981 \quad \overline{R^2} = 0.8835 \quad F = 61.67 \quad DW = 2.5104$$

上述方程的拟合程度都比较理想，方程总体的线性关系显著成立，解释变量对被解释变量的解释程度较高。具体来说，方程（4 - 61）中所有的解释变量均显著，说明当期及滞后两期的 FDI 对城镇就业人数比重的影响较为显著，从具体系数来看，当期 FDI 对城镇就业人数比重有负向影响，当期 FDI 每增加

1 个单位（%），城镇就业人数比重减少 0.0436 个单位（%）；滞后一期和滞后两期的 FDI 对城镇就业人数比重有正面影响，滞后一期和滞后两期的 FDI 每增加 1 个单位（%），城镇就业人口比重分别增加 0.0674 和 0.0529 个单位（%）。方程（4-62）中的解释变量 t 值均显著，而且 LnFDI 的系数为负，Ln-FDI（-1）的系数为正，说明当期和滞后一期的 FDI 对农村就业的影响比较显著，而且当期 FDI 对农村就业有负面影响，它每增加 1 个单位（%），会造成农村就业人口比重减少 0.0218 个单位（%），滞后一期的 FDI 对农村就业有正向影响，滞后一期的 FDI 每增加 1 个单位（%），农村就业人口比重增加 0.0524 个单位（%）。

4.2.3.3 结论及启示

总的来说，FDI 对中国城乡二元经济结构能起到一定程度的缓解作用，但对城乡二元就业结构的影响却并不明显。一方面，当期 FDI 对中国农村 GDP 比重具有显著的正效应，滞后两期的 FDI 对农村 GDP 比重具有较小的负效应，而当期 FDI 对中国城镇 GDP 比重所产生的正效应差不多可以与前两期 FDI 产生的滞后负效应抵消，因此 FDI 对中国农村经济结构具有显著的正效应，但对中国城镇经济结构的影响可忽略不计，那么从这个角度来看，FDI 可以在某种程度上缓解中国目前城乡经济结构的二元性。另一方面，从 FDI 对中国城乡就业人数影响系数来看，FDI 对中国农村就业结构的负效应要大于城镇就业结构，但 FDI 对城镇就业结构影响的滞后期要长于农村地区，总的来说双方差距不大，因此 FDI 对中国城乡劳动力转移的促进作用比较有限。

4.3

本章小结

通过研究中国区域、产业和城乡结构的差异以及 FDI 流动对区域、产业和城乡经济结构的影响，得出如下结论：

（1）FDI 能够对中国区域结构产生一定的促进作用，而且这种促进作用只在东部地区表现的比较明显，对中西部地区的影响缺乏显著性，此外，这种促进作用并非关键性作用，无论是在 FDI 大规模流入的东部地区，还是在 FDI 存量较低的西部地区，它对经济和就业的促进作用均低于国内资本的作用，因此

FDI 对中国区域结构的影响程度较小。

（2）FDI 有利于促进中国产业结构升级及实现就业人口非农化。具体来说，首先，FDI 对中国第二产业经济结构和就业结构的促进作用最为显著，第二产业 FDI 的流入在一段较长的时期内都有助于提高其产业 GDP 和就业人数比重；其次，FDI 对第一产业就业的负向推动和对第二产业就业的正向促进，以及对第一、二产业 GDP 变动的滞后影响，不仅促进了中国劳动力素质的整体提升，还直接带动了中国工业技术水平的提高，这是产业结构升级最突出的两点表现；第三，FDI 对第三产业经济结构的影响较为显著，对其就业结构的影响不足，不利于中国农村剩余劳动力的转移及产业结构的进一步优化。

（3）FDI 对中国城乡二元经济结构能起到一定程度的缓解作用，但对城乡二元就业结构的影响却并不明显。

（4）FDI 的确一定程度上推动了中国剩余劳动力的转移，但由于农民工的迁徙行为并没有提高城市化率、没有推进中国城市化进程，城市化进程的滞后导致了第三产业的滞后，第三产业的滞后加大了城市工业吸收剩余劳动力的压力，导致了就业结构的滞后、剩余劳动力的积压和二元经济结构的固化。这样在自我"恶性循环"的过程中二元经济结构始终保持稳定。

第5章

FDI 流动对就业转移的直接效应和间接效应：基于联立方程模型的定量测度

FDI 对就业转移既有总量效应，也有结构效应，既有直接效应，还有间接效应等，本章主要从区域视角（限于数据的原因），通过构建联立方程模型，分别从区域内和区域间实证分析 FDI 对我国区域就业转移的直接效应和通过其他中间变量定量测度影响就业转移的间接效应。

5.1

理论模型

在计量实证分析投资与就业的关系中，传统方法往往采用柯布－道格拉斯（C－D）生产函数进行推导，但其假定劳动与资本的替代弹性为1，而在现实经济中，劳动与资本的替代弹性往往不等于1，因而使用 C－D 生产函数推导显得不妥。本节借用 Waldkirch 和 Nunnenkamp（2009）[①] 的分析框架，采用 CES 生产函数推导出理论模型。根据 CES 生产函数，假设一个国家的代表性厂商的生产函数为：

$$Y = A[\delta_1 K^{-\rho} + \delta_2 L^{-\rho}]^{-\frac{m}{\rho}} \qquad (5-1)$$

其中：K 为资本存量，L 为劳动力总量，A 为生产效率系数，是广义技术进步水平的反应，有 A＞0；δ_1、δ_2 是份额参数；ρ 为替代参数，取值范围为 $-1 < \rho < \infty$；m 为规模报酬参数。设资本的价格为 c，劳动力的价格即工资为

① Andreas Waldkirch, Peter Nunnenkamp. Employment Effects of FDI in Mexico's Non－maquiladora Manufacturing [J]. Journal of Development Studies, 2009（7） w，则厂商的获利为：

$$\pi = P * A\left[\delta_1 K^{-\rho} + \delta_2 L^{-\rho}\right]^{-\frac{m}{\rho}} - (K * C + L * W) \tag{5-2}$$

在完全竞争的情况下，利用利润最大化的条件，令 L 和 K 的一阶导数为零，得到两个等式，可以解出

$$K = \left(\frac{\delta_2 C}{\delta_1 W}\right)^{-\rho-1} L \tag{5-3}$$

将公式（5-3）代入公式（5-1）中，整理得：

$$Y = A\left\{L^{-\rho}\left[\delta_1\left[\left(\frac{\delta_2 C}{\delta_1 W}\right)^{\frac{\rho}{\rho+1}} + \delta_2\right]\right]\right\}^{-\frac{m}{\rho}} \tag{5-4}$$

投资的增加会影响平均劳动生产率，从而会间接影响劳动的需求，如果将投资资本 K 分解为外资 FDI 和内资 K_D，则外资的增加会提升国内企业的相互竞争压力，也会对国内产业产生技术溢出或技术挤出效应，影响平均劳动生产率；内资的增加带来设备和技术等生产要素的变革，影响劳动生产率，即投资会影响生产效率系数。因此，令：

$$A = Be^{\lambda t}FDI * K_d \tag{5-5}$$

将公式（5-5）代入公式（5-4）后左右两边取对数，解出劳动力需求的函数为：

$$\ln L = \frac{m}{\rho}\ln B + \frac{m}{\rho}\ln\delta_1 + \frac{m}{\rho}T + \frac{m}{\rho}\ln FDI + \frac{m}{\rho}\ln(K_d) + \theta_1 - \ln Y \tag{5-6}$$

其中：

$$\theta_1 = \left(-\frac{m}{\rho}\right)\ln\delta_1\left[\left(\frac{\delta_2 C}{\delta_1 W}\right)^{\frac{\rho}{\rho+1}} + \delta_2\right]$$

$$\theta_1 \approx -m(\rho+1)\ln\left(\frac{\delta_1}{\delta_2}\right) - m(\rho+1)\ln\left(\frac{W}{C}\right)$$

因此，得到就业需求的方程为：$\ln L_t = a_0 + a_1\ln FDI_t + a_2\ln GDP_t + a_3\ln(W/C)_t + a_4\ln(K_d)_t + a_5 T_t + \varepsilon_t \tag{5-7}$

由于资产价格（C）难以准确度量，这里假设它为常数，没有考虑它对劳动需求的影响。因而，公式（5-7）可以变换为：

$$\ln L_t = a_0 + a_1\ln FDI_t + a_2\ln GDP_t + a_3\ln WAGE_t + a_4\ln(K_d)_t + a_5 T_t + \varepsilon_t \tag{5-8}$$

由此得到了就业的决定模型。该模型反映了 FDI 流动、经济发展、工资和时间趋势与就业的关联。下文以该模型为基础，构建联立方程模型，利用相关数据实证研究 FDI 流动对我国就业转移的直接与间接效应。

5.2

联立方程模型构建

在很多情况下，经济现象是极为复杂的，其中经济变量之间的关系式相互依存、互为因果的，也就是说一个经济变量影响另一个经济变量（或多个变量）；反过来，这个变量又会受到其他经济变量的影响，并且多个变量的行为是同时决定的。在这种复杂的经济系统里，单方程模型可能无法准确地描述这种相互依存的关系，需要用一组联立方程模型来描述经济系统中变量之间的关系。

联立方程模型系统的一个共同特征是，它们都包含若干个内生变量，而且这些变量的值是一系列相互联系的方程共同确定的。在联立方程模型系统中，各个经济变量之间是一种联系关系，同一个变量在某一方程中可以作为被解释变量，而在另一个方程中则可能就是解释变量。因此，单方程模型中的解释变量与被解释变量在联立方程模型中容易被混淆，通常情况下，联立方程模型中的变量被称作内生变量和外生变量。一般而言，方程的左侧是内生变量，方程右侧的变量可以为外生变量也可以包含内生变量（高铁梅；2009）[①]。

因此，联立方程模型可以写成：

$$BY + \tau Z = u \qquad\qquad (5-9)$$

其中，Y 表示 $k * T$ 的内生变量，T 表示样本容量，k 表示内生变量个数，Z 表示 $g * T$ 的先决变量矩阵，g 表示先决变量个数，u 表示 $k * T$ 的结构性扰动项矩阵，B 表示内生变量的 $k * k$ 结构参数矩阵，τ 表示先决变量的 $k * g$ 结构参数矩阵，如果模型中含有常数项，可以看成一个外生的虚拟变量向量 Z_0。这种含有 k 个内生变量、g 个先决变量、k 个结构方程的系统被称为完备的结构式系统。在完备的结构式系统中，独立的结构方程数目等于内生变量的数目，每个内生变量都分别由一个方程来描述，公式（5-9）的矩阵可以表示为：

[①] 高铁梅. 计量经济分析方法与建模 [M]. 北京：清华大学出版社，2009.

$$Z = \begin{bmatrix} z_1 \\ z_2 \\ \cdots \\ z_k \end{bmatrix} Y = \begin{bmatrix} y_1 \\ y_2 \\ \cdots \\ y_k \end{bmatrix} u = \begin{bmatrix} u_1 \\ u_2 \\ \cdots \\ u_k \end{bmatrix} \qquad (5-10)$$

参数矩阵 B 和 τ 为：

$$B = \begin{bmatrix} \beta_{11}\beta_{12}\cdots\beta_{1k} \\ \beta_{21}\beta_{22}\cdots\beta_{2k} \\ \vdots \\ \beta_{k1}\beta_{k2}\cdots\beta_{kk} \end{bmatrix}, \tau = \begin{bmatrix} \lambda_{11}\lambda_{12}\cdots\lambda_{1g} \\ \lambda_{21}\lambda_{22}\cdots\lambda_{2g} \\ \vdots \\ \lambda_{k1}\lambda_{k2}\cdots\lambda_{kg} \end{bmatrix} \qquad (5-11)$$

根据公式（5-8），投资（包括外资 FDI 和内资 K_D）、经济发展程度、工资水平等均是影响就业的因素，可以认为，以上因素也是影响就业转移和就业差异的因素。鉴于区域间时间序列的就业转移数据缺乏，为便于计量分析，这里用区域间就业差异反映就业转移情况，同时对公式（5-8）中各变量取标准差 S，构建就业转移的影响因素回归方程（由于时间因素 T 经标准差转换后仍为常数，为计算方便，合并入常数项），回归方程建立在求取自然对数的基础上：

$$\ln S_L = c(1) + c(2) * \ln S_{gdp} + c(3) * \ln S_{fdi} + c(4) * \ln S_{kd} + c(5) * \ln S_{wage} + \varepsilon_1$$
$$(5-12)$$

其中，$\ln S_L$ 表示区域就业差异的对数，用以衡量就业转移；$\ln S_{fdi}$，$\ln S_{gdp}$，$\ln S_{kd}$，$\ln S_{wage}$ 分别为 FDI、GDP、内资和工资差异的对数，ε_1 为随机扰动项，表示其他所有未能考虑在模型内的因素的综合影响。系数的符号为正表明变量的影响为正效应，即该变量的差异加大了就业差异，促进了就业转移；系数的符号为负表明变量的影响为负效应，该变量的差异缩小了就业差异，减少了就业转移。

综合前人的研究，一般影响 FDI 流动的因素主要有：市场因素、基础设施因素、集聚因素、成本因素、制度因素和文化因素等。考虑数据的可得性，主要选取经济发展、基础设施和人力成本等可以量化的因素，构建 FDI 流动影响因素模型：

$$\ln S_{fdi} = c(6) + c(7) * \ln S_{wage} + c(8) * \ln S_{gdp} + c(9) * \ln S_{kd} + \varepsilon_2$$
$$(5-13)$$

将工资项与 FDI 项互换，可得到影响工资的方程：

$$\ln S_{wage} = c(6) + c(7) * \ln S_{fdi} + c(8) * \ln S_{gdp} + c(9) * \ln S_{kd} + \varepsilon_2$$
$$(5-14)$$

从宏观上看，投资依然是拉动我国经济增长的重要因素，增加全社会的固定资产投资和外商直接投资有利于促进经济增长。因此，从投资角度构建 GDP 影响因素模型：

$$\ln S_{gdp} = c(10) + c(11) * \ln S_{fdi} + c(12) * \ln S_{kd} + \varepsilon_4 \qquad (5-15)$$

关于外资对东道国本国投资产生的效应是挤入效应还是挤出效应，沿用 Agosin 和 Mayer（2001）构建的投资模型，认为一定时期内一国的总投资等于国内投资与外资之和，他们认为：投资是对应于意愿投资与真实资本存量差异做出调整的变量，意愿投资是国内企业理想的资本存量，与实际产出量和最大产出量之间的差异①。因此，国内投资变量中需要考虑经济增长和国外需求两个因素，构建影响内资的模型：

$$\ln S_{kd} = c(13) + c(14) * \ln S_{fdi} + c(15) * \ln S_{gdp} + \varepsilon_4 \qquad (5-16)$$

至此，公式（5-12）、公式（5-14）、公式（5-15）、公式（5-16）四式组成了本节研究 FDI 流动对区域就业转移的直接效应与间接效应的联立方程模型，选取常数 C 和内资 K_d 作为模型的工具变量。FDI 对区域就业转移的直接效应表现为：投资的区域差异导致了区域就业转移（区域就业差异）；FDI 对区域就业转移的间接效应表现为：区域 FDI 差异通过影响区域工资水平、经济发展和内资变量的差异间接影响区域就业转移。综合上述四式，测算 FDI 差异对区域就业转移的直接效应与间接效应。

5.3

数据选取及说明

关于数据时间起点的确定。尽管 20 世纪 70 年代末期我国实行了农村经济体制改革，农民有了经营自主权，但是由于制度等多方面的因素，大规模的劳动力流动并没有出现；到了 80 年代，政府逐步放松了对劳动力流动的管制，表现为：1983 年允许农民对农产品进行异地销售，1984 年鼓励农村劳动者到城镇务工，1988 年允许农民自带口粮进城务工和经商。这样看来，直到 20 世

---

① Agosin, R. M. and R. Mayer, "Foreign Investment in Developing Countries: Does it Crowd in Domestic Investment?" [J]. UNCTAD Discussion Papers, 2001: No. 146.

纪 80 年代末期，政府才放宽对劳动力流动的限制，城乡劳动力流动成为农村剩余劳动力转移的主要方式，同时考虑到 20 世纪 90 年代初邓小平同志南方谈话后我国加快改革开放步伐，外资大量涌入，因此把 1995 年作为分析 FDI 流动与劳动力就业转移问题的数据起始点。

关于相关变量数据的确定。找到精确衡量我国劳动力流动规模的数据是很困难的，确立描述我国劳动力流动规模演变的时间序列数据就更困难了，直到目前为止，我们还无法找到来源一致的描述我国城乡劳动力流动实际状况的高质量时间序列数据，也许这也正是为什么至今还很少看到使用时间序列数据直接分析我国城乡劳动力流动与 FDI 相互关系的主要原因。所以，如何能够利用已有的相关数据比较恰当地对我国劳动力流动规模的演变进行描述是很关键的。一般而言，劳动力就业转移最直观的表象就是就业量的变化，某一地区就业量增加，说明可能有劳动力流入到该地区，某一地区的就业量减少，说明可能有劳动力流出该地区，也就是说劳动力的区域就业转移在很大程度上导致了区域就业量的增加或减少，而前后两期就业量之差可以近似地看作是劳动力就业转移的变动。特别是 20 世纪 90 年代后，我国就业总量增长缓慢，就业的变化主要表现为区域就业结构和产业就业结构的变化。因此本章在考察 FDI 差异对区域就业差异的影响的计量分析数据选取上主要以就业差异衡量就业转移，具体在统计指标上使用区域就业的标准差 S 来衡量，其他类同。

相关数据的样本区间为 1995～2012 年，原始数据均来源于历年《中国统计年鉴》、《中国对外经济贸易年鉴》等。重庆市于 1997 年成为直辖市，为便于分析和数据的连贯性，将其数据纳入四川省一并进行计算。其中分析的国内地区未包含中国的台湾、香港和澳门地区。相关数据经过了汇率折算等处理。1995～2012 年相关变量的描述性统计结果见表 5-1。

表 5-1　　　　　　　　　1995～2012 年相关变量的描述性统计

变量	均值	最大值	最小值	标准差	观测值
就业量（单位：万人）	68410.89	78894.00	62042.46	5820.69	579
外商直接投资（单位：亿美元）	654.87	1117.16	375.21	263.85	579
国内生产总值（单位：亿元人民币）	212955.45	519470.10	57632.78	152068.86	579

变量	均值	最大值	最小值	标准差	观测值
国内投资（单位：亿元人民币）	112870.79	374694.70	19511.12	111293.87	579
平均工资（单位：元）	19221.78	46769.00	5348.00	13078.52	579

资料来源：根据历年《中国统计年鉴》数据整理计算得出。

5.4

实证结果分析

5.4.1 FDI 流动对区域内和区域间就业转移的影响

由于区域就业转移包括区域内部的就业转移和区域之间的就业转移，因此下面将分别从区域内部和区域之间两个层面来考察 FDI 流动带来的 FDI 差异对区域就业转移的影响（见表 5-2）。

表 5-2   联立方程模型的估计结果

解释变量		区域内						区域间	
		东部		中部		西部		系数	P 值
		系数	P 值	系数	P 值	系数	P 值		
公式 (12)	$\ln S_{gdp}$	0.1448	0.3317	0.5629	0.0001 ***	0.7484	0.0026 ***	0.9988	0.0002 ***
	$\ln S_{fdi}$	0.0534	0.0745 *	-0.0485	0.1237	0.2539	0.0001 ***	0.0545	0.0548 **
	$\ln S_{kd}$	0.0379	0.0644 *	-0.2433	0.0000 ***	0.1443	0.4139	-0.3726	0.0075 ***
	$\ln S_{wage}$	0.0393	0.0558 *	0.0079	0.0899 *	0.0606	0.0993 *	0.6019	0.0003 ***
公式 (14)	$\ln Sf_{di}$	0.2083	0.0157 **	0.3291	0.0017 ***	-0.1157	0.0669 *	0.1980	0.0760 *
	$\ln S_{gdp}$	1.6976	0.0000 ***	1.8189	0.0000 ***	0.1506	0.0888 *	1.1025	0.0006 ***
	$\ln S_{kd}$	-0.3942	0.2088	-0.2572	0.1368	0.8639	0.2589	-0.0108	0.9625
公式 (15)	$\ln S_{fdi}$	-0.2739	0.8149	1.2204	0.0960	-0.5721	0.4348	-0.7274	0.0022 ***
	$\ln S_{kd}$	0.9807	0.0000 ***	0.9498	0.0000 ***	1.0970	0.0000 ***	0.8714	0.0000 ***
公式 (16)	$\ln S_{fdi}$	0.0615	0.0530 *	0.1249	0.1696	-0.0077	0.0905 *	0.2458	0.0247 **
	$\ln S_{gdp}$	0.7297	0.0000 ***	0.5849	0.0000 ***	0.6754	0.0000 ***	0.6308	0.0000 ***

注：①***、**、*分别表示在 1%、5%、10% 的水平上显著；②每个方程中 $\ln S_{fdi}$ 的系数为本节重点关注的变量。

5.4.1.1　FDI 差异对区域内就业转移的影响

公式（5 - 12）中，$\ln FDI_t$ 的系数衡量了 FDI 差异对区域内就业转移的直接影响，是本节重点关注的变量。由回归结果，FDI 的差异对东、中、西部地区的就业转移的影响系数分别为 0.0534、- 0.0485 和 0.2539。外资加大了东、西部地区内的就业转移，缩小了中部地区内部的就业转移。对西部地区不显著是因为西部地区外资额总量和占 GDP 比重均较小，整体上对就业转移的影响不大。$\ln GDP_t$ 和 $\ln K_{dt}$ 的系数衡量了经济发展差异和国内投资差异对就业转移的直接影响。GDP 差异对三大区域就业转移影响的弹性系数分别为：0.1448、0.5629 和 0.7484；内资因素对三大区域就业转移影响的弹性系数分别为：0.0379、- 0.2433 和 0.1443。经济增长和国内投资增加能带来就业水平的提高，可以提供更多的就业机会，促进了就业，因而两者带来了就业的差异。$\ln WAGE_t$ 的系数衡量了工资差异对就业转移的直接影响。工资差异对东、中、西三大地区内部就业转移的效应分别为：0.0393、0.0079 和 0.0606，均为正效应。

公式（5 - 14）中变量的系数衡量了各因素对工资差异的影响。$\ln FDI_t$ 的系数衡量了外资差异对工资差异的影响，由回归结果，FDI 的差异对东、中、西部地区工资差异的影响弹性系数分别为 0.2083、0.3291 和 - 0.1151，FDI 差异加大了东部和中部地区的工资差异，缩小了西部地区的工资差异。外资的流入通过增加资本供给和技术进步带来产业结构升级和生产率的提高，使企业的利润增加，增加的利润一部分用于提升劳动者的工资，从而促进工资增加。东部地区是外资密集的地区，因而外资的工资效应最大，这与现实情况相符。$\ln GDP_t$ 和 $\ln K_{dt}$ 的系数衡量了经济发展差异和国内投资差异对工资差异的影响。值得一提的是，GDP 差异对三大区域工资差异影响的弹性比较大，分别为：1.6976、1.8189 和 0.1506，工资水平受经济发展的影响很大。近年来，我国经济发展迅速，GDP 每年均以 8% 以上的速度增长，因而带来工资水平的快速提高，根据统计数据，与 2000 年相比，2010 年全国平均工资水平增长了近4 倍。

公式（5 - 15）中变量的系数衡量了投资差异对 GDP 差异的影响。$\ln FDI_t$ 的系数衡量了外资差异对经济差异的影响。外资差异对东、中、西部地区 GDP 差异的影响系数分别为 - 0.2739、1.2204 和 - 0.5721。外资的影响显著性不强，内资的影响均通过显著性检验。这是因为，相对于内资的规模，FDI 的投资额较小。从宏观上看，投资依然是拉动我国经济增长的主要因素，增加全社会的固定资产投资和外商直接投资有利于促进经济增长。

公式（5-16）中变量的系数衡量了外资与 GDP 的差异对内资差异的影响。对东、中部地区来说外资对内资的效应表现为挤入效应，$\ln FDI_t$ 的系数分别为：0.0615 和 0.1249；对西部地区来说外资对内资的效应表现为挤出效应，$\ln FDI_t$ 的系数为 -0.0077。GDP 差异对内资的影响非常大。与经济发展水平相比，外资对内资的影响程度较小，因而变量未能通过显著性检验。

5.4.1.2　FDI 差异对区域间就业转移的影响

公式（5-12）中，FDI 差异对区域间就业转移的效应为 0.0545，结果显著。整体上，FDI 差异加大了区域间的就业流动。从我国几次人口普查数据的对比看，我国区域间的劳动力流动和就业转移主要表现为由中、西部向东部地区迁移。这是因为：改革开放以来特别是 20 世纪 90 年代后，FDI 大量流入我国东部地区，带来了新的产品和服务，加速该地区的经济发展，创造了大量的就业机会，吸引劳动力向该地区流动；而对于中部地区来说，大量劳动力集中在第一产业和第二产业，外资的进入带来技术和要素的升级，资本对劳动的替代效应明显，因而导致劳动力流出。GDP 差异对就业转移的效应为 0.9988，其值在所有变量中最大，证明了经济发展对就业巨大的促进作用。工资差异对就业转移的影响弹性为 0.6019，可能是因为，劳动力跨区迁移受到众多因素的影响，由于东部沿海省市生活成本较高，有效工资较低，在某些方面可能还存在一定的就业歧视等原因，在一定程度减弱了中西部劳动力到东部就业；中、西部地区，尤其是西部地区就业对工资的反应非常敏感，当本地区工资待遇升高时，劳动力更愿意留在本地区就业，导致在一段时间内沿海企业出现招工难，这与当前我国招工就业的现实情况相符。

公式（5-14）中，FDI 差异对工资差异的效应为 0.198，说明 FDI 差异缩小了三大区域间的工资差异。公式（5-15）中和公式（5-16）中，FDI 差异对 GDP 和内资的差异的效应为 -0.274 和 0.2458，由于外资占投资总量的比重较小，变量未能通过显著性检验。

5.4.2　FDI 流动对就业转移的直接效应与间接效应的测算

根据联立方程模型的估计结果，可以计算出 FDI 流动带来的 FDI 差异对就业转移的直接效应和间接效应。

FDI 差异对区域就业转移的直接效应：从三大地区内部看，FDI 差异对东部地区内就业转移的影响最大，其弹性系数为 0.0534；对中部地区内部就业转移的影响为负，弹性为 -0.0485；对西部地区内部就业转移的效应为正，弹性为 0.2539，但影响程度较小；从三大地区之间看，FDI 差异对区域间就业转移的影响为 0.0545，表明 FDI 差异促进了就业在三大区域间的转移。

FDI 差异对区域就业转移的间接效应：从三大地区内部看，FDI 通过工资因素对东、中、西三大地区内部就业转移的间接影响分别为：0.0082、0.0026 和 -0.007；通过经济因素对三大地区内部就业转移的间接影响分别为：0.0089、0.0703 和 -0.0058；通过内资因素对三大地区内部就业转移的间接影响分别为：0.0023、-0.0304 和 -0.0011。从三大地区之间看，FDI 差异通过工资因素、经济因素、内资因素对就业转移的效应分别为：0.1192、0.2455 和 -0.0916。

综合考虑上述 FDI 差异对区域就业转移的直接效应和间接效应，FDI 对东、中、西三大地区内部就业转移的总效应分别为：0.0728、-0.006 和 0.24；FDI 对三大地区间就业转移的直接效应为 0.0516，间接效应为 0.2731，FDI 对区域间就业转移的总效应为 0.3276。详细情况见表 5-3。

表 5-3　　　　　FDI 流动对就业转移的直接效应与间接效应

效应		区域内			区域间
		东部	中部	西部	
直接效应		0.0534	-0.0485	0.2539	0.0545
间接效应	工资因素	0.0082	0.0026	-0.0070	0.1192
	经济因素	0.0089	0.0703	-0.0058	0.2455
	内资因素	0.0023	-0.0304	-0.0011	-0.0916
	小计	0.0194	0.0425	-0.0139	0.2731
净效应		0.0728	-0.0060	0.2400	0.3276

资料来源：根据估计结果计算得出。

由计算结果看出，FDI 流动对就业转移的直接效应大于间接效应。在间接效应中，工资因素在东、中、西部和三大区域间的影响在总间接效应中的占比分别为：42.27%、6.12%、50.36% 和 43.65%，除中部地区外，工资因素对区域内部和区域间就业转移的影响较其他因素更明显（见图 5-1）。中部地区内部收入因素对就业转移的影响相对较小，这与不同性质企业的工资形成机制有关。外资企业倾向于采取效率工资，很大程度上会依据工资水平确定劳动力需求；相对于外资企业，内资企业的工资收入受政策约束和管制较多，工资决定机制的市场化水平较低。根据回归结果，FDI 对中部地区内资的效应为挤入效应，及 FDI 的流入带动了该地区内资的增加，中部地区的国有企业数量最大，内资的大幅增加阻碍了外资通过市场竞争对劳动需求弹性作用的传导。

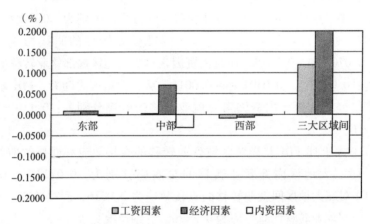

图 5-1　FDI 流动对就业转移间接效应的各因素影响

5.5

本章小结

通过 CES 生产函数推导的理论模型，构建了 FDI 流动对我国区域就业转移的直接与间接影响的联立方程模型，利用 1995 ~ 2012 年间的样本数据，分别从三大地区内和三大地区间定量测度和实证分析 FDI 流动对我国区域就业转移的直接效应和通过其他中间变量影响就业转移的间接效应。主要结论及相关启示有：

（1）FDI 流入每增加 1%，对东、中、西部地区内部就业转移的直接效应分别为：0.0534、−0.0485 和 0.2539；间接效应分别为：0.0194、0.0425 和 −0.0139，对三大区域间就业转移的直接效应为 0.0545，间接效应为 0.2731。FDI 因素对三大地区内部就业转移的净效应为：0.0728、−0.006 和 0.24，区域内部净总效应为 0.3068；对区域间就业转移的净效应为 0.3276。从整体上看，FDI 流动促进了劳动力在三大区域间的转移，降低了其内部的转移。从区域发展的趋势来看，FDI 首先流入我国东部地区，进而向我国中、西部地区转移。随着 FDI 流入的增加，东部地区将成为吸纳就业人员的主要地区，并带动大量劳动力转移到此。国家在积极引进外资发展经济的同时应充分意识到劳动力区域间的流动带来的社会问题和经济问题，如"民工潮"、"民工荒"问题。

（2）FDI 流动对区域就业差异的影响分为两大方面：一个是直接转移效应，主要表现为外资在东部地区的众多新增投资，带来了大量的新就业机会，拉动中西部地区人口和劳动力加速向东部沿海地区迁移流动；另一个是间接转移效应，主要表现为 FDI 通过拉大区域经济发展和工资水平差距、影响内资等因素对区域就业转移产生间接影响。

（3）在间接效应中，除中部地区外，工资因素在总间接效应中的占比最大，说明工资因素对区域内部和区域间就业转移的影响较其他因素更明显，工资差距是 FDI 流动就业转移效应的重要传导影响因素。FDI 流动影响区域间工资水平，进而作用于就业转移，而就业转移又会反过来影响收入分配，二者形成了相互作用的循环反馈机制。收入分配问题关系到就业的稳定和国家经济社会的安全。对此，政府制定适应社会主义市场经济体制的收入分配政策，加大监督力度，最大程度的缩小地区间的收入差距，完善就业服务体系和社会保障体系，加强对劳动力的培训，尽可能消除差别化待遇，引导就业合理流动，实现公平与效率的统一。

第 *6* 章

FDI 流动、就业转移与收入分配：
基于 CGE 模型的分析

　　"经济周期波动→FDI 流动→经济空间重构→就业转移→收入分配变迁"，这是解释我国转型时期经济周期波动、国际资本流动、国内就业与收入分配关系的一个新的分析框架，本章在对中国劳动力市场的基本特点和就业转移的空间格局进行统计描述的基础上，通过构建一个开放条件下中国就业结构特征的 CGE 模型，以 2007 年的 SAM 表为数据基础，结合我国的政策走向，设计 4 种情景，模拟分析经济周期波动下 FDI 流动对我国就业转移以及收入分配的影响。

6. 1
中国劳动力就业转移的空间格局

6.1.1　中国劳动力市场的基本特点

　　在中国独有的市场经济体制下，中国劳动力市场表现出了其独有的特征：总量规模庞大，但素质结构不合理；农村劳动力所占比重较大，但比重呈逐年递减趋势；农村劳动力地域分布范围广。

　　（1）总量规模庞大，但素质结构不合理。中国人口数量庞大，劳动力资源丰富，根据 2010 年的第六次全国人口普查数据，截至 2010 年，全国总人口约为 13.39 亿人，较 2000 年第五次全国人口普查的 12.6 亿人，增长了 5.84%。人口数量决定了劳动者的规模，2010 年，中国经济活动人口的数量为 7.84 亿人，占总人口的比例为58.55%。尽管劳动力资源丰富，但劳动者的素质结构却不尽合理，这主要表现在劳动者受教育程度上，低素质劳动者所占比重较高。根据全国第六次人口普查的数据，2010年中国人口受过大专及以上教育占比8.93%，受过高中及中专教育人口占比14.03%，受过初中和小学教育人口占比较大，分别为38.79%和26.78%，文盲率为4.08%（见图6–1）。尽管如此，2010年的人口受教育结构比2000年有很大程度的优化，2010年受大专及以上教育人数比2000年增加了1.47倍，受过高中及中专教育和受过初中教育的人口分别比2000年增加了25.9%和14.21%，而受过小学教育和未受过教育人口为8%，分别比2000年有大幅下降（见图6–2）。

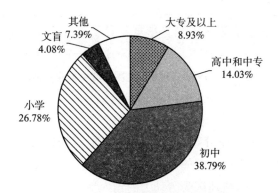

图6–1　2010年中国劳动力受教育情况

资料来源：根据2011年《中国统计年鉴》数据计算得出。

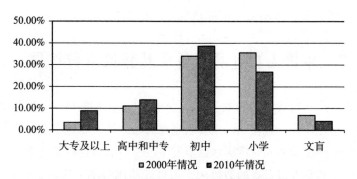

图6–2　2000年与2010年中国劳动力受教育程度对比

资料来源：根据2001年、2011年《中国统计年鉴》数据计算得出。

（2）农村劳动力所占比重较大，但比重呈逐年递减趋势。根据历年的统计数据资料，1990~2010 年，农村就业人口所占比重较大，所占全国就业总量的比重持续超过 50%。但随时间的推移，农村就业人口占比呈递减趋势，由 1990 年的 73.68% 下降到 2010 年的 54.42%；而城镇就业人口占比呈上升趋势，其比重由 1990 年的 26.23% 上升到 2010 年的 45.58%（见图 6-3）。

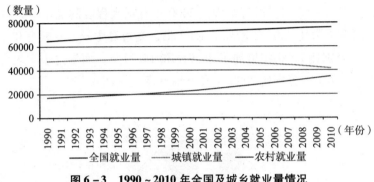

图 6-3　1990~2010 年全国及城乡就业量情况

资料来源：根据历年《中国统计年鉴》数据整理得出。

（3）农村劳动力地域分布范围广。在中国，经济相对不发达的中西部地区为劳动力的主要输出地区，如安徽、江西、四川等，而经济发展较快的沿海地区的就业机会多，这些地区为劳动力的输入地，如广东，浙江，上海等。由于中国户籍制度、土地制度等限制性因素，劳动力可能不能获得在工作地永久居住的权利，所以劳动力尤其是农村劳动力在农忙时回乡务农，在农闲时到城市务工，这样一来，劳动力流动的地域范围相当大。

6.1.2　中国人口迁移和就业转移的空间格局

尽管人口迁移与劳动力的就业转移是两个非常相似的概念，但严格的说，迁移与转移之间存在着一些差别，主要表现在劳动力的定居地点是否发生变化。如果劳动力在空间流动的同时定居地点也发生改变，那么这种流动就是迁移。但是在统计数据尤其是人口普查的数据中，人口迁移比劳动力流动更容易获取资料，学者们通常用人口迁移代替劳动力流动，或就业转移。尤其是在中国，由于中国的劳动力流动的特殊性，对人口实行较为严格的户籍管理制度，人口常住地变更后，其户籍并不一定发生相应的变化，人户分离的现象较为普遍。本部分主要研究就业的转移，而不是强调户籍的差别，因此在文中的就业转移指的是导致就业人口发生变化的所有的劳动力的流动。人口迁移与劳动力流动、就业转移的概念在本部分可以互用，都是指常住地发生变动的劳动就业的空间移动。

劳动力的就业转移改变了劳动力资源配置，是城市化和市场化过程在劳动力方面的具体表现形式。尽管劳动力流动会受到各种不同因素的影响，但总体来看，劳动力的就业转移是有一定的客观规律的，主要表现为：

（1）转移和距离。一般来说，劳动力就业转移的行为与空间距离呈负相关关系，距离越短，转移的可能性越大；距离越长，转移的可能性越小。劳动者普遍偏向于短距离的转移，长距离的转移大部分的目标地区是规模较大的中心城市。如从中国劳动力就业转移的现象来看：湖北、湖南和四川的劳动力倾向于到广东就业，黑龙江、吉林省份的劳动力倾向于到津京唐地区就业等。

（2）转移的阶段性。劳动力就业转移具有阶段性及分级递进性。阶段性表现在劳动力流动随时间变化有一个整体推进的规模；分级递进性表现在劳动力由原就业地点向工商业中心城市流动，而流出的空缺岗位会由临近地区的劳动者填补，临近地区的空缺岗位则由更远地区的劳动者填补，如此形成整个大区域范围内的转移，就业转移是一个由近及远，逐步流动的过程。

（3）转移和回流。一般来说，一个大区域范围内就业转移有一个基本的流向，就是转移的主流，但在劳动力流动的过程中，也存在一个与转移主流流向相反地转移逆流，也可称作回流，相对于主流转移逆流的规模较小，它只是对转移主流的一个反向性补偿。

（4）转移的意愿。一般来说，劳动力就业转移的主体是农村居民，城市居民的转移意愿较弱；就业转移的劳动者主要是男性，而女性的转移意愿较弱；就业转移的劳动者主要是中青年劳动者，而年长劳动者转移的意愿较弱；就业转移的地区主要是工商业发达的城市，而到农村转移的意愿较弱。

在中国，反映中国劳动力就业和人口迁移情况的一类重要的资料是全国人口普查数据。选取较近的第五次和第六次全国人口普查的资料，分析人口的流动情况。根据统计资料发现，1990～2010 年各地区就业变动的情况不尽相同。按照就业增长率的高低将各省、市、自治区划分为三种类型，即就业高增长地区、就业低增长地区、就业紧缩地区（见表 6-1）。其中，高增长地区包括：北京、浙江、福建、广东、海南、西藏、四川、甘肃和青海，这些地区中既有东部地区、也有西部地区，但没有中部地区省份，这些地区就业扩张的速度明显高于全国平均水平；低增长地区包括：天津、辽宁、河北、山西、内蒙古、黑龙江、上海、江苏、安徽、江西、山东、河南、湖北、湖南、广西、云南、贵州和宁夏，这些地区的空间分布比较分散，但包括了大部分中部省份；就业紧缩的地区包括：吉林、陕西和新疆。

表 6-1　　　　　　　1990～2010 年全国各省份人口净迁移和就业增长率

省份	五普		六普		就业增长率%	省份	五普		六普		就业增长率%
	净迁移（万人）	占总人口之比%	净迁移（万人）	占总人口之比%			净迁移（万人）	占总人口之比%	净迁移（万人）	占总人口之比%	
北京	16.73	12.33	67.70	3.45	0.96	河南	16.73	2.04	-80.34	0.85	-0.11
天津	3.93	3.99	27.18	2.09	0.06	湖北	3.93	2.61	-48.76	0.85	-0.57
河北	-0.94	0.14	-20.94	-0.29	0.12	湖南	-0.94	4.51	-65.04	0.99	-0.17
山西	0.64	0.20	-1.52	-0.04	0.19	广东	0.64	12.71	206.17	1.97	0.57
内蒙古	-0.98	0.42	3.77	0.15	0.57	广西	-0.98	3.54	-33.43	0.73	-0.31
辽宁	3.92	0.94	7.73	0.18	0.08	海南	3.92	1.38	3.13	0.36	2.66
吉林	-2.68	1.00	-9.16	-0.33	2.04	四川	-2.68	7.55	-103.38	0.95	0.50
黑龙江	-6.26	1.73	-20.47	-0.53	0.46	贵州	-6.26	2.79	-32.85	0.94	0.28
上海	19.81	12.07	87.27	3.79	0.18	云南	19.81	0.86	-2.46	0.05	0.28
江苏	7.42	1.02	43.20	0.55	0.08	西藏	7.42	1.47	1.10	0.37	0.52
浙江	17.63	3.84	99.70	1.83	0.47	陕西	17.63	0.80	-9.86	0.26	0.12
安徽	-26.01	4.41	-89.05	-1.49	0.87	甘肃	-26.01	1.42	-11.60	0.45	0.22
福建	7.33	2.15	26.46	0.72	0.39	青海	7.33	0.86	0.76	0.14	0.27
江西	-24.21	5.99	-51.87	-1.16	0.48	宁夏	-24.21	0.86	1.43	0.23	0.31
山东	0.28	0.03	-9.80	-0.10	0.09	新疆	0.28	5.15	14.94	0.68	0.26

资料来源：根据全国第五次人口普查和第六次人口普查数据计算得出。

就业状况是一个地区就业格局的静态反映，而就业人口的跨区域流动则是区域就业结构相对变化的动态表现形式。中国人口流动和劳动就业转移的区域特征比较明显，主要表现为区域内部人口的迁移和区域间人口的迁移。根据第五次人口普查和第六次人口普查的数据，1990～2000 年中国区域内部迁移人口占总迁移人口的比重为 28.44%，而区域间迁移人口占总迁移人口的比重为 71.56%。与之相比，2000～2010 年，中国区域内部人口迁移的比重略有下降，而区域间人口迁移的比重有所上升，区域内部和区域间迁移人口占总迁移人口的比重分别为 27.38% 和 72.62%。区域间的迁移主要表现为劳动力由中、西部地区向东部沿海地区转移。如图 6-4 和图 6-5，根据第五次全国人口普查的数据：1990～2000 年间人口总迁移中，人口由中部向东部的迁移占 41.5%，由西部向东部的迁移占 19.3%，中西部合计向东部地区的迁移占 60.8%，而东部向中西部迁移的占比合计为 5.91%；2000～2010 年间，人口由中部向东部的迁移占 43.18%，由西部向东部的迁移占 20.04%，中西部合计向东部地区的迁移占 63.22%，而东部向中西部就业转移的占比合计为 4.48%。两次人口迁移的数据对比来看，由中、西部流向东部的占比分别上升 3.8% 和 3.6%，由东部流向中、西部的占比下降，两地区合计下降 16%。

由此可见，改革开放以来特别是 20 世纪 90 年代以后我国劳动力大规模向东部沿海地区迁移和流动。究其原因很多，其中不可否认的是全球化背景下以跨国公司为主导的 FDI 流动引致的经济空间重构是一个很重要的因素。开放条件下世界经济周期波动必然会引起 FDI 流量和方向的变化，并通过经济空间重构引致东道国的国内就业转移，规模不断扩大的劳动力流动和就业转移将推动国民收入分配格局的变迁，收入分配格局的演变又会反过来作用于劳动力流动和就业转移。本章下一节将通过构建一个开放条件下中国就业结构特征的 CGE 模型，以 2007 年的 SAM 表为数据基础，结合我国的政策走向，设计 4 种情景，模拟分析经济周期波动下 FDI 流动对我国就业转移以及收入分配的影响，并给出相应的政策启示。

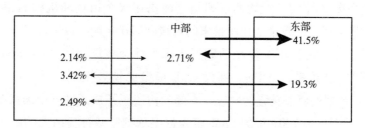

图 6-4 1990～2000 年三大地区间的人口迁移流

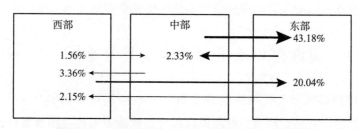

图 6-5 2000～2010 年三大地区间的人口迁移流

6. 2

FDI 流动、就业转移与收入分配：基于 CGE 模型的分析

　　FDI 流动对就业的影响不仅直接表现在外资企业本身，而且通过区域、产业间的联系也会作用于其他相关地区和部门，进而引起全国就业的波动以及收入分配格局的变迁。由于经济变量之间的关系可能是非线性的，并呈动态变化的，因此，研究世界经济周期波动下 FDI 流动对就业转移和收入分配的影响是一个非常复杂的系统性问题，需要应用一种全新的较科学合理的方法。可计算一般均衡模型（Computable General Equilibrium Model，简称 CGE 模型）是研究这一问题的最佳选择之一。它在经济的各个组成部分之间建立起了数量联系，使我们能够考察来自经济某一部分的扰动对经济另一部分的影响。对于投入产出模型来讲，它所强调的是产业的投入产出联系或关联效应，而 CGE 模型则在整个经济约束范围内把各经济部门和产业联系起来，从而超越了投入产出模型。同时，CGE 模型将瓦尔拉斯的一般均衡理论，由抽象的理论形式转变成一个可计算的实用模型，借助方程、变量以及经济系统的真实数据，用模型语言复制出现实经济系统后，可全面定量分析经济政策对宏观经济的影响。

　　本节 CGE 模型的一般均衡框架使它能描述多个市场和机构的相互作用，可以估计某一特定的政策变化所带来的直接和间接影响，以及对经济系统整体的全局性影响。由于 CGE 模型的数据来源为社会核算矩阵（social accounting matrix，简称 SAM 表），因而，通过 CGE 模型的情景模拟，可以容易的看出 FDI 流动对各部门就业转移的效应。本部分构建了开放条件下中国就业结构特征的 CGE 模型，以 2007 年的 SAM 表为数据基础，结合我国大的政策背景和政策走向，设计 4 种不同的情景，模拟分析经济周期波动下 FDI 流动对我国劳动力就业转移的影响及其通过就业转移这一中间变量对收入分配的作用。

6.2.1　国内外 CGE 模型的有关研究进展

　　CGE 模型是国际上流行的经济学和公共政策定量分析的一个主要工具，它在国民经济、贸易、环境、财政税收和公共政策方面的应用非常广泛。CGE 模型的特点是描述国民经济各个部门，各个账户之间的相互连锁关系，并且可

以对政策和经济活动这些关系的影响做描述、模拟和预测，CGE 模型可以将一个抽象的代表性经济转化成对现实经济的模型表述，CGE 模型非常灵活，可以方便地通过增添方程、修改设定的方法刻画不同的经济特征。通过引入反映真实经济发展情况的实际数据，CGE 模型得出可以与实际值进行对比的数值结果，从而可以为政策选择提供更多的有用信息。因此，他在国民经济、贸易、环境、财政税收和公共政策方面的应用非常广泛。CGE 模型在西方国家从 20 世纪 70 年代开始流行，现在已经成为世界银行和国际贸易组织等政策分析的基本工具。

（1）CGE 模型在国外的应用。

约翰森（Johansen）在 1960 年首次将一般均衡的思想运用到经济模型中[1]。其后，斯卡夫（Scarf）（1973）、阿德尔曼和罗宾逊、德维斯（Adelman and Robinson，1978）、Dervis，1975）使用不同的求解算法，对一般均衡模型的发展起到推动作用[2]。随着计算机的普及和 CGE 模型算法的成熟，1980 年以来，学术界涌现了大量应用 CGE 模型研究贸易政策、收入分配、财税政策等问题的文献。

贸易政策的研究是 CGE 模型应用的一个重要领域，包括单一国家贸易模型和多个国家贸易模型。前者用于分析贸易政策的变动一国国内经济的影响，有代表性的研究有：德米洛（De Melo，1982）的哥伦比亚 CGE 模型[3]，德尔维什等（Dervis et al.，1975）的土耳其的 CGE 模型[4]，霍里芝（Horridge，1993）建立的澳大利亚 CGE 模型[5]。后者用于分析经济全球化环境下国家之间

[1]　Johansen, L., "A Multi – Sector Study of Economic Growth", [J]. North – Holland Amsterdam. 1960.

[2]　Scarf, H, and Hansen, H., "Size Computation of Economic Equilibrium. New Haven" [M]. Yale University Press. 1973.

Adelman, I. and Robinson, S., "Income Distribution Policies in Developing Countries" [J]. Stanford University Press, 1978.

Dervis, K., "Substitution, Employment and Intertemporal Equilibrium in Non – Linear Multi – Sector Planning Model for Turkey" [J]. European Economic Reviews, 1975 (6): 77 – 96.

[3]　Dervis, K. Melo, de J. and Robinson, S., "General Equilibrium Models for Development Policy" [J]. Cambridge University Press. 1982.

[4]　Dervis, K., "Substitution, Employment and Intertemporal Equilibrium in Non – Linear Multi – Sector Planning Model for Turkey" [J]. European Economic Reviews, 1975 (6): 77 – 96.

[5]　Horridge, J. M., Parameter, B. R. and Pearson, K. R., "ORANI – F: A General Equilibrium Model of the Australian Economy" [J]. Economic avid Financial Computing, 1993 (3): 135 – 167.

的贸易问题，有代表性的研究有：Whalley（1985）运用 CGE 模型评价 GATT 东京谈判的结果①；刘易斯等（Lewis, et al., 1995）采用 CGE 模型分析 GATT 乌拉圭谈判的结果②。

在收入分配问题研究方面，阿德尔曼和罗宾逊（Adelman and Robinson）于 1978 年建立了韩国的 CGE 模型，首次应用 CGE 模型研究收入分配问题③；泰勒等（Taylor et al., 1980）建立了巴西的 CGE 模型来研究该国的收入分配问题④；古普塔和图根（Gupta and Togan, 1984）采用 CGE 模型研究土耳其等三国的收入分配问题⑤；阿德尔曼和罗宾逊（Adelman and Robinson, 1998）在他们已有研究的基础上测算了另外两种不同的宏观闭合情况下 CGE 模型的结果⑥。

在财政税收政策问题研究方面，学者们应用 CGE 模型考察税收政策变动对居民收入及整个经济系统的影响，代表性的研究有：基欧等（Kehoe et al., 1984）对 1980 年墨西哥税收改革效果的评价⑦；哈伯格（Harberger, 1994）的税收 CGE 模型等⑧。

（2）CGE 模型在中国的应用。

相对于国外的研究，CGE 模型在中国的应用较晚，在引入 CGE 模型初期，学者们主要应用 CGE 模型分析中国宏观经济运行和发展的问题。Zhang X. G.（1996）在澳大利亚莫纳什（Monash）模型的基础上，构建了中国经济的一般

① Whalley, J., "Trade Liberalization among Major World Trading Areas. Cambridge" [J]. Mass：MIT Press. 1985.

② Lewis. J. D, Sherman, R. & Wang, Z., "Beyond the Uruguay round：the Implication of an Asian free Trade area" [J]. China Economic Reviews, 1995（7）：35 –90.

③ Adelman, I. and Robinson, S., "Income Distribution Policies in Developing Countries" [J]. Stanford University Press, 1978.

④ Taylor, L, Bacha, E. L., Cardoso, E. A. And Lysy, F. J., "Models of Growth and Distribution for Brazil" [M]. Oxford University Press. 1980.

⑤ Gupta, S. and Togan, S., "Who benefits from adjustment process countries? A test on India, Kenya and Turkey" [J]. Journal of Policy Modeling, 1984（6）：95 –109.

⑥ Adelman, I, and Robinson, S., "Distribution – Alternative Models Economics Macroeconomic Adjustment and Income applied to Two Economies" [J]. Journal of Development, 1998（29）：23 –44.

⑦ Kehoe, T. J, Serra – Puche, J. and Solis, "A general equilibrium model of domestic commerce in Mexico" [J]. Journal of Policy Modeling, 1984（6）：1 –28.

⑧ Harberger, A. C., "Corporate and Consumption Tax Incidence in an Economy" [J]. ACCF Center for Policy Research Special Report. 1994.

均衡模型，以此分析国家经济增长和经济结构变化①。翟凡，李善同和冯珊（1997）开发了一个中国经济特征的 CGE 模型，这个模型包括 64 个部门，并以此模拟分析了中国的经济增长，产业结构变化和贸易结构变化②。其后，他们又对此模型进行修改和拓展，形成了地推动态中国经济的 CGE 模型（翟凡、李善同，1999）。樊明太等（1999）构建了反映一个中国转轨期经济特征的 CGE 模型，它包括贸易体制和经济发展方式的新变化③。段志刚、李善同（2004）运用 CGE 模型，分析了北京市等国内 20 几个地区产业结构变化对宏观经济的影响④。霍丽骊等（2006）运用 CGE 模型，结合 1997 年中国数据，对中国的经济发展做出预测⑤。

在研究中国宏观经济发展的基础上，近年来，学者们将 CGE 模型应用到贸易政策、财税政策和环境影响等方面的研究，用以模拟分析上述政策变化对中国整个经济系统的影响。有代表性的研究有：李善同、翟凡（2000）⑥，郑玉歆、樊明太（2002）⑦，李善同、何建武（2007）等的贸易政策模型⑧；郑玉歆（2002）对中国税收体制改革的影响的评价；段志刚等（2005）的税收效应模型⑨；段志刚（2004），王德发（2006）的能源环境 CGE 模型等⑩。

（3）CGE 模型在就业问题的应用。

为了合理的评价经济系统中各变量与就业的复杂关系，国内外一些学者采用 CGE 模型来研究复杂这种关系。克鲁格曼（Krugman，1995）强调一般均衡的思想，建立了一个小型的 CGE 模型，分析了贸易增长对国内就业的影响，

① Zhang, X. G., "A Dynamic Computable General Equilibrium Model of the Chinese Economy" [J]. Research Paper No. 539, Department of Economic of Melbourne University. 1996.

② 翟凡，李善同，冯珊. 一个中国经济的可计算一般均衡模型 [J]. 经济研究，1997 (3).

③ 樊明太，郑玉歆，马纲. 中国 CGE 模型：基本结构及有关问题（下）[J]. 数量经济技术经济研究，1999 (4).

④ 段志刚，李善同. 北京市结构变化的可计算一般均衡模型 [J]. 数量经济技术经济研究，2004 (12).

⑤ 霍丽骊等. CDF_CGE 模型基本结构及应用 [J]. 数量经济技术经济研究，2006 (1).

⑥ 李善同，翟凡. 加入世界贸易组织对中国经济的影响 [J]. 预测，2000 (3).

⑦ 郑玉歆等. 中国税制改革效应的一般均衡分析 [J]. 数量经济技术经济研究，2002 (9).

⑧ 李善同，何建武. 后配额时期中国、美国及欧盟纺织品贸易政策的影响分析 [J]. 世界经济，2007 (1).

⑨ 段志刚，冯珊，岳超源. 基于 CGE 模型的所得税改革效应分析以广东为例 [J]. 系统工程学报，2005 (4).

⑩ 王德发. 能源税征收的劳动替代效应实证研究——基于上海市 2002 年大气污染的 CGE 模型试片 [J]. 财经研究，2006 (2).

认为各国至少 30% 的就业和增加值是产生非贸易产品部门[①]。巴萨尼尼等（Bassanini et al.，1999）根据他们构建的 CGE 模型，分析四个 OECD 国家中就业工资收入变动对低收入群体的影响[②]。翟凡、李善同（1997）构建了一个中国经济的可计算一般均衡模型，来分析中国经济的一些实际政策问题，其中包括就业问题[③]。李善同、翟凡、徐林（2000）根据中国可计算一般均衡模型，研究中国宏观经济增长的影响因素，其中涉及劳动需求和就业的部门转移，但他们没有专门考察外资对就业的影响以及就业转移问题[④]。胡枫（2006）构建了一个三大区域的 CGE 模型，模拟分析了农村劳动力流动对经济增长和居民福利水平带来的影响[⑤]。陆文聪、李元龙（2011）构建了出口与就业的一般均衡模型，模拟分析了出口和投资的就业弹性[⑥]。

可以看出，国内外学者对外商直接投资的就业效应做了不少理论与实证研究，但运用 CGE 模型分析 FDI 流动与就业转移及其收入分配关系的文献尚未见到。下面将构建一个开放经济下的中国就业结构特征的 CGE 模型，模拟分析 FDI 流动对我国劳动力就业转移的影响，及其通过就业转移这一中间变量对收入分配的作用。

6.2.1.1 CGE 模型的特征

本节的 CGE 模型包含了中国大陆 31 个省、市、自治区和直辖市，以及一个反映中国对外贸易的世界其他地区，是一个开放经济的宏观模型。在开放的模型结构中，商品的生产分为三部分。一是国内生产出口部分，记为 QE，二是国内生产国内销售部分，记为 QD，三是市场上销售的进口商品，记为 QM。国内的 31 个地区之间通过劳动力流动、资本流动以及商品交易互相联接，形

---

① Krugman, Paul R., Venables, "A. J., Globalization and the Inequality of Nations" [J]. Quarterly Journal of Economics, 1995 (110)：857 - 880.

② Bassanini et al., "The Economic Effects of Employment - Conditional Income Support Schemes for the Low-paid: an Illustration from a CGE Model Applied to Four OECD Countries" [J]. OECD Economics Department Working Paper, 1999. No. 224.

③ 翟凡，李善同，冯珊. 一个中国经济的可计算一般均衡模型 [J]. 数量经济技术经济研究，1997 (3).

④ 李善同，翟凡，徐林. 中国加入世界贸易组织对中国经济的影响——动态一般均衡分析 [J]. 世界经济，2000 (2).

⑤ 胡枫. 中国劳动力转移规模的估计 [J]. 山西财经大学学报，2006 (2).

⑥ 陆文聪，李元龙. 中国出口增长的就业效应：基于 CGE 模型的分析 [J]. 国际贸易问题，2011 (9).

成一个统一的市场。国内的产出活动 QA 由 QE 和 QD 组成。国内销售的商品由 QM 和 QD 组成。根据不同的研究问题,一般 CGE 都会细分多种商品和多种部门,这样可以更清楚地分析各种产业之间的相互影响,以及产业结构的升级、变化以及其他一些问题。为了详细分析 FDI 流入对就业在行业及城乡间的转移效应,把模型的生产活动分为 16 个部门,即将中国投入产出表中的 42 个产业部门进行了重新整合,划分为 1 个农业部门和 15 个非农业部门。每个部门均生产 1 种商品,因此经济中共有 16 种商品;将资本细分为内资和外资,居民细分为东部地区居民、中部地区居民和西部地区居民(具体关系见图 6-6)。

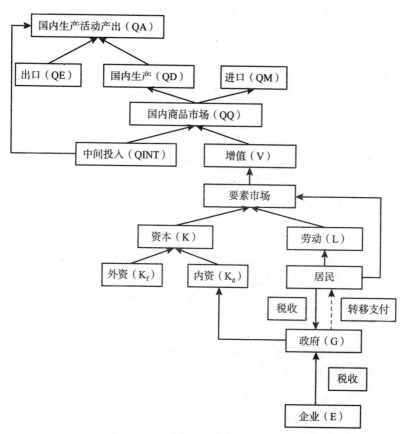

图 6-6 开放经济的市场销售流通过程

6.2.2　CGE 模型的结构

在 CGE 模型的结构上，本模型由生产、需求、要素供给、政府行为和宏观闭合 5 个模块组成，包含 42 个方程组，其中对资本、劳动和居民的账户细分的方程运用嵌套（nested）的方法。本节的 CGE 模型借鉴了张欣（2010）构建的开放条件下中国宏观经济的可计算一般均衡模型的思想[①]，根据本书的研究目的，对需求模块和要素供给模块进行重构和细化，最后建立了本节的 CGE 模型。

6.2.2.1　CGE 模型的主要方程

（1）生产模块。

理论上来说，生产函数可以包含多个要素投入，但为了分析问题的方便，我们假定生产函数中只包括中间投入和增值部分，其中增值部分包括资本（K）和劳动（L）（见图 6 - 7）。

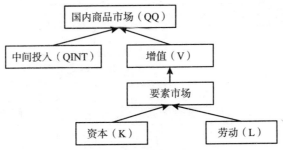

图 6 - 7　生产函数的嵌套形式

资料来源：参考张欣《可计算一般均衡模型的基本原理与编程》第 101 页图画出。

生产模块中的方程形式以 CES 生产函数和成本优化条件联立方程表示，则国内产出活动 QA_a 可以表示为：

$$QA_a = \alpha_a^q [\delta_a^q QVA_a^{\rho_a} + (1 - \delta_a^q) QINTA_a^{\rho_a}]^{\frac{1}{\rho_a}}, \ a \in A \qquad (6-1)$$

$$\frac{PVA_a}{PINTA_a} = \frac{\delta_a^q}{(1 - \delta_a^q)} \left(\frac{QINTA_a}{QVA_a} \right)^{1 - \rho_a}, \ a \in A \qquad (6-2)$$

---

① 张欣. 可计算一般均衡模型的基本原理与编程 [M]. 上海：格致出版社，2010.

$$PA_a * QA_a = PVA_a * QVA_a + PINTA_a * QINTA_a，a \in A \qquad (6-3)$$

其中，$QINT_a$ 为中间投入部分，QVA_a 为增值部分，$PINTA_a$ 和 PVA_a 分别为中间投入价格指数和增值价格指数，ρ_a 为要素价格替代弹性。类似国内产出活动 QA_a 的表达方式，中间投入和增值均以嵌套的形式表示，具体表示为：

$$QINT_{ca} = ica_{ca}QINTA_a，a \in A，c \in C \qquad (6-4)$$

$$PINTA_a = \sum_{c \in C} ica_{ca} * PQ \qquad (6-5)$$

$$QVA_a = \alpha_a^{va}[\,\delta_{La}^{va}QLD_a^{\rho_a^{va}} + (1-\delta_{La}^{va})QKD_a^{\rho_a^{va}}\,]^{\frac{1}{\rho_a^{va}}}，a \in A \qquad (6-6)$$

$$\frac{WL * (1+tval)}{WK * (1+tvak)} = \frac{\delta_{La}^{va}}{(1-\delta_{La}^{va})}\left(\frac{QKD_a}{QLD_a}\right)^{1-\rho_i}，a \in A \qquad (6-7)$$

$$PVA_a * QVA_a = (1+tval) * WL * QLD_a + (1+tvak) * WK * QKD_a，a \in A \qquad (6-8)$$

其中，ica_{ca} 为中间投入部分的投入产出直接消耗系数，PQ 为国内商品的价格，QLD 为劳动力需求量，QKD 为资本需求量，WL 为劳动力的价格，即工资，WK 为资本的价格，$tval$ 为对劳动投入的增值税，$tvak$ 为对资本投入的增值税，PVA_a 为增值部分的价格。

（2）需求模块。

这里的需求主要是指居民对最终产品的消费需求，即居民从要素禀赋等因素得到的收入转变为对商品的需求（QH）。以线性支出系统（LES）支出函数来表示居民的消费需求。收入分配（YH）是需求模块里重要的变量。这里的收入分配指的是功能性收入分配，即居民获得的收入数量，包括居民从劳动要素投入得到的工资收入、资本要素分配给居民的部分以及政府、企业对居民的转移支付（如福利费用、养老保险金和企业年金等）。为研究经济条件变化对各区域居民的影响，将居民分为东部地区居民、中部地区居民和西部地区居民三个群体，以 h 表示，考虑扣除个人所得税的因素。从柯布 - 道格拉斯效用函数推导居民对商品的消费需求，考虑政府的税收因素，消费模块的主要方程为：

$$YH_h = WL * shif_{hl} * QLSAGG + WK * shif_{hk} * QKSAGG$$
$$+ transfr_{hent} + transfr_{hgov}，h \in H \qquad (6-9)$$

$$PQ_c * QH_{ch} = shrh_{ch} * mpc_h * (1-ti_h) * YH_h，c \in C，h \in H \qquad (6-10)$$

其中，WL 为劳动的价格，WK 为资本的价格，$QLSAGG$ 为劳动总供应量，

QKSAGG 为资本总供应量，包括内资和外资的总和，$shif_{hl}$ 为劳动要素禀赋中居民的份额，$shif_{hk}$ 为资本收入分配给居民的份额，$transfr_{hgov}$ 为政府对居民的转移支付，$transfr_{hent}$ 为企业对居民的转移支付，$shrh_{ch}$ 为居民对商品的消费支出份额，mpc_h 为居民的边际消费率，ti_h 为居民所得税税率。

（3）要素供给模块。

经济系统中的生产要素包括资本和劳动①。在开放经济条件下，投资需求包括国内投资和国外投资。本部分研究的国内投资（K_d）主要是政府投资；国外投资（K_f）主要是外商直接投资。投资模块的方程形式同样以 CES 生产函数和成本优化条件联立方程表示，资本需求（QKD）的方程可以表示为：

$$QKD_a = \alpha_a^k \left[\delta_a^k K_f^{\rho_a^k} + (1 - \delta_a^k) K_d^{\rho_a^k} \right]^{\frac{1}{\rho_a^k}}, \ a \in A \qquad (6-11)$$

$$\frac{w_f K_f}{w_d K_d} = \frac{\delta_a^k}{(1 - \delta_a^k)} \left(\frac{k_d}{K_f} \right)^{1 - \rho_a^k} \qquad (6-12)$$

$$W_{K_n} * QKD_a = w_f * K_f + w_d * K_d, \ a \in A \qquad (6-13)$$

在劳动供给方面：由于农民工这个庞大的就业群体是中国就业结构中的重要组成部分，在 CGE 模型中将就业人口分为东部地区居民（L_e）、中部地区居民（L_m）和西部地区居民（L_w）三种类型。就业模块的方程形式同样以 CES 生产函数和成本优化条件联立方程表示，现将居民根据东部地区居民（L_e）和非东部地区居民（L_{mw}）进行嵌套，然后在把非东部地区居民分为中部地区居民和西部地区居民进行嵌套。就业需求（QLD）的方程可以表示为：

$$QLD_a = \alpha_a^l \left[\delta_a^l L_{mw}^{\rho_a^l} + (1 - \delta_a^l) L_e^{\rho_a^l} \right]^{\frac{1}{\rho_a^l}}, \ a \in A \qquad (6-14)$$

$$\frac{w_{mw} L_{mw}}{w_e L_e} = \frac{\delta_a^l}{(1 - \delta_a^l)} \left(\frac{L_e}{L_{mw}} \right)^{1 - \rho_a^l} \qquad (6-15)$$

$$W_{L_n} * QLD_a = w_{mw} * L_{mw} + w_e * L_e, \ a \in A \qquad (6-16)$$

三大区域的居民就业会受到经济发展状况、投资状况和工资收入等一系列因素的影响，可以得出就业的决定方程为：

$$\ln L_h = n_0 + n_1 \ln GDP + n_2 \ln(K_d) + n_3 \ln(K_f)$$

---

① 这里暂未考虑土地这一生产要素的供给。

$$+ n_4 \ln(YH_h) + \varepsilon_t, \quad h \in H \qquad (6-17)$$

（4）政府行为模块。

政府在现代经济中扮演非常重要的角色：考虑税收因素，政府向居民和企业征税，然后政府支出，包括提供公共品和服务，也包括对居民和企业的转移支付（政府行为的过程见图6-8）。

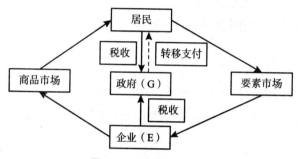

图6-8 政府行为流程

资料来源：根据张欣《可计算一般均衡模型的基本原理与编程》第137页图修改得出。

政府的活动包括：政府支出、税收和对居民企业的转移支付。因而，政府模块包含了居民、企业和政府三部分的活动。主要方程有：

企业经营活动方面：

$$YENT = shif_{entk} * WK * QKS \qquad (6-18)$$

$$ENTSAV = (1 - ti_{ent}) YENT \qquad (6-19)$$

$$ENIV = \sum_c PQ_c * \overline{QINV_c}, \quad c \in C \qquad (6-20)$$

其中，YENT 为企业收入，ENTSAV 为企业储蓄，ENIV 为企业总投资，$shif_{entk}$ 为资本分配给企业的份额，QKS 为资本供给量，ti_{ent} 为企业所得税税率，QINV 为对商品投资的最终需求。

政府税收方面：

$$YG = \sum_a (tval_a * WL * QLD_a + tvak_a * WK * QKD_a) + ti_h * YH + ti_{ent}$$

$$* YENT + \sum_c tm_c * pwm_c * QM_c * EXR \qquad (6-21)$$

其中，YG 为政府税收，ti_h 为居民所得税税率，上式的最后一项为进口的关税收入，tm 为进口税率，pwm 为进口商品的价格，QM 为进口商品的数量，EXR 为汇率。

转移支付方面：

$$EG = \sum_a PQ_a * \overline{QG_a} + transfr_{hg} + transfr_{entg} \qquad (6-22)$$

其中，EG 为政府的转移支付，QG 为政府对商品的需求，$transfr_{hg}$ 为政府对居民的转移支付，$transfr_{entg}$ 为政府对企业的转移支付。

（5）宏观闭合。

CGE 模型的构建需要根据研究的问题，依据相应的宏观经济理论，形成特定的结构，也就是宏观闭合（sen, 1963）。总结已有的研究，主要有三种典型的宏观闭合。

a. 新古典主义闭合

新古典主义闭合的特点是：所有价格包括要素价格和商品价格都是完全弹性的，由模型内生决定，而要素如劳动力充分就业。相关变量等式如下：

$$QLS = \overline{QLS} \qquad (6-23)$$

$$QKS = \overline{QKS} \qquad (6-24)$$

$$PA_a = 1 \qquad (6-25)$$

b. 凯恩斯闭合

按照凯恩斯理论，在宏观经济萧条的情况下，劳动力大量失业，资本闲置，因此，生产要素劳动力和资本的供应量不受限制，最后他们的就业就是内生，由需求单方面决定，而要素的价格是固定的。凯恩斯闭合的主要等式有：

$$WL = \overline{WL} \qquad (6-26)$$

$$WK = \overline{WK} \qquad (6-27)$$

c. 路易斯闭合

发展中国家常见的经济状况是：资本紧缺，劳动力市场存在大量剩余劳动力，劳动力价格被固定在生存工资水平上。该理论被称为路易斯无限制劳动力供应理论。根据路易斯理论，宏观闭合为劳动力价格固定，而劳动力供应量不受限制，以 CPI 价格为价格基准。路易斯闭合的主要等式有：

$$WL = \overline{WL} \qquad (6-28)$$

$$QKS = \overline{QKS} \qquad (6-29)$$

$$\overline{CPI} * \sum_{a \in A} QH_a = \sum_{a \in A} PQ_a * QH_a \qquad (6-30)$$

闭合方式的选择非常重要。如果经济环境处在凯恩斯描述的萧条状况下，选用新古典主义的闭合来模拟政策的效果，就会南辕北辙；新古典主义的闭合假设劳动力市场充分就业，因而就不能模拟财政刺激政策如何增加就业。根据研究的对象，这里选择凯恩斯宏观闭合条件，即：

$$WL = \overline{WL} \qquad\qquad (6-31)$$

$$WK = \overline{WK} \qquad\qquad (6-32)$$

6.2.3　SAM 表的编制

6.2.3.1　SAM 表的结构

社会核算矩阵（social accounting matrix，简称 SAM 表）是以矩阵的形式描述国民经济核算体系中各账户的供应和使用流量及其平衡关系。SAM 表在表的形式上和价值型投入产出表相似，是一个以货币为单位对各个账户收入支出和供应使用流量描述的二维矩阵。但是 SAM 表在投入产出表的基础上已经大大发展了。SAM 表包括国民经济中的生产和非生产性账户也包括了他们之间的闭合关系，投入产出表中不存在的第四象限在 SAM 表中必须存在，SAM 表是 CGE 模型的数据基础。

SAM 表是一个正方形的矩阵，每行和每列代表一个国民核算账户，如居民、政府、企业和国外等。相同的行列代表同一个账户，矩阵中的元素值代表各账户间的交易量，该数值是列的部门对行的部门的支付。因此，从资金流上看，SAM 表中的每一横行代表该账户从其他账户得到的收入，每一纵列代表该账户在其他账户上所花费的支出。因为总收入和总支出必须相等，所以 SAM 表的每列的总数值和每行的总数值也必须相等（开放经济下描述性标准的 SAM 表见表 6-2）。

一般而言，活动、商品、要素（生产要素）、经济人主体（居民、企业、政府和国外）这几个账户是 SAM 表中概括性的主要账户，根据研究的需要可以对其进行合并或拆分，或者增加一些大的账户。如商品和活动账户可以拆分为多个商品或者活动的子账户；要素账户可以拆分为资本和劳动的子账户，而资本和劳动的子账户可以进一步细化为内资和外资以及城镇劳动力和农村劳动力。这样，每个大账户可以继续细分下去，建立许多子账户，每个单元格也可以细分成一个子矩阵。

表 6－2　开放经济下描述性标准的 SAM 表

	活动	商品	生产要素	居民	企业	政府	储蓄投资	国外	汇总
活动		国内生产国内销售 QD/PD						出口 QE/PE	QA/PA
商品	中间投入 QINT			居民消费 C		政府消费 QC	投资 I		QQ/PQ
生产要素（劳动、资本）	生产要素投入 QLS、QKS								要素收入
居民			居民要素收入			政府向居民转移支付		国外对居民转移支付	居民总收入
企业			企业要素收入						企业总收入
政府	增值税、间接税	进口税、销售税	要素税	居民所得税	企业所得税			国外对政府的转移收入	政府总收入
储蓄投资				居民储蓄	企业储蓄	政府储蓄		国外净储蓄	总储蓄
国外		进口 QM/PM	对国外要素的支付		企业向国外支付盈余	政府对国外的支付			外汇支付
汇总	QA/PA	QQ/PQ	要素支出	居民支出	企业支出	政府支出	总投资	外汇收入	

资料来源：张欣：《可计算一般均衡模型的基本原理与编程》，格致出版社，第 177 页。

6.2.3.2 SAM表的构建

（1）SAM表的数据来源。

SAM表根据复式账户的原理，以n×n的矩阵形式反映经济系统中各类账户的收支状况。其中行表示账户的收入，列表示账户的支出，方阵中的非零元素表示账户之间的交易，同时根据会计记账法的收入等于支出的原则，SAM表中的行和列的和应该相等。根据SAM表的构造原理，可以构建中国2007年的SAM表。下面构造的宏观SAM表主要包含18个账户，包括生产活动、商品、劳动、资本、居民、企业、政府、国外、投资储蓄等。在生产活动账户中将投入产出表中的42个产业部门进行了重新整合，划分为1个农业部门和15个非农业部门；将劳动账户细分为东部地区居民、中部地区居民和西部地区居民；资本账户细分为内资和外资；居民账户细分为城镇居民和农村居民。根据2007年投入产出表基本流量表（国家统计局，2009），2008年《国际收支平衡表》、《中国统计年鉴》、《中国财政年鉴》、《中国劳动统计年鉴》、国家税务总局网站和《中国城市（镇）生活与价格年鉴》，编制了中国最新一期的SAM表。需要说明的是，投入产出表中的劳动报酬为各部门的劳动报酬，没有细分为三大区域人口的劳动报酬，将投入产出表中各部门劳动报酬分解为东部地区居民、中部地区居民和西部地区居民就业的工资收入。得到开放经济条件下，2007年中国宏观经济的社会核算矩阵。

（2）SAM表的平衡。

由于国民经济账户涉及的部门较多，在记录过程中难免会出一些差错，通常根据年度统计数据建好的SAM表是不平衡的，这需要我们手动或者编程将SAM表调成平衡，及行列的数值相等。平衡SAM表的方法主要有：手动平衡、最小二乘法平衡，RAS法平衡和直接交叉熵法平衡。以下介绍这几种平衡方法：

一是手动平衡。在行列总量相差不大的情况下，可以用手动调节SAM表的平衡。手动平衡是最简单的方法，但缺点是缺乏科学一致性。因为每个人可以凭主观判断得到不同的最后平衡的SAM表。因此，手动平衡法的条件是行列总量相差不大，如误差绝对值在平均数5%以下，研究者对每个个体流量数据的不同的客观可靠性相当了解。而且，调整时必须始终依靠经济学统计学的理论、常识与经验信息和一些固定的数据，以防止不合理的调整。

二是最小二乘法。最小二乘法的思路和统计中回归的思路一样，将校正后的数值记为Q_{ij}，最小二乘法是将平方差的总和最小化，目标函数是：

$$\min z = \sum_i^n \sum_j^n (Q_{ij} - \overline{Q_{ij}})^2 \qquad (6-33)$$

针对有时 SAM 表的不同元素数据之间的规模单位差异太大的情况,目标
函数也可以用:

$$\min z = \sum_i^n \sum_j^n (Q_{ij}/\overline{Q_{ij}} - 1)^2 \qquad (6-34)$$

最小化时必须满足 SAM 表平衡的限制条件:

$$\text{s. t.} \sum_i^n Q_{ik} = \sum_j^n Q_{kj}, \ k = 1, \cdots, n \qquad (6-35)$$

三是 RAS 平衡法。RAS 平衡法的思路是:在已知行列目标总值的情况下,
利用矩阵现有总值和目标总值的比例,通过反复迭代,使最后矩阵的行列总值
达到目标数值。设可靠行的目标总值为 Q_i^*,可靠列目标总值为 Q_j^*。

先从列方面调整。将原始 SAM 表元素 Q_{ij}^0 除以总列值,然后乘以列目标总
值,从而得出新元素值 Q_{ij}^1:

$$Q_{ij}^1 = Q_{ij}^0 \frac{Q_j^*}{\sum_i Q_{ij}} \qquad (6-36)$$

再将上述矩阵从行方面进行调整:

$$Q_{ij}^2 = Q_{ij}^1 \frac{Q_i^*}{\sum_j Q_{ij}} \qquad (6-37)$$

然后继续按列调整的方法调整,再按行调整的方法调整。这样类推,反复
迭代,直到最后的矩阵(SAM 表)的行列总数和已知的可靠目标总值基本一
致,最后收敛,误差在允许范围内。

RAS 法的优点是从矩阵元素间比例系数关系的思路出发平衡,并且可以在
行列数量不等的非正方形矩阵下应用。他的缺点是目标总值必须固定,并且不
能根据已有的信息对 SAM 表中的个别数据分别处理。

四是直接交叉熵法。交叉熵法是当前平衡 SAM 表的流行技术,他是借鉴
经济学统计学等领域的熵函数特征发展起来的。信息经济学中经济学家用信息
熵作为指标来测量某一消息带来的信息强度。假设某一事件的概率分布为 P =
$(p_1, \cdots, p_n)$,如果一个消息来到后,事件的后概率分布变为 S = $(s_1, \cdots,$
$s_n)$,那么这个信息的熵强度预测是:

$$z = \sum_i^n s_i \log \frac{s_i}{p_i} (0 \leqslant p_i \leqslant 1, \ 0 \leqslant s_i \leqslant 1; \ \sum p_i = 1, \ \sum s_i = 1,) \qquad (6-38)$$

其中，对数的底可以是自然对数或者是其他。如果每一对先验概率 p_i 和 s_i 一样，预期熵 $\sum_i^n s_i \log \dfrac{s_i}{p_i} = 0$，表示这个消息没有带来任何新的信息。可以验证，如果每个 p_i 对 s_i 差别越大。将 SAM 表需要平衡调整的标量记为 Q_{ij}，而原始流量数据记为 $\overline{Q_{ij}}$，全部加总的数值为：

$$H = \sum_i^n \sum_j^n Q_{ij} \text{ 和 } \overline{H} = \sum_i^n \sum_j^n \overline{Q_{ij}} \qquad (6-39)$$

将 SAM 表各个流量的总数相除，得到相应参数：

$$a_{ij} = \frac{Q_{ij}}{H}, \quad \overline{a_{ij}} = \frac{\overline{Q_{ij}}}{\overline{H}} \qquad (6-40)$$

因此，最小化的交叉熵目标函数 z 是：

$$
\begin{aligned}
z &= \sum_i^n a_{ij} \log \frac{a_{ij}}{\overline{a_{ij}}} \\[2mm]
&= \sum_i^n \sum_j^n \frac{Q_{ij}}{H} \log \left[\frac{Q_{ij}}{H} \Big/ \frac{\overline{Q_{ij}}}{\overline{H}} \right] \\[2mm]
&= \frac{1}{H} \sum_i^n \sum_j^n Q_{ij} \left[\log \frac{Q_{ij}}{\overline{Q_{ij}}} - \log \frac{H}{\overline{H}} \right] \\[2mm]
&= \frac{1}{H} \sum_i^n \sum_j^n Q_{ij} \log \frac{Q_{ij}}{\overline{Q_{ij}}} - \frac{1}{H} \sum_i^n \sum_j^n Q_{ij} \log \frac{H}{\overline{H}} \\[2mm]
&= \frac{1}{H} \sum_i^n \sum_j^n Q_{ij} \log \frac{Q_{ij}}{\overline{Q_{ij}}} - \log \frac{H}{\overline{H}} \left(\frac{1}{H} \sum_i^n \sum_j^n Q_{ij} \right)
\end{aligned} \qquad (6-41)
$$

因此，这个直接交叉熵平衡法是在满足平衡和非负数条件下将目标函数 z 最小化：

$$\min z = \frac{1}{H} \sum_i^n \sum_j^n Q_{ij} \log \frac{Q_{ij}}{\overline{Q_{ij}}} - \log \frac{H}{\overline{H}} \qquad (6-42)$$

$$\text{s. t. } \sum_i^n Q_{ik} = \sum_j^n Q_{kj}, \ k = 1, \cdots, n$$

$$Q_{ij} \geqslant 0, \ i = 1, \cdots, n; \ j = 1, \cdots, n$$

6.2.3.3　SAM 表的确定

本节选用直接交叉熵法平衡初始的 SAM 表，最终得到开放经济条件下，2007 年中国宏观经济的社会核算矩阵（见表 6-3）。

表 6-3　子账户细分的中国宏观经济的社会核算矩阵

单位：千亿元

	第一产业	第二产业	第三产业	商品	劳动	资本	居民东部	居民中部	居民西部	企业	政府	劳动增值税	资本增值税	营业税	关税	资本账户	国外	总计
第一产业				44.84														44.84
第二产业				483.4													112.48	595.88
第三产业				184													37.69	221.7
商品	34.34	423.5	95.23				60.81	27.64	22.12		108.8					85.49	59.85	917.78
劳动	3.9	49.01	57.14														0.33	110.4
资本	1.46	59.91	56.11														1.62	119.1
居民东部					60.71	4.94				27.4	5.3						1.62	99.97
居民中部					27.59	2.25				12.46	2.41						0.74	45.45
居民西部					22.08	1.8				9.96	1.935						0.59	36.37
企业						46.04					0.62						61.68	108.34
政府	2.39	29.49	6.64	7.59						10.22		3.19	33.53	6.58	6.15		27.18	146.96
劳动增值税	0.24	2.95																3.19
资本增值税	2.51	31.02																33.53
营业税			6.58															6.58
关税				6.15														6.15
资本账户							31.46	14.31	11.45	48.3	27.89						28.27	161.68
国外				191.8		64.07										76.19		332.06
总计	44.84	595.88	221.7	917.78	110.4	119.1	99.97	45.45	36.37	108.34	146.96	3.19	33.53	6.58	6.15	161.68	332.06	

6.2.4　CGE 模型的模拟结果

确定模型的方程和闭合的形式后，结合 SAM 表的数据，就可以运用模型模拟出初始年份以后各年各地区经济的运行情况，并可以计算出各地区的国内生产总值、各行业的产出、要素收入、居民收入、进出口等各种指标，并可以设置不同的模拟情景进行比较分析。本节使用 GAMS 程序进行问题求解。GAMS 是数学规划和优化的高级建模系统计算机软件，他包括计算机变异程序语言和解算法结合在一起的求解程序，这里用的解算法是 PATH，里面的解算法使用最多的是 MCP（mixed complementarity problem），对线性和非线性的有限制条件的优化问题求解程序。

CGE 模型被广泛用于衡量某种政策变化对经济的各种影响，与理论模型中常用的比较静态分析和计量经济学中广泛使用的数值回归方法不同，CGE 模型一般是设计多种情景，多种情景之间往往只存在少量的政策差异，然后将各种情景下的经济结果进行对比，从而分析这种政策变化（或其他各种外生冲击）对经济的影响。建立了 CGE 模型并有了初始的数据以后，就可以运用模型模拟出初始年份以后各年各地区经济的运行情况，并可以计算出各地区的国内生产总值、各行业的产出、要素收入、居民收入、进出口等各种指标，并可以设置不同的模拟情景进行比较分析。

6.2.4.1　模拟情景设计

CGE 模型设计多种情景，然后将各种情景下的模拟结果进行对比，一般来说，多种情景之间往往只存在少量的差异，从而能够更好的分析相关政策变化对研究主体的影响。本节的情景设计以改革开放以来特别是 20 世纪 90 年代后中国政府引资政策、国内投资政策重大变化以及未来可能的政策调整带来的 FDI 流入流出显著变化为条件和背景，根据 FDI 的净流动（流入减去流出）和国内投资的变化情况，设计 4 种代表性情景（具体的模拟情景见表 6 - 4），模拟分析不同条件下，FDI 流动对就业转移及收入分配带来的影响。

表6-4   模拟情景设计方案

	假设条件	背景及目的
情景一	外商直接投资额上升 10%	外商直接投资稳步增长的情况。
情景二	外商直接投资额上升 30%	外商直接投资大幅增长的情况。
情景三	外商直接投资额下降 10%	外商直接投资流出中国。
情景四	外商直接投资额下降 10%，国内投资额增加 30%	外商直接投资流出中国，但政府采取经济刺激计划，大幅增加国内投资。

6.2.4.2 模拟结果分析

确定 CGE 模型的方程和闭合的形式，结合 SAM 表的数据，根据设计的情景，运用 GAMS 软件模拟出基准年份以及不同的情景下相关要素变动对研究对象的影响结果，并可以将这些结果进行比较分析，可以看出不同模拟情景下劳动力在各部门间（非农部门）流转的情况（见表6-5）。

表6-5   不同模拟情景下各行业部门就业转移的情况   单位：万人

部门	情景一	情景二	情景三	情景四
采掘业	328.20	340.21	120.07	350.95
食品业	186.76	193.59	68.33	199.71
纺织业	207.33	214.93	75.85	221.72
石油加工	359.43	372.58	131.49	384.36
化学工业	521.14	540.21	190.65	557.28
非金属制造	185.63	192.43	67.91	198.51
金属制造	638.49	661.85	233.58	682.77
机械制造	516.08	534.96	188.80	551.86
其他工业	622.70	645.48	227.81	665.87
建筑业	16.93	17.54	6.19	18.10
第二产业小计	3582.67	3713.77	1310.68	3831.13
运输邮电	92.46	106.01	90.15	126.45
商贸住宿	70.07	80.35	68.33	95.84
金融保险	43.92	50.37	42.83	60.07
地产租赁	38.79	44.48	37.82	53.06
其他服务业	42.09	48.26	41.04	57.57
第三产业小计	287.35	329.46	280.17	392.99
非农部门总计	3870.02	4043.23	1590.85	4224.12

资料来源：表中数据根据模拟结果计算得出。

　　分行业的就业情况来看（见表 6-5），情景一和情景二均是基于 FDI 净流量增加的背景。从纵向看，两种情景下，劳动力流向各部门的数量均有不同程度的增加，但在各部门间呈现了明显的结构性差异：在第二产业中，就业向金属制造业、其他制造业的转移量最大，分别为 638.49 万人和 622.7 万人；在第三产业中，就业向运输邮电业和商贸住宿业的转移量最大，分别为 92.46 万人和 70.07 万人。这表明，制造业和服务业可以有效吸收中国农村大量剩余劳动力的转移，外资促进就业向服务业和制造业转移有利于就业产业结构的优化。从横向看，FDI 净流量由 10% 增加到 30% 时，劳动力向各部门流动的数量显著上升，这是因为，FDI 进入中国主要分布在第二产业的制造业和第三产业中，外资进入为这些行业和产业带来了就业机会。可以得出：FDI 的就业转移效应为正，它促进了劳动力的流动，这有利于沉淀在农村剩余劳动力资源的有效利用。

　　情景三和情景四均是基于 FDI 净流量减少的背景。两种情景下，尽管各部门吸纳流转的劳动力数量依然为正，但其规模较前两种情景发生了明显的变化。在情景三中，FDI 净流量减少 10% 的情况下，第二产业中的制造业、其他工业和化学工业受到的冲击最大，分别比 FDI 流量增加 10% 时的就业转移量减少 404.91 万人、394.89 万人和 330.49 万人；第三产业的运输邮电业和商贸住宿业受到的冲击最大，分别比 FDI 流量增加 10% 时的就业转移量减少 2.3 万人和 1.75 万人。在情景四中，在政府增长国内投资的刺激下，劳动力向各部门转移的数量有非常显著的增加，其中各产业中增加最明显的是第二产业中的制造业和第三产业中的运输邮电业，增加量分别为：682.77 万人和 126.45 万人。比较两种情景，FDI 净流量减少导致了就业转移量的下降，但国内投资是一个有效缓解就业压力的工具，它促进了劳动力向各部门的转移。

6.2.4.3　就业转移在收入差距中的传导效应

　　根据不同情景下的模拟结果，可以得出三大区域间收入差距的模拟结果。由模拟结果可以计算出 FDI 流入对区域间居民收入差距的弹性约为 0.206，即 FDI 流入每增加 1%，导致区域居民收入差距扩大 0.1959。可以看出，在一定程度上，区域间居民的收入差距扩大了。这种区域间收入差距扩大是各产业部门的收入变化共同作用的结果。为了进一步测算就业转移在各部门中收入差距变化的作用，根据上述 CGE 模型模拟的结果，计算就业转移对收入差距的弹性（见表 6-6）。对于整个非农部门来说，就业转移对非农部门收入差距的弹性为 0.026，根据表 6-5 中的数据可以算出 FDI 流入对就业转移的直接效应为 2.86，可以得出 FDI 流入通过就业转移对收入差距的间接效应为 0.0736。具体分部门来看，在第二产业中，FDI 流入对食品业和非金属制造业收入的弹性最大，均为 0.0924，纺织业的收入差距受 FDI 流入的影响最小，弹性为 0.0919；在第三产业中，FDI 流入对运输邮电业就业转移的影响最大，其弹性为 0.1459，对金融保险和地产租赁业就业转移的弹性最小，为 0.1454。总体上，FDI 流入对第二产业收入差距的影响小于对第三产业的影响。

表 6-6　　　　　　　　FDI 对非农部门收入差距的弹性估计结果

部门	FDI 对就业转移的弹性	就业转移对收入差距的弹性	FDI 对收入差距的效应
采掘业	0.2517	0.3700	0.0922
食品业	0.1432	0.6517	0.0924
纺织业	0.1590	0.5838	0.0919
石油加工	0.2756	0.3377	0.0922
化学工业	0.3997	0.2327	0.0921
非金属制造	0.1423	0.6559	0.0924
金属制造	0.4895	0.1902	0.0922
机械制造	0.3957	0.2354	0.0922
其他工业	0.4775	0.1950	0.0922
建筑业	0.0130	7.2143	0.0930
运输邮电	0.3152	0.4676	0.1459
商贸住宿	0.2389	0.6159	0.1456
金融保险	0.1498	0.9806	0.1454
地产租赁	0.1323	1.1099	0.1454
其他服务业	0.1435	1.0306	0.1465
非农部门	2.8684	0.0260	0.0736

资料来源：表中数据根据模拟结果计算得出。

6.2.5　主要结论

中国就业量总体增长缓慢，就业形势变化主要表现在就业结构的变化。本章构建了一个具有中国就业结构特征的 CGE 模型，以中国 SAM 表为数据基础，以改革开放以来特别是 20 世纪 90 年代后中国政府引资政策、国内投资政策重大变化以及未来可能的政策调整带来的 FDI 流入流出显著变化为条件和背景，设计 4 种不同的代表性情景，模拟分析 FDI 对我国就业转移的影响以及通过就业转移这个中间变量对收入分配的效应。结果表明：

（1）FDI 流动对我国劳动力就业转移总体上具有促进作用，但在各部门之间呈现了明显的结构性差异。当 FDI 净流量增加时，在第二产业中，就业向金属制造业、其他制造业的转移量最大；在第三产业中，就业向运输邮电业和商贸住宿业的转移量最大；当 FDI 净流量减少时，第二产业中的制造业、其他工业和化学工业受到的冲击最大，分别比 FDI 流量增加 10% 时的就业转移量减少 404.91 万人、394.89 万人和 330.49 万人；第三产业的运输邮电业和商贸住宿业受到的冲击最大，分别比 FDI 流量增加 10% 时的就业转移量减少 2.3 万人和 1.75 万人；但在政府增长国内投资的刺激下，劳动力向各部门转移的数量有非常显著的增加，其中各产业中增加最明显的是第二产业中的制造业和第三产业中的运输邮电业。这表明：制造业和服务业可以有效吸收中国农村大量剩余劳动力的转移，增加就业规模，因而，在引资政策制定中，应引导向上述行业倾斜，这有利于有效利用沉淀在农村剩余劳动力及就业产业结构的优化。

（2）FDI 对区域居民收入差距的弹性为 0.1959，即 FDI 流入每增加 1%，导致区域居民收入差距扩大 0.1959。FDI 流入对就业转移的直接效应为 2.86，通过收入差距这一中间变量导致的间接效应为 0.0736。总体上，FDI 流入对第二产业收入差距的影响小于对第三产业的影响。因而在制定引资政策中，应注意产业之间和产业内部的各部门之间外资额的平衡布局，在劳动市场上提供全面有效的就业信息，最大限度的确保就业的公平。

6.3

本章小结

本章首先运用历次中国人口普查数据及相关统计数据描述了我国人口迁移及劳动力就业转移的空间传递过程，然后通过构建一个开放条件下具有中国就业结构特征的 CGE 模型，对 FDI 流动、就业转移与收入分配之间的关系进行了政策模拟分析，得出了如下结论：

（1）我国劳动力市场的特征表现为：总量规模庞大，但素质结构不合理；

农村劳动力所占比重较大，但比重呈逐年递减趋势；农村劳动力地域分布范围较广。

（2）我国就业的特征是：总量增长缓慢，结构差异较大，东部就业增长较快，中部就业紧缩，我国劳动力大规模向东部沿海地区迁移和流动。

（3）CGE 模型的模拟分析表明：FDI 流动对我国劳动力就业转移总体上具有促进作用，但在各部门之间呈现了明显的结构性差异。在第二产业中，FDI流入对金属制造业和其他制造业的就业转移影响较大；而在第三产业中，其对运输邮电业和商贸住宿业的就业转移量的影响较大。就业转移是 FDI 流入导致收入差距扩大效应的重要传导渠道。其中 FDI 流入对第二产业收入差距的影响小于对第三产业的影响。

（4）改革开放以来，中国人口迁移与流动日趋活跃，对社会经济生活产生着越来越大的影响，劳动力就业的转移是人口迁移的一个重要途径。劳动力流动与就业转移实际上是中国就业岗位的空间分布不平衡的结果，而全球化下经济周期波动导致的 FDI 流动则是推动这种结果的重要影响因素之一。世界经济周期波动必然会引起 FDI 流量和方向的变化，并通过经济空间重构引致东道国的国内就业转移，规模不断扩大的劳动力流动和就业转移进一步推动了国民收入分配格局的变迁。

第三篇

机理探源

第7章

经济周期波动下 FDI 的区位选择及
外企劳动力流动影响因素：基于
问卷调查的分析

本章主要通过《外商在华直接投资区位选择的影响因素》和《中国外企劳动力就业及跨区域流动状况》的一手调查问卷深度分析，探求经济周期波动下 FDI 的空间选择决定因素、劳动力进入外企务工的推力和拉力因素、劳动力流动和就业转移的空间模式、产业路径，为下一章进一步展开经济周期波动下 FDI 流动的就业转移效应的作用机理研究提供贴近现实的一手素材和依据。

7.1

经济周期波动下 FDI 区位选择的影响因素

7.1.1 FDI 区位选择的影响因素研究回顾

投资区位选择的影响因素是国际 FDI 理论研究的一个重要领域，对跨国公司优化投资方案及东道国合理利用外资均具有战略意义。从研究内容上看，目前研究较多和较为成熟的是在正常经营环境下 FDI 的区位选择问题，而对经济周期波动下 FDI 区位选择问题研究相对较少；在研究方法上，学术界主要运用两种主流的研究方法，一是通过对跨国公司的实地调查来了解其投资动机、决策过程、影响因素；二是通过基于经典的 FDI 理论的经济计量建模来实证分析哪些因素对 FDI 区位选择具有显著影响。由于研究方法、研究对象、研究目的

的不同导致研究结果具有很多差异。但总结归纳前人具有一般共识的影响因素大体有以下几方面:

(1) 市场因素。市场潜力大小是 FDI 区位选择的一个传统决定因素。一般而言，市场因素包括：市场规模与增长潜力、市场开放水平、市场接近度。较大的市场规模和快速增长的市场潜力对跨国公司对市场的占有有非常重要的作用。穆基埃利（Mucchielli，2003）研究法国在欧盟直接投资的区位决定因素①，拉曼（Rahman，2006）分析中国吸引日资最突出的因素②、王立文（2007）分析不同来源国跨国公司在华投资的区位决定因素③、马（Ma，2008）分析澳大利亚在华投资的区位决定④以及贾乐耀（2008）分析日本服务业对华 FDI 的决定因素时⑤，都表明 FDI 与市场规模正相关。市场开放水平越高，对跨国公司去东道国投资吸引力越大。杨兰和张磊（1998）认为在开放的经济体系中商品进出口可以显著促进中国 FDI 引进。接近市场就意味着低的运输成本、低的信息搜寻成本，同样对追求利润最大化的跨国公司来说具有正引力⑥。

(2) 基础设施因素。波特（Porter，1990）认为，一个区域之所以对外商直接投资有吸引力是因为该区域拥有发达的基础设施，可以得到特定的服务设施⑦。陈（Chen，1996）应用条件逻辑模型，对 1987～1991 年中国 20 个省区的数据进行分析。结果显示交通运输联系与 FDI 呈正相关⑧。尹翔硕（1997）认为，在规模报酬递增的情况下，资本会流向市场容量大、运输成本低的地方。在我国，市场规模、运输等基础设施以及人才培养等条件都是东部优于西

① Mucchielli, J. L. and Puech, F. , "Internationalisation et localisation des firmes multinationales: l'exemple des entreprises francaises en Europe" [J]. Economie et Statistique, 2003: 363 - 364 - 365, pp. 129 - 144.

② Rahman, Theorizing Japanese FDI to China [M]. 2006, Journal of comparative international management.

③ 王立文. 不同来源跨国资本在中国 FDI 的比较研究 [J]. 财经研究. 2007 (6).

④ Ma Z, Yang R, Zhang Y, "Australia's Direct Investment In China: Trends And Determinants" [J]. Economic Papers A Journal of Applied Economics & Policy, 2008 (1).

⑤ 贾乐耀. 日本服务业对华 FDI 的决定因素分析 [J]. 山东社会科学, 2008 (1).

⑥ 杨兰、张磊. 外商对华直接投资对我国外贸的影响 [J]. 世界经济文汇, 1998 (4).

⑦ Porter M E. "The Competitive advantage of nations" [J]. Landolt – Börnstein – Group II Molecules and Radicals, 1990 (1).

⑧ Chen C H. "Regional determinants of foreign direct investment in mainland China" [J]. Journal of Economic Studies, 1996 (2).

部，因此，外资大量流向东部地区也就不奇怪了①。莱昂纳德，程（Leonard k，Cheng，2000）分析中国 1985～1995 年 29 个省份的数据，认为完善的基础设施有利于吸引外商直接投资②。

（3）集聚因素。它是指因经济活动和相关生产设施的区域集中而形成的正外部性以及规模和范围经济史密斯和佛罗里达（Smith and Florida，1994③）。集聚经济因素对 FDI 决策的重要性已经越来越受到学术界关注。目前相关研究主要有两类，一类是探讨静态集聚（地方化经济和城市化经济）对 FDI 区位的影响，例如，张长春（2002）④，贺灿飞（2003）⑤，黄肖琦、柴敏（2006）⑥认为已有的产业基础、产业技术外溢特别是应用性科技发展水平是影响 FDI 投资的重要影响因素；另一类主要讨论动态集聚效应，即 FDI 自我强化效应对 FDI 区位选择的影响。贺灿飞、梁进社（1999），发现虽然专业化的供应链等对在华 FDI 的分布有重要影响，但外资由于自我配套以及克服外来者劣势的需要，本身的集聚 - 跟进投资即动态集聚效应显著⑦。

（4）成本因素。成本因素是传统的区位选择决定因素。根据克里克曼（Clickman）等（1988）的研究，降低成本是 FDI 区位选择决定的重要参考标准⑧。徐杰（2003）认为，投资成本主要包括生产成本、运输成本、交易成本和信息成本等。其中，以劳动力为主的生产成本是外商直接投资区位选择的主要因素之一。虽然国内外一些研究表明劳动力成本有着正相关性，但是大部分研究表明劳动力成本和 FDI 流动是负相关的⑨。威廉姆森（Williamson，1985）

①　尹翔硕. 对外开放中的外资流向 [J]. 复旦学报（社会科学版），1997（6）.

②　Cheng L K，Kwan Y K. "What are the determinants of the location of foreign direct investment? The Chinese experience" [J]. Journal of International Economics，2000，51（99）：379 - 400.

③　Smith D F，Florida R. "Agglomeration and Industrial Location：An Econometric Analysis of Japanese - Affiliated Manufacturing Establishments in Automotive - Related Industries" [J]. Journal of Urban Economics，1994，36（1）：23 - 41.

④　张长春. 影响 FDI 的投资环境因子分析 [J]. 管理世界，2002（11）：32 - 41.

⑤　He Canfei，"Entry Mode and Location of Foreign Manufacturing Enterprises in China" [J]. Eurasian Geography and Economics，2003Vol. 44（6）：399 - 417.

⑥　黄肖琦，柴敏. 新经济地理学视角下的 FDI 区位选择——基于中国省际面板数据的实证分析 [J]. 管理世界，2006（10）：7 - 13.

⑦　贺灿飞，梁进社. 中国外商直接投资的区域分异及其变化 [J]. 地理学报，1999，54（2）：97 - 105.

⑧　Clickman，Norman J. and Douglas P. Wood. "The Location of Foreign Direct Investment in the U. S. Pattens and Determinants" [M]. International Regional Science Review，1988（11）.

⑨　徐杰. 外商在华直接投资的区位分析 [J]. 经济评论，2003（4）：49 - 51.

认为，商品交易中较高的交易成本可以促进外商直接投资的发生①；凯夫斯（Caves，1971）也发现，如果原材料和服务、商品市场寻找、劳动力雇佣、合同谈判等成本很高，FDI 将趋向于交易成本较低的地区②；马里奥蒂（Mariotti）等（1995）研究发现，信息成本的高低对 FDI 区位决定有重要影响③。

（5）制度因素。一个地区的政策、文化相关性、发展规划等因素也对外商直接投资区位选择有相当大的影响。贺灿飞（2006）研究发现政府对经济事务的过多干预以及过紧的财政预算不利于吸引 FDI④，德利奥斯（Delios，2007）发现日本的跨国公司更愿意选择像上海这样的市场导向型城市而不是像北京这样的政治导向型城市⑤。杜（Du，2008）等人发现美国跨国公司更愿意在知识产权保护意识强、政府对商业运作干预力度小、政府腐败现象轻和契约执行力度好的区位进行布局⑥。

（6）文化因素。地区的网络联系水平对在华 FDI 区位选择有重要影响。中国吸引外资正是通过港资大量的网络联系进入珠三角而拉开帷幕。梁（Leung，1993）在考察珠三角地区香港转包合同活动的生产区位分布模式和经济效益时发现，影响其分布的区位因子主要是血缘关系和已建立的业务联系⑦；李小建（1996）通过对香港企业在大陆直接投资区位的研究发现，个人关系是香港企业投资时所考虑的最主要的因素之一⑧；陈（Chen，1998）研究台资企业在中国大陆的投资行为时发现网络联系是重要的区位因子⑨。张维迎、柯

---

① Williamson O E. "The Economic Institutions of Capitalism" [J]. Rand Journal of Economics, 1985, 17 (2): 279 –292.

② Caves, R. E. "International Corporation: The Industrial Economics of Foreign Investment" [J]. Economics, 1971 (4).

③ Mariotti, SLPiscitello. "Information Costs and Location of Foreign Direct Investments with in the Host Country: Empirical Evidence from Italy" [J]. Journal of International Business Studies, 1995 (4): 815 –836.

④ 贺灿飞，刘洋. 产业地理集聚与外商直接投资产业分布——以北京市制造业为例 [J]. 地理学报，2006，61 (12): 1259 –1270.

⑤ Ma X, Delios A. "A new tale of two cities: Japanese FDIs in Shanghai and Beijing, 1979 –2003" [J]. International Business Review, 2007, 16 (2): 207 –228.

⑥ Du J, Lu Y, Tao Z. "Economic institutions and FDI location choice: Evidence from US multinationals in China" [J]. Journal of Comparative Economics, 2008, 36 (3): 412 –429.

⑦ Chi, Kin Leung. "Personal Contacts, Subcontracting Linkages, and Development in the Hong Kong – Zhujiang Delta Region" [J]. Annals of the Association of American Geographers, 2010, 83 (2): 272 –302.

⑧ 李小建. 香港对大陆投资的区位变化与公司空间行为 [J]. 地理学报，1996，51 (3): 213 –223.

⑨ Chen H, Chen T J. "Network Linkages and Location Choice in Foreign Direct Investment" [J]. Journal of International Business Studies, 1998, 29 (3): 445 –467.

荣住（2002）的研究发现信任对外资引进有明显影响，作为利润最大化的组织，外商只会垂青于信任度高的省区[①]。

（7）经济周期波动因素。有关 FDI 与国际经济周期相关性的研究还处在起步阶段，目前研究文献还比较少。简森和斯托克曼（Jansen and Stockman，2004）对 OECD 国家 1982～2001 年数据进行分析，提出 FDI 与国际经济周期呈正相关的观点，而且从 1995 年开始，FDI 的影响有所增强[②]。吴等人（Wu et al.，2009）的结果表明，FDI 具有显著的正效应，认为 FDI 联系比贸易和产业结构相似能更好地解释经济周期协同变化模式[③]。刘军荣（2006）认为 FDI 对世界经济波动是非常敏感的，经济波动的周期性也必然在国际投资方面有所表现，FDI 会随着世界经济周期性波动在流量和增长率上不断变化。FDI 增长变化的周期性表现与跨国公司的决策环境高度相关，这包括国内外经济气候、经营利润及银行融资状况[④]。杜鹃（2010）利用影响我国 FDI 的主要发达国家 1985 年至 2007 年的年度数据，使用线性回归和面板回归，用了两种方法——人均实际国内生产总值的标准差和回归残差，将这些国家的经济周期波动对我国 FDI 的影响做了一个实证分析，结果表明投资国和东道国的经济周期波动都对 FDI 产生了影响[⑤]。刘军荣、颜琴（2011）选取 1970～2004 年的世界直接投资流入量及增长率、世界 GDP 增长率、世界几个主要不同国家组群的直接投资流入量及增长率，对经济周期波动与跨国公司投资区域分布进行了实证分析，结论是跨国公司对发达国家具有较强的投资意愿，并且跨国公司对发达国家直接投资的意愿随经济波动状况的变化而变化[⑥]。跨国公司对发展中国家、欠发达国家甚至高收入的石油国家的投资表现出明显的短期倾向和周期性，这是这些国家市场的有限性、经济对外依赖性和政府对经济的可控性差等因素对跨国公司综合影响的结果。

本书研究认为，跨国公司的 FDI 决策可能既受世界经济周期波动和其投

① 张维迎，柯荣住. 信任及其解释：来自中国的跨省调查分析 [J]. 经济研究，2002（10）.

② Jansen & Stockman，"International business cycle co-movement：the role of FDI" [J]，Applied Economics. Feb2014，Vol. 46 Issue 4，p383 –393.

③ Hsu C C，Wu J Y，Yau R. "Foreign Direct Investment and Business Cycle Co-movements：The Panel Data Evidence" [J]. General Information，2011，33（4）：770 –783.

④ 刘军荣. FDI 流量变化与世界经济周期的相关性分析 [J]. 生态经济，2007（12）.

⑤ 杜鹃，主要发达国家的经济周期波动对我国 FDI 的影响 [D]. 吉林大学硕士学位论文，2010.

⑥ 刘军荣，颜琴. 经济周期波动与跨国公司投资区域分布 [J]. 改革与战略，2011（9）.

资母国所处经济周期影响，也与东道国的政治、经济环境息息相关。因为世界经济周期波动和其投资母国所处经济周期，决定了国内外经济气候、经营利润及银行融资状况，而东道国的政治环境和宏观经济、政策、汇率、能源和劳动力等经济环境左右着跨国公司的投资性质（中长期或短期）、投资流量、方向及区位。另外，母国与东道国的双边政治和经贸关系也起着重要作用。

至此归纳总结了前人加上自己思考的对于 FDI 区位选择的一些影响因素，那么这些因素在近年来有没有发生变化？主次地位如何？有没有出现一些新的影响因素？特别是对于主流研究中相对涉及较少的"经济周期波动"因素，是否成为外企投资决策的考察变量呢？下面将通过一手问卷调查分析的方法，进一步探讨和寻求破解上述疑问的答案。

7.1.2 FDI 区位选择影响因素调查问卷分析

为了深入地考察和分析影响外商直接投资区位选择的因素，我们先后两次采取网上问卷调查的方式对全国一些外资企业进行调查（调查表见表 7 – 1）。网上问卷调查主要通过著名的问卷星网站（http：//www.sojump.com/）申请推荐服务，向 20 万名访问者推荐问卷填写，共推荐 1000 份调查问卷，通过人工排查的方式回收有效答卷 961 份，有效回收率为 96.10%。为增强本调查的可读性，特在上述调查表中选取 8 份作为代表样本，将其调查的详细信息列于表 7 – 2，其他的样本详细情况由于篇幅限制在此略去。

表 7 – 1　　　　　外商在华直接投资区位选择的影响因素调查表

外商在华直接投资基本情况调查			
外企名称	（盖章）		
外商来源国（或地区）		来华投资时间	年
投资行业			
企业规模	A. 大型　　B. 中型　　C. 小型　　D. 微型		
投资方式	A. 独资　　B. 合资经营　　C. 合作经营		
企业所在地		计划拓展投资地区	
外商在华直接投资区位选择影响因素调查 （请在下列各因素所在的行中选择一个打"√"）			

续表

主要区位 影响因素		特别重要 （5 分）	重要 （4 分）	比较重要 （3 分）	一般 （2 分）	不重要 （1 分）
地理 区位	自然环境					
	接近交通枢纽					
	区位形象					
生产 要素	劳动力工资成本					
	运输成本					
	自然资源					
	易获得原材料					
	劳动力素质					
	交易成本					
	信息成本					
	土地价格/租金					
	员工的技能水平					
基础 设施	产品配套条件					
	社会基础设施					
市场 因素	市场规模					
	市场潜力					
	市场接近性					
	市场进入成本					
集聚 因素	接近供应商					
	接近潜在消费者					
	接近合作伙伴					
行为 因素	个人偏好					
	有乡情亲情关系					
政府 政策	政府优惠政策					
	政府办事效率					
经济 周期 波动	世界及母国经济周期波动					
	东道国政治经济环境波动					
	双边政治和经贸关系波动					

除以上因素外，您认为还有哪些因素会对外商在华直接投资区位选择产生影响？

表 7—2　　　　　　　　　　外商在华直接投资区位选择的影响因素调查统计表

外企名称		欧亚陶瓷	永鑫精工科技	键科实业	东阳光化成箔	长江药业	东阳光药业	中港印配煤	联邦快递
投资行业		卫生陶瓷	专用模具	光伏	电子材料	医药生物	医药生物	煤炭加工	物流
投资时间		4年	4年	5年	11年	11年	8年	5年	10年
企业规模		小型	小型	小型	大型	中型	大型	小型	大型
来源国（地区）		西班牙 中国香港	中国大陆 中国香港	中国大陆 中国香港	中国大陆 中国香港	中国大陆 中国香港	中国大陆 中国香港	开曼群岛	美国
投资方式		合作经营	合资经营	合资经营	合资经营	合资经营	合资经营	独资	独资
地理区位因素	自然环境	重要	比较重要	重要	一般	重要	重要	特别重要	一般
	接近交通枢纽	比较重要	重要	特别重要	重要	特别重要	重要	重要	特别重要
	区位形象	一般	一般	重要	特别重要	重要	重要	一般	重要
生产要素因素	劳动力工资成本	特别重要	特别重要	比较重要	不重要	比较重要	特别重要	特别重要	一般
	运输成本	重要	特别重要	比较重要	一般	特别重要	重要	特别重要	重要
	自然资源	比较重要	比较重要	重要	一般	一般	重要	特别重要	不重要
	易获得原材料	比较重要	特别重要	比较重要	一般	特别重要	重要	特别重要	不重要
	职工素质	一般	特别重要	比较重要	特别重要	重要	比较重要	特别重要	重要
	交易成本	重要	特别重要	重要	比较重要	特别重要	一般	重要	一般
	信息成本	比较重要	特别重要	重要	特别重要	特别重要	比较重要	比较重要	一般

续表

因素类别	因素								
生产要素因素	土地价格/租金	一般	特别重要	重要	比较重要	重要	特别重要	特别重要	一般
	员工的技能水平	比较重要	特别重要	重要	特别重要	重要	一般	比较重要	重要
基础设施因素	产品配套条件	重要	特别重要	重要	特别重要	特别重要	特别重要	特别重要	特别重要
	社会基础设施	比较重要	特别重要	重要	特别重要	重要	特别重要	特别重要	特别重要
市场因素	市场规模	重要	特别重要	特别重要	特别重要	特别重要	特别重要	特别重要	特别重要
	市场潜力	重要	特别重要	特别重要	特别重要	重要	重要	特别重要	特别重要
	市场接近性	比较重要	特别重要	重要	特别重要	重要	重要	重要	特别重要
	市场进入成本	特别重要	特别重要	特别重要	重要	重要	特别重要	特别重要	特别重要
集聚因素	接近供应商	重要	重要	比较重要	不重要	比较重要	特别重要	重要	一般
	接近潜在消费者	比较重要	重要	比较重要	不重要	比较重要	一般	比较重要	特别重要
	接近合作伙伴	特别重要	比较重要	比较重要	不重要	比较重要	一般	比较重要	重要
行为因素	个人偏好	一般	不重要	重要	不重要	重要	不重要	一般	一般
	乡情亲情关系	不重要	重要	重要	不重要	重要	不重要	一般	一般
政府政策因素	政府优惠政策	重要	特别重要	特别重要	一般	特别重要	特别重要	特别重要	重要
	政府办事效率	重要	特别重要	特别重要	特别重要	重要	重要	特别重要	特别重要

表 7 - 3　　　外商在华直接投资区位选择的影响因素调查表结果汇总表

企业规模	大型		中型		小型		微型
	374（38.92%）		397（41.31%）		181（18.83%）		9（0.94%）

投资方式	独资		合资经营		合作经营
	384（39.96%）		513（53.38%）		64（6.66%）

主要区位影响因素		特别重要（5分）	重要（4分）	比较重要（3分）	一般（2分）	不重要（1分）
地理区位	自然环境	179（18.63%）	424（44.12%）	250（26.01%）	101（10.51%）	7（0.73%）
	接近交通枢纽	408（42.46%）	354（36.84%）	143（14.88%）	54（5.62%）	2（0.21%）
	区位形象	301（31.32%）	435（45.27%）	169（17.59%）	56（5.83%）	0（0.00%）
生产要素	劳动工资成本	331（34.44%）	416（43.29%）	164（17.07%）	46（4.79%）	4（0.42%）
	运输成本	343（35.69%）	411（42.77%）	145（15.09%）	52（5.41%）	10（1.04%）
	自然资源	252（26.22%）	384（39.96%）	207（21.54%）	108（11.24%）	10（1.04%）
	易获得原材料	311（32.36%）	373（38.81%）	185（19.25%）	80（8.32%）	12（1.25%）
	劳动力素质	288（29.97%）	392（40.79%）	215（22.37%）	62（6.45%）	4（0.42%）
	交易成本	317（32.99%）	425（44.22%）	170（17.69%）	48（4.99%）	1（0.10%）
	信息成本	285（29.66%）	429（44.64%）	196（20.40%）	47（4.89%）	4（0.42%）
	土地价格/租金	355（36.94%）	394（41.00%）	162（16.86%）	48（4.99%）	2（0.21%）
	员工技能水平	325（33.82%）	417（43.39%）	168（17.48%）	49（5.10%）	2（0.21%）
基础设施	产品配套条件	293（30.49%）	483（50.26%）	157（16.34%）	25（2.60%）	3（0.31%）
	社会基础设施	299（31.11%）	460（47.87%）	159（16.55%）	40（4.16%）	3（0.31%）
市场因素	市场规模	326（33.92%）	462（48.07%）	137（14.26%）	35（3.64%）	1（0.10%）
	市场潜力	464（48.28%）	340（35.38%）	126（13.11%）	31（3.23%）	0（0.00%）
	市场接近性	275（28.62%）	470（48.91%）	170（17.69%）	44（4.58%）	2（0.21%）
	市场进入成本	320（33.30%）	462（48.07%）	142（14.78%）	36（3.75%）	1（0.10%）
集聚因素	接近供应商	250（26.01%）	477（49.64%）	181（18.83%）	44（4.58%）	9（0.94%）
	接近消费者	380（39.54%）	379（39.44%）	154（16.02%）	44（4.58%）	4（0.42%）
	接近合作伙伴	242（25.18%）	469（48.80%）	195（20.29%）	53（5.52%）	2（0.21%）
行为因素	个人偏好	124（12.90%）	403（41.94%）	260（27.06%）	153（15.92%）	21（2.19%）
	乡情亲情关系	140（14.57%）	336（34.96%）	243（25.29%）	195（20.29%）	47（4.89%）
政府政策	政府优惠政策	386（40.17%）	425（44.22%）	111（11.55%）	39（4.06%）	0（0.00%）
	政府办事效率	355（36.94%）	414（43.08%）	146（15.19%）	43（4.47%）	3（0.31%）

续表

主要区位 影响因素		特别重要 （5 分）	重要 （4 分）	比较重要 （3 分）	一般 （2 分）	不重要 （1 分）
经济 周期 波动	世界及母国 经济周期波动	152（30.40%）	247（49.40%）	80（16.00%）	20（4.00%）	1（0.20%）
	东道国政治 经济环境波动	204（40.80%）	204（40.80%）	72（14.40%）	20（4.00%）	0（0.00%）
	双边政治和 经贸关系波动	178（35.60%）	220（44.00%）	80（16.00%）	21（4.20%）	1（0.20%）
其他 因素	当地的宏观环境（政治、经济、教育文化、法律、治安、竞争等环境）、中观环境（行业发展潜力、行业保护政策）、微观环境（合作伙伴、关系网络）、金融危机可能性、开放程度、本国管理人员的能力、城市的知名度、城市文化、可持续发展潜力等。					

在所调查的 961 家样本企业中，投资来源国或地区主要有美国（309 家，占 32.15%）、日本（149 家，占 15.50%）、中国港澳台地区（120 家，占 12.49%）、韩国（88 家，占 9.16%）、德国（67 家，占 6.97%）、法国（37 家，占 3.85%）、英国（31 家，占 3.24%）、新加坡（19 家，1.98%）、意大利（9 家，占 0.94%）、荷兰（9 家，占 0.94%），等等。这些企业来华投资时间不尽相同，多半在 10 年以上。从行业分布看，绝大部分集中在第二产业中的劳动密集型制造业，如汽车机械、电子电气、服装鞋类、建材、能源、医药等；少部分在第三产业中的房地产、金融服务、物流、保险、餐饮酒店、零售贸易、教育传媒等行业；第一产业外商投资极少，且与农牧产品的深加工相联系。从企业规模看，大、中、小、微型外资企业分别有 374 家、397 家、181 家、9 家，各占 38.92%、41.31%、18.83%、0.94%，说明进入中国的主要以大中型跨国公司为主。在投资方式上，独资、合资和合作经营企业分别有 384 家、513 家、64 家，各占 39.96%、53.38%、6.66%，说明进入中国的主要以合资和独资为主。这在一定程度上反映了目前全国外商企业总体分布状况。

（1）"地理区位"因素对外商企业直接投资的影响。

在《外商在华直接投资区位选择的影响因素调查表》中，关于"地理区位"因素对企业直接投资的影响这一调查栏中，汇总结果如下：在 961 家样本企业中，认为【自然环境】"特别重要"、"重要"、"比较重要"、"一般"、"不重要"的企业家数分别有 179（18.63%）、424（44.12%）、250

（26.01%）、101（10.51%）、7（0.73%）；认为【接近交通枢纽】"特别重要"、"重要"、"比较重要"、"一般"、"不重要"的企业家数分别有 408（42.46%）、354（36.84%）、143（14.88%）、54（5.62%）、2（0.21%）；认为【区位形象】"特别重要"、"重要"、"比较重要"、"一般"、"不重要"的企业家数分别有 301（31.32%）、435（45.27%）、169（17.59%）、56（5.83%）、0（0.00%）。将上述三项"地理区位"因素综合起来，前两项加总（认为"特别重要"、"重要"即得分合计在 9 分）的企业占比为 72.88%；前三项加总（认为"特别重要"、"重要""比较重要"即得分合计在 12 分）的企业占比为 92.37%。

（2）"生产要素"因素对外商企业直接投资的影响。

在《外商在华直接投资区位选择的影响因素调查表》中，关于"生产要素"因素对企业直接投资的影响这一调查栏中，汇总结果如下：在 961 家样本企业中，认为【劳动工资成本】"特别重要"、"重要"、"比较重要"、"一般"、"不重要"的企业家数分别有 331（34.44%）、416（43.29%）、164（17.07%）、46（4.79%）、4（0.42%）；认为【运输成本】"特别重要"、"重要"、"比较重要"、"一般"、"不重要"的企业家数分别有 343（35.69%）、411（42.77%）、145（15.09%）、52（5.41%）、10（1.04%）；认为【自然资源】"特别重要"、"重要"、"比较重要"、"一般"、"不重要"的企业家数分别有 252（26.22%）、384（39.96%）、207（21.54%）、108（11.24%）、10（1.04%）；认为【易获得原材料】"特别重要"、"重要"、"比较重要"、"一般"、"不重要"的企业家数分别有 311（32.36%）、373（38.81%）、185（19.25%）、80（8.32%）、12（1.25%）；认为【劳动力素质】"特别重要"、"重要"、"比较重要"、"一般"、"不重要"的企业家数分别有 288（29.97%）、392（40.79%）、215（22.37%）、62（6.45%）、4（0.42%）；认为【交易成本】"特别重要"、"重要"、"比较重要"、"一般"、"不重要"的企业家数分别有 317（32.99%）、425（44.22%）、170（17.69%）、48（4.99%）、1（0.10%）；认为【信息成本】"特别重要"、"重要"、"比较重要"、"一般"、"不重要"的企业家数分别有 285（29.66%）、429（44.64%）、196（20.40%）、47（4.89%）、4（0.42%）；认为【土地价格/租金】"特别重要"、"重要"、"比较重要"、"一般"、"不重要"的企业家数分别有 355（36.94%）、394（41.00%）、162（16.86%）、

48（4.99%）、2（0.21%）；认为【员工技能水平】"特别重要"、"重要"、"比较重要"、"一般"、"不重要"的企业家数分别有 325（33.82%）、417（43.39%）、168（17.48%）、49（5.10%）、2（0.21%）。将上述九项"生产要素"因素综合起来，前两项加总（认为"特别重要"、"重要"即得分合计在 9 分）的企业占比为 74.55%；前三项加总（认为"特别重要"、"重要""比较重要"即得分合计在 12 分）的企业占比为 93.19%。

（3）"基础设施"因素对外商企业直接投资的影响。

在《外商在华直接投资区位选择的影响因素调查表》中，关于"基础设施"因素对企业直接投资的影响这一调查栏中，汇总结果如下：在 961 家样本企业中，认为【产品配套条件】"特别重要"、"重要"、"比较重要"、"一般"、"不重要"的企业家数分别有 293（30.49%）、483（50.26%）、157（16.34%）、25（2.60%）、3（0.31%）；认为【社会基础设施】"特别重要"、"重要"、"比较重要"、"一般"、"不重要"的企业家数分别有 299（31.11%）、460（47.87%）、159（16.55%）、40（4.16%）、3（0.31%）。将上述两项"基础设施"因素综合起来，前两项加总（认为"特别重要"、"重要"即得分合计在 9 分）的企业占比为 79.86%；前三项加总（认为"特别重要"、"重要""比较重要"即得分合计在 12 分）的企业占比为 96.31%。

（4）"市场因素"对外商企业直接投资的影响。

在《外商在华直接投资区位选择的影响因素调查表》中，关于"市场因素"对企业直接投资的影响这一调查栏中，汇总结果如下：在 961 家样本企业中，认为【市场规模】"特别重要"、"重要"、"比较重要"、"一般"、"不重要"的企业家数分别有 326（33.92%）、462（48.07%）、137（14.26%）、35（3.64%）、1（0.10%）；认为【市场潜力】"特别重要"、"重要"、"比较重要"、"一般"、"不重要"的企业家数分别有 464（48.28%）、340（35.38%）、126（13.11%）、31（3.23%）、0（0.00%）；认为【市场接近性】"特别重要"、"重要"、"比较重要"、"一般"、"不重要"的企业家数分别有 275（28.62%）、470（48.91%）、170（17.69%）、44（4.58%）、2（0.21%）；认为【市场进入成本】"特别重要"、"重要"、"比较重要"、"一般"、"不重要"的企业家数分别有 320（33.30%）、462（48.07%）、142（14.78%）、36（3.75%）、1（0.10%）。将上述四项"市场因素"综合起来，前两项加总（认为"特别重要"、"重要"即得分合计在 9 分）的企业占比为

81.14%；前三项加总（认为"特别重要"、"重要""比较重要"即得分合计在 12 分）的企业占比为 96.10%。

（5）"集聚因素"对外商企业直接投资的影响。

在《外商在华直接投资区位选择的影响因素调查表》中，关于"集聚因素"对企业直接投资的影响这一调查栏中，汇总结果如下：在 961 家样本企业中，认为【接近供应商】"特别重要"、"重要"、"比较重要"、"一般"、"不重要"的企业家数分别有 250（26.01%）、477（49.64%）、181（18.83%）、44（4.58%）、9（0.94%）；认为【接近消费者】"特别重要"、"重要"、"比较重要"、"一般"、"不重要"的企业家数分别有 380（39.54%）、379（39.44%）、154（16.02%）、44（4.58%）、4（0.42%）；认为【接近合作伙伴】"特别重要"、"重要"、"比较重要"、"一般"、"不重要"的企业家数分别有 242（25.18%）、469（48.80%）、195（20.29%）、53（5.52%）、2（0.21%）。将上述三项"地理区位"因素综合起来，前两项加总（认为"特别重要"、"重要"即得分合计在 9 分）的企业占比为 76.21%；前三项加总（认为"特别重要"、"重要""比较重要"即得分合计在 12 分）的企业占比为 94.59%。

（6）"行为因素"对外商企业直接投资的影响。

在《外商在华直接投资区位选择的影响因素调查表》中，关于"行为因素"对企业直接投资的影响这一调查栏中，汇总结果如下：在 961 家样本企业中，认为【个人偏好】"特别重要"、"重要"、"比较重要"、"一般"、"不重要"的企业家数分别有 124（12.90%）、403（41.94%）、260（27.06%）、153（15.92%）、21（2.19%）；认为【乡情亲情关系】"特别重要"、"重要"、"比较重要"、"一般"、"不重要"的企业家数分别有 140（14.57%）、336（34.96%）、243（25.29%）、195（20.29%）、47（4.89%）。将上述两项"行为因素"综合起来，前两项加总（认为"特别重要"、"重要"即得分合计在 9 分）的企业占比为 52.19%；前三项加总（认为"特别重要"、"重要""比较重要"即得分合计在 12 分）的企业占比为 78.36%。

（7）"政府政策"对外商企业直接投资的影响。

在《外商在华直接投资区位选择的影响因素调查表》中，关于"政府政策"对企业直接投资的影响这一调查栏中，汇总结果如下：在 961 家样本企业中，认为【政府优惠政策】"特别重要"、"重要"、"比较重要"、"一般"、

"不重要"的企业家数分别有 386（40.17%）、425（44.22%）、111（11.55%）、39（4.06%）、0（0.00%）；认为【政府办事效率】"特别重要"、"重要"、"比较重要"、"一般"、"不重要"的企业家数分别有 355（36.94%）、414（43.08%）、146（15.19%）、43（4.47%）、3（0.31%）。将上述两项"行为因素"综合起来，前两项加总（认为"特别重要"、"重要"即得分合计在 9 分）的企业占比为 82.21%；前三项加总（认为"特别重要"、"重要""比较重要"即得分合计在 12 分）的企业占比为 95.58%。

（8）"经济周期波动"因素对外商企业直接投资的影响。

在《外商在华直接投资区位选择的影响因素调查表》中，关于"经济周期波动"因素对企业直接投资的影响这一调查栏中（该因素是根据专家意见所做的第二次 500 份调查问卷中新增调查项目），汇总结果如下：在 500 家样本企业中，认为【世界及母国经济周期波动】"特别重要"、"重要"、"比较重要"、"一般"、"不重要"的企业家数分别有 152（30.40%）、247（49.40%）、80（16.00%）、20（4.00%）、1（0.20%）；认为【东道国政治经济环境波动】"特别重要"、"重要"、"比较重要"、"一般"、"不重要"的企业家数分别有 204（40.80%）、204（40.80%）、72（14.40%）、20（4.00%）、0（0.00%）；认为【双边政治和经贸关系波动】"特别重要"、"重要"、"比较重要"、"一般"、"不重要"的企业家数分别有 178（35.60%）、220（44.00%）、80（16.00%）、21（4.20%）、1（0.20%）。将上述三项"经济周期波动"因素综合起来，前两项加总（认为"特别重要"、"重要"即得分合计在 9 分）的企业占比为 80.33%；前三项加总（认为"特别重要"、"重要""比较重要"即得分合计在 12 分）的企业占比为 95.80%。

（9）其他因素对外商企业直接投资的影响。

调查表中最后一项开放式问题是"除以上因素外，您认为还有哪些因素会对外商在华直接投资区位选择产生影响?"，问卷调表人的回答比较分散，但综合起来看，主要是当地的宏观环境（政治、经济、教育文化、法律、治安、竞争等环境）、中观环境（行业发展潜力、行业保护政策）、微观环境（合作伙伴、关系网络）、金融危机可能性、开放程度、本国管理人员的能力、城市的知名度、城市文化、可持续发展潜力等。

从上述调查问卷的统计结果看，前两项加总的企业占比（认为某因素

"特别重要"和"重要"的企业比重)按高低排序的因素依次是：政府政策（82.21%）、市场因素（81.14%）、经济周期波动（80.33%）、基础设施（79.86%）、集聚因素（76.21%）、生产要素（74.55%）、地理区位（72.88%）、行为因素（52.19%）；前三项加总的企业占比（认为某因素"特别重要"、"重要"和"比较重要"的企业比重）按高低排序的因素依次是：基础设施（96.31%）、市场因素（96.10%）、经济周期波动（95.80%）、政府政策（95.58%）、集聚因素（94.59%）、生产要素（93.19%）、地理区位（92.37%）、行为因素（78.36%）。上述两种统计结果中"政府政策"与"基础设施"因素的位序刚好颠倒，其余的则没有变化。并且除了"行为因素"外，各因素前两项加总的企业占比均在70%以上，各因素前三项加总的企业占比均在90%以上，说明调查表中涉及的各变量除了反映个人偏好和乡情亲情关系的"行为因素"影响相对较小外，其余的均对外商来华直接投资产生了较大的影响。特别是过去相关传统主流研究中关注较少的"经济周期波动"因素，在这次的新增调查中却发现是一个非常显著的外企投资决策的考察变量。

7.2
中国外企劳动力就业及跨区域流动的影响因素

7.2.1 劳动力流动研究回顾

劳动力流动是18世纪工业革命以来出现的现象，它是劳动力市场配置的重要保证，有关劳动力流动的研究可谓是汗牛充栋。本节梳理已有的劳动力流动理论，探讨总结劳动力流动的影响因素。

7.2.1.1 西方劳动力流动理论

西方学者的研究归纳起来分为发展经济学派的理论、新劳动力流动理论和微观主体的决策理论几类。

（1）发展经济学的二元结构迁移理论。

发展经济学理论将劳动力流动的问题放置于宏观经济发展的框架之下进行

分析，在分析传统部门和现代部门之间结构性差异的基础上，将经济增长和劳动力流动结合在一起进行研究。代表性理论有：推力—拉力理论、二元经济模型、托达罗模型等。

"推力—拉力"理论是研究人口迁移的重要理论之一。雷文斯坦在《人口转移规律》一书中指出，受歧视、受压迫、沉重的负担、气候不佳、生活条件不合适都是促使人们转移的原因，但其中经济因素是主要的。他的观点被后人视为人口转移推拉理论之先河。系统的人口转移推力—拉力理论是美国学者唐纳德·博格于 20 世纪 50 年代末明确提出的。他认为人口转移是两种不同方向的力相互作用的结果，一种是促使人口转移的力量，另一种是阻碍人口转移的力量。在人口迁出地，存在着一种起主导作用的推力，把原居民推出其常居住地。产生推力的因素有自然资源枯竭、农业生产成本增加、农村劳动力过剩导致的失业和就业不足、较低的经济收入水平等。需要指出的是，在迁出地既存在人口转移的"推力"，也存在一定的"拉力"因素，例如家人团聚的快乐，熟悉的社区环境，在农村熟人社会中的人际关系等。比较而言，迁出地"推"的力量超过"拉"的力量。

刘易斯（Lewis，1954）提出了劳动力流动与经济发展的二元经济模型，认为处在经济发展初期的国家具有二元经济结构特征，即经济结构中包括两个部门，一个是传统的自给自足的农业部门，一个是开放的现代城市工业部门①。农业部门缺乏资本，劳动生产率低，但存在大量的剩余劳动力；工业部门资本丰富，劳动生产率高。随着资本积累的增长和社会生产力的提高，工业部门发展迅速，对劳动力的需求加大，会吸收一部分农业部门的剩余劳动力，资本家不断的将获得的利润投入到再生产中，工业部门的规模会进一步扩大，从而不断的吸收农村的劳动力，这个过程不断循环，直至农业部门的剩余劳动力完全被工业部门吸纳，劳动者在两部门间与城乡间形成合理的配置，二元经济向一元经济型结束，各部门的劳动生产率和工资差距逐渐减小直到消失。劳动力流动与经济发展是一个循环作用的系统，剩余劳动力对经济发展的意义重大。在上述的整个过程中，劳动力流动包含两个层次，一是产业上的转移：从农业部门转向工业部门；二是空间上的转移：从农村转向城市（Lewis，1954）。刘易斯认为，部门间的收入差距导致了非熟练劳动力的流动，工业部

---

① Lewis A R. "Economic Development with Unlimited Supplies of Labor" [J]. Manchester School of Economic and Social Studies, 1954, 22 (2): 139~191.

门的工资水平只要在一定程度上高于农业部门，非熟练劳动力就会由农业部门向工业部门流动。部门间收入水平的差距有可能是巨大的，导致城乡收入差别扩大并且农村劳动力大量流入城市的原因。

拉尼斯和费景汉（1961）引入了技术进步因素，对刘易斯模型进行了补充和完善[1]。他们仍然假设劳动力无限供给，将经济发展分为三个阶段：在第一阶段中，农业部门的边际生产率等于零，农业部门里存在大量剩余劳动者，农村人口流向城市不会减少农业部门的产出；在第二阶段，农业部门的边际生产力大于零且小于不变的制度工资，劳动力向城市流动会减少农业部门产出，根据供求理论，农产品价格将会上涨，工业部门由此提高工人工资；在第三阶段，农业部门的边际生产力大于制度工资，农业部门的剩余劳动力已经全部流入到工业部门，农业部门的工资收入由市场决定，工业部门要吸收劳动力就必须提高工资，与农业部门竞争。在经济发展过程中，农业部门需与工业部门均衡发展并且应保持农业部门劳动生产率的提升，由此来增加农村剩余劳动力数量因而农业部门才能够释放更多的劳动力。他们同样认为部门间的收入差距导致了劳动力的流动，特别强调农业部门在劳动力流动中的作用和技术进步因素在工业部门扩张的作用。

乔根森（1961）认为在经济发展初期，社会上只有农业一个部门[2]。随着经济发展的加快，农村产生剩余劳动力，工业部门在此基础上发展起来。劳动者工资的水平由劳动边际生产率决定，技术进步因素会使农业部门和工业部门的工资均有不同程度的增长，但两部门的工资差距程度基本不变，工业部门有必要与农业部门保持一定的工资差距，这有利于劳动力从农业部门向工业部门流动，来扩大工业部门的生产规模，农村剩余劳动力在工业部门的发展中发挥了重要作用。但对劳动力流动贡献最大的是消费因素，根据恩格尔定律，随着收入增加，居民对食物等农业产品的需求相对减少，而对工业产品的需求逐渐扩大。因而，为了满足人们对工业产品的消费需求，农业劳动力流向工业部门以保证工业品的生产。

托达罗（Todaro，1969）的迁移模型在二元经济框架下构建了劳动力转移

---

① Fei C H, Ranis G. "A Theory of Economic Development" [J]. American Economic Review, 1961, (3-4): 337-357.

② Jorgenson D W., "The Development of a Dual Economy" [J]. Economic Journal, 1961, 71 (282): 309-334.

的经典模型，并与次年由哈里斯与托达罗（Harris and Todaro）将模型完善①。该理论通过预期收入差距解释了发展中国家劳动力流动的问题，认为：城乡间的预期收入差距导致了农村劳动力流向城市，只要城镇存在着相对较高的预期收入，那么城乡间劳动力流动就不会停止，直到两者达到均衡状态。农村劳动力随收入差距流向城市，导致了城市工业部门的失业问题，也就是说较高的工业部门的收入反而会带来更多的失业。为了解决城镇失业的问题，托达罗模型的政策内涵是为了缓解城市的失业问题，政府应缩小城乡间的收入差距。为此，政府应大力发展农业经济，提供农业的就业机会。

（2）新劳动力流动理论。

新劳动力流动经济学家斯塔克（Stark，1984）认为：家庭对劳动力流转决策的影响，该理论提出流动的动因一方面来自两部门的收入差距，另一方面来自家庭的效用最优②，这种家庭效用最优表现在几个方面：

一是家庭的社会阶层地位最优。斯塔克与泰勒（Stark and Taylor，1986）认为劳动力流动可以看作是居民对自身的收入相对于所处的位置或区域内的收入水平比较结果的反映③，也就是如果居民觉得自己的生活在所处环境内处于"相对贫困"的水平，他就有流动的可能，因而劳动力流动的主要目的是为了提高自身或家庭的社会阶层地位。

二是家庭的收入风险最小。农业生产容易受到天气和自然灾害的影响，加上农产品的价格不稳定，农业部门的收入是波动的，如果家庭成员全部从事农业劳动，家庭的总收入也是波动的，为了保证家庭收入的稳定，从资源最优配置的角度来看，家庭中的劳动力资源也需要重新配置，比如以部门成员从事农业生产，一部分成员外出到其他部门劳动。这样看来，劳动力流动的一个原因是为了规避风险，以获得长期稳定的家庭收入。流动可以看作是家庭为了获得稳定收入的一种自我保护行为，是家庭的整体效用最大化（Stark，1991）④。

① Todaro, M. P., "A Model of immigration and Urban Unemployment in：Less development Countries" [J]. The American Economic Review, 1969 (59)：138 – 148.

② Oded Stark, "Rural-to-urban Migration in LDCs：A Relative Approach" [J]. Economic Development and Cultural Change, 1984 (3)：475 – 486.

③ Stark O. E. Taylor and S. Yitzhaki, "Remittances and inequality" [J]. Economic Journal, 1986 (6)：722 – 740.

④ Stark O., "The migration of labor" [M]. Cambridge：Blackwell. 1991.

(3) 微观主体决策的研究。

发展经济学和新劳动力流动的理论认为收入因素是影响劳动力流动最重要的因素，收入差距直接或间接的影响劳动力流转活动，如流动方向，流动量等。但劳动力流动的行为受很多因素的影响，微观决策理论在收入的基础上强调活动主体的个人特征，重点分析个人和家庭因素对流动决策的作用。

一是经济效益最大化模型。从经济学的视野来看，理性的个人追求活动的经济效益最大化，在就业流转方面也不例外，劳动者在选择就业时会兼顾考虑收入与成本的因素，追求利润的最优。经济效益最大化的研究着重于讨论流动活动的成本与收益问题，有代表性的研究有：舒尔茨（Schultz，1961）创立了人力资本投资模型，认为劳动力流动是一种个人的投资活动，他把工资收入看作是投资的收益，流动的费用、生活费用等一切费用看作是流动成本，只有在收益大于成本时流动行为才会发生[①]。肖斯塔（Sjaastad，1962）从广义的角度分析，认为劳动力流动的收益可以分为可见的货币收益和不可见的非货币收益，货币收益直观表现为收入，非货币收益是流动行为带来的其他效用[②]，如生活条件、心理满足和职业环境等；成本包括有形的货币成本和无形的非货币成本，有形成本直观表现为流动活动及在外地生活的花费，无形的非货币成本包括不平等待遇的心理适应、对原有工作的放弃等。劳动力流动会带来社会收益和社会成本。

二是个人特征与决策。劳动者的人口特征如年龄、性别、教育程度等与其流动的决定有密切的联系。一般而言，年龄与流动呈反向关系，男性劳动者更倾向于流动，教育程度与流动呈正向关系。个人决策的研究更侧重于讨论人力资本水平与流动活动的关系，有代表性的研究有：卢卡斯（Lucas，1985）应用非洲博茨瓦纳国家的微观数据发现，受到教育程度高的人口更倾向于迁移到城市中，他认为这个现象可能的原因是受教育程度高的人口在城市更易于获得工作机会[③]。博亚斯（Borjas，1987）通过分析流动决策的内生性，研究了劳动者的自我选择与其收入之间的联系，认为个人流动决策由三个因素决定，一

---

① Schultz, T. W. "Investment in Human Capital" [J]. American Economic Review, 1961 (51): 1 – 17.

② Sjaastad, Larry. A., "The Costs and Returns of Human Migration" [J]. Journal of Political Economics, 1992 (70): 80 – 93.

③ Lucas R. E. B., Stark, "Motivations to remit: the case of Botswana" [J]. Journal of Political Economy, 1985 (5): 901 – 918.

是个人可视和不可视的个人能力"可转移度"；二是迁入地与迁出地的相对收入差距；三是两个地点的相对平均收入水平①。Borjas 发现，高素质劳动者通常会受到收入差距较大的工作的吸引，而低素质劳动者更倾向于选择收入差距较小的劳动力市场。阿里萨（Agesa，2001）利用肯尼亚的经验数据证实了劳动力流动是一种自我选择机制，它根据劳动者个人的特征将劳动者分为迁移者和非迁移者，高素质劳动者会选择迁移到城市中，因为他们会面临较高的城乡期望工资的差异②。卢卡斯（Lucas，2004）用城市人力资本的外部性解释了劳动力流动现象，提出了城市吸引劳动力流动的原因在于城市是一个积累人力资本的好地点，他将流动活动看作是劳动力从土地密集型的生产向人力资本密集型生产的转移，流动的过程会给经济发展带来巨大潜力③。

三是家庭决策。尽管劳动力流动是个人的活动，但作为社会成员之一，个人的决策难免会受到家庭因素的影响，很多研究从更宽泛的角度考虑劳动力流动的决策，更加细致的探讨家庭因素、社会联系等对流动行为的影响。明瑟（Mincer，1972）研究了家庭因素对流动决策的影响，发现家庭因素，尤其是婚姻关系会在很大程度上影响个人的决策，迁移的家庭收益只是家庭迁移决策的必要条件而不是充分条件，流动给家庭成员尤其是夫妻两人带来的影响会被考虑进流动决策，结论是与单身的人相比较，结婚的劳动者迁移的可能性更小④。

总体来看，国外关于劳动力流动的相关理论是分析中国劳动力流动影响因素的重要参考，但这些理论是从特定国家经济发展和社会实践中总结出来的，各自的研究社会背景不同，而且研究的侧重点也不同，加上中国特有的经济和社会结构，这些理论在中国的适用性和解释能力还有待于进一步发展。

7.2.1.2 中国劳动力流动理论

随着改革开放的不断推进，我国劳动力跨区域转移和流动也越来越多，规

---

① George J. Borjas，"Self-selection and the Earning of Migration" [J]. The American Economic Review. 1987，77（4）：531 – 553.

② Agesa，Richard U.，"Migration and the Urban to Rural Earnings Difference：A Sample Selection Approach，Economic Development and Cultural Change" [J]. 2001（49）：847 – 865.

③ Robert E. Lucas，Jr.，"Life Earnings and Rural – Urban Migration" [J]. The Journal of Political Economy，2004（1）：112.

④ Mincer，Jacob.，"Schooling，Age and Earnings." [J]. In Human Capital and Personal income Distribution. New York：Nat. Bur. Econ. Res. 1972.

模越来越大，相关研究也日益丰富起来，归纳总结这些成果，主要有以下几类观点：

（1）收入差距因素。在中国，收入差距依然是导致劳动力流动的主要因素，但由于中国特殊的经济社会体制，二元经济理论在中国的应用发生了一些变化。赖小琼（2007）在二元经济结构理论及托达罗模型的基础上，从成本支出和工资收入的比较探讨了农村劳动力转移的问题，认为追求利润最大化是农村居民做出流动决策的前提，形成了成本—收益模型①；蔡昉（2005）从转移决策的机会成本的角度分析，认为乡村和城市收入的差别距离大小成为流动程度的影响因素，他揭示了流动决策主要由农户对流动成本和预期收益的比较决定②；王德文、蔡昉、张国庆（2008）通过研究发现，农村劳动力由农村向城市转移的动力是多方面的，巨大的收入势差是劳动力持续转移的主要原因，同时农村内部分化导致的收入差距也是其流转的重要原因③；蔡昉（2010）在分析中国民工荒问题时指出，收入差距的波动是农村劳动力回流的主要原因，他通过对地区农村的人均收入与全国农村的人均收入的比值与劳动力迁移的情况研究中发现：具有较低农业收入的居民最倾向与流转，相对收入差距是导致农村劳动力转移的重要原因④。

（2）经济发展因素。高国力（1995）认为经济区域发展的不平衡是导致劳动力转移的因素之一，经济发展水平高的地区吸引劳动力向该地区转移⑤；李实（1997）⑥、都阳（2001）⑦从农村资源禀赋的角度解释了中国农村劳动力流动的原因，他们认为农业部门的资源禀赋缺乏是造成农村劳动力转移的原因；朱农（2005）建立了多个 Logit 模型，实证考察了 GDP 等宏观经济因素对劳动力转移的效应，发现城镇的人均 GDP 越高，对劳动力转移的拉力就越大，而农村的人均 GDP 越低，劳动者转移的意愿就越强⑧；白云涛和甘小文

① 赖小琼. 中国转型时期的人口流动 [J]. 中国经济问题，2007（1）.

② 蔡昉，都阳. "十一五"期间劳动力供求关系及相关政策 [J]. 宏观经济研究，2005（6）.

③ 王德文，蔡昉，张国庆. 农村迁移劳动力就业与工资决定：教育与培训的重要性 [J]. 经济学（季刊），2008（4）.

④ 蔡昉. 人口转变、人口红利与刘易斯拐点 [J]. 经济研究，2010（4）.

⑤ 高国力. 区域经济发展与劳动力迁移 [J]. 南开经济研究，1995（2）.

⑥ 李实. 中国农村劳动力流动与收入增长和分配 [J]. 中国社会科学，1997（2）.

⑦ 都阳. 风险分散与非农劳动供给——来自贫困地区农村的经验证据 [J]. 数量经济技术经济研究，2001（1）.

⑧ 朱农. 中国劳动力流动与"三农"问题 [M]. 武汉：武汉大学出版社，2005.

（2005）构架了一个动态博弈模型，采用博弈分析的方法得出农村劳动力转移的动因之一是经济因素①。

（3）人口特征因素。人口特征因素包括个体的性别，年龄，婚姻状况及受教育程度等。大量研究认为，男性做出就业转移决策高于女性（史清华、林坚、顾海英，2005）②；并且婚姻状况对劳动力流动有一定的负效应（朱农，2002）③；但人口特征因素方面研究最多的是关于个体受教育程度与就业流转关系，有代表性的有：程名望、史清华、徐剑侠（2006）认为教育水平对劳动力做出流转的决策影响很小，反而促进了劳动力从农业部门转移到非农部门④；危丽和杨先斌（2005）运用博弈分析的方法，研究了中国低素质劳动力和高素质劳动力就业流转的动因和阻碍⑤；李勋来和李国平（2006）劳动力的内在素质决定了其是否流转，建议加大对农村的教育投入从而提升劳动力流动的效率⑥；蔡昉等（2009）的研究表明农村劳动者收入中的非农收入部分的多少主要由其受教育水平和技术技能决定⑦。

（4）其他因素。除了以上诸多因素以外，劳动者的就业流转还与经济地位、信息和社会关系网络等因素有关。相关研究有：王春超（2005）在理性经济人的框架下，发现在劳动力流转过程中，农村居民的就业转移呈现大规模集聚的趋势，并且就业集聚形成的信息和社会网络对农民外出就业的正效应显著地影响着农民的就业决策⑧；蔡昉等（2010）研究得出，城乡收入差距不是农村劳动者向城市流转的唯一动力，而收入差距扩大带来的相对经济地位变化则是推动农村劳动者向城市流转的一个重要原因⑨。

综合上述理论发现，影响劳动力流动的因素可谓纷繁复杂、数量众多，下面将在综合考虑这些因素的基础上来设计《中国外企劳动力就业及跨区域流动

---

① 白云涛，甘小文. 江西劳动力转移的动态模型分析 [J]. 企业经济，2005 (7).

② 史清华，林坚，顾海英. 农民工进镇意愿、动因及期望的调查分析 [J]. 中州学刊，2005 (1).

③ 朱农. 中国劳动力流动与"三农"问题 [M]. 武汉：武汉大学出版社，2005.

④ 程名望，史清华，徐剑侠. 中国农村劳动力转移动因与障碍的一种解释 [J]. 经济研究，2006 (4).

⑤ 危丽，杨先斌. 农村劳动力转移的博弈分析 [J]. 经济问题，2005 (9).

⑥ 李勋来，李国平. 中国二元经济结构刚性及其软化消解 [J]. 西安交通大学学报（社会科学版），2006 (1).

⑦ 蔡昉，王美艳. 中国工业重新配置与劳动力流动趋势 [J]. 中国工业经济，2009 (8).

⑧ 王春超. 收入差异、流动性与地区就业集聚——基于农村劳动力转移的实证研究 [J]. 中国农村观察，2005 (1).

⑨ 蔡昉. 户籍制度改革与城乡社会福利制度统筹 [J]. 经济学动态，2010 (12).

影响因素调查问卷》，通过著名的问卷星网站投放该问卷，并对问卷结果进行整理分析。

7.2.2 中国外企劳动力就业及跨区域流动影响因素调查问卷分析

为了深入的考察和分析中国外企劳动力就业及跨区域流动状况，我们于 2012 年采取网上问卷调查的方式对全国外企从业人员进行调查（调查表见表 7-4）。网上问卷调查主要通过著名的问卷星网站（http：//www. sojump. com/）申请推荐服务，向 10 万名访问者推荐问卷填写，共推荐 500 份调查问卷，通过人工排查的方式回收有效答卷 477 份，有效回收率为 95.4%。

表7-4 中国外企劳动力就业及跨区域流动状况调查表

外企员工基本情况调查			
性别	A. 男 B. 女	年龄	岁
婚姻状况	A. 未婚	B. 已婚	
文化程度	A. 初中及以下 B. 中专或高中 C. 大专或本科 D. 硕士及以上		
家乡所在地		户籍类型	A. 非农业 B. 农业
现工作所在地		理想工作地	
年收入	A. 3万元以下 B. 3~6万元 C. 6~10万元 D. 10万元以上		
是否满意目前工作	A. 非常满意 B. 满意 C. 一般 D. 不满意 E. 很不满意		
所在外企基本情况调查			
外企来源国		您在该企业工作的时间	年
外企所属行业			

外企劳动力就业及跨区域流动影响因素调查

1. 促使您离开家乡到外地发展的因素中，您认为最主要的因素包括哪些（多选，请在相应的选项上打"√"），并按其重要性在括号内排序（1, 2, 3…）。
A. 工作不理想（ ） B. 向往更发达地区（ ） C. 更多机会的吸引（ ）
D. 更高工资（ ） E. 为下一代考虑（ ） F. 家人意愿（ ）
G. 朋友带动（ ） H. 自身原因（ ） I. 其他——（ ）
2. 企业吸引您前来就业的因素中，您认为最主要的因素包括哪些（多选，请在相应的选项上打"√"），并按其重要性在括号内排序（1, 2, 3…）。
A. 薪酬（ ） B. 发展机会（ ） C. 工作氛围（ ）
D. 企业文化（ ） E. 竞争活力（ ） F. 教育和培训（ ）
G. 关系与亲情（ ） H. 所在地的生活环境（ ） I. 其他——（ ）

调查结果分析：

（1）被调查者的性别和文化程度。

在有效答卷 477 份的填写人员中，男性工作者 256 位，女性工作者 221 位。这些被调查者总体文化程度状况如图 7-1 所示，绝大部分为大专或本科文化程度（83.51%），在男性工作者中，硕士及以上学历人士（9.76%）占比大于中专或高中文化程度（7.81%），而在女性工作者中则相反（分别为 5.88%、7.69%）。这也表明，我国在外企工作人员中的较高层次专业化人员男性工作者比例更大。

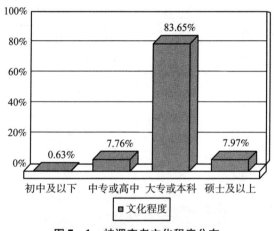

图 7-1　被调查者文化程度分布

（2）被调查者的收入水平。

收入情况则如图 7-2 所示，大多数问卷填写者拥有 3 万~10 万元的年薪（70.65%），这与我国 2010 年所统计的全国城镇单位就业人员平均工资 36539 相比，是有较高的薪酬所得的。在对男女工作者进行比较中则发现，男性工作者年薪在 3 万~6 万元及更高工资水平上的分布远远大于女性工作者，男性工作者有绝大部分拥有 6 万元以上的薪酬水平（64.26%），而女性工作者绝大部分则拥有 6 万元以下的薪酬水平（59.72%），这表明，在外企工作的劳动力中，有着明显的男女性别差距，无论是在教育水平或是薪酬奖励方面。

（3）被调查者的工作所在地、家乡所在地、理想工作地。

在问卷填写者的工作所在地方面，绝大多数都来自于东南沿海地区城市，广东所占比例最高（17.82%），其次是上海、浙江、江苏，这与我国外企广泛分布于沿海地区的实际情况相符合。被调查者的工作所在地情况如图 7 - 3 所示。

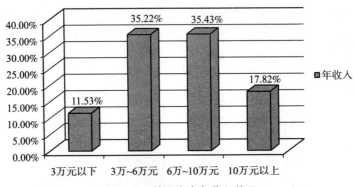

图 7 - 2　被调查者年收入状况

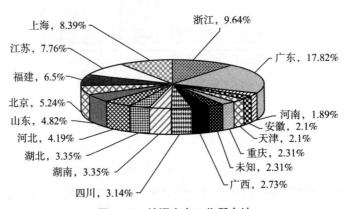

图 7 - 3　被调查者工作所在地

　　其次，从答卷者家乡所在地分布来看，如图 7 - 4 所示，虽然广东、浙江、上海、江苏所占的人数比例仍旧很大，但总体比较分散。

　　而对于理想工作地的调查则显示，有 106 位（22.13%）工作者希望在上海工作，91 位（19%）希望在广东省工作，57 位（11.9%）希望在北京工作，另有 15 位（3.13%）希望在境外工作，美国、中国香港地区两地最受欢迎。

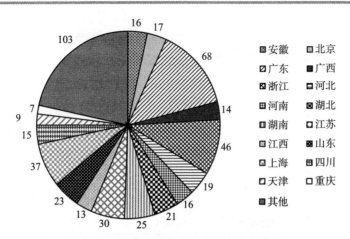

图 7 - 4　答卷填写者家乡所在地分布情况

（4）外资来源国及薪酬。

外资来源国的分布情况如图 7 - 5 所示，在受访者中，所在企业为美国的人数最多，占总数的 40% 左右，其次为日本、德国、韩国，此外，澳大利亚、比利时、丹麦、瑞典、瑞士、加拿大、荷兰等国家也出现在受访者的答案中。

通过统计数据发现，在企业的工作年数对个人薪资并无特别特殊的影响，大多数工作者在外企工作一般不超过 9 年。而在硕士及其以上教育学历中，10 万元以上的薪资人数占比为 60.53%，而大专及本科学历中，10 万元以上的薪资人数占比仅为 15.29%，低于该教育程度的薪资一般都位于 3 万 ~6 万元的档次。教育程度对薪资的影响力非常大，这也说明外资企业对人员的要求主要在于教育水平及其个人能力上，而在该公司工作的时间长短并不能决定其薪资的好坏。对应于外企来源国来讲，德国投资的企业以 24.49% 在 10 万元及以上年薪中占比最高，其他国家（区域）法国 21.05%、日本 19.4%、美国 17.87%、中国台湾 13.33%、中国香港 7.69%。高工资现象在欧美国家出现的比例更大。

（5）促使中国外企劳动力离开家乡的因素。

促使中国外企劳动力离开家乡的因素按其重要性位序排列依次是：更高工资、更多机会的吸引、向往更发达地区、自身原因、为下一代考虑、朋友带动、家人意愿、其他，具体占比情况如图 7 - 6 所示。

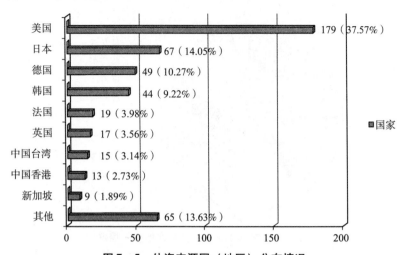

图 7 - 5　外资来源国（地区）分布情况

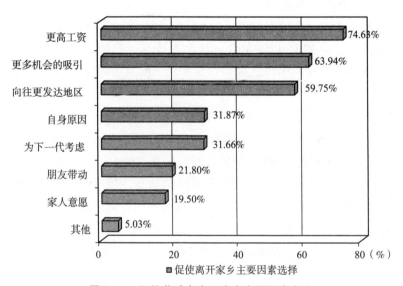

图 7 - 6　促使劳动者离开家乡主要因素占比

（6）外企吸引劳动力离开家乡、前来就业的因素。

外企吸引劳动力离开家乡、前来就业的因素按其重要性位序排列依次是：薪酬、发展机会、工作氛围、教育和培训、企业文化、生活环境、竞争活力、关系与亲情、其他，具体占比情况如图 7 - 7 所示。

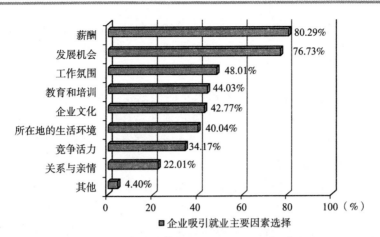

图 7-7　外资企业吸引劳动者就业的主要因素占比

7.3

本章小结

　　本章主要通过《外商在华直接投资区位选择的影响因素》和《中国外企劳动力就业及跨区域流动状况》的一手调查问卷深度分析，探求了 FDI 的空间选择决定因素、劳动力进入外企务工的推力和拉力因素、劳动力流动和就业转移的空间模式、产业路径，研究结果表明：

　　（1）调查表中涉及的各变量除了反映个人偏好和乡情亲情关系的"行为因素"影响相对较小外，其余的变量如政府政策、市场因素、经济周期波动、基础设施、集聚因素、生产要素、地理区位等因素均对外商来华直接投资产生了较大影响，特别是过去相关传统主流研究中关注较少的"经济周期波动"因素，在我们这次的新增调查中却发现是一个非常显著的外企投资决策的考察变量。除了上述变量外，当地的宏观环境（政治、经济、教育文化、法律、治安、竞争等环境）、中观环境（行业发展潜力、行业保护政策）、微观环境（合作伙伴、关系网络）、金融危机可能性、开放程度、本国管理人员的能力、城市的知名度、城市文化、可持续发展潜力等也可能是外商来华直接投资区位选择可能考虑的其他影响因素。

　　（2）在外资企业中，男性较女性无论是在学历还是在薪酬方面更有竞争优势；在外资企业中，工作年龄对薪酬的影响并不明显，而学历高低和投资来源国跟薪酬水平有一定的关系，高学历者往往拥有高薪资水平，欧美国家投资的企业具有更高的薪酬水平；劳动力流动的来源地分布较广，既有区域间的流动，也有区域内的流动；东部地区尤其是北、上、广依然是劳动力最钟情的理想流向地。

（3）促使中国外企劳动力离开家乡的因素按其重要性位序排列依次是：更高工资、更多机会的吸引、向往更发达地区、自身原因、为下一代考虑、朋友带动、家人意愿、其他；外企吸引劳动力离开家乡、前来就业的因素按其重要性位序排列依次是：薪酬、发展机会、工作氛围、教育和培训、企业文化、生活环境、竞争活力、关系与亲情、其他。说明工资薪酬及发展机会是劳动者在外企工作的主要推动力和吸引力。另外企业价值、企业文化也有一定的影响力度，自身原因及为下一代考虑的劳动者并不多，关系与亲情在吸引力中也并不十分明显，这与本土企业有一定的差别。

第 *8* 章

经济周期波动、FDI 流动、就业 转移与收入分配的关联机理

影响劳动者就业转移的因素很多，归纳起来大体可分为四大方面：外部拉力、内部推力、公共政策和个人因素。其中 FDI 主要通过外部拉力对其发生作用，即在全球化背景下，伴随经济周期的波动，国际国内产业结构的调整和转移，FDI 在不同产业和区域的流动带来就业机会的增减和收入的差异，并通过经济空间重构引致东道国的国内就业转移，规模不断扩大的劳动力流动和就业转移将推动国民收入分配格局的变迁。本章主要运用文献查阅和理论抽象的方法研究经济周期波动下 FDI 流动如何影响我国就业转移以及国民收入分配变迁的渠道及作用机制。主要内容：①经济周期波动与 FDI 流动的相关性；②投资与就业的一般关系；③FDI 的就业效应的理论分析；④FDI 的就业效应的传导渠道；⑤FDI 流动的就业转移效应机理；⑥就业转移对收入差距的作用机理；⑦经济周期波动→FDI 流动→就业转移→收入差距的作用路径。

8. 1
经济周期波动与 FDI 流动的相关性

经济周期是指经济运行中周期性出现的经济扩张与经济紧缩交替更迭、循环往复的一种现象。在世界各国的发展过程中，经济的周期性波动是无法避免的，它在一定程度上反映出一个国家乃至世界总体的发展状况和矛盾。随着国际贸易和国际资本流动的迅速发展，全球经济一体化的进程加快，经济周期的生成机理、传导渠道长期以来都是学术界关注的重要研究主题。国外学者对经济周期已经进行了较长时间的研究，形成了一些系统的经济周期理论。但综合

起来看，无论是凯恩斯经济周期理论、货币主义经济周期理论，还是实际经济周期理论、新凯恩斯主义经济周期理论等，无非要么从需求方面探源，要么从供给角度寻根。因为经济生活中，供给和需求的平衡或失衡，将决定经济是平滑运行或波动运行，供给冲击或需求冲击引起的供需失衡将引致经济主要呈波动状态运行，货币冲击则是这两类冲击的媒介形态。引致宏观经济波动的冲击一般可分为三类：一类是来自于生产方面的供给冲击，主要包括技术进步、气候变化、自然灾害、资源发现和世界市场原材料价格的波动等；一类是来自于国家经济需求方面的需求冲击，主要包括宏观经济管理当局的政策冲击，如财政政策、货币政策和汇率政策等；另一类来自于私人需求方面的冲击，主要包括由预期和偏好变化引起的私人投资和消费支出的变动等。

宋玉华、徐前春（2004）认为，共同的世界性冲击和特定产业冲击引致世界经济活动出现周期性的运动，而特定国家冲击和特定冲击所生成的特定国家或地区经济周期，借助世界商品贸易和金融交易渠道的传导扩张衍生成世界经济周期[①]。

大量研究发现，世界经济周期是客观存在的，是开放经济条件下经济运动的内生形态，具有不同于封闭经济条件下的特征。各种冲击的综合作用和特定国家或地区经济周期的跨国传导生成了世界经济周期。经济周期波动影响一切经济活动，以跨国公司为主体的国际直接投资（FDI）也必然受经济周期的影响。

刘军荣（2007）认为，跨国直接投资（FDI）对世界经济波动是非常敏感的，经济波动的周期性也必然在国际投资方面有所表现，FDI 会随着世界经济周期性波动在流量和增长率上不断变化[②]。FDI 与世界 GDP 的增长是紧密相关的，同样前者的周期性从很大程度上缘于后者的周期性特征。

鉴于 FDI 绝大部分是由跨国公司进行的，因此可主要从跨国公司的对外直接投资决策与世界经济周期（world business cycle）的相关性角度解释二者的关系。跨国公司（TNCs）对境外投资的决策受到国内外经济周期（business cycles）的影响，更受到世界整个经济气候的影响。经济周期对 FDI 流量的影响是通过母国和东道国经济状况发挥作用的。这部分归结于这样的事实：就 FDI 的供给而言，跨国公司的决策在很大程度上取决于来自公司利润和贷款的

① 宋玉华，徐前春. 世界经济周期理论的文献述评［J］. 世界经济，2004（6）.
② 刘军荣. FDI 流量变化与世界经济周期的相关性分析［J］. 生态经济，2007（12）.

可投资金的状况，公司利润和贷款又受母国经济状况的影响。然而，FDI的供给对FDI的周期性起着重要作用，日益扩大的海外市场极大地刺激了跨国公司对外投资的热情，特别是当母国经济不景气时更是如此。对于那些母国正经历周期性经济衰退的跨国公司来说，海外市场对它们尤其具有吸引力，而FDI真正的发生一般就在此阶段。然而，相互影响和日益一体化的世界经济表明：当某国和某地区经济衰退并不断蔓延，将引起在全球经济衰退，这必然会使世界FDI下降；反之，当世界经济状况逐渐恢复，或者某大国或地区经济的高速发展带动世界经济进入周期性增长期时，世界FDI流量将会增加，从而使得后者具有周期性的变动趋势。同样从来自东道国的FDI需求来看，尽管全球化下不同东道国经济可能因为开放度的不同受世界经济周期波动的影响时滞存在差异，但最终世界经济周期波动将会通过各种途径和渠道影响到东道国经济，导致其经济周期性的张弛，引起FDI的流出量和流入量表现为周期性升缩。

可见，在经济全球化趋势日益凸显的今天，扮演主导力量的跨国公司直接投资与世界经济周期波动具有极强的联动性，世界经济周期波动影响FDI的流量和方向，并通过产业调整和经济空间重构引致东道国的国内就业转移。

8.2

投资与就业的一般关系

马克思的资本论（1867）最早提到了投资与就业之间的关系，认为投资对就业的促进作用主要包括以下三个方面：一是资本有机构成提高必然伴随着剩余价值率的提高，而剩余价值率提高会加速资本积累，从而进一步扩大对劳动力的需求，这会促进就业的增加；二是技术创新引起相关生产部门规模扩大与新产业兴起，从而创造劳动力的新需求；三是技术创新带来生产成本的降低，进一步降低产品价格，这会有助于产品需求的上升，也会为增雇工人创造条件。因此，投资很可能增加劳动力需求。也就是说，马克思是从劳动力需求的角度来分析投资与就业关系的。其后，凯恩斯（1936）的有效需求不足理论认为，社会的有效需求不足会导致不充分就业，政府应采取措施来扩大内需，提升就业水平，其中增加投资是一个重要措施[①]。哈罗德-多马模型

---

① Keynes J M，"Society R E. The General Theory of Employment，Interest，and Money"［J］. Foreign Affairs，1936，51（6）：654－656.

（1947）研究了充分就业与投资的关系，要想实现充分就业，就必须保证投资按照一定的比率增长①。菲利普斯曲线（1958）揭示了通货膨胀与失业之间的负相关关系，菲利普斯曲线同时描述了投资与就业的关系，即较高的投资能够创造更多的就业机会②。索洛（1956）提出了奠定现代经济增长理论基石的索洛经济增长模型，并对哈罗德－多马增长理论中的缺陷进行了修正。该理论认为"刀锋"式的增长路径是可以避免的，充分就业的稳定增长可以通过市场机制调整生产中的劳动与资本的配合比例来实现③。

上述经典理论为今天我们科学认识投资与就业的关系提供了很好的理论基础。但不可否认的是，这些传统理论主要是从总量上论述二者的关系，未能从结构上和流动动态上展开进一步深入分析。

实际上，大规模投资对劳动力就业的需求总量、需求结构和劳动力流动、就业转移均可以产生较大的影响。

从投资过程创造的就业结构上看，对劳动力的需求有两个阶段，第一个阶段是基础设施建设阶段，第二个阶段是当固定资产投入使用以后。这两个阶段对劳动力就业的需求结构是不同的。在第一阶段，基础设施建设与设备安装时，对建筑工人的需求很大，在很多外围地区，小农场主和无地农民具备建筑工人所需的基本技能，因此很容易找到工作。第二个阶段对劳动力就业的需求则存在多种可能性。如果投资于自然资源的转移，则对非熟练劳动的需求是很大的，如种植农业与采矿等。但大多数发展中国家非熟练劳动力的供给量很充足，这类投资即使实施之后，非熟练劳动力的工资率通常也不会上升，如果本地劳工不能满足当地需求，则外地劳动力的迁入也将使工资率的上升的趋势得到抑制。至于熟练劳动力，特别是管理层，一般都来自于发达地区，发达地区的投资者也会坚持雇佣其所熟识的管理人员。其他熟练劳工多数可能来自于本地，新的需求可能使本地熟练劳工的工资率上升，一般的，熟练劳工将通过优厚的工资待遇从现有的其他经济部门获得。如果新的出口活动是工业型的，其对熟练劳工和非熟练劳动力的需求都将取决于生产类型。如果生产活动主要是

① Domar, E., "Capital Expansion, Rate of Growth and Employment" [J]. Econometrica, 1947 (14).
② Phillips A W, "Change of Money Wage Rates in the United Kingdom, 1861－1957" [J]. Economica, 1958, 11：7 (7): 628－635.
③ Solow R, "A Contribution to the Empirics of Economic Growth" [J]. Quarterly Journal of Economics, 1956, 107 (2): 409－437.

技术型的，可能会面临技术人员不足的问题。

从投资引起的劳动力流动和就业转移上说，大规模投资将导致投资地区熟练劳动力工资率的上升，同时减少熟练劳动力失业或就业不足的情况。其趋势将是资本密集程度上升，其直接效应是熟练劳动力的迁入，并可能吸引其他地区熟练劳动力的流入。

8.3

FDI 的就业效应的理论分析

利用外资理论中最早和最有影响的是由 1966 年钱纳里和斯特劳特提出的"两缺口"模式①。其中心论点是：发展中国家实现经济发展目标所需的资源数量与其国内的有效供给之间存在着缺口，即储蓄缺口和外汇缺口，利用外资可以有效地填补这些缺口。

"两缺口"模式的理论价值是不言而喻的，但它也存在着一些问题。例如，它使用的是总量分析方法，缺乏对外资结构的具体分析；过分强调外资对经济发展和就业的积极作用，忽视了其不利影响等。

从理论上说，FDI 流入对一国就业的影响是多方面的，既有总量效应也有结构效应；既有直接效应也有间接效应；既可以增加或减少就业的数量也可以提高或降低就业的质量，还可以改变就业的区位结构、产业结构和职业结构等。FDI 对就业产生的总效应是所有这些效应共同作用的结果。下面主要从就业的数量效应、质量效应和结构效应三大层面来具体分析。

8.3.1　FDI 对就业数量的影响

数量效应是指 FDI 对区域就业数量的增减作用，它又可以分为直接效应和间接效应。

（1）直接就业效应。

FDI 可以对就业产生直接的数量效应，主要表现为其投资主体直接雇佣本地员工取代母公司的员工，这就是人力资源的本土化，而由此吸纳的当地就业

---

① Chenery, H. B. &A. M. Strout, "Foreign Assistance and Economic Development" [J]. American Economic Review, 1966 (56).

人数的多少又取决于人力资源本土化程度的高低及其在东道国投资的产业和行业构成，人力资源本土化程度越高、投资于劳动密集型产业和行业的比例越高，吸纳当地员工的人数就越多。从 FDI 的进入方式看，绿地投资方式较之并购投资方式往往能产生正的数量效应，这是因为绿地投资不会导致并购投资后的裁员，反而会吸收当地员工，另外在大规模的公司厂房的建设中，可以提供大量的短期就业。

（2）间接就业效应。

FDI 对东道国就业的间接效应主要通过前后向的产业联系和促进东道国经济的增长等来间接创造就业机会。

FDI 带动的前向辅助性投资主要是指外资企业中间产品的供应商，而后向辅助性投资则主要指经销商、代理商和其他服务商。FDI 通过前后向的产业联系间接创造的就业机会往往大于其直接创造的就业机会。

FDI 还可以通过促进东道国经济的增长来间接创造就业机会。一国经济增长的四个轮子是：技术、资本、人力资源和自然资源，除了自然资源外，FDI 对其他三个轮子的推动作用都是巨大的，另外，加上其对东道国产业结构的影响，它对东道国经济发展的巨大作用就是必然的了。根据奥肯定理，经济每增长 1 个百分点，失业就会下降 3 个百分点，由此，FDI 通过促进经济的增长从而产生的就业影响是相当大的。

8.3.2　FDI 对就业质量的影响

从质量上看，FDI 主要通过影响企业生产力水平、社会保险福利、工作条件、员工培训、人才流动机制、企业竞争力等作用于就业的质量。

（1）生产力水平。

外资企业由于有雄厚的资金实力和先进的技术，还有完善的管理经验，它们的生产力水平一般来说都普遍高于东道国国内企业，具体体现在其员工的工资水平高于东道国国内对应行业的员工的工资水平。较高的工资就体现了其较高的生产效率和较高的利润率，也只有较高的生产力水平才能保证比较高的工资水平。

（2）社会保险福利、工作条件。

外资企业尤其是跨国公司为员工提供的社会保险福利、工作条件要优于国内企业，这不仅仅是指外资企业优越的"硬环境"比如说良好的工作环境，工作条件和生产办公设施等，更重要的是它为员工提供了国内企业无法比拟的"软环境"，很多外资公司都有健全的员工社会保障体系，为员工购买失业保险，养老保险，医疗保险，给员工提供带薪假期，购房购车补贴等完善而全面的福利。

（3）员工培训。

外资企业不但为公司总部的员工提供各种培训学习的机会，也在本地开发培养各种人才，提高了当地劳动力的就业质量，可使东道国劳动力的素质得到不同程度的提高。

（4）人才流动机制。

与我国传统的劳动人事制度不同，外资企业的劳动人事制度不受户籍和其他行政条件的限制，而是以市场为基础，鼓励人才的自由、充分流动。这种灵活高效的劳动用工制度有利于吸纳劳动力的转移就业，增强竞争，促进人力资源的合理配置，因而具有强烈的示范效应，对我国传统的劳动人事制度产生了有力的冲击。随着我国社会主义市场经济体制逐步形成，将建立起符合市场经济要求的新型劳动人事制度，充分发挥市场机制在配置劳动力资源中的基础性作用，在这一过程中，外资企业无疑起到了促进和提供借鉴的作用。

（5）企业竞争力。

通过与外资企业的竞争，我国企业不断提高自己的竞争力，从而大大提高了国内企业员工的就业质量。

8.3.3　FDI 对就业结构的影响

FDI 的就业结构效应是指对东道国不同产业、企业、职业、区位等就业的影响。

（1）就业的产业结构效应。

外资在一些产业比如第二产业、第三产业的大规模投资，将使这些产业就业人数大幅增加，相反其对第一产业的投资偏低使得该产业受外资影响的就业数量有限；在第二产业的制造业内部，外资对我国消费品工业的过度扩张，使该产业的就业增加较快，重化工业的就业增加较慢；在第三产业内部，外资又偏向于房地产业和社会服务业，推动了这两个行业就业的较快增长。

（2）就业的企业结构效应。

外资以绿地投资方式建立的新企业将与本土老企业展开市场竞争，从而不可避免的产生企业之间的就业数量的增减变化；如果外资是以并购方式进入的，其初期的企业的裁员将导致失业的增加。另外外资比重的扩大将会对国有和民营经济产生"挤出效应"，外资与民族企业争夺有限的市场机会、生产要素和市场空间，使得优质要素向外资企业倾斜，导致国内企业在竞争中失利，甚至被挤出市场，随之而来的必然是失业人员的增加。但在长期中如果外资企业得到发展则可能产生新的就业机会；同时民族企业在竞争中成长壮大则也会增加就业的数量。

（3）就业的职业结构效应。

大量外资企业凭借其雄厚的资金优势，将会以高薪吸引更多年轻的高素质人才，从而导致中国劳动力市场从事高技术和高智力服务的脑力劳动者供不应求，这对中国劳动力市场、高层次人才市场乃至企业家市场将会产生很大的影响，有可能形成一个从普通劳动力市场中分化出来的高层次、高收入的劳动力市场。与此同时，城镇失业人员的增加与农村剩余劳动力的大量流入又使简单体力劳动者供大于求，因而将使我们的劳动力市场呈现出二元化特征。

（4）就业的区位结构效应。

外商投资企业总是从利润最大化出发，因此，在选择投资区域时总是选择最有利于其发展并最终实现利润最大化的地区，这就对东道国的就业带来了区位的影响。FDI 在一些新投资的地区创造了大量新的就业机会。从外商直接投资在我国投资的地区分布看，这些新的就业机会主要集中在东部地区。

最后，值得一提的是，FDI 的就业结构效应在很大程度上是通过劳动力流动和就业转移显现的，即受世界经济周期波动和全球产业结构调整影响，基于利润最大化的 FDI 在不同产业、企业、区域的流入流出会引起 FDI 流量和方向的变化，并通过经济空间重构引致东道国的国内就业转移。

8.4

FDI 就业效应的传导渠道

外商直接投资对就业的影响是伴随着经济活动而产生的。对于东道国来说，外商直接投资的进入意味着将在其国内发生三种经济行为，首先是外商投资自身的活动，其次是外商直接投资所影响的国内投资活动，最后是外商直接投资所引起的经济增长活动。这三种经济行为都会导致对东道国就业的影响，是外商直接投资就业效应的三种传导渠道。

（1）外商投资自身的活动。外商投资企业自身活动是外商直接投资发挥就业效应的直接渠道。它对就业的具体影响与外商直接投资的进入方式、进入动机、进入模式和要素密集类型有关。

一是进入方式。通常外商直接投资进入东道国有两种方式：一种是绿地投资（新设投资），即通过新设的方式建立中外合资企业或者外商独资企业；另一种是并购，即兼并或收购东道国现有的企业。绿地投资在短期内通常会吸收大量的劳动力。首先，出于成本的考虑，外商投资企业一般除了设置少量本国专业人才和管理人员以外，主要是在投资地招募人员，大量雇用当地的普通劳动力。其次，绿地投资可以间接创造就业，如在大规模的公司厂房的建设中，可以提供大量的短期就业；通过关联效应促进国内供应商和分销商就业量的增加。但在长期内，绿地投资有可能加剧国内市场的竞争而导致失业的产生。而并购的投资方式往往会导致被并购方企业的业务整合、人员调配，短期内不会增加就业，但不一定会出现减少就业的局面。如果被并购的企业是濒临倒闭的，或者被并购企业的雇员拥有有价值的技能和能力，或者并购的目的是为了控制某个已经运行良好的销售网络，那么并购行为是能够保留就业的。如果并购以后的重组和整合是成功的，那么远期内会提供更多的就业机会。

二是进入动机。外商直接投资进入东道国的动机主要有资源获取型、利润重心型、生产基地型、市场开拓型、知识提取型和风险分散型。投资动机不同，其对就业的影响也不同。就我国而言，生产基地型的外商直接投资看重的是中国大量的廉价劳动力，因而对就业的积极影响表现在吸收了大量从农村转移出来的无技术或低技术劳动力。市场开拓型的外商直接投资看重的是中国巨大的市场需求，为了占领国内市场，必然导致内资企业的收缩，继而大量员工的失业。另一方面，市场开拓型的外商直接投资在其研发和管理方面需要高素质的人才，在其生产制造过程中需要有技术的工人，对无技术的劳动力需求大大减少。

三是进入模式。进入模式是外国投资者进入国外市场的重要战略决策问题，直接关系到外资企业的风险以及控制权和收益权分配。不同的外商直接投资进入模式吸纳劳动力的作用是不同的。从我国外商直接投资的四种模式：合资经营、合作经营、合作开发、独资经营来看，前三种方式对劳动力的吸纳能力要高于独资经营。因为对前三种方式的外方来说，由于中方的管制，首先在企业的追求目标上，其除了关心利润，还要考虑就业等非市场因素，而独资经营的外方则摆脱了这种束缚，为了获取最大的利润，不断提高技术水平和资本有机构成，从而导致大量的失业；其次合资企业在与内资企业的关系上，会更多地加强与内资企业合作，尽可能多地从内资企业获得相应的配套服务和采购中间产品，从而促进了内资企业的就业，独资经营的外方则会在全球范围内选择其配套服务和中间产品的供应商，而不一定是内资企业。

四是要素密集类型。外商直接投资对我国创造就业机会的效应与生产过程的劳动密集程度相关。如果劳动密集程度较高，即通常所言的劳动密集型生产，由于其需要较多的劳动力，直接创造就业机会的效应也就较大。如在我国劳动密集型的工业部门，如服装业、电子制造业和食品饮料加工业的直接就业效应是非常突出的。如果劳动密集程度较低，即通常所言的资本密集型和技术密集型生产，由于其需要的劳动力不仅较少，而且还是高素质的技术人员，而在一定时期内技术人员是稀缺的，只有在相关行业内吸引其他企业的现有技术人员，因而在短期内只能创造就业机会，而不能增加就业量。

（2）外商直接投资所影响的国内投资活动。外商直接投资对国内投资的影响有两种情况：如果外商直接投资增加引致的国内总投资的增加额超过外商直接投资本身增加额，则外商直接投资对国内投资产生"诱发效应"；如果外商直接投资增加导致的国内总投资增加额小于外商直接投资的增加额，甚至出现国内总投资额减少，则外商直接投资对国内投资产生了"挤出效应"。外商直接投资对国内投资的诱发、挤出也相应带来了对就业数量不同的影响。

一般而言，外商直接投资对国内投资的"诱发效应"，实质上是指外商直接投资与国内投资不存在激烈的竞争关系，而是面临不同的市场机会的互补关系，如：外商直接投资流入如果给我国带来新技术或新产品，就会刺激国内企业为提高自身竞争力增加创新投资；或者外商投资的产业存在很强的前向或后向关联性，能够带动前向辅助性投资（主要是批量外资企业中间产品的供应商）和后向辅助性投资（主要指经销商、代理商和其他服务商）；或者外商投资于国内发展滞后、国内企业不愿进入或无能力进入的高风险、高技术产业。外商直接投资通过诱发国内投资所间接创造的就业机会是比较大的。根据《1992 世界投资报告》提供的资料，国际劳工组织对跨国公司国外分支机构的实证研究提出的不完全统计认为，根据不同产品情况，后向或前向联系所能创造的间接就业机会比直接就业机会还要高 2 ~ 3 倍。如果市场需求有限，市场机会相同，那么外商直接投资的流入势必会挤出国内投资。和国内企业相比，外商通常拥有先进的技术、良好的经营管理，加之我国给予的税收、进口等方面的优惠政策，因而具有明显的竞争优势，导致国内企业在竞争中失利，甚至被挤出市场，承受随之而来的必然是失业人员的增加。如果外商通过进口切断外商进入的产业与国内其他产业原有的前向或后向产业链条，可导致国内投资减少。这样，外商直接投资一方面无法带动当地生产商的发展，另一方面又使当地生产商在世界市场的竞争中失利，从而导致就业人数的无法增加，甚至引起一部分人失业。从以上分析可以看出，外商直接投资对国内投资带来了诱发还是挤出效应、外商直接投资的产业与国内投资产业的前向或后向关联如何对就业数量的影响是不同的，其影响结果是复杂而变化的。

（3）外商直接投资所带动的经济增长活动。外商直接投资通过带动我国经济增长进而对就业数量产生影响是一个长期的过程。外商直接投资通过资本积累、技术扩散、制度变迁等效应促进经济增长，经济的增长会带来总需求的增加，导致国内投资规模的扩大，而投资规模的扩大又会提供新的就业机会。如一些外商投资企业职工，较高的收入使他们有能力维持高消费，而较高的消费层次又引起高档消费品的开发和投资增加，投资增加则产生新的劳动力需求。但是，在加速系数既定的条件下，投资加速增长对劳动力需求的影响却可以极不相同。这取决于投资的资本有机构成。因为劳动力需求是由投资中可变资本的数量决定的，而不是由总的投资规模决定的。随着国民收入提高和国民经济发展，资本有机构成实际上也在不断提高，因而，投资增长引致劳动力需求的数量在相对减少。

外商直接投资在促进经济增长的过程中也会通过国际贸易、技术进步等渠道而间接影响就业数量。国际贸易的发展对就业需求的影响具有双重性。从出口来看，如果劳动密集型产品出口增加，则会带来劳动力需求的增加；而知识密集型产品出口的增加则会增加对技术工人的需求，而缩小对非技术工人的需求。从进口来看，一方面，进口商品的增加意味着对本国商品需求的减少，这会缩减对就业的需求；另一方面，如果进口商品中初级产品比重高，则会增加对劳动力的需求。外商直接投资与我国贸易之间是互补关系还是替代关系，这种不确定关系使得跨国直接投资通过贸易渠道对就业产生的影响也具有不确定性，并且这种不确定性受到外商直接投资结构、我国经济发展阶段等因素的影响。外商直接投资不仅仅是资本的转移，而且还通过示范模仿和市场竞争、厂商之间的前向和后向联系、人力资本的流动，进行技术的转移，从而推动我国技术水平和开发能力的提高。技术作为生产过程中的投入要素，会在很大程度上对就业产生影响，比如劳动使用型技术进步使产出增加时更多增加劳动的使用，而资本使用型技术进步使得产出增加时更多增加资本的使用。技术进步一方面使新兴产业不断发展，创造出新的就业机会；另一方面也使传统产业不断衰落，就业机会减少。一般来说，技术进步快，劳动力对新技术的适应性差，经济增长创造的就业机会相对减少。

8.5

FDI 流动的就业转移效应机理

研究劳动者就业转移的机理不能不追溯下经典的劳动力流动理论。由于劳动力流动绝大多数是从农村流向城市，因此劳动力流动理论基本解释的是有关农村劳动力迁移和转移的原因。劳动力流动理论最早源自统计学家拉文斯坦于 1885 年提出的"迁移法则"（Ravenstein，1885）[1]，此后一些学者们从各种角度来探讨劳动力流动的原因。托马斯提出了关于迁移的推 - 拉理论，把从农村到城镇迁移的原动力经常被归结为两类："推力"因素和"拉力"因素（Thomas，1925）[2]。刘易斯提出了著名的二元经济模型，指出农村剩余劳动力转移的最基本动因是城乡之间实际的经济收入差距（Lewis，1954）[3]。费景汉 - 拉尼斯对刘易斯的二元经济模型作了重要的补充和修正，强调重视农业的作用，认为必须保证农业能不断满足工业扩张的需要，才能实现劳动力的转移（Fei，Ranis，1964）[4]。乔根森的"农业剩余"理论认为农村剩余劳动力转移

---

① Ravenstein E G. The Laws of Migration [J]. Journal of the Statistical Society of London, 1885, 48 (2)：167~235.

② Thomas D. Social Aspects of the Business Cycle [M]. New York：Dutton, 1925.

③ Lewis A R. Economic Development with Unlimited Supplies of Labor [J]. Manchester School of Economic and Social Studies, 1954, 22 (2)：139~191.

④ Fei J C H, Ranis G. Development of the Labor Surplus Economy：Theory and Policy [M]. Homewood, Ill：R. D. Irwin, 1964.

的充要条件是农业剩余（Jorgenson，1961）[①]。托达罗模型及其扩展形式—Harris 模型引入了"预期收入"的概念，认为农村劳动力向城市转移，取决于在城市就业率的高低和对相当长时间内成为失业者的风险的权衡（Todaro，1969）[②]。20 世纪 80 年代以来，"新劳动力迁移经济学"理论兴起。斯塔克和泰勒用相对经济地位的变化解释迁移问题，以弥补托达罗"预期收入假说"解释力的不足（Stark，Taylor，1991）[③]。

　　国内关于劳动力迁移的理论研究结论大多是在国外理论模型研究基础上，围绕中国宏观社会经济特征与流动者的个体特征两条主线，就这一问题进行了较为广泛的研究，揭示中国农村劳动力流动的特殊性（张永丽，黄祖辉，2008）[④]。中共中央政策研究室农村组（1994）的研究认为，中国农村剩余农村劳动力的存在和农业比较收益低下是农民流动的"推力"，城市化、工业化带来的就业机会与城乡比较利益的差距是农民流动的"拉力"。李强（2003）运用大量的社会调查资料及统计分析说明，城乡收入水平差距即"经济收入驱动力"是农村劳动力流动的主要动力，但中国的户籍制度锁定了多数农民工的生活预期和目标，从而对这种驱动力产生了消解作用，形成特殊的生命周期，即年轻时外出打工，年龄大了以后回乡[⑤]。周其仁（1997）将宏观背景与微观差异结合起来，认为国家的经济发展策略和经济体制的选择，外生地决定着农民的就业空间和容量，而农村劳动力累积的专门知识、专门技能和与经历有关的个性特征，就农民对"流动"机会的反应以及反应的质量有着决定性影响[⑥]。蔡昉、都阳（2002）利用相对经济地位变化假说，通过实证研究发现，农村劳动力迁移与否不仅决定于他们在城市的预期收入差距，还决定于他们感受到的相对经济地位的变化[⑦]。还有一些学者分别从微观个人层面和家庭层

　　① Jorgenson D W. The Development of a Dual Economy [J]. Economic Journal, 1961, 71 (282)：309～334.

　　② Todaro, M. P., A Model of immigration and Urban Unemployment in：Less development Countries [J]. The American Economic Review, 1969 (59)：138－148.

　　③ Stark O, Taylor J E. Migration Incentives, Migration Types：The Role of Relative Deprivation [J]. Economic Journal, 1991, 101 (408)：1163～1178.

　　④ 张永丽，黄祖辉. 中国农村劳动力流动研究述评 [J]. 中国农村观察，2008 (1).

　　⑤ 李强. 影响中国城乡流动人口的推力与拉力因素分析 [J]. 中国社会科学，2003 (1).

　　⑥ 周其仁. 机会与能力——中国农村劳动力的就业和流动 [J]. 管理世界，1997 (5).

　　⑦ 蔡昉，都阳. 迁移的双重动因及其政策含义——检验相对贫困假说 [J]. 中国人口科学，2002 (4).

面，运用计量经济学的工具和方法，分析了家庭耕地面积、人力资本水平、城乡收入差距等因素对流动决策和流动收入的影响（赖德胜，1998[①]；赵耀辉，1997[②]；朱农，2002[③]；都阳等，2003[④]）。这些研究表明，中国农村劳动力流动除遵循一般的人口流动规律外，也受到中国社会经济结构和一系列制度安排的影响，有着自身的特殊性。

综合国内外相关研究可以看出，影响劳动者就业转移的因素很多，归纳起来大体可分为四大方面：外部拉力、内部推力、公共政策和个人因素。其中 FDI 主要通过外部拉力对其发生作用，即在全球化背景下，伴随经济周期的波动，国际国内产业结构的调整和转移，FDI 在不同产业和区域的流动带来就业机会的增减和收入的差异，并通过经济空间重构引致东道国的国内就业转移。

具体来说，FDI 对东道国就业转移的影响分为两大方面：一个是直接转移效应，主要表现为外资在区域和产业的投资倾斜，引致人口和劳动力向该地和行业迁移流动，形成区域和产业间就业存量的替代；外资在某些地区和产业的集聚带来的就业创造效应和就业替代效应造成新增就业机会的不平衡，形成就业增量在经济空间分配上的差异。另一个是间接转移效应，主要表现为 FDI 通过带来工资收入差距、拉大区域经济发展差距、影响国内投资、带动区域产业结构的调整和升级等对就业转移产生全面而深刻的影响。

8.5.1　FDI 对我国就业转移的直接效应

按照性质划分，就业转移分为存量就业转移和增量就业转移；按照结构划分，就业转移可分为产业和区域。

通过研究我国历次人口普查资料发现，改革开放以来，特别是 20 世纪 90 年代以来我国在人口和就业总量继续增长的同时，劳动就业的产业与区域分布发生了明显的变化，即我国的劳动就业在总量增长缓慢的情况下呈现出鲜明的

---

①　赖德胜. 教育、农村劳动力市场与收入分配 [J]. 经济研究，1998（5）.
②　赵耀辉. 中国农村劳动力流动及教育在其中的作用 [J]. 经济研究，1997（2）.
③　朱农. 中国劳动力流动与"三农"问题 [M]. 武汉：武汉大学出版社，2002.
④　都阳，朴之水. 迁移与减贫——来自农户调查的经验证据 [J]. 人口研究，2003（4）.

产业与区域替代特征。

早在 17 世纪，英国古典经济学家威廉·配第就发现：收入的差距会促使劳动力在不同产业间流动，从而集中于收入高部门。20 世纪 50 年代，科林·克拉克进一步的研究证明了配第的观察，从而提出了著名的配第 - 克拉克定律，即随着人均国民收入的提高，劳动力首先由第一产业向第二产业移动，当人均国民收入水平进一步提高时，劳动力便向第三产业移动。劳动力在产业间的分布状况是，第一产业将减少，第二产业、第三产业将增加。配第 - 克拉克定律不仅在很多西方国家得到了印证，而且也基本符合我国自改革开放以来的劳动力在产业间转移的现实。

我国劳动就业的产业替代既有内因，也有外因。从内因看，主要是我国从计划体制向市场体制转型所带来的产业结构及其相应的就业结构的变化。从外因看，主要是受全球化背景下经济周期的波动引致 FDI 在产业间流动的影响。大量的研究发现，改革开放后，基于利益驱动的 FDI 主要投向了我国东部沿海的第二产业（特别是劳动密集型制造业）、第三产业，在很大程度上促使了我国原本务农的农村剩余劳动力向非农产业转移和聚集，形成了蔚为壮观的外来务工的"打工仔"、"打工妹"经济。

从空间上看，中国呈现东部劳动力集聚的鲜明特征，许多学者注意到 FDI 在劳动力东部集聚过程中所发挥的重要作用。这种集聚不仅包括人才集聚，而且包括农业剩余劳动力的集聚。中国人口庞大，地域广阔，劳动力从农业向非农转移有着地区发展的不平衡性。中西部地区非农化就业转移缓慢，东部地区不仅本地区非农化就业转移迅速，而且也吸引了中西部农业剩余劳动力向东部移动。这是与各地区工业化进程密切相关的，工业化的进程又与 FDI 在东部沿海的投资倾斜具有很大的关联。

杨云彦等（2003）研究发现，20 世纪 90 年代后我国中部出现连片就业萎缩地区，劳动力持续外流[①]。与中部地区就业紧缩形成鲜明反差的是沿海地区工业部门就业规模的迅速扩展。在经济全球化的背景下，随着我国对外开放程度不断加深、外商直接投资部门不断扩展，沿海地区的区位优势得到充分体现，以劳动密集产业和高新技术产业为主的制造业发展迅速，这些地区正在以一种反梯度模式进行着其特殊的"再工业化"过程，并形成对内地国有部门

---

① 杨云彦、徐映梅、向书坚. 就业替代与劳动力流动：一个新的分析框架［J］. 经济研究，2003（8）.

和传统工业地区的刚性就业替代，地区差距在就业机会方面的表现十分突出。非农就业机会在地区间的转移、替代和重新分配，是解释我国转型时期劳动力跨地区流动的一个新的分析框架。

另外从就业增量转移看，FDI 的影响也有较大的影响。改革开放以来，特别是 90 年代中后期以来，伴随我国企事业劳动人事制度改革力度的加大，国有企业和机关富余人员的大量下岗分流，包括外资企业在内的非国有部门成了吸纳下岗分流和新增劳动力的主渠道。然而这些新增的就业机会在地区间的分配也是极其不平衡的。我们研究发现，地区新增就业机会中外企就业人数和外资投向均高度集中于我国的东部沿海地区，地区新增就业机会的变化与 FDI 差异具有较显著的相关性。

总之，20 世纪 80 年代以来，全球掀起了产业结构调整的高潮，一些发达国家和地区纷纷通过 FDI 的方式向发展中国家转移在本国已失去竞争优势的劳动密集型产业。我国东部沿海地区的率先开放抢得先机，大量的 FDI 投向了该地区，我国的外商直接投资明显呈 "东高西低" 的基本格局。FDI 在区域分布上的不均匀是造成地区经济差异的一个重要因素，并进而影响到我国劳动就业的区域分布的不平衡。FDI 的这种区域分布不均衡与其产业分布的不均衡交织在一起，进一步强化了我国劳动就业在产业与区域上的存量替代和增量转移的双重特征。

8.5.2 FDI 对我国就业转移的间接效应

FDI 除了对我国就业转移产生直接效应外，还通过影响区域的进出口贸易、区域经济发展差距、产业结构等对我国就业转移产生间接的效应。

（1）FDI→对外贸易→就业转移。

经济全球化进程的日益加快，使得贸易和投资的联系更加紧密，外资正逐步成为影响各国贸易增长的主要因素。从总体上看，国际商品贸易和 FDI 之间的积极影响持续加强。改革开放以来特别是 20 世纪 90 年代后，FDI 加速进入中国尤其是东部沿海地区，通过对外贸易的快速发展对我国就业转移产生了重要影响。

随着对外经贸事业的发展，先进的技术和科学知识不断积累，生产效率不断提高，产业结构不断升级换代，因此，我国经济增长的质量也不断提高。另一方面，对外经贸在促进经济发展的同时，也对我国的就业产生了巨大影响。对外贸易对我国经济和就业的影响越来越大。

从外贸增长的来源看，统计数据显示，改革开放后我国对外贸易的迅速扩张主要是依靠外商投资企业来推动的，我国外贸出口额增长的绝大部分是依靠外商投资企业实现的。由于外商在华投资高度集中在东部地区，因此，外商投资的大规模进入有力地促进了东部地区对外贸易的发展，并与内陆中西部地区之间形成鲜明的对照。

对外贸易对就业的影响包括两个方面，即出口的扩大效应与进口的减缩效应，其中出口扩大就业的影响是直接的，而进口对就业直接表现为冲击作用。但进口商品特别是进口资本的有效利用，却可以间接地创造就业机会，因而进口对就业的影响比较复杂。从我国的实际情况看，改革开放后我国对外贸易依存度不断提高，总体来说，其就业扩大效应是显著的。我国的对外贸易之所以能够促进就业总水平的增加，其原因在于按照李嘉图的"比较利益学说"，我国国际贸易的商品结构中劳动密集型产品的出口占有很大的比重。例如，我国的纺织品、鞋帽制品在我国对外贸易创造顺差的行业中分别占据前两位，我国已成为世界最大的纺织品与鞋类出口国。这两大行业都是典型的劳动密集型产业，具有很高的劳动密集程度，这些产业的发展增加了对劳动力的需求，对我国就业水平的提高的作用是不言而喻的。劳动密集型产品出口的另一个重要表现就是加工贸易。中国的制成品出口中有很大一部分是加工出口，包括来料加工和进料加工，加工出口是随着"三资"企业和乡镇企业的兴起而大量出现的。很多年份，我国加工贸易进出口额占进出口额的一半以上，大大超过了一般贸易。而加工贸易就需要大量的廉价劳动力（兰绍瑞，2000）[①]。

劳动密集型产品出口的大量增加毫无疑问提供了大量的就业机会，而FDI在这其中的贡献是较大的。无论是从外商投资企业出口额占全国出口额的比重还是从外商投资企业的出口贸易方式看，FDI对我国就业的影响是显而易见的。从地区来看，我国东部沿海又是吸引FDI和对外贸易贡献最大的地区。FDI通过对外贸易带来的这些新增就业机会主要集中在东部地区，吸引劳动力大量流入东部地区，形成"孔雀东南飞"、"民工潮"现象。

---

① 兰绍瑞. 中国对外经贸的就业效应 [J]. 财金贸易，2000 (6).

（2）FDI→区域经济发展的不平衡→就业转移。

在我国外商投资总量高速增长的同时，外资企业的地区分布极不平衡，FDI 地区差距是我国当前地区经济差距产生的重要原因之一（孙毅，2013）[①]。国内外许多学者对此进行了广泛的分析，如国外学者经研究认为不同地区 FDI 流入量的不同导致了区域之间的经济发展差距（Dayal – Gu-lati，Husain，2000）[②]，国内学者通过对我国各地区经济统计数据选择相应指标进行实证研究指出 20 世纪 70 年代以来，我国东部地区的经济增长速度明显高于中部与西部地区，导致东西部经济增长速度差异的主要原因是东部地区的 FDI 流入量明显高于中部与西部地区（江小涓，2002）[③]；魏后凯使用时间序列与横截面数据研究了 FDI 对我国地区经济增长的影响，认为我国东部地区与西部地区经济增长率的差距有 90% 左右是因为 FDI 流入量的地区差异造成的（魏后凯，2002）[④]；也有学者发现 FDI 在我国地理空间上的非均衡分布状况是导致我国东部、中部、西部之间国内生产总值水平相差加大的主要原因（邱斌，2007）[⑤]。可见，FDI 地区分布差距至少是造成我国区域经济差距的重要原因之一。

而区域经济发展差距则是影响就业转移和就业差异的一个重要因素。美国著名经济学家阿瑟·奥肯（Arthur Okun，1928～1980）根据美国的统计资料，测算出实际国民生产总值增长率与失业率的关系的交替规律，称为奥肯定律[⑥]。从中可以发现，失业率的高低在很大程度上是由经济增长的能力所决定的。中国经济增长与劳动就业关系的实证分析也支持这一点。

然而影响区域经济增长差异的因素又是什么呢？无疑答案是多方面的。朱金生（2006）以资本（分为内资与外资）、劳动力资源等为解释变量，从分省市和分三大地区两个区域层面展开做了一个实证分析，结果表明，无论是从分省市还是分三大地区来看，对区域经济增长差异影响显著的分别是区

---

① 孙毅. FDI 地区差距的收敛性分析及外资引导机制研究［D］. 中国海洋大学，2013.

② Da1 – Gulati，"Anuradha and M. Husain，Centripetal Forces in China's Economic Take off"［R］. IMF Working Paper，2000.

③ 江小涓. 中国的外资对经济增长、结构升级和竞争力的贡献［J］. 中国社会科学，2002（6）.

④ 魏后凯. 外商直接投资对中国区域经济增长的影响［J］. 经济研究，2002，（4）.

⑤ 邱斌，尹威，杨帅. 全球生产网络背景下的企业创新与经济增长——"FDI、企业国际化与中国产业发展学术研讨会"综述［J］. 管理世界，2007，（12）.

⑥ Okun A.，"Potential GNP：Its measurement and significance"［J］. Business and Economics Statistics，1962.

域劳动力与 FDI 差异，DI（内资）影响则不是十分明显，这个结论多少有些让人觉得不可思议，甚至与某些学者研究的结论完全相反①。尽管由于研究的视角、采用的模型以及数据处理方式的差别可能导致在到底谁的影响大这个问题上存在着分歧，但有一点可以肯定的是 FDI 的区域分布差异是影响区域经济增长差异的一个不可忽视的重要因素。FDI 除了直接影响区域就业转移和差异外，还可通过对区域经济增长差距的作用间接影响区域就业转移。

（3）FDI→区域产业结构变迁→就业转移。

FDI 在我国的产业选择推动了以劳动密集型为主的非农产业的迅速发展和劳动就业比重的提高。改革开放以来，特别是九十年代以来我国在人口和就业总量继续增长的同时，劳动就业的产业分布发生了明显的变化：第一产业（大农业）从业人员比重呈现逐步下降趋势，第二产业、第三产业从业人员比重则有较大幅度的上升，非农产业正在取代第一产业成为我国劳动就业增长的主要领域。从外商投资的产业分布看，主要集中在第二产业，其次是第三产业，第一产业占比极低。FDI 的这种区域分布不均衡与其产业分布的不均衡交织在一起，使得我国传统的地区分工格局发生了深刻的变化，在新的全球分工体系中，沿海地区以劳动密集产业和高新技术产业为主的制造业得到显著发展，在很大程度上形成对中部地区相应制造业的替代。

据本研究测算表明，从总体上看，目前我国大体处于工业化的中期阶段，其中东部地区处于工业化中期的后半阶段，中部地区处于工业化中期的前半阶段，而西部地区至今仍处于工业化的初期阶段。各地区工业化进程的这种差异性，除了历史因素、区位条件和经济发展水平的差异外，FDI 也起着重要的影响。在东部沿海地区，FDI 的大规模进入有力地推动了地区工业化的进程，而中西部地区这种作用并不明显。沿海地区对内陆地区的产业替代和就业替代趋势明显。

综合改革开放后特别是 20 世纪 90 年代以来我国制造业从业人员变动的情况，可以发现，一个特点是沿海地区的迅速发展，这些地区是我国工业基础较好的地区，过去长期向中西部地区进行着产业扩散与转移，90 年代以来，这些地区显然进入了一个新的工业化时期，进行着反梯度的要素集聚过

① 朱金生．FDI 与区域就业转移：一个新的分析框架 [J]．国际贸易问题，2006（6）．

程，形成区域经济发展的一种新型模式。沿海地区的"再工业化"趋势，既是沿海地区自身工业化进程的需要，又是经济全球化带来的国际分工变化的反映。

由于各地就业结构的变化有着自身的特点，就业增量在空间上的分配一半是不均衡的；影响地区关系的另外一个因素是就业存量之间的替代关系，沿海地区再工业化的过程、与中部地区的就业紧缩两者之间，存在着明显的因果关系，从结构分析中，我们可以清楚地了解到，中部地区就业紧缩的主要部门来自于制造业的下降。正因为制造业就业的下降，导致中部传统工业城市出现了比较突出的下岗问题。也就是说，沿海地区的再工业化，在存量方面，替代了中部地区的就业。而沿海地区再工业化，是基于经济全球化进行再分工的结果。在这种开放型的国际分工中，原先占有区位优势的中部地区开始被边缘化，导致就业被替代，人口净迁出。可见无论是我国的区域还是产业就业转移都与 FDI 的投资倾斜有着很大的关系，FDI 的产业分布不均衡与其区域分布的不均衡交织在一起，进一步强化了我国劳动就业的产业与区域的双重替代特征，并对我国就业转移产生了重要的间接影响。

8.6

就业转移对收入差距的作用机理

关于就业转移对收入差距的作用机理探讨可以回归到有关劳动力流动对收入差距的影响机制研究上。传统的发展经济学理论认为，劳动力从边际劳动生产率近乎为零的农业转移到非农部门，可以通过缩小两个部门的边际劳动生产率差别，而缩小农村和城市之间的收入差距。而且，从各国历史来看，城乡收入的系统差距最终是由于劳动力流动而消失的。因此，许多发展理论认为，劳动力流动是缩小城乡收入差距的一种重要机制。然而，20 世纪 90 年代以来，中国出现了收入差距的不断扩大与劳动力流动规模不断扩大并存的现象。按照经典的迁移理论，收入差距的不断扩大是诱发人口和劳动力流动的主要推动力量之一，而劳动力流动又会缩小收入差距，但中国的事实并非如此。理论与事实的相悖引起了研究者们的极大关注。绝大部分学者主要从户籍制度等政策因素来分析这种现象，本节希望从更多层面进行补充。劳动力流动对居民收入差距的影响机制可以概括地归纳为四个层面：劳动力要素投入数量的影响机制、劳动力要素投入质量的影响机制、劳动力要素投入结构和劳动力要素市场的机制。

首先，劳动力的流动，在数量上增加了劳动这一生产要素的投入，从而影响流入地居民收入。

其次，劳动力的流动同时也是人力资本的流动，人力资本流动所产生的增长效应对于流入地区而言，表现为要素生产率的提高，即质量方面的作用。发展中国家常常只强调资本这一经济增长中的稀缺要素，而没有重视人力资本要素对经济和收入增长的推动作用。由于知识和人力资本的积累可以产生递增收益，因而资本丰裕的城市地区资本利润率不是呈递减趋势，而是保持不变或有所提高。从某种程度上讲，劳动力流动所引起的人力资本流动对于劳动力流入地来讲更具有增长效应。我国居民在人力资本积累方面存在的巨大差异，为我国劳动力流动导致的地区间收入差距越来越大的原因剖析提供了依据。

第三，劳动力就业转移的过程中，当流出地的劳动力从生产率低的部门流向生产率高的部门时，全社会要素生产率和要素规模报酬将会普遍提高，从而显示出投入的生产要素产业结构因素对经济和收入增长的作用。产业结构既表现为各产业间的比例关系，又表现为各产业内部行业部门间的比例关系，产业结构可以通过影响劳动力的就业结构来影响经济和收入的增长；同时，劳动力的知识和技术结构也可以通过就业反过来影响产业结构的调整速度。因而可以通过调整三次产业的比例关系及各产业内部的比例关系来影响经济和收入增长；另一方面，当流动劳动力的知识结构和技术结构与产业结构的发展相匹配时，劳动力资源就能得到较为充分的利用，科学技术就能较快地转化为现实生产力，也就能较好地兼顾竞争活力和规模经济，从而保持经济和收入的增长。也就是说，如果劳动力的知识和技术结构与产业结构的发展状况不相适应，也会对收入增长产生影响。

最后，在劳动力流动过程中，一项重要的中间环节，即作为生产要素市场重要组成部分的劳动力市场的传导作用也不可忽视。劳动力市场作为劳动这一生产要素流动的中间媒介市场，一方面对劳动力能否自由流动提供信息、服务的功能，另一方面对劳动力在劳动力市场上的工资定价和收入水平也起着重要作用。换言之，一个健全的劳动力市场机制，有利于收入分配机制的公平实现；而一个不完善的劳动力市场将有可能导致收入分配的失衡。

我国劳动力市场的建设起步较晚，对劳动力流动的信息提供、咨询服务等功能尚不完善，传统的"二元"劳动力市场对劳动力工资定价和收入提高长期处于限制状态。

总之，劳动力通过由流出地向流入地的流动，一方面影响了流出劳动力的收入，另一方面也通过各种途径作用于流入地经济，影响着流入地劳动力的收入，从而导致了流出地与流入地之间的居民收入差距的相对变化。劳动力要素投入数量、劳动力要素投入质量、劳动力要素投入结构和劳动力要素市场因素等均是劳动力流动和就业转移过程中收入差距扩大这一现象的原因。

8.7

经济周期波动→FDI 流动→就业转移→收入差距的作用路径

综合上述分析，可以看出，开放经济条件下，各种冲击的综合作用和特定国家或地区经济周期的跨国传导生成了世界经济周期。经济周期波动影响一切经济活动，以跨国公司为主体的国际直接投资（FDI）也必然受经济周期的影响。跨国公司对境外投资的决策受到国内外经济周期的影响，更受到世界整个经济气候的影响。经济周期对 FDI 流量的影响是通过母国和东道国经济状况发挥作用的。无论是从来自投资母国的 FDI 供给还是来自东道国的 FDI 需求看，世界经济周期波动与 FDI 流动具有极强的联动性。世界经济周期波动影响 FDI 的流量和方向，并通过产业调整和经济空间重构引致东道国的国内就业转移。

FDI 流动会导致就业转移，而就业转移将对收入差距产生影响。这其中的传导渠道为：FDI 在我国不同区域和产业上的流动和倾斜带来了就业存量替代和新增机会差异引起的直接就业转移效应和通过推动区际进出口贸易、经济增长、产业结构变迁等对区域和产业就业差异产生间接就业转移效应；而劳动力流动和就业转移通过影响劳动力要素投入数量、劳动力要素投入质量、劳动力要素投入结构和劳动力要素市场等来作用于收入差距。

经济周期波动→FDI 流动→就业转移→收入差距的这种作用路径可以用一个传导图直观表示（见图 8－1）。

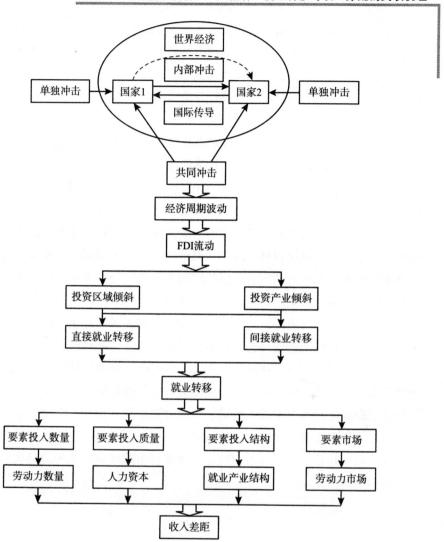

图 8-1 经济周期波动→FDI 流入→就业转移→收入差距的作用路径

8.8

本章小结

经过改革开放以来 30 多年的高速增长，中国经济发展已经进入了一个以城市化为主导的发展阶段，发展的核心内容是通过生产要素的自由流动，实现经济的可持续和协调发展。劳动力的就业转移一方面是中国经济增长方式的需要，是经济发展进入需求拉动的买方市场发展的需要，另一方面也是社会主义市场经济体制建设的必然结果。劳动力的就业转移，尤其是农村剩余劳动力的流动，意味着大量农村人口持续流入城市，这是社会转型的一个必然过程。非农就业机会在地区之间的转移、替代及重新分配与 FDI 在中国区域和产业分布的巨大差异有着十分密切的关系。

本章的分析结果表明，开放经济条件下，各种冲击的综合作用和特定国家或地区经济周期的跨国传导生成了世界经济周期。经济周期波动影响一切经济活动，以跨国公司为主体的国际直接投资（FDI）也必然受经济周期的影响。跨国公司对境外投资的决策受到国内外经济周期的影响，更受到世界整个经济气候的影响。经济周期对 FDI 流量的影响是通过母国和东道国经济状况发挥作用的。无论是从来自投资母国的 FDI 供给还是来自东道国的 FDI 需求看，世界经济周期波动与 FDI 流动具有极强的联动性。世界经济周期波动影响 FDI 的流量和方向，并通过产业调整和经济空间重构引致东道国的国内就业转移。

具体而言，经济周期波动下 FDI 在我国不同区域和产业上的流动和倾斜带来的就业存量替代和新增机会差异引起了直接就业转移效应和通过推进区域和产业的进出口贸易、拉大区域和产业间发展差距、带动区域产业结构的调整和升级等来对区域和产业就业差异产生间接就业转移效应；而劳动力流动和就业转移通过影响劳动力要素投入数量、劳动力要素投入质量、劳动力要素投入结构和劳动力要素市场等来作用于收入差距，经济周期波动→FDI 流动→经济空间重构→就业转移→收入分配变迁，这是解释中国转型时期外资与就业关系的一个新的分析框架。

第四篇

政策设计

第9章

经济周期波动下利用 FDI 促进
中国劳动就业的公共政策

发达国家的 FDI 为我们提供了就业机会，加快了经济的转型；但同时 FDI 以其微观利益驱动所可能带来的结构失衡和收入差距问题与我国的公共利益取向存在着一定的矛盾，且极易在世界经济周期的波动中被放大。因此，在理论、实证和机理分析的基础上，提出相关公共政策，这对于在新时期进一步加快经济转型、缩小国民收入分配差距意义重大。

本章主要基于公共经济管理的视角，利用博弈分析、比较分析和对策研究等方法，探讨了经济周期波动下利用外资促进劳动就业均衡增长的公共政策取向。主要内容：①我国引资和劳动就业管理政策的现状、问题和制度缺陷；②经济周期波动下我国引资和劳动就业引入公共政策的必要性、可行性和基本原则；③区域引资和劳动力迁移的博弈分析；④国内外相关经验借鉴；⑤经济周期波动下利用外资促进劳动就业均衡增长的公共政策创新和选择。

9.1

我国引资和劳动就业管理政策的现状、问题和制度缺陷

9.1.1 我国利用外商直接投资政策的阶段和现状

纵观我国 FDI 发展过程，FDI 规模呈现明显的阶段性态势，经历了从起步、发展、高速增长与调整等不同阶段，这些阶段性的变化也是随着我国外资政策的调整而不断发展的。中国引资政策演进历程大致分为以下五个阶段：

（1）第一阶段（1979～1987）：我国利用外商直接投资的政策起步阶段。

在改革开放初期，我国有关利用外资的立法和管理还不太完善。1979 年 7 月颁布了我国第一部吸收外商投资的法律——《中华人民共和国中外合资经营企业法》；1979 年 8 月国务院设立了外国投资管理委员会，统一管理全国的利用外资工作；1979 年，建立了深圳、珠海、汕头、厦门 4 个经济特区，到中央又开放了北起大连南至北海的 14 个沿海大中港口城市，设立了珠江三角洲、长江三角洲及闽南厦泉漳三角洲，并且在 1984 年建立了全国最大的经济特区——海南省。1986 年，国务院制定并颁布了《鼓励外商投资的规定》，从而解决了外商投资企业的一些困难，并对有关部门也相继制定了实施规定的十几个细则。

（2）第二阶段（1988～1991）：我国利用外商直接投资的政策稳步发展阶段。

20 世纪 80 年代中期以后，我国加快了有关外商直接投资的立法工作，相继颁布了一些法律和法规。进入 90 年代，我国政府做出了开放浦东的重大决策，而后开放了 28 个城市，形成了向外商直接投资开放整个沿海地区的新格局；引进跨国公司的法律框架也初步形成，如《涉外经济合同法》、《专利法》的颁布；新的《外商投资管理条例》颁布施行；政府更加注重通过基础设施的建设和制度改革来吸引跨国公司的直接投资。

（3）第三阶段（1992～1995）：我国利用外商直接投资的政策全方位开放阶段。

1992 年初，邓小平的南方谈话确立了经济体制改革的目标——建立社会主义市场经济体制，此后，我国加快了对外开放的步伐。1992 年我国进一步扩大开放了 5 个沿长江城市、18 个内陆省会和区首府城市以及在东北、西北、西南边境地区的 13 个边境城市。至此，我国已建立起经济特区、沿海开放城市、沿江开放城市、沿边开放城市、内陆省会城市、旅游度假区和保税区等多种类型的外商投资优惠和开放地区，逐步形成了多层次、全方位的对外开放格局。

（4）第四阶段（1996～2000）：我国利用外商直接投资的政策初步调整阶段。

外资政策的初步调整实际上是从 1995 年开始的，1995 年 6 月颁布了《指导外商投资方向暂行规定》，同时发布了《外商投资产业指导目录》，将外商投资产业鼓励类、限制类和禁止类项目具体化，使外商投资更符合我国的产业政策。1997 年 12 月，又修订了《外商投资产业指导目录》，扩大了国家鼓励外商投资的范围，突出了产业重点，同时体现了鼓励外商向中西部地区投资的政策。1999 年 8 月，外经贸部就进一步鼓励外商投资这一目标制定了相关政策措施，鼓励外商投资企业技术开发和创新，并加大对外商投资企业的金融支持力度。

（5）第五阶段（2002 至今）：我国利用外商直接投资的政策全面调整与完善阶段。

自我国加入世贸组织后，根据 WTO 的规则和承诺，于 2002 年 4 月 1 日起施行由国家计委、国家经贸委和外经贸部发布的《外商投资产业指导目录》及附件，在投资准入方面进一步开放，其主要变动如下：①将鼓励类目录由186 条增加到 262 条，而限制类目录由 112 条减少到 75 条，大幅度放宽了行业准入限制，充分发挥市场体系竞争机制作用，通过竞争促进产业、产品结构升级；②扩大投资领域，将原禁止外商投资的电信和燃气、热力、供排水等城市管网首次列为对外开放领域，并根据入世贸组织承诺的地域、数量、经营范围、股比要求和时间表，进一步开放银行、保险、商业、外贸、旅游、电信、运输、会计、审计、法律等服务贸易领域；③投资地域多样化，鼓励外商投向中西部地区，放宽外商投资西部地区的股比和行业限制；④投资方式多样化；⑤从事鼓励类的外商投资项目可享受免征进口设备关税和进口环节增值税的优惠政策；⑥放宽外商投资的股比限制，如取消港口共用码头的中方控股要求。同时，制定了《反垄断法》、《反倾销法》等，更加追求、维护竞争的公平性，取消了跨国公司投资企业享有的税收等方面的一些特权，对外资企业采用与国内企业同等待遇，依靠国内市场而不是政策优惠来吸引跨国公司，对跨国公司的定价转移等行为的微观调控进一步市场化。2004 年，中国的市场开放又进一步扩大，一是开放服务贸易领域的市场准入承诺；二是遵守世界贸易组织的基本原则：国民待遇、政策透明度、取消外汇平衡和国产化要求。2007 年初根据人大审议通过的《企业所得税法》，2008 年 1 月起内资外资上缴企业所得税将站在同一起跑线上，以上都说明我国以鼓励吸引外资为首要目标的政策方向有了变化。

总的来说，改革开放几十年来，吸收外商投资是我国对外开放政策的重要组成部分，大量外资的参与，成为促进我国经济高速发展的重要力量。但随着改革开放的不断深入和经济全球化发展，我国利用外资政策也面临着一些挑战，如对外资的优惠政策破坏了公平竞争的市场机制、外资投向的产业分布和地区分布不合理在一定程度上引起了就业转移和就业差异以及收入分配公平问题等，需进行适时的战略调整。

9.1.2　我国劳动就业体制改革的现状及问题

（1）国有部门劳动就业体制改革不到位。

我国《劳动法》虽然从法律上废除了固定工和临时工制度，但实际上许多党政部门和国有企事业单位仍然或明或暗地保留着这一制度。"正式工"和"临时工"不仅社会地位不同，而且享有的劳工权利不同，工资、奖金以及福利等待遇也不同，从而导致同工不同位、同工不同权、同工不同酬等现象时有发生。2008 年《劳动合同法》正式实施以后，有的党政部门和国有企事业单位不仅不与长期受雇的"临时工"签订劳动合同，而且集中突击辞退了单位的全部"临时工"。这样，《劳动合同法》非但没有成为"临时工"合法权益的保护神，反而导致了大批"临时工"的失业。此外，国有部门劳动就业体制改革不到位，还表现在至今不少党政部门和国有企事业单位用人仍然采取领导"暗箱操作"的办法，而不是在劳动力市场上公开招聘、择优录用。这样不仅导致"拉关系"、"走后门"和"以职谋私"、"以钱谋职"等用人腐败现象愈演愈烈，而且造成劳动力就业竞争不公平和劳动力市场"有场无市"现象的频频发生，妨碍劳动力市场的发育和市场在劳动力资源配置中的基础性作用的发挥。

（2）政府促进就业的机制不健全。

鉴于当前我国劳动力市场存在的诸多问题和缺陷，政府必须承担起促进就业的重要职责，以弥补劳动力市场的缺陷。但由于种种原因，我国政府促进就业的能力并不高。一是政府促进就业的意识不强，主要表现为各级政府迄今仍然没有把充分就业真正确立为经济社会发展的重要目标，我国经济发展面临的突出问题依旧是"高增长、低就业"。二是政府促进就业覆盖的目标人群不具有普遍性，近年来，我国政府促进就业的目标人群主要包括三类城镇人员，即国有企业的下岗失业人员、集体企业的下岗失业人员和残疾人。在市场经济体制下，失业特别是结构性失业和摩擦性失业是几乎所有劳动者都有可能遇到的问题，比如大学生、高中生、职校毕业生、初中生、农民工、妇女、"三无"农民（指丧失土地、没有职业、无正当收入来源的农民）等等，都是当前及今后政府在制定促进就业的政策时需要关注的对象。三是政府对促进就业的财政投入严重不足，目前我国在政府促进就业方面的财政支出占 GDP 的比重不到 0.4%。而 20 世纪 90 年代以来，经合组织国家大都采取了积极促进就业的财政政策，每年由财政预算拨付给劳动力市场的经费一般都占到 GDP 的 2% 以上，有的国家如丹麦甚至占到 6.5%。相比而言，我国对政府促进就业的财政投入显得严重不足。四是政府促进就业的措施不够得力，在反对就业歧视、促进公平就业方面至今没有可操作性的法律法规；在公共就业服务管理方面，存在体制不顺、办事效率低下、服务质量较差等一些突出问题；职业教育和培训的质量较低、受益面较小也导致了劳动者的积极性不高；就业援助的力度不大、效果不好；违反《就业促进法》的法律责任过轻，这些都削弱了《就业促进法》促进就业的应有功能。

（3）非正规就业问题比较突出。

改革开放以来，我国非正规就业虽然得到了快速发展。但也存在着以下几方面较为突出的问题：一是劳动关系松散，就业极其不稳定。如很多非正规就业人员与用人单位没有签订劳动合同，劳动关系随时可能终止，造成非正规就业人员经常处在就业和失业的边缘。二是劳动条件恶劣，工资待遇过低和劳动保护较差。非正规就业人员的劳动条件普遍较差，甚至还存在严重的安全隐患和较高的职业病发生率。不仅如此，非正规就业人员的劳动报酬普遍过低，不但达不到国家规定的最低工资标准，且经常遭遇用人单位拖欠和克扣工资现象。更恶劣的是，超时劳动、无法定休息日、被随意解雇、个人权益和人格尊严得不到维护等现象也时有发生，更不谈其他福利保障。三是职业培训和就业服务缺乏。非正规就业人员的文化和技术水平低，且很难得到来自企业、政府或社区的良好的职业培训。同时，由于国家的就业服务体系建设滞后，致使非正规就业人员经常遭受各种非法职业中介组织的侵害。四是国家对非正规就业管理不规范。一方面，国家缺乏专门针对非正规就业的立法，导致对非正规就业的管理无法可依；另一方面，国家对非正规就业缺少统一的管理部门，多头管理导致管理体制不顺。

9.1.3　我国利用 FDI 促进就业的现状及问题

自 1979 年以来，我国颁布的有关外商直接投资的法律法规有 100 多个。

同时，我国政府还遵循国际惯例，同 67 个国家签订了投资保护协议，和 40 个国家签订了双边税收协定，参加了 100 多个国际公约，与 100 多个国家签订了双边经贸协定。目前，我国已初步构建起了一个比较健全规范的关于外商投资的法规政策体系。

从我国引资的政策历程看，由开始的激励优惠到后来的"国民待遇"，整体上 FDI 对促进我国劳动就业起到了一定的积极作用。然而，以下的一些问题也不容忽视：

（1）利用 FDI 促就业的市场机制发育不成熟。

从我国现阶段的情况看，劳动力市场发育不成熟，市场的建设比较滞后，以引资带动就业的导向机制还未真正建立，相应的政策措施相当薄弱，劳动力市场组织就业的作用十分有限，难以发挥 FDI 优化配置劳动力资源的基础性作用。

（2）引进 FDI 的制度性因素导致就业岗位不足。

相对于每年庞大的劳动力大军，我国就业岗位严重不足。这个原因在于长期以来，我国引资的产业结构不够合理，劳动力密集型、第三产业的 FDI 比重还较小，过去安置就业的主渠道——国有集体经济单位，随着经济体制的转轨不断进行经济结构调整和深化改革，其吸纳就业的能力下降，客观上也减少了就业岗位。

（3）FDI 的边际就业创造效应开始下降。

外商投资的边际就业效应是指外商投资增加 1 单位所引起的就业量的变化量。大量的数据显示我国外商投资的边际就业创造效应在下降。说明外商过去那种偏好劳动密集型和新建绿地投资的投资模式有所调整。

（4）FDI 的就业创造效应的增加没有带动我国总就业量的同步增长。

外商投资企业从业人数的增长并没有带来我国总的就业量的同步增长，说明外商投资在进行就业创造的同时，存在着就业替代或就业挤出效应。改革开放以来，特别是社会主义市场经济体制目标确立以后，我国绝大多数企业提出了一个响亮的口号"减员增效"，这一口号的提出主要是为了适应不断加剧的市场竞争。国内企业的主要竞争者是进入我国的具有资金实力、技术实力的跨国公司。在面对外商投资进入后的激烈竞争，国内公司在以下四个方面努力：一是国内企业不得不采取以直接"减员"的方式来提高效率；二是对原有的设备和技术进行革新，提高资本有机构成，降低了资本对劳动的吸纳能力；三是投资新项目一开始就采用新设备、新技术，使得新项目所能吸纳的新增劳动力数量相对减少，四是无法经受外商投资企业竞争的国内企业停产倒闭产生大量失业人口。如此这样就形成了外商投资企业就业人数的增长与内资企业就业人数的减少并存，相互抵消，以致使外商投资就业人数的增加实际上没有带来我国总就业量的相应增长。

9.1.4　我国利用 FDI 促进劳动就业上传统行政管理的政策缺陷

（1）利用 FDI 促进劳动就业"面"上的共性政策多，针对性政策少。

从总体上看，政府出台的一些鼓励就业政策，主要参照城镇失业的共性特征。而且，实际上政府并没有出台许多针对 FDI 促进就业的政策。这些政策更多的是解决了失业的"面"上的问题，对如何以 FDI 带动就业这类问题的解决的效应有限：人力资本低下及社会资本极度匮乏的弱势群体再就业问题；失地农民就业安置及权益保障问题；城乡统筹就业及农民工的平等就业和社会保障问题；普通高等教育系统低端院校的大学毕业生就业问题；资源枯竭型城市和独立工矿区的失业人员的再就业问题。

同时，即使是"面"上的政策，同一政策在不同引进 FDI 的地区或城市之间，政策执行的效率也是有差异的，其政策合意性的程度也是不同的。亟待针对失业矛盾最集中的若干环节，深层次地剖析其产生及其恶化的原因，再"对症下药"，促进就业的政策由"面"细化到"线"和"点"，逐个击破，以此提高反失业的公共政策的效率和有效性。

（2）利用 FDI 促就业的单项政策多，组合政策少。

当前，我国的以 FDI 促就业的公共政策大都以就业论就业，相关的配套政策要么缺位，要么实施不足，或是引资政策本身就不利于促进就业与创业。而且，中国反失业公共政策内容相对全面，涉及面也广，但是，政策涉及原则性内容多，具体实施方法却很少，各项政策之间的功能互补性较低，而每项政策的具体实施方法也相对粗略，从而降低了政策实施的效果。

（3）利用 FDI 促就业岗位增加的政策多，人力资源开发方面的政策少。

利用 FDI 促就业的公共政策一般分为两大类，一类引资政策是促进新的就业岗位的创造，以吸纳更多的劳动者就业，二类是培养或提升失业下岗人员与岗位匹配的劳动技能，即人力资源开发政策。目前就业培训主要是以促进就业为主要目的的人力资源开发政策。而我国就业培训在资金的落实、培训机构的设置、培训内容与方式的设计等方面都有不足。如职业培训时间过短、培训强度较低等，使受训者难以掌握足以谋职且维持生计的技能；培训项目基于市场导向的针对性不强，对培训机构绩效考核流于形式等。这一切都导致了当前的职业培训项目存在明显的无谓耗损效应和替代效应。其具体表现就是职业培训项目和受训者的就业促进之间的关联度不强。不但使得参加了职业培训而未能就业的人员大量存在，并且使得大量实现了就业的人员与其所参加的职业培训项目之间的因果关系也不明显，反而是使得受训者的社会人脉资源在就业促成中的作用相当显著。

（4）利用 FDI 促进就业的政策制定中公众参与不够。

在公共政策制定方面，公共政策所追求的价值目标应当是绝大多数人的公共利益。目前我国正处于社会转型期，公共政策面临着公众利益多元化、冲突矛盾化的挑战，这就对决策者如何有效地吸纳公众参与提出了更高的现实要求。公共政策的质量要求越高，政策的专业化，既有法规的要求等客观因素对它的限制也越多，公众参与的程度也就会因此而受到限制。公共政策对可接受性的要求越高，它对吸纳公众参与的需求程度也就越大。

（5）利用 FDI 促进就业的政策执行过程中有失公平。

公平价值目标的实现既有赖于公共权威系统制定出体现公平原则的公共政策，同时也有赖于政策的正确执行。但是，政策执行是一项极为复杂的社会实践活动，由于某些原因会导致偏离既定目标，引起经济、政治、社会生活的混乱和无序，其中最主要的表现就是利益需求导向化。目前实际上，政府并没有出台许多针对 FDI 促进就业的政策：如人力资本低下及社会资本极度匮乏的弱势群体再就业问题；城乡统筹就业及农民工的平等就业和社会保障问题；普通高等教育系统低端院校的大学毕业生就业问题等。同时，这些公共政策在不同引进 FDI 的地区或城市之间，政策执行的效率也是有差异的，其政策合意性的程度也是不同的。亟待针对失业矛盾最集中的若干环节，深层次地剖析其产生及其恶化的原因，再"对症下药"，促进就业的政策公平与效率。

（6）利用 FDI 促进就业的政策的非长远化影响了政策的实施效果。

公共政策的非长远化会驱使人们更加狂热地追逐非长远化利益。非长远化的公共政策对社会发展的危害，远比社会个人的非长远化观念和行为要严重得多。表面上的经济高速增长掩盖了基础性、支柱性产业越来越严重的技术停滞与劳动就业的非同步提高。种种迹象显示外商投资在进行就业创造的同时，存在着就业替换或就业损失效应。在面对外商投资进入后的激烈竞争，国内公司在不得不采取以直接"减员"的方式来提高效率，此外一些无法经受外商投资企业竞争的国内企业停产倒闭产生大量失业人口。这样就形成了外商投资企业就业人数的增长与内资企业就业人数的减少并存，相互抵消，以致使外商投资就业人数的增加实际上没有带来我国总就业量的相应增长。

（7）在世界经济周期剧烈波动下缺乏有效的反周期的促就业公共政策。

在 2008 年后金融危机进一步深化的大背景下，随着全球经济衰退，信贷状况收紧，大量企业的减产、裁员以及削减对外投资，全球 FDI 所受的不利影响开始显现。中国是全球吸收外商直接投资（FDI）最多的发展中国家，金融危机爆发之后，不少出口导向的外商企业或国内企业在资金链条出现断裂的情况下，不得不削减生产或关门倒闭，从而造成了大量的农民工返乡回流及就业冲击问题。

就业冲击不仅造成了现有的就业岗位丧失，而且削弱了城乡居民收入增长和消费需求动力。就业下降带来了工资增长放慢，不利于城镇普通劳动者和低收入家庭的收入增长。农民工回流直接带来务工收入下降和农民收入增长速度放慢，不利于启动农村消费需求。在出口和投资两个经济增长需求拉动因素明显弱化的情况下，国内消费需求不振会进一步拉低 GDP 增长率，加剧失业问题，导致城乡居民收入和消费下降。

虽然在这之后，我国政府很快做出了四万亿投资的应对之策，但政府主导的这种大力度的投资，尽管在短期内能增加一些就业，然而这种就业的增加，规模是有限的，是一次性的，是不可持续的。因此我们迫切需要研究在经济周期波动下合理利用 FDI 促进劳动就业持续均衡增长的反周期公共政策。

9.2

经济周期波动下中国引资和劳动就业引入公共政策的必要性、可行性和基本原则

9.2.1　经济周期波动下中国利用 FDI 促进劳动就业引入公共政策的必要性

中国是一个拥有 13 亿多人口的大国，在劳动力要素的禀赋方面具有一定

的优势，同时中国又是一个具有典型二元经济结构特点的人口大国，一方面劳动力成本相对较低，另一方面劳动力层次低，熟练和半熟练劳动力十分缺乏。因此，充分就业是中国政府宏观经济政策的一个重要目标，也是一个难点问题。改革开放前，中国的劳动力多集中在农村，且农村人口占全国总人口70%以上，由于当时政府的政策和为了农业大国目标的实现，使得劳动力被束缚在土地上，劳动力的低成本优势却创造不出高的经济效益。中国的劳动力与资本比例失衡也是导致劳动力过剩现象严重的一个重要原因，所以改革开放后，中国政府实施了积极的招商引资政策，制定了一系列优惠的外资政策。通过吸引外资，直接和间接地创造了大量的就业机会，也逐步提高了劳动力的整体素质。

随着中国实际利用外资金额的增加，其对中国劳动力就业的影响力也越来越大，不仅影响农村剩余劳动力的转移，而且也为大学毕业生的就业提供了一个发展空间。现今的很多"农村留守村妇"现象其实从侧面反映了农村剩余劳动力向城镇转移的现实，在这部分的剩余劳动力的消化吸收方面，特别是像制造业和建筑业等劳动力密集型产业中的外资企业的作用已经非常明显。通过简单的就业培训，农民就能成为拥有简单技能的农民工，不仅为自己的家庭增加了收入而且学到了谋生的技术。同时，越来越多的大学毕业生倾向于在外企工作，以便更好地学习知识和锻炼自己，这对缓解大学生就业压力也起到了一定的作用。FDI 除了对中国劳动力就业数量具有显著贡献外，对劳动力就业质量提高的贡献也值得关注。FDI 在劳动力质量方面的贡献主要表现在提升劳动生产率工资水平、增加人力资本投资及完善就业结构等方面。FDI 流入通过提供较好的工作条件、行业内部竞争加剧以及技术溢出效应，大大提高了中国劳动力的整体素质和劳动生产率。

然而，2008 年 10 月以后，在国际金融危机影响下，沿海不少外企撤资，FDI 流入出现负增长。外需萎缩不仅造成了经济增速放缓，而且促使就业形势发生扭转，大量劳动力失业返乡。2010 新年伊始，由于国际经济形势回暖，沿海企业又出现招工难和用人荒，给我国劳动就业的公共管理增添了巨大压力。在促进就业越来越应该成为宏观调控的优先目标的今天，经济周期波动下FDI 的异常流动不仅给全球经济增长和就业稳定带来负面影响，而且给一国经济和就业带来巨大冲击。

由于金融危机引起的全球经济衰退对中国经济的冲击有四种效应：一是主

要危及国家进口需求萎缩的收入效应。二是人民币升值的价格效应。三是外商直接投资（FDI）流入减少的投资效应。四是服务贸易需求下降带来的间接效应。上述四种效应将对中国的对外贸易、产业发展和经济增长产生综合影响，进而对中国国内就业带来冲击（王德文、蔡昉，2009）[①]。例如 2007 年底由美国次贷危机引发的全球金融海啸对中国带来首先冲击的是东部沿海地区出口企业和产业部门就业。2007 年，东部沿海地区的经济总量占全国经济比重 60% 左右，出口比重占 91%。而且，2001 年以来出口高速增长，也主要来自东部地区。这样，在人民币升值、原材料价格上涨和金融危机等多重影响冲击下，东部地区的出口企业和产业部门就最容易受到影响。其次是制造业、外商投资企业和中小企业。中国外贸出口中工业制品比例占 95% 以上，由于原料加工比例高，进口产品中有很大部分是为了加工之后出口，这样，制造业就最容易受到冲击。制造业是中国吸纳就业最多的非农产业部门。在出口下降的情况下，制造业就业面临着就业需求下降的压力。第三是农民工和低技能劳动力最容易遭受冲击。在制造业、出口企业和外资企业中，农民工的就业比例非常高。2006 年农业普查表明，农村出乡务工劳动力有 1.32 亿人。其中，有 56.7% 在第二产业如制造业就业。这些外出务工人员中，有 1/3 集中在东部地区就业。农民工相对年轻，初中受教育程度约占外出数量的 70% 以上。相对来讲，他（她）们的劳动技能较低，因而在企业减员或裁员过程中最容易遭到冲击。最后，金融危机造成的经济增长下行，对城镇新增就业产生挤压。在金融危机的冲击下，出口较大幅度下降和 FDI 流入减少，意味着对制造业的投资下降，使得中国经济的波动性加剧。制造业部门投资下降，不仅带来制造业的就业需求减少，而且也会对服务业的就业需求产生影响，结果对城镇新增就业人口，如大学毕业生就业产生挤压。对于部分倒闭的制造企业而言，不仅农民工失去就业岗位，而且在这些部门就业的、受过大学教育的劳动者也失去就业岗位，从而加大了城市劳动力市场的新增劳动力供给压力。

在现代社会，就业问题是一个公共问题。就个人和社会而言，就业的价值是多方面的。首先，就业是劳动者的基本权利，决定着劳动者乃至家庭的生存与发展状况。其次，一定的社会就业量是推动经济发展和维护社会和谐稳定的

---

① 王德文，蔡昉. 化解金融危机对就业的冲击 [J]. 宏观经济研究，2009（2）.

基石。作为一个公共问题，就业还是一个经济问题、政治问题和社会问题。因此，就业问题需要从公共政策方面寻求解决的途径。

因此，为最大限度的避免经济周期波动下 FDI 异常流动给我国就业带来的巨大冲击，在我国利用 FDI 促进劳动就业上引入公共管理和公共政策，解决我国劳动就业的相关问题，是十分必要的。

9.2.2 经济周期波动下中国利用 FDI 促进劳动就业引入公共政策的可行性

改革开放以来特别是 20 世纪 90 年代后，世界 GDP 增长经历了 1970 年之后最强劲的一个经济增长周期，FDI 大量流入中国东部沿海制造业，对我国的剩余劳动力转移、就业增长和二元结构转换发挥了积极的推动作用。随着我国对外开放程度不断加深、外商直接投资部门不断扩展，沿海地区的区位优势得到充分体现，以劳动密集产业和高新技术产业为主的制造业发展迅速，推动农村劳动力大规模转移和城镇就业的持续扩大，使城乡居民从就业收入的增长中分享了高速经济增长的成果。然而，2008 年 10 月以后，在国际金融危机影响下，沿海不少外企撤资，FDI 流入出现负增长。外需萎缩不仅造成了经济增速放缓，而且促使就业形势发生扭转，大量劳动力回流返乡。2010 新年伊始，由于国际经济形势回暖，沿海企业又出现招工难和用人荒，给我国劳动就业的公共管理增添了巨大压力。由于我国在公共政策实践上相对滞后于经济发展，对流动人口和就业转移劳动者及其家庭的社会保护机制尚不健全，出现了"民工潮"、"民工荒"的现象。

随着刘易斯转折点的到来，一方面，这些流动劳动力大大提高了对更加充分、均等的社会保护的制度需求；另一方面，一直以来政府推动经济增长的激励，正在转变为提供更多、更好、更均等的公共服务，进而加强对城乡居民社会保护的激励（蔡昉，2010）[①]。从近年来我国在劳动立法、劳动力市场制度建设、社会保障体系的包容性以及户籍制度改革等角度进行的政策探索实践看，政府特别是地方政府对公共政策和公共管理的执行水平正在迅速提高，使得中国在经济周期波动下利用 FDI 促进劳动就业引入公共政策的可行性大大增强。

---

① 蔡昉. 人口转变、人口红利与刘易斯拐点 [J]. 经济研究，2010 (4).

9.2.3　经济周期波动下中国利用 FDI 促进劳动就业引入公共政策的基本原则

公共政策不仅是政府实施对国家有效治理的制度保证，也是政府致力于实现社会公平的重要手段。公共政策内在的公平要素主要体现为公共性、民主性、公正性、有效性和科学性。为此经济周期波动下我国在利用 FDI 促进劳动就业引入公共政策中应该坚持以下基本原则：

（1）政策制定的参与主体多元化。

无可非议，各类政策承受者主体的参与是公共政策制定和执行过程中不可或缺的重要环节，也是确保社会价值公平分配和和谐目标实现的重要途径。这些主体将会通过各种不同的参与途径表达自己的利益诉求，影响公共政策的实施和社会生活的和谐。为了实现各方利益相关者的积极参与公共政策的有序和高效制定与实施，关键是要有科学合理、公正公平的制度保障，而制度障碍正是目前制约各类主体参与公共政策的瓶颈。因此政府应从实现多主体参与的制度化和法制化以及加强信息听证制度、公民公开建议和批评制度等具体制度建设入手，以完善中国利用 FDI 促进劳动就业的公共政策的制度环境。

（2）政策执行监督过程的透明化。

众所周知，民主监督是检验公共政策实施效果的重要方式和有力保障，政策的实行只有置于人民群众的有效监督之下，运行才能保持应有的公正性和有效性。要实行民主监督，靠的是建立和形成长效监督机制；并且设立能衡量不同机构绩效的管理机制，只有在政策实施期间定期评估，政策效果才能得以监督和增强。此外，舆论监督制度也急需完善。当今社会媒体发达，公民的言论自由很大程度上是通过媒体实现的。媒体的作用是双方面的，一方面它是政府政策的传话筒，另一方面它也是公众利益的传递员，两方面的职责对它的要求很高，它也可以促进政府政策的全面性和监督性。因此政府要着力完善依法独立行使舆论监督权的制度，保证舆论监督维护引资与就业利益的制度。

（3）政策效果评价的价值取向兼顾科学性和长远性。

历年来，中国政府在制定公共政策方面有一个误区：过分强调"效率优先，兼顾公平"，这样的价值取向带来的后果就是：社会运行的效率上去了，公平调控的力度却不够，社会矛盾不但没有被解决，还有可能被激化，这无益于政策的有效实施和社会的和谐发展。公共政策执行是实现国家职能的关键环节，政策执行过程中如果偏离政策价值取向，那么再好的政策都无济于事。因此，中国政府提升中国公共政策的价值取向，运用兼顾科学和长远的方法，重新定位其功能并进行重构，这主要在制定政策的过程中要考虑劳动者、引资企业和和谐社会的长远发展，依据引资环境和劳动力市场的变化，科学的引导，注重企业的研发部门的能力提升，提高劳动者的素质与就业能力，促进整体就业水平发展。

9.3
区域引资和劳动力迁移的博弈分析

9.3.1　区域引资博弈分析

改革开放以来，随着国际资本的快速流动，引进外资对区域经济发展的拉动日趋重要，各个经济区域都兴起吸引外资的热潮。地方政府在招商引资过程中成为了引资的主体，各地政府成立了大量的经济开发区，对资金和技术的需求日益强烈，竞争也日趋激烈。招商引资的多样性、竞争性、策略性、矛盾性等因素的出现，使得地方政府与中央政府、地方政府之间在争取外部资金时无形中展开了政策的博弈，在不完全信息和非合作状态下，每个地方政府选择对自己最有利的最优战略却不是适合整体社会利益的最优战略，甚至会损害社会整体利益。从就业的角度看，区域政府之间这种拼优惠引资激励政策的竞争，造成了国家宏观利益的损失，导致各区域就业不均衡的现象，不利于实现区域就业的和谐增长。本节利用博弈分析方法深度解剖这其中的背景及动因。

9.3.1.1　中央政府和地方政府的博弈

自1978年实行改革开放政策以来，我国的对外开放由点到面、由南到北、由东到西、由沿海到内地逐步推进，基本形成了多层次、全方位、多形式对外开放的新格局。各地方政府出于自身利益最大化的考虑，争相实施各种优惠的引资政策，争先恐后的吸引外商直接投资的流入，殊不知他们的正常措施只满足了各自的需求，却与中央政府的政策相去甚远甚至相互抵触。其后果是不堪设想的，有的地方政策不仅没有提高本地区整体经济水平，还导致恶性竞争引发歧视性的待遇条款、公司倒闭，不得不裁员等。

　　引资就业政策的较高标准是指在财政补贴和税收标准上给予与当地企业差不多的优惠政策；如在员工入职方面也会统一标准，也不给予那些对就业有贡献的外资企业优惠政策。政府的收益包括当地 GDP 的增长、财政税收收入、劳动就业率的提高等正的收益方面，也包括了出现垄断、环境破坏、人才流失等坏的影响方面。假定中央政府全面统筹考虑引资就业政策比较全面，无论好的和坏的标准都被选中；而地方政府出于自身的因素，只把目光投向好的收益，坏的影响几乎不考虑。中央政府和地方政府的收益分别用 C 和 L 表示，现在 C 和 L 制定引资就业政策，若中央政府和地方政府的政策着眼点一样，标准较高，那么 C 将收益 12，L 将收益 10；若中央政府和地方政府都选中了较低标准，那么 C 得收益 5，L 得收益 10；但是如果中央政府 C 设计比地方政府更低的引资就业政策，C 将收益 8，L 将收益 6；相反若 L 制定比 C 标准低的引资就业政策，C 将收益 7，L 将收益 11。表 9 - 1 列出了 C 和 L 的收益矩阵。

表 9 - 1　　　　　　　　完全信息下中央和地方政府引资博弈的收益矩阵

		中央政府 C	
		高标准	低标准
地方政府 L	高标准	10　12	6　8
	低标准	11　7	10　5

　　从图中不难得出以下的博弈过程：

　　首先由地方政府 L 制定政策，如果他选择高标准政策，中央政府 C 选择高低标准政策的收益分别为 12 和 8，显然中央政府 C 会选择高标准政策；如果他选择低标准政策，中央政府 C 选择的高低标准收益分别为 7 和 5，显然中央政府 C 还是会选择高标准政策。再来看地方政府 L 的收益，地方政府制定高低标准的收益分别为 10、11 和 6、10，显然地方政府 L 会选择低标准而不是高标准政策。从这里可以得出（低标准，高标准）是这个博弈的均衡。这个均衡是一个纳什均衡，也是一个占优战略均衡。

　　据上可以得出这样一个结论，在地方政府 L 制定了政策标准的情况下，无论他的选择是高还是低标准，对于中央政府 C 来说没有分别，从收益来考虑，他的最优选择永远是高标准。同样的道理，在中央政府 C 制定了政策标准的情况下，无论他的选择是高还是低标准，对于中央政府 L 来说没有分别，从收益来考虑，他的最优选择永远是低标准。

我们无法改进（低标准，高标准）这个帕累托最优，这里不得不提出的就是反映出来的个体理性与集体理性的矛盾，因为它不满足个体理性要求。哪怕是一开始中央政府 C 和地方政府 L 制定相同标准引资就业政策，也会因为没有地方政府会响应这一个高标准的政策而作罢。这个均衡结果可以看出这样的博弈无益于对中国经济增长和就业水平的提高，不过这也对中国中央政府的执政能力提出了更高的要求，那就是必须兼顾各方利益，了解各方心理，制定合理并且严格的引资就业政策，在实施的过程中更要严格监管，对于踩线过界的低标准政策地方政府进行有力的打击和严厉的惩罚。

9.3.1.2 地方政府之间的博弈

在这次的博弈当中，地方政府不仅仅是政策的接受者，他们同时掌握了制定地方政策的主动权，因为中央政府已经下放了政策的制定权利。地方政府最关心的问题变成了"如何促进本地区的劳动就业和经济增长"。虽然每个地方政府的经济实力和引资条件都不相同，但它们的目标都是吸引外资尽可能多的流入，一场引资政策大战必然打响。各个政府开出的条件也不尽相同：有的地方政府提高财政补贴水平，有的地方政府降低相关税率，有的地方政府不顾环境和资源的开发限度，还有的地方政府提供就业优惠条件等。这些激烈的竞争条件并不一定会显著提高本地区的 FDI，反而可能会对该地区经济的长远发展和就业结构的优化造成阻碍。每个地方政府都存在于整体的大环境下，相互或多或少存在影响，尤其是当一个地方政府的引资政策在短期内颇有成效的时候，其他地区政府便会纷纷效仿，采取类似的政策措施。

接下来讨论完全信息下各方的博弈过程：两个地方政府 A 和 B 对同一个跨国企业进行引资吸引，他们设法制定相当优惠的政策作为取胜的筹码，比如土地的使用权，税收的优惠，人才的提供方面等。而该跨国企业认为两个政府的政策吸引力相当，并且和中央政府的政策没有抵触。

自然而然的 2 个地方政府为了获得这个项目，将会变相的突破中央政府制定的优惠政策的底线。

此时政府 A 与 B 都面临两种截然不同的选择：一种是保持制定和中央政府条件相当的政策，另一种是制定比中央政府更优惠的政策，可是这无疑会破坏政策的底线。两个政府在获得该项目后各自的经济收益和就业水平影响如下表 9 - 2。

表 9 - 2　　　　　　　　　　完全信息下地方政府的支付矩阵

		B 政府	
		中央政府制定的优惠标准	地方政府更优惠的标准
A 政府	中央政府制定的优惠标准	可能获得或失去该项目（被 A 获得）／可能获得或失去该项目（被 B 获得）	获得该项目和后期收益／不能获得该项目和后期收益
	地方政府更优惠的标准	不能获得该项目和后期收益／获得该项目和后期收益	A、B 政府都可能获得或失去该项目（即使获得收益也会下降）

（1）如果地方政府 A、B 在考虑之后还是选择依照中央政府的优惠政策，那么他们获得跨国公司的投资的概率相同，而且政府 A 和 B 所最终收到的利益一定是最大的，因为虽然不知道哪一方会获得投资，但获得的投资收益一定最大，而投资方也不会获得额外收益，所以最后的结果在于两个政府的选择。

（2）如果 A、B 地方政府之一使用中央政府的优惠标准制定政策，另一政府在知道该政府的政策选择后选择更优惠的政策，那么两个地方政府最终的总收益总是介于最高和最低之间的，因此获得该项目的必然是制定更优惠政策的政府，这就是"囚徒的困境"。制定更优惠的政策将是每个地方政府的最优选择，假如是 A 政府选择和中央政府一样的优惠政策的情况下，政府 B 的最佳选择是制定更优惠的政策，只有这样它才能获得该项目，因此这也是它的最优战略；同样相反如果政府 A 选择突破中央政府的底线制定更优惠的政策，那么 B 政府的最优战略还是如此（否则 A 政府将获得该项目），因此 B 政府的最优战略永远是制定更优惠的政策（无论 A 政府制定什么样的政策）。所以对 A 政府也一样，它的最优战略也是制定更优惠的政策，这个博弈的纳什均衡（即占优战略均衡）是更优惠政策。

（3）最后一种情况是政府 A 和 B 都知道更优惠政策会对投资方更有吸引力，因此他们都采取制定更优惠的政策，则结果与（1）一样，项目取决于项目的投资方，政府 A 和政府 B 想要获得该投资的机会同样大，最终他们的总收益是最低的（因为付出了额外的成本），无论是谁获得了该项目，投资方将会获得额外的收益。

（4）这种博弈导致了以下三种结果：一是增大了引资方的引资成本，减少了正常的收益。二是由于本身存在个体理性与集体理性之间的摩擦，政府都只看到了短暂的利益，没有长远的目光，竞相降低政策标准只会浪费社会公共资源、就业水平未显著提高等。三是某些地方政府的引资政策不但不会增加地方政府的财政收入，还会给市场经济次序造成影响，使当地的内资企业感到与外资企业待遇不同，而造成市场机制不公正的现象。虽然如果政府 A 和 B 都不制定更优惠的政策可以改进这个博弈结果的帕累托，但却不满足个体理性的条件。因此在这样的情况下，没有政府会认真执行中央政府的政策，而不制定更优惠的政策，也就是说这种纳什均衡是无法实现的。

（5）原因分析。以上矛盾现象发生的根本原因可以从以下两个方面来解释，主要还是归咎于政府在政策制定过程中的失误：其一是政策制定过程的非民主化。政府政策难以达到最优状态，归根结底，是因为中国的公共政策决策程序存在这样和那样的漏洞，首先政策制定者涉及面太窄了，完全没考虑到各方利益相关体，使得地方引资就业政策的出台具有明显的区域本位主义，不利于区域经济的长期可持续性发展和区域劳动就业率的提升；同时根本不符合中国大多数跨国企业的需求，个体理性与集体理性的矛盾一触即发。其二是中国公共政策执行监督的非透明化。这一点是由于中国公共政策在建立和实施的过程中，缺乏有效的监管，使职责没有很好的在上下级间传递。有些地方政府甚至为了招商而招商，大搞门面工程，把招商引资的数量金额与领导们的绩效和能力简单挂钩，这些不仅不利于地区经济的发展，更不利于该地区的劳动就业政策的付诸实际。

9.3.1.3 内、外资企业与各地方政府的博弈

接下来探讨的是外资企业在被地方政府很好的引入该地后的情形，外资企业的优惠政策使内资企业与外资企业面临着不同的选择。内资企业与外资企业就是博弈双方，各地方政府为了达到使经济效益最大，制定一系列引资就业政策，并且随着时期发展而有所变化，如劳动就业优惠措施、财政补贴将逐步取消，这时内资与外资企业将面临着不同选择，它们并不会擅自行动，而是通过获悉对方企业的行为而采取措施，这样的条件下产生的博弈是完全信息的。

现在的利益相关方主要有三个：外资企业 A、内资企业 B 和地方政府 G。首先由外资企业 A 选择，它们考虑进入或离开该地方，在选择进入的基础上，再选择接受或者不接受地方优惠政策。第二步由内资企业 B 决定，留下或离开该地，在内资企业 B 选择留在该区域内后，外资企业 B 再考虑自己接受的政策：优惠政策如图 9-1 外资企业 A 或者和从前一样的政策。

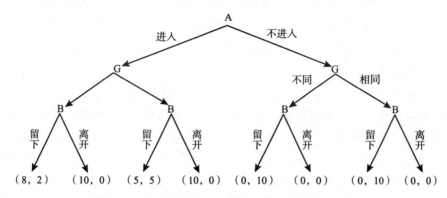

图 9-1 完全信息下内、外资企业与政府的博弈树

本部分所指定博弈的行动顺序是：第一步由外资企业 A 选择，进入或不进入该地；第二步在外资企业 A 决策后，地方政府 G 选择制定与中央政府一样或不一样的政策；第三步轮到内资企业行动，它们在获悉考虑外资企业 A 的行为和政府 G 的政策后，最终选择留下或离开该地。

由上图可知，第一步的选择由外资企业 A 做出，选择进入或者离开。A 选择进入（或不进入）完毕后，博弈进入政府 G 开始选择制定引资就业政策。政府 G 选择完毕后，博弈进行到内资企业 B 开始选择进入或者离开该区域。在内资企业 B 做出选择之后，第一轮博弈结束。不同的支付向量在不同的企业政府旁边标注，采取不同的选择路径，他们将得到不同的收益。

外资企业 A 在进入该地的前提下，地方政府面临抉择，它最终决定对内外资企业制定不同的引资标准，那么决定权就在于内资企业 B 身上了，它们可以留下或离开该地。如果现在留下，他们获得的利益势必会减少，但总比离开这里好（因为离开后可能因为搬迁成本或者丧失市场导致收益为零甚至可能会为负），这个博弈均衡的结果显而易见，就是外资企业 A 和内资企业 B（进入，留下）。此时内资企业 B 的选择总是留下的，因为无论地方政府的政策选择是怎样，对它而言，离开的成本难以承受。第一次外资企业 A 选择不进入该区域，那么内资企业 B 的最优战略仍然是留下，结果就是外资企业 A 对于内资企业 B 的选择并没有影响，因为它们最后还是会选择留下。但是从一开始就知道外资企业 A 的选择取决于地方政府 G 提供的优惠政策的吸引力够不够大，到这里我们可以得出的均衡结果是：（进入，留下）；（不进入，留下）。

这样看来仅有一次博弈的过程中，政府能否给予更为优惠的引资就业政策将是外资企业选择进入该区域的关键，而他们进入或不进入可能性都有。假如政府通过给予比内资企业更优惠的引资就业政策时外资企业留下，那么内资企业就算留下来了，面临的竞争压力也非常大，因为地方政府给予外资企业的标准可能大大优惠，把他们推向了十分不公平的境遇。此时内资企业不会坐以待毙，会向政府部门产生控诉，这就产生了"寻租现象"。当政府制定不同的区域政策时，政府的强制力和企业的抵抗力都会爆发。内资企业要求公平待遇，外资企业要求优惠待遇，都向政府寻租。这种"负和博弈"，不但会造成社会资源的损耗，而且是非生产性的，影响政策和引资行为的效率。

现实当中的博弈过程往往不仅仅只有一轮，而是在前面博弈的基础上继续第二轮博弈。我们知道第一轮的结果是（进入，留下）。现在最开始的决定权在政府 G 手上了，由他们决定内外资企业的引资政策是否相同，他们的决定再直接影响外资企业 A 留下和离开的选择，最后才轮到内资企业 B 在获悉前两者的行为态度后做出决定，选择留下或离开。这个过程的博弈树如下图 9-2：

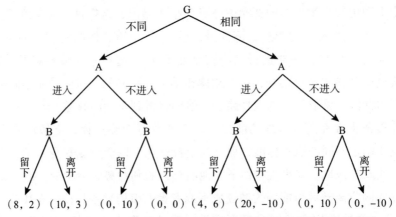

图 9-2　完全信息下地方政府、内资企业与外资企业的第二轮博弈树

在第一轮（进入，留下）的基础上，第一种情况是政府 G 选择实行不同的引资就业政策将会对外资企业 A 造成影响，外资企业 A 的选择无疑只有以下两种：留下或离开该地。外资企业 A 在政府 G 的引资政策影响下，如果选择留在该地，接下来内资企业 B 也有两种选择：留在该地和离开该地。第二种情况是政府 G 选择实行相同的引资就业政策，对外资企业 A 的影响同样是留在该地和离开该地。相应的内资企业 B 的两种选择是：留在该地和离开该地。因为政府 G 在吸引外资企业 A 进入本区域时许诺的引资就业政策有一个延时，这个延时是一个机会，这个机会是留给政府 G 的，由他选择是否继续对内外资企业实行不同的引资政策，外资企业 A 在选择进入该区域后，离开将是内资企业 B 的选择，到此为止的外资企业 A 和内资企业 B 的收益是（10，3），继而（进入，离开）是这里的最优均衡。在外资企业 A 选择进入该区域后，虽然政府在短期内给予外资企业更优惠的条件，当长期内对于内外资企业的政策趋同，因为它们考虑到内资企业的纷纷离开代价太大，因此这时内资企业 B 的最佳选择是离开。

由上可见，区域政府之间这种拼优惠引资激励政策的竞争，造成了国家宏观利益的损失，导致各区域就业不均衡的现象，不利于实现区域就业的和谐增长。

造成这一现象的主要原因是引资政策效果评价的价值取向非长远化和非科学化，没有注重公共政策的选择，各地区政府追求自身利益最大化的行为导致了"囚徒困境"式招商引资博弈动机和政策行为扭曲。

9.3.2　劳动力迁移博弈分析

假设有两个博弈方，分别是博弈方 A 和博弈方 B，这里我们把他们当作两种劳动力，在面临就业困难的社会大背景下，他们选择迁移出自己的出生地或者留下。从而得到如表9-3所示的收益矩阵：

表9-3　　　　　　　　　劳动力迁移博弈的收益矩阵

B		A 迁移	A 不迁移
	迁移	a-b / a-b	c-b / 0
	不迁移	0 / c-b	0 / 0

其中 a 是两方同时迁移时的收益，b 是迁移的成本，c 是一方迁移而另一方不迁移的收益。

（1）劳动力迁移的博弈模型。

情况 1：完全理性条件下

如果 a > c > b > 0，即 a - b > 0 且 c - b > 0，此时博弈双方都迁移是该博弈的唯一的纳什均衡。因为在这种情况下双方不迁移都是不划算的，所以双方都迁移是双方的最佳决策。

如果 a - b < 0 且 c - b > 0，此时上述博弈存在两个纯策略纳什均衡，分别是一博弈方劳动力迁移而另一博弈方劳动力不迁移。

如果 b > c > a > 0，即 a - b < 0 且 c - b < 0，此时博弈双方都不迁移是该博弈的唯一的纳什均衡。因为在这种情况下双方迁移都是不合算的，不迁移才是双方的最好选择。

不难发现，对这个迁移博弈产生影响的条件主要在于以下两个方面：一是迁移的成本 b，这里说的是农村劳动力迁移，二是迁移后的收益 a 和 c，它们也对农村人口迁移有影响。

情况 2：有限理性条件下

但是值得注意的是，上面的博弈分析基于的条件是迁移的成本和收益都在劳动者的了解之中，并且经过他们合理的计算分析，相互学习模仿得出的结果。但是现实中，劳动力对自己迁移后的收益和迁移的成本不可能完全了解。

因此，我们将有限理性和进化博弈的情况考虑在内，再来分析，这场劳动力的迁移决策，会得到不同的结果。预先设定农村人口占迁移人口比例为 x，而这个比例的变化是随着迁移的成本和收益而变化的，2 * 2 的对称博弈可以直接复制动态方程的一般公式，有：

$$\frac{dx}{dt} = x(1-x)[x(a-b) + (1-x)(c-b)] = x(1-x)(x - \frac{b-c}{a-c})$$

通过数学方法求解这个动态方程，可能会出现 3 个不动点或者 2 个不动点，其中的 2 个不动点是稳定状态点，另一个点是否存在取决于 a，b，c 三者的大小关系，而假定的是 a - b > 0.

当 a - c > 0，则 x = 0，x = 1 两点符合上述复制动态方程的要求，且 x = 1 是该博弈唯一的进化上的稳定策略。

如果 b - c 和 a - c 两者异号的话，则上述方程只有两个不动点。

如果 b - c 和 a - c 亮着同号，则 x = 0、x = 1 与 x = (b - c)/(a - c) 是复

制动态方程有三个不动点。

当 a - c > 0 时，则只有 x = 0、x = 1、x = (b - c)/(a - c) 是上述复制动态方程唯一的进化稳定策略。

当 a - c < 0 时，与开始的假设 a > b 矛盾，讨论失去意义。

(2) 模型解释及相应情况分析。

情况 1：假设完全理性

如果迁移是双方的最佳选择，那么必须满足的条件是 a > b > c > 0，这也是唯一的纳什均衡情形。这就恰巧反映了中国小镇居民就地移民的情况，他们本来也离自己的原居住地不远，因此如果双方迁移，能形成较大的市场，从而使得双方的收益都增大，所以双方都选择迁移；而且如果一方迁移而另一方不搬迁，迁移成本不会很大，而搬迁以后的收益往往大于搬迁的成本，这样也就能够部分解释为什么中国农村小城镇得以迅速发展的原因了。

博弈一方选择迁移另一方将会选择不迁移的情况下，必须满足的条件是 c > b > a，而且如果他们做出交叉选择的概率一样，这里构成了混合纳什均衡。导致这一现状出现的原因在于：双方都迁移，就业效应猛然加大，他们实际获得收益效益成本，得不偿失。另一种情形是一方迁移另一方留下，结果是不迁移的收益变化不大，迁移方收益大于成本。这与中国目前现状也吻合，就是中小城市对于农村劳动力有一定的吸收能力。

如果 b > c > a > 0 时，则博弈双方的最优选择是都不迁移，因为不迁移是此博弈的唯一纳什均衡。这与中国目前大多数农村劳动力外出到大城市打工，而实际很少真正迁移到大城市的这一现象也相符合。这个原因同中国的经济与政策情况息息相关，由于大中城市的就业率并不是很高，而且就业者的择业能力不是很强、也不是很广，尤其是就业者的教育水平和专业技能普遍较低，他们的收益因而也受到影响；此外的一个重要原因就是经济政治制度的影响，虽然传统的城乡二元结构制度慢慢在消失，但过高的城市准入门槛还是农村劳动力的进入的巨大阻碍，造成劳动力迁移的成本很大，结果是弊大于利，这里的结论也恰好符合中国部分国情，就是大城市吸收农村劳动力能力不强。

情况 2：假设有限理性

通过计算得出了动态方程的唯一稳定点：x = 1，它的意思是所有农村人口迁移到城市。也就是说，只有在国家的城市化水平相当高的条件下，大小城市均能提供更多的就业机会，迁移的利大于弊，双方才会都选择迁移。

通过计算还得出了动态方程的唯一稳定点：$x = (b - c)/(a - c)$ 这一稳定点还是进化的稳定策略。实际上，可以这样理解这个稳定点，政府制定了相关的就业政策，导致劳动力在一定时期内是稳定的，然而，少数劳动力决策变化，开始迁移，那么更大规模的劳动力迁移就在所难免，知道 $x = (b - c)/(a - c)$ 这个数量占农村劳动力比例的均衡点达到时为止。同时在迁移过度的情况下，这个均衡点被超过，造成的后果就是迁入地变得拥挤不堪，就业难上加难，则迁移的收益下降，弊大于利的情况下，其他劳动力选择不迁移，最终的水平回到均衡点，也就是 $x = (b - c)/(a - c)$。

通过计算同样得出了动态方程的唯一稳定点：$x = 0$，这里代表的是所有劳动力均不迁移。现实中的情况就是，政府制定了就业政策后，劳动力选择不迁移，即使过了一段时间，有些劳动力改变决策选择迁移，这种情形也很快消失。除非一开始的极端决策就是所有劳动力迁移出现，那么长久内，不迁移的动态局面不会发生改变。

归结起来，中国是一个城乡二元化结构明显的发展中国家，不得不承认的是中国农村劳动力的边际生产效率为零，有的地方甚至为负数，只有通过工业部门对农村劳动力的吸纳，将他们从传统农业迁出，中国的整体经济发展水平和就业率才会上升。中国政府可以从以下两个方面努力：一方面，中国农业人口占七成以上，提高中国整体就业水平的方法之一就是将多余的劳动力从低效的农村转移到高效的城镇部门。另一方面，中国城市化发展的进程也需要通过农村劳动力向城市的迁移来推动。许多发达国家的城市化进程表明：非农业和服务业的发展和城市化是同步的，能有效地提高国民经济效率，而且城市化能为工商业发展提供更好的基础服务。虽然中国城市化水平较低的局面在短期内难以扭转，但只要通过改善引资和就业政策，吸引城市创造更多的机会给农村劳动力，加大农村劳动力向城市的转移，中国就业水平和经济效率必将显著提高。

总之，在世界经济周期频繁波动、国际资本流动日趋活跃的新形势下，应根据 FDI 流动与世界经济周期波动的关联性及其产业转移以及劳动力迁移流动的规律，制定和实施开放条件下科学合理地利用外资和促进劳动力有序流动的公共政策，以实现国民经济结构优化、区域经济均衡协调发展和劳动就业和谐增长。

9.4

国外利用 FDI 与劳动就业政策相关经验借鉴

9.4.1　国外利用 FDI 的政策

（1）俄罗斯利用 FDI 的政策。

俄罗斯政府为了适应国际政治与经济形势的变化，按照相关国际规范和规则，在它们的引资政策上做了不少完善和修改。其中的《外国投资法》、《税法典》和《租让协议法》草案等，在加强对外 FDI 风险的国家保障与减轻外资企业负担等方面起到了一定的积极作用，从投资环境优化方面，大大增强了吸引外资流入的能力。在政府财政收入方面，俄罗斯政府从减少税种和降低税率方面入手，在经济和环境等利益上让外商直接受惠：2004 年 7 月俄罗斯政府颁布了有关降低单一社会税基础税率幅度的相关法律。又在 2005 年 6 月颁布了关于修改俄罗斯联邦税法第二部分的联邦法律及关于税费的其他法律文件，旨在给外商直接投资注入活力：2006 年 1 月 1 日起，俄罗斯政府又规定投资者有权立即注销 10% 的基本建设费用。更多的是俄罗斯对搁置亏损的限制也将逐步被取消。同时俄罗斯政府为了提高其在世界舞台上的资信程度和外商对其的信任程度，正继续深化改革财政金融体制，希望借以实现与国际经济金融制度的完美接轨。此外，俄罗斯更建立由外国大投资商组成的在俄 FDI 协商委员会，目的是为了加强同外国投资商的对话与沟通。

（2）日本利用 FDI 的政策。

20 世纪 90 年代初，日本泡沫经济的破灭使得其经济持续低迷，为此，日本政府对其原有的封闭保守的引资政策进行了全方位的调整，主要表现在以下五个方面：第一，在制定《放宽规制三年计划》来放松引资政策规制力度的基础上，进一步针对之前较为严格的引资政策进行了大幅度改革，包括跨国企业进入日本投资手续的简化以及进入行业领域范围的扩大，特别是对金融、电力、通信等服务业的市场准入门槛降低，导致第三产业利用外商直接投资得到快速发展；第二，针对外资企业实施税收优惠政策，《促进进口和对日投资法》中规定，在日本政府认定的涉及制造业、批发业和服务业等 150 个行业，外商投资的比重只要超过 1/3，就可以得到固定资产税、不动产取得税和事业税在内的一系列由政府提供的税收优惠；第三，在融资方面给予跨国企业一定的帮助，一方面，日本政府为外资企业设立了贷款担保制度和低息融资政策，对跨国企业在厂房、设备购置和业务开展等方面提供所需流动资金的融资帮助；另一方面，日本政策银行在减免外资企业的固定资产税、不动产取得税和事业税等的基础上，进一步为外资企业在日本投资建厂、研发投入以及企业并购方面提供融资帮助；第四，为跨国企业提供各种中介服务，日本成立了较多的专业性投资中介服务机构，以为外资企业在日投资提供高效高质的中介服务，如对日投资支援服务株式会社、日本贸易振兴机构和日本投资银行的对日投资促进中心等中介服务机构，在为外资企业在日投资提供一条龙的综合咨询服务的同时，向世界各国的投资者宣传本国的投资商机，并为外资企业提供市场咨询和市场调查以及代办各类投资手续等服务，极大地推动了日本吸引外资规模的扩大；第五，建立优厚的引资体制，为推动地方经济发展，扩大引资规模，日本建立了中央和地方统一的引资体制，并设立了五个经济特区，来放松对外资并购和投资的限制。同时，政府允许专业能力较强、具有生产优势和风险自检的外资企业收购日本濒临破产的中小企业的股权。

　　（3）美国利用 FDI 的政策。

　　美国政府部门对外商投资者对于外资的市场准入和管理限度方面，有一定程度的放松管制，很少审查其资格、少有复杂的审批制度，如此这般的吸引了外商资本的自由流入，同时在兼并、收购、股份比例、期限、资金和利润等方面都没有严格的控制。虽然在某些特殊的行业，如国防、金融、通讯等行业有一定的准入限制，对一些特定的敌对国家也有些歧视原则，但总体不会成为外商资本流入的障碍和难题。美国有关当局的分析显示：监督外国投资者遵守美国法律，同时协调外商在美国产生的影响，除非出于国家安全的考虑下，认为会对美国经济社会产生威胁的情况下，会经过外资委的调查，提交报告给总统，由总统做出最后决定。除此之外，美国的外商投资者和国内投资享受同等的待遇，虽然美国某些州政府制定了一些引资的优惠措施，借以作为吸引外商直接投资的举措，但从全美国来看，这种优惠政策范围和程度都不足挂齿，美国大部分对于外商投资者实行的基本上是完全的国民待遇。在美国，外商直接投资相关的法律是十分复杂的，从外商的进入到经营，都会受到三大法律的制约，它们是联邦、州和县政府的三重约束，因为法律众多且复杂，难免出现相互违背甚至抵触的情绪。但主要出自联邦政府及州政府，并加以实施。

9.4.2　国外的劳动就业政策

我们可以按照各国不同的促进就业政策的特征、制度基础和历史文化传统等实际情况，将 20 世纪 80 年代以来西方国家应对危机的劳动就业政策划分为以下四种不同的类型：

（1）合作主义劳动就业政策。

该政策的代表国是瑞典等北欧国家，这些国家历来采取混合经济体制，有着强大的工会组织，是一种左翼政党长期执政的社会民主主义福利国家。他们采取的政策是合作制，也就是国家经济政策与促进就业政策、促进就业政策与国家福利政策相结合以及发挥各方合作机制相制衡的作用，来实现充分就业。

（2）新自由主义劳动就业政策。

该政策的基本特征是政府实施微观供给管理、劳动力市场的灵活化和激励化为基本特征。这种劳动就业政策的选择是与英美这两个国家个人主义的历史文化传统和英美国家自由主义的福利制度相适应的。

（3）保守主义劳动就业政策。

该政策的代表国是法国西班牙等国家，这些欧洲大陆国家历来团结友好，文化传统深厚，奉行的是国家为主导，福利制度相当保守，因而他们采取的政策是十分灵活的，如维持传统"欧洲社会模式"，并且减少劳动供给量和改革劳动力市场的边缘政策。

（4）安全灵活的劳动就业政策。

该政策的代表国是丹麦等国家，他们有着悠久的历史文化传统，具有高尚的社会公德、劳动力市场组织性极强、以中小企业为主的雇员谈判制度较完善，因而他们实施的是较低的就业保护措施、大方的失业救济制度以及完善的劳动力市场政策。

9.4.3　国外利用 FDI 促进劳动就业的政策的成功经验

从上面的分析不难发现，劳动就业政策的选择通常具有非常明显的制度性因素和历史文化特征。而且，成功的劳动就业政策具有不可复制性，因此，不可能存在一种适应于所有国家的一般性劳动就业政策，以上各国更没有一套完整的利用 FDI 促进劳动就业的公共政策。尽管如此，西方国家利用 FDI 与应对危机的多样性引资和就业政策选择对中国仍有着重要的参考价值，具体来讲有以下几方面的成功经验可供考虑：

（1）调整引进 FDI 政策的思路，优化投资环境。

全世界各地政府制定政策出发点或许不同，但它们引资措施的实施阶段大体一致，主要有以下两个方面：一是利用财政税收政策激励外商直接投资的流入，这是以金融激励为特征的；二是以规则条款为特征的外商引资政策，其目标在于：一方面是保护外商投资者免受本土地区的歧视性待遇，另一方面是促使外资政策给跨国公司施加约束力，也就是说以法律形式要求跨国公司与本土企业签订契约，在劳动力方面提供职位，这实际上也是增强企业核心竞争力的途径之一。

（2）利用 FDI 带动高素质劳动力的培养，提高企业研发创新能力。

中国政府除了通过政策加大研发支持力度等手段吸引外资进入之外，应该提倡引导本土企业建立研发机构，而与外资合作的主要目的是加强沟通和学习，更重要的是在全球经济一体化的背景下，能够迅速准确地找到自己的定位，同时明确自身和跨国企业之间存在的差距，并且采取各种方法发挥比较优势，再与跨国企业合作，进一步在外商直接投资中提升能力，创造出价值。

（3）地方产业集群的培育与吸引 FDI 共同发展。

国际舞台上的竞争愈演愈烈，中国企业想要占有一席之地，光靠在国内的发展肯定远远不够，因此，同一产业中的中小企业应该联合起来，充分发挥产业集群的优势，在特色产业共同发挥作用，使得效益最大化。入世以后，由于中国和 WTO 规则的接轨，中国传统的劳动密集型产业：如服装业和玩具业已经失去了竞争优势。为了在更多的方面更有力的吸引外商投资，建立产业集群战略有利于中国发展产业集群，提高中国产业的整体竞争力。

（4）在利用 FDI 的同时要加快建立市场经济法律体系。

中国廉价生产要素和巨大市场潜力是吸引外商投资的两把冲锋枪，然而中国投资环境十分落后，投资法律体制尚不健全。在激烈的全球经济背景下，外资企业越来越多的关注到引资法律和技术标准等因素的吸引力，而不是简单的优惠政策。因此，中国政府只有使法律制度健全化，监管透明度化，行政管理体制化，各项机制创新化，才能吸引更多的外资进入增加就业机会。

9.5

经济周期波动下利用外资促进劳动就业
均衡增长的公共政策创新和选择

在全球经济一体化的背景下，世界经济周期波动作用于 FDI 流动并通过经济空间重构影响着中国就业的数量、质量、区域、产业分布、劳动力流动和就业均衡。FDI 的流入本身是一个动态的过程，一个不断创造就业岗位以及提高劳动力整体素质的过程。我们这样一个发展中国家面对的是经济全球化进程中工业化、城市化带来的经济结构的变化与农业剩余劳动力的转移，缩小城乡和地区收入差距、促进就业、改善民生、促成社会和谐刻不容缓。全球化对发展中国家的经济和就业的影响是一把双刃剑，一方面，发达国家的 FDI 为我们提供了就业机会，使经济转型加快；但另一方面，FDI 的微观利益驱动带来的就业地区差距和经济结构失衡等问题与中国的宏观经济目标和公共利益取向存在着一定的矛盾。因此，如何以公共管理的视角，提出相关的政策，合理引导外资投向，改善产业结构、区域结构和就业结构，推动中国剩余劳动力有序流动，这对于在新时期进一步加快经济转型、缩小收入差距、改善民生意义重大。

本节基于"公共政策"和"反周期"视角，分别从利用 FDI 的产业与区域公共政策、利用 FDI 促进劳动力合理流动公共政策、利用 FDI 促进就业体系服务优化的公共政策、经济周期波动下防范跨国公司撤资的公共政策、反周期的利用 FDI 促进劳动就业公共政策、经济周期波动下利用 FDI 促进就业和收入分配公平的公共政策等方面探讨了经济周期波动下利用 FDI 促进劳动力合理流动和就业均衡增长的相关公共政策取向及具体措施。

9.5.1　利用 FDI 促进就业的产业和区域公共政策

（1）引资采取公开听证制度和民意调查的方式，聆听各方的需求。

一方面，公开听证在引资和就业的公共政策制定过程中发挥着不可或缺的重要作用：一是政府决策部门可以借此听取引资企业、用人单位与劳动者对于相关引资政策的意见，以尊重他们意见的姿态来彰显决策的民主性，以保障政策制定的正当性；二是能获得引资企业，用人单位与劳动者对政策内容的理解，减少政策解释过程中的矛盾和政策执行过程中的冲突；三是能使引资企业，用人单位与劳动者直接参与政策制定过程，从而保障政策制定过程的民主化和透明度，同时政府当局也能更好地得到各相关利益方的依赖和支持。同时，为了避免决策听证会流于形式，应确保参加听证的实施涉及各个利益群体，如引资企业、用人单位与劳动者等，只有兼顾各方利益，保持适当参与比例，并且创造相对较好的听证环境，才能确保参加的利益相关者能够及时充分正确的发表看法。

另一方面可以运用访问或问卷调查等形式，了解引资企业，用人单位与劳动者的利益需求，同时根据国内外相关企业对公共政策行为和绩效的评价，依据其价值偏好制定引资就业的公共政策方案，根据他们对政策行为与绩效的满意度做出相应的调整。例如，政府政策制定部门和政策研究咨询机构可以委托民间团体不定期地进行一些民意测验，在有条件的地方（如有关引资和就业的论坛）设立相关问卷让各方可以就有关政策制定发表意见。总的来说，民意调查对于提高政府政策能力、打造"重塑政府"、"再造公共部门"的政府来说，具有积极的促进作用。

（2）充分发挥媒体的作用，让各方对公共政策畅所欲言。

媒体作为一种公共平台，它的社会责任就在于充分反映社会问题的各个方面，并给予相关利益主体充分表达、充分讨论的机会，展示各种观点。只有这样，政策制定者才能对社会问题形成充分全面的理解，提升思考和判断能力，最终做出符合整体利益的公共政策安排。目前除传统报纸媒体如读者来信和读者论坛、观（听）众热线电话参与以及观众现场互动的谈话类节目以外，还有近年出现的电视广播栏目实时短信互动以及势头发展迅猛的网络论坛，都给了各方对公共政策提出意见与建议的机会。公众可以给政策信息投票，或者与政策制定者对话以及发表自己的看法与他人讨论等。

因此政府对于利用 FDI 促进劳动就业的公共政策，完全可以效仿以上的方式，充分发挥媒体的作用，在各大引资企业、招聘乃至商务部网站上设立政府政策信息专栏，让企业、用人单位和劳动者与领导者在线交流；还可以利用 FDI 促进劳动就业的公共政策听证会采取电视和网络直播，以便更好的监督公共政策的执行过程，反馈政策执行信息，以帮助决策者调整政策的制定与实施过程。

（3）定期对利用 FDI 的公共政策进行评估，监督和增强其实施效果。

公共就业服务这种体系尽管包含了各种类别的服务和各种阶级的利益，衡量各类机构效率的标准也不尽相同。有成本收益上的考虑，也有公益性质的考虑。为了提升整个社会的公共服务机构的效率，建设可以衡量组织里各类机构绩效的管理机制，这是非常有必要的。根据各个国家的实际经验，定期评估对于公共就业服务机构的能力的提升显得尤为重要。例如，法国主要采用三类公共政策评估方法：第一种是采用评估处，这种方式一般是省级别的政府机构使用；第二种方法是采用评估专员，这种方式主要运用于大型城市（5 万人以上）；第三种方式是针对大型区域进行项目评估，设立集体性的评估机构。政策评估这个过程一般包括 5 个阶段，分别是前期论证、基础准备、资料收集、资料分析、综合汇总。根据定性与定量相结合的方法进行。此外在评估过程中，政府可以选择将评估全过程向新闻媒体界开放，以收集与问题相关利益群体的意见并在报告中得以反映。通过这种方式形成的报告，在公共政策的立法讨论和预算参考中得到大量运用。在法国，政府出资设立了专业的评估师培训学校，只有经过专业化的学习和严格的考试合格，大学毕业生才能成为一名评估师，并且承担相应的评估法律责任。在中国，政府出资建立就业公共政策绩效评估这种内部评估组织，及一些专门机构，同时，聘请一些民间专业团体，统筹兼顾，来具体实施评估工作；同时，那些非政府机构也单独在政府的指导下进行政策评估，使他们的专业化更加明显、体制更加灵活、立场更加坚定；这种科学的评估方法评价引资和就业的公共政策的实行情况的应用，并将结果公示，让政策可以更有效的执行。

（4）使 FDI 进入中国的模式多样化并更多的投向第三产业。

中国是这样一个国家，处在现代化进程中，但是工业底子薄，劳动密集但技术水平不高，能利用的资金较少；而在这样一个科学技术迅猛发展、各国之间竞争激烈的时代，发达国家在资金、技术等方面占有很大优势，中国目前的努力方向是吸引外资流入，合作发展高新技术，同时引进资本或者技术密集型产业才是优化产业结构、提高中国经济水平和促进劳动就业水平的重要手段。外商如果以独资方式进入，其发展方向难以引导和控制，就业效应也难以下定论。外商如果以合资的方式进入中国市场，中方控股则可影响合资企业的发展方向，那么其创造的就业效应可能较大；外资如果以并购方式进入，长期内会有助于就业扩大，尽管短期内的大量裁员在所难免；此外，如果外资并购濒临破产的企业，那么还有可能保留原有企业人员的就业。虽然外资进入模式就业效应都是相当复杂的，但是，中国政府若能使外资进入中国模式多样化，并减少每一种方式对就业的不利影响，推动中国就业的增长的可能性也就增大了。

政府在招商引资时，应该以外资吸纳就业能力，来确定引入的行业。众所周知的是劳动密集型产业吸纳就业能力较强，如服务行业和出口加工业能够创造大量就业机会，而资本技术密集业就业创造效应较小。因此政府可采取相应的政策引导外资优先进入劳动密集型行业以带动中国就业的增长。在目前就业压力巨大的现状下，我们要充分看到第三产业吸纳劳动就业的潜力，在充分考虑第三产业对就业的贡献，在对外资的引入时充分运用第三产业的吸纳功能，同时不能忽视资本技术密集产业的重大作用。

（5）对 FDI 流入作好区域化引导以带动中西部的劳动就业。

中国政府在公共政策的制定和实施过程中，应该充分发挥其宏观调控的能力，充分把握好东部、中部和西部地区和第一、第二和第三产业的实际差距，利用吸引外资的导向性，尽量缩小它们分布之间的差距，如更多的引导外资投向中西部地区，第三产业等。另外，更能促进中国就业质量和结构的优化提高的是外商投资企业中技术密集型企业，而更能提高中国劳动力就业规模的是外商投资企业中的劳动密集型企业，因此，政府综合考虑这两方面因素，把握引导好 FDI 流入的产业化和区域化方向。具体形式是以扩大就业规模为目的，以优化就业产业化为引导，既要提高就业整体水平，又要发展中国的高新技术，实现充分就业与引进消化核心技术的双赢。所以这就需要政府吸引资本技术密集型外商投资，同时吸引资本有机构成较低的劳动密集型外商投资如服务业，并适时适度地调整引资方向和规模，为降低中国失业率做出贡献。

9.5.2　利用 FDI 促进劳动力合理流动的公共政策

（1）采取多元化的城镇发展战略，扩大培育劳动力就业载体。

中国目前的农村剩余劳动力有 2 亿，城镇容纳显得非常不足。必须进一步推进城镇化建设。中国就业岗位每增加 500 万个，城镇化水平必须提高 1 个百分点。因此，政府制定劳动力流动的公共政策时，以下三个方面的工作显得尤为重要：一是为适应第三产业，特别是服务行业的发展要求，必须做好目前大中型城市的扩容增量。使全国大中城市规模不断扩大，人口容量不断增加；二是为促进全国大中小城镇建设，建立起多层次的协调健康发展，必须尽快制定出"十二五"全国小城镇发展规划，为发展提供好的投资环境；三是必须要增加农村小城镇建设，努力扩充县城规模，同时选择人口和乡镇企业特别集中的农村乡镇，引导资金投资建设，帮助建设一批新的颇具规模的建制镇，以成功转移附近的农村里的剩余劳动力。

（2）给予流动人口的就业以同等待遇，扩展就业体系的服务范围。

流动人口问题，是中国制定相关政策时长期忽略的一个问题。中国地方政府可根据本地的流动人口和公共服务能力的实际情况，规定一定的居住期限，当流动人口达到这个界限时，则可享有与当地居民同等的就业待遇。这样不仅可以提高流动人口的政治、经济和社会地位，而且也有助于解决一些根深蒂固的社会问题。政府应该利用积极的财政政策加大对欠发达地区和农村的基础设施和公共服务投资，这样不仅有利于打破城乡二元结构，还可以改善区域经济发展的不协调状况。从目前的发展情况来看，特别是就业人员的结构，在劳动力市场中农民工占据着很大一部分比重，而且还有扩大的趋势，主要是因为在就业中农民工这一群体所表现出来的特点是流动性比较大，而且持续的时间比较短。在中国的经济体制下，劳动力的流动政策的制定有许多的形式，主要是采用信息交流或者信息发布的方式，通过这样的方式来引导农民工流动的方向的有序性，目的在于增加农民工就业的比重，也就降低了长期失业的概率，最终的效果就是中国劳动力就业的水平有所提升，经济的发展速度也会加快。当然，这一政策的制定主要是针对中国劳动力中长期失业的弱势群体，劳动力的流动性对中国的经济起着很重要的作用，控制得好会促进中国经济的发展，保障社会的安定和团结。因此，制定这一劳动力流动的政策所需要的成本应该由国家政府来承担，这就需要合理分担所需要的费用，确保政策的制定和执行。

（3）着眼企业长远发展，使人力资源培养与研发投资国际化。

通过对外资企业的调查可以看出，在外资企业进行对外直接投资的过程中，针对在何处设立研发机构这一问题展开研究的时候，最先考虑的便是对技术获取的便捷性，因为研发活动在发展中国家展开的时候，科技人员和研发人员以及工程人员起着非常重要的作用，所以能够获得这样的人才则是重中之重。因此，为了提高国内的教育标准，中国一直在推行长期政策，主要是侧重于高等教育这一重要的环节，与此同时，还通过多种形式和措施来吸引高层次的研究人员，在对海外人力资源的吸引方面，制定了很多的优惠政策。在这样高度需求高级熟练工人的背景下，供给也会相应的增加，来达到这一平衡。目前，中国的高级工程师和高级研发人员每年都在增加，尽管有些创新需要具备高等教育水平的员工，但是这并不意味着所有的创新都需要高层次的研究人员，所以，增加一些新型工业技术的科学基地，才能使得业余工作者继续创新。由此，中国的就业政策的制定的当务之急是政策制定之后，要能保证在中国的教育体系下能够培养出优秀合格的人才，这才是中国发展潜力巨大的产业的基础，也是行之有效的途径。

（4）积极为流动劳动力的就业铺路，消除不公平待遇的现象。

中国政府应从战略的高度上认识利用 FDI 对于增加劳动就业的重要推动作用，采取相关的引导措施，形成有力的政策导向体系，做好培养人才方向和社会人才需求的衔接工作。更好消除户籍管理、劳动人事和社会保障等相关制度给劳动者就业带来的障碍，特别是要深化户籍改革，消除户籍所带来的"特权"色彩，放宽对流动人口的户籍控制。另外，政府需要统筹政策资源和相关公共政策，针对就业市场不健全、秩序混乱的局面，政府应制定措施，更好的建设和完善各类毕业生就业市场的自主创业体系，鼓励各方面人才自主创业，并免费为其提供创业培训、小额贷款、税费减免、跟踪帮助等服务，真正做到以创业带动就业。

9.5.3　利用 FDI 促进就业体系服务优化的公共政策

（1）整合与规范劳动力资源市场，降低服务市场准入门槛。

一方面，中国的劳动力市场和人才市场的划分，早在计划经济向市场经济转型的过程中，已经形成了固定的两个市场：劳动力市场和人才市场，导致目前的劳动力和人才两个市场重复建设、互相封锁、各成体系，市场管理效率极低。因此，政府要建设统一的人力资源市场，整合和规范劳动力资源市场，在提高政府效能的同时，促进市场人力资源配置效率的提高；另一方面，促进资源市场的发展还必须降低市场的准入门槛，加大市场的开放程度，具体表现在：第一，借助更多的社会力量来构建职业介绍机构；第二，对公办和民办的职业介绍机构要采用同样的标准，决不能区别对待；第三，传统的人力资源服务业的摊位服务方式已经远远滞后于其他国家，因此人力资源部门要重视品牌的建设和技术创新和管理工具的发展和运用；第四，政府要充分利用网络为人力资源服务，使其能够得到专业化的发展，达到"人尽其才，才尽其用"的理想的服务境界。

（2）引入引资政策量化评价机制，使政策制定更加科学化。

新公共管理作为一种绩效管理方法，主要关注行为的结果，是以结果为本的一种控制机制，并仅仅将量化出的绩效的评价依据，来纠正主观判断上的随意性。在绩效管理中，绩效评估处于整个管理链中的核心位置，其通过对工作结果进行科学的量化，使政府及其工作人员对于自己工作业绩和工作效果有明确的了解，对自己的目标责任和使命有清楚的认识，可以将奖金，福利等政策与这种绩效评估的结果相挂钩，对工作人员的工作热情的激发、工作效率的提高能够起到巨大的促进作用，也能在一定程度上激励工作人员将自己的优秀水平应用到公共管理中，进而提高公共管理水平。此外，这种有限合理的量化行为不但可以控制人的主观判断上非理性行为导致的效率低下，而且能够使评价结果的公正性和合理性最大限度地体现出来，这样的方法才符合公共政策制定的科学化和长远化要求。因此，中国政府的管理行为要从关注过程转移到关注结果上来，在注重个人积极性发挥的同时，赋予下级部门一定的自主权，使得量化的绩效管理方法不仅能够为中国政府的公务人员的工作业绩提供科学和客观的衡量标准和依据，而且能够尽可能消除人为的可操作因素对评估过程的影响，从而实现评估结果的客观性和真实性。

（3）根据引资环境和劳动力市场的变化，完善公共就业体系。

中国的就业服务体系是建立和完善全国统一、竞争有序的劳动力市场的重要手段，不仅有利于解决失业者无处找工作的难题，还可以缓解行业之间、区域之间的劳动力流动的问题。目前不少发达国家已建立了用人信息网络库，可随时为失业者提供政府就业指导、企业招工计划、培训服务信息、专家职业分析、岗位心理咨询、失业补助申请等各种专业化的就业信息咨询。这样可以使劳动力流动的成本显著降低，源于市场机制对劳动力资源及时有效的配置，从而进一步广泛有效地扩大就业量。针对中国公共就业体系的实际情况，中国政府可以汲取发达国家的这一成功有效的经验，建立并完善中国的就业服务体系，缓解或解决当前的就业难的问题。除此以外，完善公共就业机构的主要目标应是提升劳动力失业后的就业福利，更要加强再就业者与劳动力市场需求相匹配的能力。为此，中国政府一方面需要改善和提高公共就业服务机构的数量和质量，主要是从职位介绍、求职指导、就业培训、开发更多公益性岗位入手；另一方面要延伸公共就业的服务渠道，尽可能延伸到各社区和街道的服务中去，充分利用社区就业服务在解决就业问题上的有利条件，进而推动发展其他形式的公共就业服务机构。然而公共就业服务体系需从以下两个方面调整其机制：一是公共就业服务机构需建立一种良好的渠道，尤其是在用人单位和劳动力之间确保他们能够进行便捷有效的沟通同时保证双方提供和反馈信息的真实性、及时性和有效性。二是面对就业市场环境变化，公共就业服务机构应能够做出及时准确的调整，也就是针对不同群体的就业环境变化，及时调整它们的服务重点和策略变化，如在中年失业者比例较大的时候，公共就业服务机构就该考虑提供更多的公益性岗位或者职业培训服务，才能有利于他们的再就业。

（4）运用信息化手段搭建多形式就业服务，以使政策效果更长远。

近年来电子计算机和网络在就业服务中发挥着越来越重要的作用，强化信息手段如建立电子化的服务系统是提高公共就业服务体系的效率的重要途径之一。政府可以在相关网页上发布信息，实现各就业团体间的信息资源共享，消除各公共就业服务机构的分割；政府还可以在互联网上建立为劳动力和用人单位提供就业信息交换的专业网站；政府应该及时注意就业网站的信息及时更新以及完善就业市场信息公开发布系统。

公共就业服务体系取得成功的另一个关键途径是与其他形式就业服务机构建立良好的协作关系。所以政府部门要鼓励和扶持发展各种民办、中外合资、合作等各种形式的就业中介服务机构。各种就业机构之间的合作，可以部分转移政府公共服务机构的责任，但对服务的效率还是得由公共就业服务机构负责。它们合作的领域主要包括：收集与发布就业市场信息、管理失业人员安置与再培训、探索如外包、契约式和代用券制度等新的合作模式等。

9.5.4 经济周期波动下防范跨国公司撤资（FDI 流出）的公共政策

一直以来，我国在利用 FDI 工作中一直强调招商引资的重要性，相关政策法规也多偏向于"FDI 流入"方面，而对于与 FDI 流入相伴而生的"FDI 流出"即撤资问题则研究不多。随着跨国公司对华投资的不断增加，撤资问题也逐渐显现，特别是 2008 年国际金融危机爆发后，世界经济周期步入衰退，国际经济形势恶化，大量外企撤资，对我国的经济发展及就业稳定等方面产生了深刻的影响。如何正确认识这一现象，并制定相关公共政策加以预防和控制，已成为摆在我国政府面前亟待解决的问题。

（1）正确认识跨国公司撤资问题。

跨国公司撤资的原因主要有：在经济周期波动下，企业主导产品处于生命周期衰退期，撤资是衰退产业应对未来不确定性的出路；跨国公司所拥有的所有权优势、区位优势以及内部化优势因经济周期波动出现了动态变化；随着市场的变化，跨国公司在激烈的市场竞争中逐渐处于下风，当其采取了其他防御性竞争战略仍然无法奏效时，可能会考虑撤资；世界经济周期衰退、投资东道国经营环境恶化、政策优惠取消、企业生产经营成本上升及其他吸引力急剧下降、东道国宏观经济环境面临较大的不确定性；另外，跨国公司和东道国政府之间存在着错综复杂的竞争合作关系，二者有着不同的博弈目标。对于跨国公司来说，其在东道国投资，设立海外子公司，目的是为了获得高额投资回报，实现利润最大化。而东道国政府则更加关注本国宏观经济目标的实现，在保证本国经济发展和应得利益的基础上，采取各种可能的措施吸收外国资金为本国服务，二者在追求目标、投资方式、供应渠道等许多方面都存在着矛盾（刘畅，2008）①。特别是当上述冲突又遇到国际、国内经济周期衰退而发生共振时，撤资现象更容易大规模发生。因此，正确认识和客观分析跨国公司在华撤资行为及影响因素有助于科学制定相关利用 FDI 公共政策，有效防范经济周期波动下 FDI 异常流出（跨国公司撤资）对我国经济及就业的冲击。

（2）防范跨国公司异常撤资的相关政策措施。

①保持国内政治及宏观经济稳定。东道国政治及宏观经济的稳定性是影响跨国公司撤资的重要因素之一，因此政府应有前瞻性地对宏观经济实施反周期调控，稳定人民币汇率，减少和化解对外贸易摩擦，尽可能避免宏观经济出现大起大落的周期性波动，保持我国经济的持续稳定增长，增强外商投资的信心。同时密切关注国际资本流动的动态和重点国家利用外资政策的变化，及时出台应对政策，防范和减少跨国公司异常撤资。

②完善区域引资政策，优化区域投资软环境。过去我国各地吸引外商投资主要依靠名目繁多的"优惠政策"，且存在招商引资的"恶性竞争"，地方政府间以及与外商之间引资博弈导致了国家和地方政府两败俱伤，同时由于引资

---

① 刘畅. 跨国公司在华投资中的撤资问题分析［J］. 国际商务，2008（3）.

政策的频繁波动、变化及缺乏透明，也加深了外商对政府的不信任感。今后，面对世界经济周期波动可能引发的跨国公司撤资问题，应将创建政策透明、行政规范、经商便利、公平竞争的投资软环境作为提升我国各地区引资竞争力的重要手段，解决政策在执行过程中弹性较大、透明度不高、信息不对称等问题，减少外商由于对我国各地区的产业、市场、人力资源、政策环境等投资软环境信息未能充分了解而盲目投资及不公平竞争环境而造成的损失。各地应以自贸区建设为契机，积极推进海关大通关建设，大力提高通关效率，简化各种不必要的行政手续，消除不必要的行政和贸易壁垒，保障外商在华的正常经营秩序和合理利润，解除外商的后顾之忧，避免外商由于制度等软环境缺陷而造成的撤资。

③制定产业援助政策。跨国公司的撤资除了有一定的地域集中性外，也与产业密切相关，这些产业往往因国际上技术创新引发的产业生命周期衰退引发投资撤离。一旦发生某个行业大规模的撤资，政府应有针对性的制定产业援助政策，并设立产业援助机构及援助基金。产业援助机构可由有关政府部门和相关领域专家组成，主要负责基金援助方案的制定和实施。基金的使用主要在于两个方面：一是对跨国公司撤资的关联企业予以必要的援助，具体方式如对闲置设备进行"收购报废"等；二是对企业员工失业和再就业的援助，比如对那些较为集中存在失业问题的产业和地区进行援助，具体措施可以是由政府设立或资助职业培训机构进行再就业培训或者延长失业保险和增加失业补助金等。特别是对那些明显的对区域经济的重大影响，需要制定针对性较强的、成套的产业撤资援助措施。

④制定政策，吸引跨国公司链式投资，并加强本地企业与跨国公司的协作、配套，提高跨国公司的本土根植能力。积极引入链式投资的外资，就是不仅要把外资企业的加工生产环节引进来，也要把研发、设计、销售等上、中、下游甚至价值链的各环节都引进来，同时各地应根据自己区域的资源禀赋和产业竞争优势，出台相关政策，鼓励地方企业加强与这些跨国企业协作、配套，从而提高跨国公司的本土根植性，减少因为价值链某一环节的周期波动或"飞地"现象引起的跨国公司撤资。

⑤引导撤资跨国公司再投资。尽管一些跨国公司在华投资遭遇种种困难而撤资，但是，当国际经济环境好转，世界经济周期步入上升期，母国经济回升或公司经营状况好转，则又会诱发跨国公司对外再投资。由于我国是世界上最

大的发展中国家，良好的增长潜力和巨大的市场诱惑对很多跨国公司来说具有不可或缺的战略意义。一些跨国公司在华投资尽管一时遭受了挫折和失败，但并不一定会全部或者永久退出中国市场。出于全球化核心竞争战略方面的考虑，他们会收缩部分战线，却仍可能留有价值链的部分环节或市场，待国际国内经济形势好转后，他们将会重新进入中国市场。因此我国的相关部门应加强对这些企业的跟踪服务，合理引导撤资跨国公司再投资。

9.5.5　经济周期波动下利用 FDI 促进就业的公共政策

2008 年 10 月以后，在国际金融危机影响下，沿海不少外企撤资，FDI 流入出现负增长。外需萎缩不仅造成了经济增速放缓，而且促使就业形势发生扭转，大量劳动力失业返乡。2010 新年伊始，由于国际经济形势回暖，沿海企业又出现招工难和用人荒，给我国劳动就业的公共管理增添了巨大压力。在稳增长、促就业已成为宏观调控的重要目标的今天，科学总结经济周期波动、FDI 流动与就业转移的关系及其变化规律，积极制定和实施反周期的相关公共政策无疑有着重要的现实意义。

（1）实施反周期政策调控，减缓外部冲击带来的经济波动及就业负面效应。

大量研究发现，国际经济周期波动的传导主要通过国际贸易渠道和国际投资渠道进行。改革开放以来，中国经济的发展主要以出口导向型为主，并积极引进外资，这导致了经济的发展对外依存度较高，外部经济环境发生剧烈波动之后，必将对本国经济及就业产生较大冲击。例如：我国作为资源需求大国，其经济增长受到澳大利亚、巴西、南非等资源出口经济波动的直接影响；我国外贸出口受到人民币升值、欧美等国危机期经济萧条、消费购买乏力的消极影响；发达国家的"再工业化"和新兴国家制造业的崛起使我国制造业面临巨大的升级压力；由于国内形势低迷和就业压力，欧美等国在国际贸易中经常舞动"双反"等新贸易保护主义大棒对来自我国的产品进行出口阻碍，等等。因此，随着世界经济周期波动同步性趋势日益显著，中国必须增强经济发展的内动力，并积极实施反周期政策调控，以最大限度地减缓外部冲击带来的负面影响。

第一，构建经济周期波动预警体系。凡事预则立，不预则废。构建一个有效的世界及中国经济周期性波动因素安全预警体系对我国"稳增长、促就业、调结构、惠民生"尤为重要。预警体系的一级指标体系可包括自然资源、政治军事环境、经济环境、科技环境等；二级指标中，自然环境主要包括自然灾害、水土流失、气候变化及能源、有色金属等战略储备；政治军事环境主要包括政权更迭、军事政变、地缘冲突及其他政治风险；经济环境主要包括金融体系、财政货币等经济政策的异常波动、经济增长和国际贸易偏离正常的意外变动等；科技环境主要包括技术水平、技术政策、新产品开发能力以及技术发展动向等。

第二，合理有效地使用财政政策、货币政策、产业政策、消费政策、贸易政策等组合政策调控工具。

在财政政策上，我国应加快传统政府财政向公共财政转型，充分利用多种财政政策，引导包括外企在内的企业投资、民间个人投资、加强转移支付力度、完善税收制度、促进内需增长，增强经济发展的内动力，"自身机体免疫力"，以抵御外部冲击。

在货币政策上，我们应采取灵活而具有前瞻性的货币政策，实施差别性货币政策和稳健性货币政策，加强对商业银行的信用控制和指导，通过适时适量调整利率、存款准备金率、信贷规模、公开市场操作等手段，加强货币政策调控的针对性、灵活性和有效性。保持松紧适度，引导货币信贷和社会融资规模平稳适度增长，增强国民经济对国际国内经济周期波动的抗干扰能力。

在产业政策上，大力发展"新能源"、"新材料"、"新技术"产业，缓解我国的资源对外依存度，抵御国际市场资源价格剧烈波动对我国相关产业的伤害。

在消费政策上，引导人们健康、适度的消费观念，既不过度消费又不保守消费。迅速建立与市场经济相适应的灵活多变的调控方式。必须迅速转变调控方式，尽量减少对居民消费的直接干预，充分运用价格、利率、工资等经济杠杆，间接地影响居民消费，使之符合宏观经济运行的总目标。同时，应从总量调控转向结构调整，通过有效的引导和教育，不断改善居民消费支出结构，以此来促进产业结构的优化。

在贸易政策上，应着力推动进出口商品结构优化，加快技术进步和加工贸易转型升级，大力开拓新兴市场、通过多元化来分散单一市场带来的风险。积极支持优势企业和名特优产品的出口，加大对其信贷支持和出口税收减免，鼓励和帮助受危机冲击的国内外贸和外商投资企业走出困境。同时，利用中国外汇储备充足积极扩大进口，稳定资源性产品进口，鼓励先进技术设备和关键零部件进口，合理增加一般消费品进口，促进国际收支基本平衡，改善与主要贸易伙伴的关系，减轻贸易保护主义的压力。加强贸易与投资、贸易与经济技术合作的协调，加快推进与"一带一路"沿线国家贸易发展。加快推进外贸转型升级基地、贸易促进平台和国际营销网络等"三项建设"。着力培育外贸新商业模式，支持和推动跨境电子商务、市场采购贸易、外贸综合服务企业发展。

（2）面对经济周期波动要正确引导 FDI 转移，减缓我国就业压力和盲目流动。

中国是全球吸收外商直接投资（FDI）最多的发展中国家，而这些 FDI 主要集聚于东部沿海地区的劳动密集型制造业。当世界经济周期步入衰退期后，不少出口导向的外商企业在资金链条出现断裂的情况下，不得不削减生产或关门倒闭，从而造成了大量的内地来的劳动力失业返乡。因此 FDI 的下降对于农民工的就业影响较大。据有关资料显示，大部分的外商投资企业是出口企业，这些出口企业以加工贸易为主，它们占我国整个加工贸易份额的八成以上。加工贸易企业多为劳动密集型，他们从国外进口原材料，再出口到欧美，只有需要大量劳动力的加工生产或组装这一个链条放在中国，因此 FDI 的下降对于从内陆背井离乡来沿海打工的农民工的就业影响较大。故我国在相关政策上应推动 FDI 向我国内地转移，不仅可以缓解就业压力，而且可以减少不必要的盲目流动。由于我国存在着区域上的二元经济结构，随着沿海地区经济发展起来以后，其土地、厂房、人工、环境等成本逐步上升，原来依靠低成本驱动的加工贸易等劳动密集型产业的发展碰到了瓶颈，沿海劳动密集型的外商投资企业在内外压力下谋求外移时，内地劳动密集型产业发展却存在巨大空间。产业在国内不同区域间转移，对于发展中小国是很难的，而对于我们这种具有较大地域差异和回旋空间的发展中大国来说，却是得天独厚的天然优势，我国广大的中西部内陆地区具有不同于东部沿海地区的资源禀赋，更有土地、厂房、人工、环境等成本优势，完全可以成为吸收沿海 FDI 转移的区域。而沿海地区则可以"腾笼换鸟"，把现有的基于传统劳动密集型制造业的 FDI 从目前的产业基地"转移出去"，再把面向先进制造业和现代服务业的 FDI 引进或转移过来，以达到经济转型、产业升级的"一箭双雕"效果。

（3）在利用 FDI 的政策导向上，正确处理好稳增长与促就业的关系，同时充分发挥经济周期波动时劳动力的教育和培训对于反周期就业的重要作用。

按照传统相关理论，经济周期波动会通过经济增长起伏影响就业总量增减，但实际上就业与增长并不总是一致的，经济增长并不必然带来就业增长，经济危机并不必然使所有工人失业。在稳定和恢复经济增长时，应该处理好稳增长与促就业的互动关系。在 20 世纪 90 年代末以来形成的积极就业政策基础上，实施更加积极的就业政策，把稳增长与促就业更加紧密地结合起来。在利用 FDI 的政策导向上，以不影响国家经济结构调整转型为前提，重点向能带动就业增长的行业和领域倾斜，要以就业为标准排定引资政策取向的优先序。这包括：在产业布局中，以劳动密集型产业优先；在企业发展中，以吸纳就业能力强的中小企业优先；在宏观调控方面，将增加就业作为优先的考虑因素；在引导外商投资时，参照各行业的就业吸收能力确定重点投资领域的优先顺序。这样，就会形成劳动力市场机制充分发挥、劳动力素质得到迅速提升、周期性失业得到充分调控的良好局面，经济增长与就业增长的同步才具有了现实基础。

除了在利用 FDI 的政策导向上，处理好稳增长与促就业的关系外，还应充分发挥经济周期波动时劳动力的教育和培训对于反周期就业的重要作用。从外企来说，受过良好教育和培训的劳动力对于其增强产业竞争力，提高抗经济危机的能力有利无弊；从劳动者个人来说，利用经济萧条、就业机会减少、接受教育和培训的机会成本也相对较小的时期，改善自身的劳动技能，增加人力资本积累，以便当经济繁荣来临时重新进入对技能有着较高要求的外企大显身手。

在教育培训的具体方向、内容和方式的公共政策引导上，要注意以下几点：首先，政府要改进公共财政支出和教育政策，将更多的资金和师资投向中西部，促进那些地方的教育发展。其次政府要建立多层次的教育路线：除了义务教育、高中和高校教育，还应该增加职业教育。再次，政府所引导的就业培训方式应该朝着多方面发展，遍地开花，同时应该和社会企业需求紧密结合，使得劳动者不会和社会脱轨，在一定程度上免去他们的后顾之忧，既要在就业培训中增强实践能力和求职技巧，又积极开展对初级劳动者的职业技能训练，形成多层次的教育培训机制。最后，政府更可以在就业培训方式上做文章，对求职者的职业实用技能进行强化培训，对有兴趣的更可以开展创业培训，单纯的就业实习并不能满足毕业生的需求，及时调整培训的内容和方式，以更好地适应就业形势的不断变化和广大求职者的需求。

9.5.6　经济周期波动下利用 FDI 促进就业和收入分配公平的公共政策

改革开放以来，中国在保持高速增长的同时，收入差距也迅速扩大。这种收入差距，既包括区域之间、产业之间，也包括职业之间、个人或家庭之间的差距。在经济转轨期，收入分配的非均衡是正常的社会经济现象，但并不意味着可将其小视。一个社会对收入差距的容忍度是有限的，超过这个限度，就走向它的反面，影响到经济发展、政治稳定。因此，缩小收入差距、实现分配公平，是构建社会主义和谐社会的重要任务之一。

我国收入分配的失衡是由多种因素造成的，其中一个很重要的诱因在于经济周期波动下 FDI 的投资倾斜所带来的就业机会的转移。一个是直接转移效应，另一个是间接转移效应，并通过因果累积循环机制强化其作用；在世界经济周期频繁波动、国际资本流动日趋活跃的新形势下，应根据 FDI 流动与世界经济周期波动的关联性及其产业转移的规律，制定和实施开放条件下科学合理地利用外资的公共政策，以促进经济结构优化、劳动就业均衡和国民收入和谐增长。

具体来说，在引资的公共政策上，除了继续优化投资环境，积极吸引 FDI 来华投资，发挥其对我国劳动就业的总体正效应外，还要引导其区域、产业等投向，以弱化 FDI 对劳动就业及收入分配非均衡的消极作用，强化其积极效应。

首先，应鼓励和引导外商投资企业在中西部地区投资。在东部地区商务成本高、土地资源十分有限的情况下，可鼓励外商投资企业在中西部地区投资。前一段时间国家借助"西部大开发"和"中部崛起"战略已出台了部分相应政策，但整体上的支持力度仍然有所欠缺，实施细则不够。一方面，中西部地区自身在政策环境和透明度上应进一步改善，从而加大对 FDI 的吸引；另一方面，国家可在基础设施的财政投入、招商引资的自主权等上面给予中西部地区更多的支持政策。通过提高中西部地区 FDI 的利用水平和投资效率，从而带动中西部地区经济发展，促进就业总量、就业质量和收入水平的提高，缩小与东部发达地区的收入差距。

其次，应积极引导 FDI 进入第三产业，特别是一些就业弹性较大的新兴服务业，扩大 FDI 在社会服务业的投资规模。目前，FDI 在我国制造业的税收优惠远高于服务业，现有服务业税收政策限制了外资的大规模进入，这既不利于我国正在进行的产业结构调整和升级，也不利于 FDI 对产业收入分配均衡和公平的积极影响。因此，应在公共政策层面解决 FDI 在不同产业、不同行业分布不均的情况，目前应着重优先解决比较突出的服务业税收政策问题，充分发挥税收政策在调节不同产业和行业收入分配均衡和公平的作用。

第三，制订和实施吸引 FDI 的分类指导公共政策。对于经济条件较好、技术力量比较雄厚、就业压力小的地区和大中城市，着重引进和发展高技术层次的产业部门；相反对经济技术落后、就业压力较大的地区和农村，可鼓励劳动密集型项目的措施，把创造就业机会作为引进外资的主要目标之一，以加速落后地区的经济发展，带动就业水平和人们收入水平的提高，从而有利于缩小地区之间、城市之间、城乡之间的收入差距。

第四，国家在公共政策上要加强劳动力市场的建设，积极引导劳动力的职业培训，特别是整体收入水平处于较低层次的农村转移剩余劳动力、新毕业大学生、下岗再就业职工的培训，不断提高全民族的素质。一般来讲，外商投资企业的技术水平和收入水平要高于国内企业，因此对就业人员也就提出了较高的要求，尤其是高科技企业更需要知识层次较高的人员。许多外商投资企业都作出专门的规定，职工上岗前必须经过专门的技术培训和考试。因此，劳动力市场制度的建设和劳动力素质的提高能更好的帮助他们顺利进入收入较高的外资企业，有利于缩小不同群体、不同职业间的收入差距。

9.6

本章小结

改革开放以来特别是 20 世纪 90 年代后，随着全球化浪潮的推进，FDI 大量流入中国东部沿海制造业，对我国的剩余劳动力转移、就业增长发挥了积极的推动作用。然而，在很大程度上由 FDI 引致的区域间劳动力流动和就业转移，也带来了一些新的不和谐问题："民工潮"、"用工荒"、"招工难"、"就业难"、国民收入差距扩大，等等。这些问题重新引起人们对 FDI 与就业关系以及相关政策的反思。毋庸讳言，发达国家的 FDI 与产业转移为我们提供了就业机会,加快了经济的转型;但同时 FDI 以其微观利益驱动所带来的就业结构失衡和收入差距问题与我国的宏观调控目标和公共利益取向存在着一定的矛盾,且极易在全球化背景下世界经济周期的波动中被放大。因此,如何从公共管理的视角,提出相关的政策,合理引导外资投向,改善产业结构、区域结构和就业结构,推动我国剩余劳动力有序流动和就业和谐增长,这对于在新时期进一步加快经济转型、缩小收入差距、改善民生和全面建设小康社会意义重大。

本章主要基于公共经济管理的视角,利用博弈分析、比较分析和对策研究等方法,探讨了经济周期波动下利用外资促进劳动就业均衡增长的公共政策取向。研究结果表明:

(1) 从我国引资的政策历程看,由开始的激励优惠到后来的"国民待遇",整体上 FDI 对促进我国劳动就业起到了一定的积极作用。然而,也存在以下问题:利用 FDI 促就业的市场机制发育不成熟;引进 FDI 的制度性因素导致就业岗位不足;FDI 的边际就业创造效应开始下降;FDI 的就业创造效应的增加没有带动我国总就业量的同步增长;

(2) 我国利用 FDI 促进劳动就业上传统行政管理的政策缺陷主要表现在:利用 FDI 促进劳动就业"面"上的共性政策多,针对性政策少;利用 FDI 促就业的单项政策多,组合政策少;利用 FDI 促就业岗位增加的政策多,人力资源开发方面的政策少;利用 FDI 促进就业的政策制定中公众参与不够;利用 FDI 促进就业的政策执行过程中有失公平;利用 FDI 促进就业的政策的非长远化影响了政策的实施效果。

(3) 中国利用 FDI 促进劳动就业引入公共政策的必要性表现在:FDI 在给我国带来就业增长的同时,也带来了"民工潮"、"民工荒"问题,给我国劳动就业的公共管理增添了巨大压力。在促进就业越来越应该成为宏观调控的优先目标的今天,FDI 的巨大波动不仅给全球经济增长和就业稳定带来负面影响,而且给一国经济和就业带来巨大冲击。在现代社会,就业问题是一个公共问题。就个人和社会而言,就业的价值是多方面的。首先,就业是劳动者的基本权利,决定着劳动者乃至家庭的生存与发展状况。其次,一定的社会就业量是推动经济发展和维护社会稳定和谐的基石。作为一个公共问题,就业还是一个经济问题、政治问题和社会问题。因此,就业问题需要从公共政策方面寻求解决的途径。

（4）随着刘易斯转折点的到来，一方面，流动劳动力大大提高了对更加充分、均等的社会保护的制度需求；另一方面，一直以来政府推动经济增长的激励，正在转变为提供更多、更好、更均等的公共服务，进而加强对城乡居民社会保护的激励。从近年来我国在劳动立法、劳动力市场制度建设、社会保障体系的包容性以及户籍制度改革等角度进行的政策探索实践看，政府特别是地方政府对公共政策和公共管理的执行水平正在迅速提高，使得中国利用 FDI 促进劳动就业引入公共政策的可行性大大增强。

（5）公共政策不仅是政府实施对国家有效治理的制度保证，也是政府致力于实现社会公平的重要手段。公共政策内在的公平要素主要体现为公共性、民主性、公正性、有效性和科学性。为此我国在利用 FDI 促进劳动就业引入公共政策中应该坚持以下基本原则：政策制定的参与主体多元化；①政策执行监督过程的透明化；②政策效果评价的价值取向兼顾科学性和长远性。

（6）通过完全信息下我国中央政府、地方政府和外资企业之间的博弈分析，得出帕累托最优状态和纳什均衡无法实现，还可能出现"囚徒的困境"；通过完全理性和有限理性条件下我国劳动力迁移的博弈分析，表明我国农村劳动力流动和城市吸纳劳动力能力不高。造成这一现象的主要原因是引资政策效果评价的价值取向非长远化和非科学化，没有注重公共政策的选择，各地区政府追求自身利益最大化的行为导致了"囚徒困境"式招商引资博弈动机和政策行为扭曲。只要通过改善引资和就业政策，吸引城市创造更多的机会给农村劳动力，加大农村劳动力向城市的转移，中国就业水平和经济效率必将显著提高。

（7）经过对俄罗斯、美国、日本和其他西方国家的利用 FDI 和劳动就业政策的比较分析，找出它们在利用 FDI 与劳动就业的公共政策上的成功经验，并结合我国 FDI 与就业的实际情况，从利用 FDI 的产业和区域的公共政策、促进劳动力合理流动的公共政策、利用 FDI 促进就业体系服务优化的公共政策、经济周期波动下防范跨国公司撤资的公共政策、反周期的利用 FDI 促进劳动就业的公共政策、经济周期波动下利用 FDI 促进就业和收入分配公平的公共政策等方面提出了经济周期波动下我国利用 FDI 促进劳动就业的公共政策取向及具体措施。主要包括：

采取公开听证制度和民意调查的方式，聆听各方的需求；充分发挥媒体的作用，让各方对公共政策畅所欲言；定期对利用 FDI 的公共政策进行评估，监督和增强其实施效果；引入引资政策量化评价机制，使政策制定更加科学化；运用信息化手段搭建多形式就业服务，以使政策效果更长远。

科学认识经济周期波动下跨国公司撤资问题，采取积极应对措施，包括：保持国内政治及宏观经济稳定；完善区域引资政策，优化区域投资软环境；制定产业援助政策；吸引跨国公司链式投资，推动跨国公司产业链与本地企业的融合，培育国际资本集群的本土根植能力。

构建经济周期波动预警体系，实施反周期公共财政政策、货币政策、产业政策、消费政策、贸易政策等组合政策调控工具，减缓外部冲击带来的经济波动及就业负面效应；正确引导 FDI 区内区间转移，减缓我国就业压力和盲目流动，充分发挥经济周期波动时劳动力的教育和培训对于反周期就业的重要作用。

制订和实施吸引 FDI 的分类指导公共政策，加强劳动力市场的建设，积极引导劳动力的职业培训，更好的帮助低素质和整体收入水平处于较低层次的打工者使其能顺利进入收入较高的外资企业，达到缩小国民收入差距、促进收入分配公平的目的。

参 考 文 献

[1] 阿尔弗雷德·韦伯. 工业区位论 [M]. 商务印书馆, 1997.

[2] 奥古斯特·廖什. 经济空间秩序 [M]. 台湾商务印书馆, 2010.

[3] 白南生, 宋洪远. 回乡, 还是进城? 中国农村外出农村劳动力回流研究 [M]. 中国财政经济出版社, 2002.

[4] 白云涛, 甘小文. 江西劳动力转移的动态模型分析 [J]. 企业经济, 2005 (7).

[5] 包小忠. 刘易斯模型与"民工荒" [J]. 经济学家, 2005 (4).

[6] 蔡昉. 中国经济面临的转折及其对改革和发展的挑战 [J]. 中国社会科学, 2007 (3).

[7] 蔡昉, 都阳, 王美艳. 农村劳动力流动的政治经济学 [M]. 上海三联出版社, 2003.

[8] 蔡昉, 都阳. "十一五"期间劳动力供求关系及相关政策 [J]. 宏观经济研究, 2005 (6).

[9] 蔡昉, 都阳. 迁移的双重动因及其政策含义——检验相对贫困假说 [J]. 中国人口科学, 2002 (4).

[10] 蔡昉, 王德文. 外商直接投资与就业——一个人力资本分析框架 [J]. 财经论丛, 2004 (1).

[11] 蔡昉, 王德文. 中国经济增长可持续性与劳动贡献 [J]. 经济研究, 1999 (10).

[12] 蔡昉, 王德文. 作为市场化的人口流动——第五次全国人口普查数据分析 [J]. 中国人口科学, 2003 (5).

[13] 蔡昉, 王美艳. 扩大就业——中国特色的反周期战略 [J]. 经济与管理研究, 2009 (3).

[14] 蔡昉, 王美艳. 中国工业重新配置与劳动力流动趋势 [J]. 中国工

业经济，2009（8）.

[15] 蔡昉. 户籍制度改革与城乡社会福利制度统筹 [J]. 经济学动态，2010（12）.

[16] 蔡昉. 农村剩余劳动力流动的制度性障碍分析——解释流动与差距同时扩大的悖论 [J]. 经济学动态，2005（1）.

[17] 蔡昉. 人口转变、人口红利与刘易斯拐点 [J]. 经济研究，2010（4）.

[18] 蔡昉. 未来的人口红利——中国经济增长的源泉 [J]. 中国人口科学，2009（10）.

[19] 蔡昉. 中国的二元经济与农村劳动力转移——理论分析与政策建议 [M]. 中国人民大学出版社，1990.

[20] 蔡昉. 转轨时期的就业政策选择：矫正制度性扭曲 [J]. 中国人口科学，1999（2）.

[21] 蔡兴，莫骄，冯志坚. 中国出口、FDI与就业关系的区域差异分析—基于东部、中部和西部地区面板数据的检验 [J]. 经济地理，2009（2）.

[22] 陈果，陈汉林. 中国服务业FDI对服务业就业影响的实证研究 [J]. 对外经贸，2014（10）.

[23] 陈吉元. 坚持和逐步实现农业剩余农村劳动力转移 [J]. 中国农村经济，1990（10）.

[24] 陈静敏，陆铭，陈钊. 劳动力短缺时代有没有到来 [J]. 经济学动态，2008（4）.

[25] 陈锡康. 中国城乡经济投入占用产出分析 [M]. 北京：科学出版社，1992.

[26] 陈杨乐. 中国农业剩余劳动力规模及滞留经济代价研究 [J]. 人口与经济，2001（2）.

[27] 陈宗胜，周云波. 城镇居民收入差别及制约其变动的某些因素——就天津市城镇居民家户特征的影响进行的一些讨论 [J]. 经济学（季刊），2002（2）.

[28] 程名望，史清华，徐剑侠. 中国农村劳动力转移动因与障碍的一种解释 [J]. 经济研究，2006（4）.

[29] 池振合. 2007~2008年我国劳动就业形势预测和政策建议 [J]. 经济研究参考，2008（2）.

[30] 崔传义. 中国农民流动观察 [M]. 山西经济出版社, 2004.

[31] 崔传义. 转变城乡二元经济结构, 改善农民进城市就业 [J]. 中国劳动, 2005 (5).

[32] 邓祖善. 加快"民工潮"向"创业潮"的转化 [J]. 农业经济与技术, 1997 (1).

[33] 丁守海. 农民工工资与农村劳动力转移: 一项实证分析 [J]. 中国农村经济, 2006 (4).

[34] 都阳, 朴之水. 迁移与减贫——来自农户调查的经验证据 [J]. 人口研究, 2003 (4).

[35] 都阳, 高文书. 就业与 GDP 增长的关系分析及相关建议 [J]. 中国经贸导刊, 2005 (18)

[36] 都阳. 风险分散与非农劳动供给——来自贫困地区农村的经验证据 [J]. 数量经济技术经济研究, 2001 (1).

[37] 杜鹃, 主要发达国家的经济周期波动对我国 FDI 的影响 [D]. 吉林大学硕士学位论文, 2010.

[38] 杜鹰, 白南生. 走出乡村——中国农村劳动力流动的实证研究 [M]. 经济科学出版社, 1997.

[39] 段志刚, 冯珊, 岳超源. 基于 CGE 模型的所得税改革效应分析以广东为例 [J]. 系统工程学报, 2005 (4).

[40] 段志刚, 李善同. 北京市结构变化的可计算一般均衡模型 [J]. 数量经济技术经济研究, 2004 (12).

[41] 樊明. 劳动市场制度对劳动供给的影响 [J]. 南大商学评论, 2005 (1).

[42] 樊明太, 郑玉歆, 马纲. 中国 CGE 模型: 基本结构及有关问题 (下) [J]. 数量经济技术经济研究, 1999 (4).

[43] 樊明太, 郑玉歆. 贸易自由化对中国经济影响的一般均衡分析 [J]. 世界经济, 2000 (4).

[44] 范随, 艾伦·汉森, 戴维·普瑞斯. 变化中的劳动力市场: 公共就业服务 [M]. 北京: 中国劳动社会保障出版社, 2005.

[45] 范言慧, 段军山. 外商直接投资与中国居民的收入分配 [J]. 财经科学, 2003 (2).

［46］方芳．外商直接投资对中国收入差距影响的实证分析［D］．同济大学，2007．

［47］冯宪．农民进城问题、认识和对策［J］．改革，1990（5）．

［48］冯·杜能．孤立国同农业和国民经济的关系［M］．商务印书馆，1997．

［49］冯等田．西部非公有制经济发展：基于结构特征和区域市场可竞争性研究［J］．西北师大学报，2007（4）．

［50］冯兰瑞．农业剩余农村劳动力转移与城市化道路的选择［J］．改革，1993（4）．

［51］冯煜．中国经济发展中的就业问题及其对策研究［M］．北京：经济科学出版社，2008．

［52］高国力．区域经济发展与劳动力迁移［J］．南开经济研究，1995（2）．

［53］高铁梅．计量经济分析方法与建模［M］．北京：清华大学出版社，2009．

［54］高远东，陈迅．FDI对中国区域产业结构调整作用的差异化分析——基于东、中、西部面板数据的实证研究［J］．软科学，2010（9）．

［55］龚维斌．农村劳动力外出就业与农村社会变迁［M］．文物出版社，1998．

［56］郭江涛．FDI转移对我国就业的影响及对策［J］．科技情报开发与经济，2009（22）．

［57］国家统计局农村社会经济调查司．中国农村劳动力调研报告［M］．北京：中国统计出版社，2009．

［58］韩俊．农业剩余农村劳动力转业模式刍议［J］．农业现代化研究，1987（4）．

［59］杭雷鸣．论收入差距扩大化对剩余劳动力转移的阻碍作用［J］．经济问题，2005（9）．

［60］何枫，徐桂林．FDI与中国城乡居民收入差距间是否存在倒U形关系［J］．国际贸易问题，2005（12）．

［61］贺灿飞，梁进社．中国外商直接投资的区域分异及其变化［J］．地理学报，1999（2）．

［62］贺灿飞，刘洋．产业地理集聚与外商直接投资产业分布——以北京

市制造业为例 [J]. 地理学报，2006 (12).

[63] 侯凤云，张凤兵. 农村人力资本投资及外溢与城乡差距实证研究 [J]. 财经研究，2007 (8).

[64] 侯鸿翔，王媛，樊茂勇. 中国农村隐性失业问题研究 [J]. 中国农村观察，2000 (5).

[65] 胡鞍钢. 中国就业状况分析 [J]. 管理世界，1997 (3).

[66] 胡枫. 中国劳动力转移规模的估计 [J]. 山西财经大学学报，2006 (2).

[67] 黄平. 寻求生存——当代中国外出人口的社会学研究 [M]. 云南人民出版社，1997.

[68] 黄为民. 外商直接投资对我国宏观经济影响的实证分析 [J]. 经济评论，2000 (6).

[69] 黄晓玲，刘会政. 中国对外直接投资的就业效应分析 [J]. 管理现代化，2007 (1).

[70] 黄肖琦，柴敏. 新经济地理学视角下的 FDI 区位选择——基于中国省际面板数据的实证分析 [J]. 管理世界，2006 (10).

[71] 黄旭平，张明之. 外商直接投资对中国就业的影响：基于面板 VAR 的分析 [J]. 中央财经大学学报，2007 (1).

[72] 黄祖辉，陆建琴，王敏. 城乡收入差距问题研究—基于收入来源角度的分析 [J]. 浙江大学学报（人文社会科学版），2005 (4).

[73] 黄祖辉，钱文荣. 进城农民在城镇生活的稳定性及市民化意愿 [J]. 中国人口科学，2004 (2).

[74] 黄祖辉. 中国农业农村劳动力的转移 [J]. 中国社会科学，1992 (4).

[75] 霍丽骊等. CDF_CGE 模型基本结构及应用 [J]. 数量经济技术经济研究，2006 (1).

[76] 贾乐耀. 日本服务业对华 FDI 的决定因素分析 [J]. 山东社会科学，2008 (1).

[77] 江小涓，李辉. 中国地区之间实际收入差距小于名义收入差距——加入地区间价格差异后的一项研究 [J]. 经济研究，2005 (9).

[78] 江小涓. 中国外资经济对增长、结构升级和竞争力的贡献 [J]. 社会观察，2003 (1).

[79] 姜亚鹏，王飞．中国对外直接投资母国就业效应的区域差异分析 [J]．上海经济研究，2012 (7)．

[80] 蒋欣．外商直接投资对河北省就业的影响研究 [D]，河北师范大学硕士学位论文，2012.

[81] 凯恩斯．就业、利息和货币通论 [M]．北京：华夏出版社，2012.

[82] 赖德胜．教育、农村劳动力市场与收入分配 [J]．经济研究，1998 (5)．

[83] 赖小琼．中国转型时期的人口流动 [J]．中国经济问题，2007 (1)．

[84] 兰绍瑞．中国对外经贸的就业效应 [J]．财金贸易，2000 (6)．

[85] 郎永清，农村劳动力转移与城乡收入差距 [J]．山西财经大学学报，2007 (9)．

[86] 雷家骕．关于国家经济安全研究的基本问题 [J]．管理评论，2006 (9)．

[87] 李海舰．利用外商直接投资成效分析评价（上）[J]．中国外资，2000 (3)．

[88] 李建民．中国农村劳动力市场多重分割及其对农村劳动力供求的影响 [J]．中国人口科学，2002 (2)．

[89] 李培林．流动民工的社会网络与社会地位 [J]．社会学研究，1996 (4)．

[90] 李培林．农民工——中国进城农民工的经济社会分析 [M]．社会科学文献出版社，2003.

[91] 李强．关于城市农民工的情绪倾向及社会冲突问题 [J]．社会学研究，1995 (4)．

[92] 李强．农民工与中国社会分层 [M]．社会科学文献出版社，2002.

[93] 李强．影响中国城乡流动人口的推力与拉力因素分析 [J]．中国社会科学，2003 (1)．

[94] 李善同，何建武．后配额时期中国、美国及欧盟纺织品贸易政策的影响分析 [J]．世界经济，2007 (1)．

[95] 李善同，翟凡，徐林．中国加入世界贸易组织对中国经济的影响——动态一般均衡分析 [J]．世界经济，2000 (2)．

[96] 李善同，翟凡．加入世界贸易组织对中国经济的影响 [J]．预测，

2000 (3).

[97] 李实, 宋锦. 中国城镇就业收入差距的扩大及其原因 [J]. 经济学动态, 2010 (10).

[98] 李实, 岳希明. 中国城乡收入差距调查 [J]. 乡镇论坛, 2004 (8).

[99] 李实, 赵人伟. 中国居民收入分配再研究 [J]. 经济研究, 1999 (4).

[100] 李实. 中国个人收入分配研究回顾与展望 [J]. 经济学, 2003 (6).

[101] 李小建. 香港对大陆投资的区位变化与公司空间行为 [J]. 地理学报, 1996 (3).

[102] 李勋来, 李国平. 中国二元经济结构刚性及其软化消解 [J]. 西安交通大学学报 (社会科学版), 2006 (1).

[103] 李旸, 李天德, 陈少炜. 中国应对世界经济周期波动新特征的对策 [J]. 经济研究参考, 2013 (71).

[104] 李莺莉, 王开玉, 孙一平. 东道国视角下的 FDI 就业效应研究——基于中国省际面板数据的实证分析 [J]. 宏观经济研究, 2014 (12)

[105] 梁雄军, 林云, 邵丹萍. 农村劳动力二次流动的特点、问题与对策——对浙、闽、津三地外来务工者的调查 [J]. 中国社会科学, 2007 (3).

[106] 林宏. FDI 对中国收入分配影响的 panel data 模型分析 [J]. 浙江统计, 2005 (3).

[107] 林毅夫, 蔡昉. 中国经济转型时期的地区差距分析 [J]. 经济研究, 1998 (6).

[108] 林毅夫, 刘培林. 中国的经济发展战略与收入差距 [J]. 经济研究, 2003 (3).

[109] 刘畅. 跨国公司在华投资中的撤资问题分析 [J]. 国际商务, 2008 (3).

[110] 刘玉, 孙文远. FDI 的就业质量效应: 基于省级面板数据的分析 [J]. 审计与经济研究, 2014 (6).

[111] 刘传江, 徐建玲. "民工潮" 与 "民工荒" ——农民工劳动供给行为视角的经济学分析 [J]. 财经问题研究, 2006 (5).

[112] 刘传江, 周玲. 社会资本与农民工的社会融合 [J]. 人口研究, 2004 (5).

[113] 刘宏, 李述晟. FDI 对我国经济增长、就业影响研究——基于 VAR

模型 [J]. 国际贸易问题，2013 (4).

[114] 刘辉群，王洋. 中国对外直接投资的国内就业效应：基于投资主体和行业分析 [J]. 国际商务：对外经济贸易大学学报，2011 (4).

[115] 刘建进. 一个农户劳动力模型及有关剩余劳动力的实证研究 [J]. 中国农村经济，1997 (6).

[116] 刘金全，郑挺国. 我国经济周期阶段性划分与经济增长走势分析 [J]. 中国工业经济，2008 (2).

[117] 刘军荣，颜琴. 经济周期波动与跨国公司投资区域分布 [J]. 改革与战略，2011 (9).

[118] 刘军荣. FDI 流量变化与世界经济周期的相关性分析 [J]. 生态经济，2007 (12).

[119] 刘乃全. 农村劳动力流动对区域经济发展的影响分析 [M]. 上海财经大学出版社，2005.

[120] 刘鹏飞，张亚斌. 国际资本流动对我国就业影响的均衡分析 [J]. 国际经贸探索，2007 (11).

[121] 刘荣添，林峰. 中国东、中、西部外商直接投资区位差异因素的 Panel Data 分析 [J]. 数量经济技术经济研究，2005 (7).

[122] 刘树成. 中国经济周期研究报告 [M]. 北京：社会科学文献出版社，2006.

[123] 刘志中. 中国服务业利用 FDI 的就业效应研究 [J]. 技术经济与管理研究，2011 (1).

[124] 隆国强等. 我国加工贸易就业规模及变动特征 [J]. 发展研究，2014 (11).

[125] 卢荻. 外商投资与中国经济发展——产业和区域分析证据 [J]. 经济研究，2003 (9).

[126] 陆文聪，李元龙. 中国出口增长的就业效应：基于 CGE 模型的分析 [J]. 国际贸易问题，2011 (9).

[127] 罗楚亮. 就业稳定性与工资收入差距研究 [J]. 中国人口科学，2009 (4).

[128] 罗茜. FDI 与收入分配 [J]. 经济与管理研究，2008 (12).

[129] 马岩. 外商直接投资对中国经济增长的效应 [J]. 统计研究，

2006 (3).

[130] 马忠东等. 农村劳动力流动：中国农村收入增长的新因素 [J]. 人口研究, 2004 (5).

[131] 毛日昇. 出口、外商直接投资与中国制造业就业 [J]. 经济研究, 2009 (11).

[132] 牛勇平. 国际直接投资与中国就业量之间的关系 [J]. 经济学动态, 2001 (11).

[133] 邱斌, 尹威, 杨帅. 全球生产网络背景下的企业创新与经济增长——"FDI、企业国际化与中国产业发展学术研讨会"综述 [J]. 管理世界, 2007 (12).

[134] 任建平, 赵龙跃. 90 年代农业剩余农村劳动力转移及其对农业发展的影响 [J]. 经济研究, 1992 (10).

[135] 萨伊. 政治经济学概论 [M]. 北京：商务印书馆, 1963.

[136] 沙文兵. 外商直接投资的就业效应分析——基于协整理论的实证分析 [J]. 财经科学, 2007 (4).

[137] 沈桂龙, 宋方钊. FDI 对中国收入分配差距的影响及对策 [J]. 世界经济研究, 2011 (10).

[138] 沈坤荣, 田源. 人力资本与外商直接投资的区位选择 [J]. 管理世界, 2002 (11).

[139] 石磊. 三农问题的终结 [M]. 江西人民出版社, 2005.

[140] 史晋川, 赵自芳. 所有制约束与要素价格扭曲——基于中国工业行业数据的实证分析 [J]. 统计研究, 2007 (6).

[141] 史清华, 林坚, 顾海英. 农民工进镇意愿、动因及期望的调查分析 [J]. 中州学刊, 2005 (1).

[142] 世界银行. 2020 年的中国：新世纪的发展挑战 [M]. 中国财政经济出版社, 1997.

[143] 宋玉华, 徐前春. 世界经济周期理论的文献述评 [J]. 世界经济, 2004 (6).

[144] 孙毅. FDI 地区差距的收敛性分析及外资引导机制研究 [D]. 中国海洋大学, 2013.

[145] 孙振, 张永正, 王小利. 1999～2008 年我国经济周期的状态划分及

其拐点识别 [J]. 统计与决策, 2009 (1).

[146] 唐灿, 冯小双. 外来人口与城乡结合部地区的利益一体化关系. 载于《农民工——中国进城农民工的经济社会分析》[M]. 社会科学文献出版社, 2003.

[147] 田素华. 外资对上海就业效应的实证分析 [J]. 财经研究, 2004 (3).

[148] 统计科学研究所. 就业、收入分配、社会保障与国家经济安全 [J]. 统计研究, 2003 (10).

[149] 万广华, 张茵. 收入增长与不平等对中国贫困的影响 [J]. 经济研究, 2006 (6).

[150] 王成岐, 张建华, 安辉. 外商直接投资、地区差异与中国经济增长 [J]. 世界经济, 2002 (4).

[151] 王传荣. 经济全球化影响劳动就业的机理分析 [J]. 人口与经济, 2005 (1).

[152] 王春超. 收入差异、流动性与地区就业集聚——基于农村劳动力转移的实证研究 [J]. 中国农村观察, 2005 (1).

[153] 王春超. 中国农户收入增长与就业决策行为：一个动态解释——基于湖北农户跟踪调查的实证研究 [J]. 统计研究, 2008 (5).

[154] 王代. 农村剩余农村劳动力问题讨论会观点综述 [J]. 中国农村经济, 1986 (12).

[155] 王德发. 能源税征收的劳动替代效应实证研究——基于上海市 2002 年大气污染的 CGE 模型试片 [J]. 财经研究, 2006 (2).

[156] 王德文, 蔡昉, 张国庆. 农村迁移劳动力就业与工资决定：教育与培训的重要性 [J]. 经济学 (季刊), 2008 (4).

[157] 王德文, 蔡昉. 化解金融危机对就业的冲击 [J]. 宏观经济研究, 2009 (2).

[158] 王桂新. 迁移与发展——中国改革开放以来的实证 [M]. 科学出版社, 2005.

[159] 王红玲. 关于农村剩余劳动力的数量的统计方法与实证分析 [J]. 经济研究, 1998 (4).

[160] 王剑. 外商直接投资对中国就业效应的测算 [J]. 统计研究, 2005 (3).

[161] 王立文. 不同来源跨国资本在中国 FDI 的比较研究 [J], 财经研究. 2007 (6).

[162] 王美今, 钱金保. 外商直接投资对中国就业的影响——基于误差成分联立方程模型的估计 [J]. 中山大学学报 (社会科学版), 2008 (6).

[163] 王美艳. 城市劳动力市场上的就业机会与工资差异 [J]. 中国社会科学, 2005 (5).

[164] 王生辉, 张京红. 外资主导下的我国加工贸易转型升级问题. 生产力研究, 2014 (12).

[165] 王向明. 农村剩余人口的转移与经济发展 [J]. 经济研究, 1985 (1).

[166] 王燕飞. 中国对外贸易的劳动就业效应: 贸易结构视角 [J]. 国际贸易问题, 2009 (3).

[167] 王郁昭. 关于农民跨区域流动问题 [J]. 中国农村经济, 1994 (2).

[168] 危丽, 杨先斌. 农村劳动力转移的博弈分析 [J]. 经济问题, 2005 (9).

[169] 魏后凯. 加入 WTO 后中国外商投资区位变化及中西部地区吸引外资前景 [J]. 管理世界, 2003 (7).

[170] 魏后凯. 外商直接投资对中国区域经济增长的影响 [J]. 经济研究, 2002, (4).

[171] 温怀德, 谭晶荣. 中国对外贸易、FDI 对就业影响的实证研究—基于加入世贸组织前后东、中西部数据的比较 [J]. 国际贸易问题, 2010 (8).

[172] 沃尔特·艾萨德. 区域科学导论、区域分析方法 [M]. 高教出版社, 1995.

[173] 沃尔特·克里斯塔勒. 德国南部中心地原理 [M]. 商务印书馆, 1998.

[174] 吴文武. 跨国公司新论 [M]. 北京大学出版社, 2000.

[175] 冼国明, 杨长志. 中国外商直接投资的区位决定——基于地区数据的空间计量分析 [J]. 世界经济研究, 2009 (1).

[176] 向书坚. 中国城镇居民收入分配差距变化定量分析 [J]. 当代经济科学, 1998 (2).

[177] 肖灵机等. 中国经济增长与就业增长非一致性的制度解释及制度安排 [J]. 当代财经, 2005 (6).

[178] 谢嗣胜，姚先国．农民工工资歧视的计量分析［J］．中国农村经济，2006（4）．

[179] 徐杰．外商在华直接投资的区位分析［J］．经济评论，2003（4）．

[180] 徐勇，徐增阳．流动中的乡村治理——对农民流动的政治社会学分析［M］．中国社会科学出版社，2003．

[181] 徐玉龙，王志彬，郭斌．农民工就业歧视的经济学分析［J］. Labor Economy and Labor Relations，2007（4）．

[182] 许召元．区域间劳动力迁移对经济增长和地区差距的影响［D］．北京大学博士论文，2007．

[183] 寻舸．促进国内就业效应的新途径：扩大对外直接投资［J］．财经研究，2002（8）．

[184] 杨德才．制度变迁与中国农村剩余劳动力转移——改革以来中国农村剩余劳动力阶段性流动的实证研究［J］．农业经济导刊，2007（3）．

[185] 杨建清．对外直接投资对母国就业的影响［J］．商业时代，2004（35）．

[186] 杨兰，张磊．外商对华直接投资对我国外贸的影响［J］．世界经济文汇，1998（4）．

[187] 杨涛，蔡昉．农户兼业行为与农业农村劳动力转移［J］．中国农村经济，1991（11）．

[188] 杨小凯，发展经济学——超边际与边际分析［M］．北京：社会科学文献出版社，1989．

[189] 杨晓明，田澎，高园．FDI 区位选择因素研究——对中国三大经济圈及中西部地区的实证研究［J］．财经研究，2005（11）．

[190] 杨扬，余壮雄．FDI 对中国就业效应的检验［J］．经济学家，2009（5）．

[191] 杨宜勇，顾严．中国扩大就业潜力的对策研究［J］．宏观经济管理，2007（6）．

[192] 杨云彦，陈金永．转型农村劳动力市场的分层与竞争［J］．中国社会科学，2000（5）．

[193] 杨云彦，徐映梅，向书坚．就业替代与劳动力流动：一个新的分析框架［J］．经济研究，2003（8）．

[194] 杨云彦，陈金永，刘塔．外来农村劳动力对城市本地农村劳动力

市场的影响——"武汉调查"的基本框架与主要发现［J］. 中国人口科学, 2001（2）.

　　［195］杨云彦等. 全球化、劳动力流动与经济空间重构［M］. 北京：中国财政经济出版社, 2008.

　　［196］杨泽文, 杨全发. FDI 对中国实际工资水平的影响［J］. 世界经济, 2004（12）.

　　［197］姚上海. 新农村视野下中国农村劳动力城镇转移流动行为研究［J］. 中南民族大学学报, 2008.

　　［198］姚枝仲, 周素芳. 劳动力流动与地区差距［J］. 世界经济, 2003（4）.

　　［199］尹翔硕. 对外开放中的外资流向［J］, 复旦学报（社会科学版）, 1997（6）.

　　［200］余芳东. 世界经济增长率的测度以及中国贡献的分析［J］. 统计研究, 2007（10）.

　　［201］庚德昌, 王化信. 外出农民工回乡创业的理论与实践［M］. 中国农业出版社, 1999.

　　［202］喻旭兰. 中国与东盟国家经济周期同步性的实证分析［J］. 广州大学学报, 2008（4）.

　　［203］曾绍阳, 唐晓滕. 社会变迁中的农民流动［M］. 江西人民出版社, 2004.

　　［204］曾湘泉. 世界就业趋势及各国就业政策［J］. 求是, 2008（8）.

　　［205］翟凡, 李善同, 冯珊. 中期经济增长和结构变化—递推动态一般均衡分析［J］. 系统工程理论与实践, 1999（2）.

　　［206］翟凡, 李善同, 冯珊. 一个中国经济的可计算一般均衡模型［J］. 数量经济技术经济研究, 1997（3）.

　　［207］翟凡, 李善同. 中国经济的可计算一般均衡模型［M］. 中国实用宏观经济模型. 北京：中国财政经济出版社, 1999.

　　［208］翟凡. 中国经济的可计算性一般均衡建模与仿真［D］. 华中科技大学博士学位论文, 1998.

　　［209］张长春. 影响 FDI 的投资环境因子分析［J］. 管理世界, 2002（11）.

　　［210］张车伟. "转型中的中国农村劳动力市场"国际研讨会综述［J］. 中国人口科学, 2002（2）.

[211] 张二震，任志成. FDI 与中国就业结构的演进 [J]. 经济理论与经济管理，2005 (5).

[212] 张帆，郑京平. 跨国公司对中国经济结构和效率的影响 [J]. 经济研究，1999 (1).

[213] 张广胜，周娟. FDI 对城乡收入不均等影响的实证分析：基于省际面板数据的 GMM 分析 [J]. 财经科学，2005 (2).

[214] 张海波，彭新敏. ODI 对我国的就业效应——基于动态面板数据模型的实证研究 [J]. 财贸经济，2013 (2).

[215] 张建刚，康宏，康艳梅. 就业创造还是就业替代——OFDI 对中国就业影响的区域差异研究 [J]. 中国人口·资源与环境，2013 (1).

[216] 张世伟，赵亮，樊立庄. 农村劳动力流动的收入分配效应——基于吉林省农户数据的经验研究 [J]. 吉林大学社会科学学报，2007 (4).

[217] 张维迎，柯荣住. 信任及其解释：来自中国的跨省调查分析 [J]. 经济研究，2002 (10).

[218] 张欣. 可计算一般均衡模型的基本原理与编程 [M]. 上海：格致出版社，2010.

[219] 张永丽，黄祖辉. 中国农村劳动力流动研究述评 [J]. 中国农村观察，2008 (1).

[220] 张宇. 制度约束、外资依赖与中国经济增长——空间经济学视角下的再审视 [M]. 北京：中国经济出版社，2009.

[221] 章铮. 进程定居还是回乡发展？——民工迁移决策的生命周期分析 [J]. 中国农村经济，2006 (7).

[222] 章铮. 民工供给量的统计分析——兼论"民工荒" [J]. 中国农村经济，2005 (1).

[223] 赵晋平. 改革开放 30 年我国利用外资的成就与基本经验 [J]，国际贸易，2008 (11).

[224] 赵树凯. 正确对待农民流动 [J]. 经济体制改革，1994 (1).

[225] 赵树凯. 纵横城乡—农民流动的观察与研究 [M]. 中国农业出版社，1998.

[226] 赵伟，藤田昌久，郑小平等. 空间经济学：理论与实证新进展 [M]. 杭州：浙江大学出版社，2009.

［227］赵晓霞. 对外贸易、FDI 与中国城乡居民收入变化：理论分析与实证研究［D］. 浙江大学博士论文，2006.

［228］赵耀辉，徐建国. 中国城镇养老保险体制改革中的激励机制问题［J］. 经济学（季刊），2001（1）.

［229］赵耀辉. 跳出农门：中国农村人口到城镇迁移决策，载于蔡昉、白南生主编：《中国转轨时期的农村劳动力流动》［M］. 中国社会科学文献出版社，2006.

［230］赵耀辉. 中国农村劳动力流动及教育在其中的作用［J］. 经济研究，1997（2）.

［231］郑玉歆等. 中国税制改革效应的一般均衡分析［J］. 数量经济技术经济研究，2002（9）.

［232］郑月明，董登新. 外商直接投资对中国就业的区域差异与动态效应—基于动态面板数据模型的分析［J］. 数量经济技术经济研究，2008（5）.

［233］中共中央政策研究室农村组. 关于农村劳动力跨区域流动问题的初步研究［J］. 中国农村经济，1994（2）.

［234］周其仁. 机会与能力--——中国农村劳动力的就业和流动［J］. 管理世界，1997（5）.

［235］周天勇. 促进就业应成为我国宏观调控的优先目标［J］. 今日中国论坛，2009（8）.

［236］朱宇，杨云彦等. 农民工：一个跨越城乡的新兴群体［J］. 人口研究，2005（7）.

［237］朱金生. FDI 与区域就业转移：一个新的分析框架［J］. 国际贸易问题，2006（6）.

［238］朱农. 中国劳动力流动与"三农"问题［M］. 武汉：武汉大学出版社，2005.

［239］朱云章. 中国城乡劳动力流动与收入差距关系研究［D］. 厦门大学博士学位论文，2008.

［240］Adams R. Worker Remittances and Inequality in Rural Egypt［J］. Economic Development and Cultural Change，1989（38）.

［241］Adelman，I，and Robinson，S. "Distribution – Alternative Models Economics Macroeconomic Adjustment and Income applied to Two Economies"［J］.

Journal of Development, 1998 (29).

[242] Adelman, I. and Robinson, S. , "Income Distribution Policies in Developing Countries" [J]. Stanford University Press, 1978.

[243] Agesa, Richard U. , Migration and the Urban to Rural Earnings Difference: A Sample Selection Approach, Economic Development and Cultural Change [J]. 2001 (49).

[244] Agosin, R. M. and R. Mayer, "Foreign Investment in Developing Countries: Does it Crowd in Domestic Investment?" [J]. UNCTAD Discussion Papers, 2001: No. 146.

[245] Alfredo Behrens, "Energy and output implications of income: Redistribution in Brazil Energy Economies" [J]. 1984 (4).

[246] Andreas Waldkirch, Peter Nunnenkamp, "Employment Effects of FDI in Mexico's Non – Maquiladora Manufacturing ", Journal of Development Studies, 2009 (7).

[247] Antonio Majocchi, Manuela Presutti, "Industrial clusters, entrepreneurial culture and the social environment: the effects on FDI distribution" [J]. International Business Review, 2009 (18).

[248] Bajo – Rubio Oscar, Díaz – Mora, Carmen, "On the employment effects of outward FDI: the case of Spain, 1995 – 2011" [J]. Applied Economics. 2015, Vol. 47 Issue 21, p2127 – 2141. 15p.

[249] Barro R T, Sala – I – Martin X. Regional growth and migration: A Japan – United States comparison [J]. Journal of the Japanese & International Economies, 1992, 6 (4).

[250] Bassanini et al. , "The Economic Effects of Employment – Conditional Income Support Schemes for the Low-paid: an Illustration from a CGE Model Applied to Four OECD Countries" [J]. OECD Economics Department Working Paper, 1999. No. 224.

[251] Bojas, GJ. , "Self-selection and the Earnings of immigrants" [J]. American Economic Review, 1987 (4).

[252] Branstetter, L. G. , Feenstra, R. C. , "Trade and Foreign Direct Investment in China: A Political Economy Approach" [J]. NBER Working Papers

7100, National Bureau of Economic Research. 1999.

[253] Buckley. S "International operation of national firms: a study of direct foreign investment" [J]. MIT press. 1976.

[254] Campbell D. Foreign Investment, Labor Immobility and the Quality of Employment [J]. International Labor Review, 1994, 133 (2).

[255] Caves, R·E. "International Corporation: The Industrial Economics of Foreign Investment" [J]. Economies, 1971 (4).

[256] Chan, K. W. , L. Zhang, "The Hukou System and Rural-urban Migration in China: Processes and Changes" [J]. China Quarterly, 1999 (2).

[257] Chang – Tai Hsieh, "Do Domestic Chinese Firms Benefit from Foreign Investment?" [J]. University of California. Working Paper Series, 2006. No. 30.

[258] Chen C H. "Regional determinants of foreign direct investment in mainland China" [J]. Journal of Economic Studies, 1996, 23 (2).

[259] Chen H, Chen T J. "Network Linkages and Location Choice in Foreign Direct Investment" [J]. Journal of International Business Studies, 1998, 29 (3).

[260] Chenery, H. B. &A. M. Strout, "Foreign Assistance and Economic Development" [J]. American Economic Review, 1966 (56).

[261] Cheng L K, Kwan Y K. "What are the determinants of the location of foreign direct investment? The Chinese experience" [J]. Journal of International Economics, 2000, 51 (99).

[262] Chi, Kin Leung. "Personal Contacts, Subcontracting Linkages, and Development in the Hong Kong – Zhujiang Delta Region" [J]. Annals of the Association of American Geographers, 2010, 83 (2).

[263] Christoph Ernst, "the FDI – employment Link in a Globalizing World: the Case of Argentina, Brazil and Mexico" [J]. Employment strategy papers from International Labor Office, 2005 (17).

[264] Christopher Chase – Dunn, "The effects of International economic dependence and inequality: a cross-national study" [J]. American Sociological Review, 1975 (40).

[265] Clickman, Norman J. and Douglas P. Wood. "The Location of Foreign Direct Investment in the U. S. Pattens and Determinants" [M]. International Region-

al Science Review, 1988 (11).

　　[266] Costas Azariadis. , Christopher A. Pissarides. , "Unemployment dynamics with international capital mobility" [J] European Economic Review, 2007 (51).

　　[267] Da1 – Gulati, Anuradha and M. Husain, Centripetal Forces in China's Economic Take off″ [R]. IMF Working Paper, 2000.

　　[268] Dale W. Jorgenson, "The Development of a Dual Economy" [J]. The Economic Journal, 1961 (71).

　　[269] David Williams, "Explaining employment changes in foreign manufacturing investment in the UK" [J]. International business review, 2003 (10).

　　[270] De Hean A. Livelihoods and Poverty: The Role of Migration——A Critical Review of the Migration Literature [J]. The Journal of Development Studies, 1999 (36).

　　[271] Debaere, Peter, Lee, Hongshik and Lee, Joonhyung, "It matters where you go: Outward foreign direct investment and multinational employment growth at home" [J]. Journal of Development Economics, 2010 (91).

　　[272] Denise Hare. "Push" versus "Pull" Factors in Migation Out-flows and Returns: Determination of Migration Satus and Spell Duration among China's Rural Population [J]. Journal of Development Studied, 1999 (3).

　　[273] Dervis, K. Melo, de J. and Robinson, S. , "General Equilibrium Models for Development Policy" [J]. Cambridge University Press, 1982.

　　[274] Dervis, K. , "Substitution, Employment and Intertemporal Equilibrium in Non – Linear Multi – Sector Planning Model for Turkey" [J]. European Economic Reviews, 1975 (6).

　　[275] Dirk Te Velde, Oliver Morrissey, "FOREIGN DIRECT INVESTMENT, SKILLS AND WAGE INEQUALITY IN EAST ASIA" [J]. Journal of the Asia Pacific Economy, 2004 (3).

　　[276] Domar, E. , "Capital Expansion, Rate of Growth and Employment" [J]. Econometrica, 1947 (14).

　　[277] Du J, Lu Y, Tao Z. "Economic institutions and FDI location choice: Evidence from US multinationals in China" [J]. Journal of Comparative Economics, 2008, 36 (3).

[278] Dunning. J. H, "The determinations of international production. Oxford", [J]. Economic Papers, 25. International Production and Multinational Enterprises. George Allen and Unwin, London. 1981.

[279] Dunning. J. H. , "Location and the Multinational Enterprise: A Neglected Factor?" [J]. Journal of International Business Studies, 1981 (1).

[280] Edward M. Graham; Erika Wada, "Foreign Direct Investment in China: Effect on Growth and Economic Performance, Experience of Transitional Economies in East Asia", [M]. Oxford University Press, 2001.

[281] Feenstra R. C. Hanson G. H. , "Foreign Direct Investment and Relative wages: Evidence from Mexico's maquiladoras" [J]. Journal of international Economics, 1997 (42).

[282] Fei J C H, RanisG. Development of the Labor Surplus Economy: Theory and Policy [M]. Homewood, Ill: R. D. Irwin, 1964.

[283] FeiC. H. and Ranis G. , "A Theory of Economic Development" [J]. American Economic Review, 1961 (9).

[284] Feliciano, Zadia and Robert E. Lipsey, "Foreign Ownership and Wages in the United States: 1987 - 1992" [J]. Cambridge, NBER Working Paper 1999. No. 6923.

[285] Figini P. , H. Gorg, "Multinational Companies and Wage Inequality in the Host Country: the Case of Ireland" [J]. Review of world economics, 1999 (4).

[286] George J. Borjas, "Self-selection and the Earning of Migration" [J]. The American Economic Review. 1987, 77 (4).

[287] Gupta, S. and Togan, S. , "Who benefits from adjustment process countries? A test on India, Kenya and Turkey" [J]. Journal of Policy Modeling, 1984 (6).

[288] Hamill J. Employment Effect of Changing Multinational Strategies in Europe [J]. European Management Journal, 1992 (10).

[289] Harberger, A. C. , "Corporate and Consumption Tax Incidence in an Economy" [J]. ACCF Center for Policy Research Special Report. 1994.

[290] Harris J R, Todaro M P. Migration, Unemployment and Development: A Two - Sector Analysis [J]. American Economic Review, 1970, 60 (1).

［291］ Hawkins, R. G. Job Displacement and Multi-national Firm: A Methodological Review ［J］. Center of Multinational Studies, 1972.

［292］ He Canfei, "Entry Mode and Location of Foreign Manufacturing Enterprises in China" ［J］, Eurasian Geography and Economics, 2003, Vol. 44 (6).

［293］ Head, K. , Mayer, T. , "Regional age and Employment Responses to Market Potential in the EU" ［J］. Regional science and Urban Economic, 2006 (36).

［294］ Horridge, J. M, Parameter, B. R. and Pearson, K. R. , "ORANI - F: A General Equilibrium Model of the Australian Economy" ［J］. Economic avid Financial Computing, 1993 (3).

［295］ Hsu C C, Wu J Y, Yau R. "Foreign Direct Investment and Business Cycle Co-movements: The Panel Data Evidence" ［J］. General Information, 2011 (4).

［296］ Hymer. S. H. , "The International Operations of National Firms: A Study of Direct Foreign Investment" ［M］. The MIT Press Cambridge, Mass. 1960.

［297］ Imbriani Cesare, Pittiglio Rosanna, Reganati Filippo, "Outward Foreign Direct Investment and Domestic Performance: the Italian Manufacturing and Services Sectors" ［J］. Atlantic Economic Journal. Dec2011, Vol. 39 Issue 4, p369 - 381. 13p.

［298］ Inekwe, John Nkwoma, FDI, Employment and Economic Growth in Nigeria ［J］. African Development Review. Dec2013, Vol. 25 Issue 4, p421 -433.

［299］ J. Ewdard Taylor, Philip L. Martin Human Capital: Migration and rural Population Change ［J］. Handbook of Agricurtural Economics, 2001 (1).

［300］ Jan Miun and Vladimr Tomik, "Does Foreign Direct Investment Crowd in or Crowd out Domestic Investment" ［J］. Eastern European Economics, 2002 (2).

［301］ Jansen & Stockman, International business cycle co-movement: the role of FDI, Applied Economics. Feb2014, Vol. 46 Issue 4, p383 - 393.

［302］ Jasay A. E. The Social Choice Between Home and Oversea Investment ［J］. Economic Journal, 1960 (7).

［303］ Javorcik, Beata S, Does FDI Bring Good Jobs to Host Countries? World Bank Research Observer. Feb2015, Vol. 30 Issue 1, p74 -94.

［304］ Jenkins, "Trade Liberalization and Export Performance in Bolivia" ［J］. Development and Change, 1996 (27).

［305］Johansen, L. , "A Multi – Sector Study of Economic Growth", ［J］. North – Holland Amsterdam, 1960.

［306］John H. Dunning, "Trade, Location of Economic Activity and the MNE: A Search for An Eclectic Approach" ［J］. The Service Industries Journal, 1977.

［307］John Whalley, Shunnvng Zhang. Inequality Change in China and (Hukou) Labour Mobility Restrictions ［J］. Journal of Development Economics, 2007, 83 (2).

［308］Jorgenson D W. The Development of a Dual Economy ［J］. Economic Journal, 1961, 71 (282).

［309］Justin Y. Lin, Gewei Wang and Yaohui zhao. Regional Inequality and Labor Transfers in China ［J］ Economic Development and Cultural Change, 2004 (3).

［310］Kanbur R. and X. Zhang, "Fifty Years of Regional Inequality in China: a Journey through Central Planning, Reform, and Openness" ［J］. Review of Development Economics, 2005 (1).

［311］Karl Taylor, Nigel Driffield, "Wage Inequality and the Role of Multinationals Evidence from UK Panel Data" ［J］. Labor Economics, 2005 (10).

［312］Kehoe, T. J, Serra – Puche, J. and Solis, "A general equilibrium model of domestic commerce in Mexico" ［J］. Journal of Policy Modeling, 1984 (6).

［313］Keynes J M, "Society R E. The General Theory of Employment, Interest, and Money" ［J］. Foreign Affairs, 1936, 51 (6).

［314］Kojima K, "Direct Foreign Investment" ［J］. Vorschl01ge Für Dienrichtung Der Betriebsverwaltungner Kleinbahn, 1978 (89).

［315］Kravis, R. , R. Lipsey, "The effect of Multinational firms foreign operations on domestic employment" ［J］. NBER Working Paper, 1988. No. 2760.

［316］Krugman, Paul R. , Venables, "A. J. , Globalization and the Inequality of Nations" ［J］. Quarterly Journal of Economics, 1995 (110).

［317］Lall Sanjaya, "The new multinationals: the spread of Third World enterprises" ［M］. hichester West Sussex New York: Wiley, 1983.

［318］Lewis, "Economies Development with Unlimited supplies of Labor" ［J］. Manchester School Economic Science Studies, 1954 (22).

[319] Lewis. J. D, Sherman, R. & Wang, Z. , "Beyond the Uruguay round: the Implication of an Asian free Trade area" [J]. China Economic Reviews, 1995 (7).

[320] Lipsey, R. , "Outward Direct Investment and the US Economy" [J]. NBER Working Paper, No. 691. 1999.

[321] Lipton M. Why Poor People Stay Poor: A Stay of Urban Bias in World Development [M]. London: Temple Smith, 1977.

[322] Louis J. Wells, "The internationalization of firms from the developing countries" [J]. MIT Press, 1983.

[323] Lucas R. , "Emigration to South Africa's Mines" [J]. The American Economic Review, 1987 (77).

[324] Lucas R. E. B. , Stark, "Motivations to remit: the case of Botswana" [J]. Journal of Political Economy, 1985 (5).

[325] Ma X, Delios A. "A new tale of two cities: Japanese FDIs in Shanghai and Beijing, 1979 – 2003" [J]. International Business Review, 2007, 16 (2).

[326] Ma Yang R Zhang, "Australia's Direct Investment In China: Trends And Determinants" [J]. Economic Papers A Journal of Applied Economics & Policy, 2008 (1).

[327] Mariotti, SL Piscitello. "Information Costs and Location of Foreign Direct Investments with in the Host Country: Empirical Evidence from Italy" [J]. Journal of International Business Studies, 1995 (4).

[328] Melo, de. J. , "Protection and Resource Allocation in a Walrasian Trade Model" [J]. International Economic review, 1978 (9).

[329] Meng, Xin, "The Informal Sector and Rural – Urban Migration: A Chinese Case Study" [J]. Asian Economy Journal, 2001 (15).

[330] Michael J. Greenwood, "Migration and Economic Growth in the United States: National, Regional and Metropolitan Perspectives" [J]. New York: Academic Press. 2006.

[331] Mincer, Jacob. , "Schooling, Age and Earnings. " [J]. In Human Capital and Personal income Distribution. New York: Nat. Bur. Econ. Res. 1972.

[332] Mucchielli, J. L. and Puech, F. , "Internationalisation et localisation des firmes multinationales: l'exemple des entreprises francaises en Europe" [J].

Economie et Statistique, 2003: 363 – 364 – 365, pp. 129 – 144.

[333] Nicola Fuchs, "Welfare Loss and Precautionary Saving Due to Uninsured Idiosyncratic Labor Risk" [J]. Working Paper, No. 1017. 2003.

[334] Oded Stark, "Rural-to-urban Migration in LDCs: A Relative Approach" [J]. Economic Development and Cultural Change, 1984 (3).

[335] Okun A., "Potential GNP: Its measurement and significance" [J]. Business and Economics Statistics. 1962.

[336] Olibe. K. O., Crumbley. C., "Determinants of US private foreign direct investments in OPEC nations: from public and non-public policy perspectives" [J]. Journal of Public Budgeting, Accounting and Financial Management. 1997.

[337] P. S. Andersen and P. Hainant, "Foreign Direct Investment and Employment in the Industrial Countries" [J]. BIS Working Paper, No. 61. 1998.

[338] Paul Krugman, Geography and Trade [M]. Cambridge, Mass. The MIT Press. 1991.

[339] Phillips A W., "The Relation Between Unemployment and the Rate of Change of Money Wage Rates in the United Kingdom, 1861 – 1957" [J]. Economica, 1958, 25 (100).

[340] Porter, M E. "The Competitive advantage of nations" [J]. Landolt – B02rnstein – Group II Molecules and Radicals, 1990, 179 (1).

[341] Porter, M. E. "The Competitive Advantage of Nations" [M]. Free Press, New York, 1990.

[342] Rahman, Theorizing Japanese FDI to China [M]. 2006, Journal of comparative international management.

[343] Rauch, J., "Economic development, urban under employment, and income inequality" [J]. Canadian Journal of Economies, XXVI: 901 – 918. 1993.

[344] Ravenstein E G. The Laws of Migration [J]. Journal of the Statistical Society of London, 1885 (2).

[345] Razin, Assaf and Chi-wa Yuen. "Capital Income Taxation and Long-run Growth: New Perspectives" [J]. Journal of Public Economics, 1996 (59).

[346] Richard Lipsey, Fredrik Sjoholm, "Foreign Direct Investment and Wa-

ges in Indonesian Manufacturing" [J]. NBER Working Paper, 2001 (8).

[347] Robert E. Lucas, Jr. , "Life Earnings and Rural – Urban Migration" [J]. The Journal of Political Economy, 2004 (1).

[348] Ruttenberg W B. Effects of UK Direct Investment Overseas [M]. Cambridge University Press, 1968: 408.

[349] Santos – Paulino, AmeliaU, and Wan, Guanghua, "Special Section: FDI, Employment, and Growth in China and India" [J]. Review of Development Economics, 2009 (4).

[350] Scarf, H, and Hansen, H. , "Size Computation of Economic Equilibrium. New Haven" [M]. Yale University Press. 1973.

[351] Schultz, T. W. "Investment in Human Capital" [J]. American Economic Review, 1961 (51).

[352] Sjaastad, Larry. A. , "The Costs and Returns of Human Migration" [J]. Journal of Political Economics, 1992 (70).

[353] Smith D F, Florida R. "Agglomeration and Industrial Location: An Econometric Analysis of Japanese – Affiliated Manufacturing Establishments in Automotive – Related Industries" [J]. Journal of Urban Economics, 1994 (1).

[354] Solow R, "A Contribution to the Empirics of Economic Growth" [J]. Quarterly Journal of Economics, 1956, 107 (2).

[355] Stark O, Taylor J E. Migration Incentives, Migration Types: The Role of Relative Deprivation [J]. Economic Journal, 1991, 101 (408).

[356] Stark O. , "The migration of labor" [M]. Cambridge: Blackwell. 1991.

[357] Stark0. E. Taylor and S. Yitzhaki, "Remittances and inequality" [J]. Economic Journal, 1986 (6).

[358] Tainjy Chen, Yinghua Ku. The Effect of Overseas Investment on Domestic Employment [J]. Chung – Hua Institution for Economic Research, 2003: 5 – 7.

[359] Tainjy, Chen, Yinghua, K, "The Effect of Overseas Investment on Domestic Employment" [M]. Paper prepared for 14th East Asian Seminar on Economics. Taibei, Taiwan. 2003.

[360] Taylor, K. , N. Driffield, "Wage Inequality and the Role of Multina-

tionals: Evidence from UK Panel Data" [J]. Labor Economics, 2005 (12).

[361] Taylor, L, Bacha, E. L. , Cardoso, E. A. And Lysy, F. J. , "Models of Growth and Distribution for Brazil" [M]. Oxford University Press. 1980.

[362] Thomas D. Social Aspects of the Business Cycle [M]. New York: Dutton. 1925.

[363] Todaro, M. P. , "A Model of immigration and Urban Unemployment in: Less development Countries" [J]. The American Economic Review, 1969 (59).

[364] Tomasz Mickiewicz, Slavo Radosevic, Urmas Varblane, "The Value of Diversity: Foreign Direct Investment and Employment in Central Europe during Economic Recovery", [D]. University of Tartu Faculty of Economics and Business Administration discussion paper, No. 561. 2000.

[365] UNCTAD, "Transnational Corporations, Employment and the Workplace New York and Geneva" [J]. World Investment Report, United Nations publication. 1994.

[366] Vernon Raymond, "International investment and international trade in product cycle Quarterly" [J]. Journal of Economic, 1966 (5).

[367] Wan Guanghua, "Accounting for Income Inequality in Rural China" [J]. Journal of Comparative Economics, 2004 (2).

[368] Whalley, J. , "Trade Liberalization among Major World Trading Areas. Cambridge" [J]. Mass: MIT Press. 1985.

[369] Williamson O E. "The Economic Institutions of Capitalism" [J]. Rand Journal of Economics, 1985, 17 (2).

[370] Xiaodong Wu, "Foreign Direct Investment, Intellectual Property Rights and Wage Inequality in China" [J]. Chinese Economics Review, 2000 (11).

[371] Xiaolan Fu, V. N. Balasu Braman, "Exports, Foreign Direct Investment and Employment: the Case of China" [J]. FED Working Papers Series, NO. FE20050035. 2005.

[372] Zapkau Florian B. , Schwens Christian, Kabst Rüdiger, "Foreign Direct Investments and Domestic Employment of German SMEs: The Moderating Effect of Owner Management" [J]. Journal of Small Business Management. Jul2014, Vol. 52 Issue 3, p451 –476. 26p.

[373] Zhang, X. G. , "A Dynamic Computable General Equilibrium Model of the Chinese Economy" [J]. Research Paper No. 539, Department of Economic of Melbourne University. 1996.

[374] Zhu Nong, "The Impact of Income Gaps on Migration Decisions in China" [J]. China Economic Review, 2002 (13).